妙笔生花的奥秘

陈雪峰　单莉莉　著

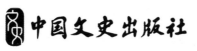
中国文史出版社

作者简介

（排名不分先后）

陈雪峰　中学高级教师　省优秀教师　东营市教学能手　胜利名师　中学语文教研员

单莉莉　中学高级教师　东营市教学能手　东营区名师

施冬妮　中学一级教师　东营市教学能手

魏小叶　中学一级教师　东营区教学能手

杨　丽　中学一级教师　东营市教学能手

刘召宁　中学一级教师　东营市教学能手

秦　颖　中学一级教师　东营区教学能手

刘　艳　中学一级教师　东营区教学能手

于景苗　中学一级教师　东营市青年骨干教师

江　静　中学一级教师　东营区教学能手

张国梁　中学一级教师　东营区教学能手

姜素娟　中学一级教师　东营区教学能手

贾金凤　中学一级教师　教坛新秀

王　玉　中学一级教师　东营区教学能手

杜　薇　中学一级教师　东营区教学能手　东营市青年骨干教师

杨卫广　中学一级教师　东营区教学能手

张丽丽　中学高级教师　东营区教学能手

范惠洁　中学高级教师　东营市学科带头人　东营市教学能手　东营区名师

李　静　中学高级教师　东营区教学能手

展莉丽　中学高级教师　东营区教学能手

肖敏敏　中学高级教师　东营区教学能手

尹莉莉　中学高级教师　东营市教学能手

许俊英　中学高级教师　东营区教学能手

代序：如何构建中学写作教学的"梯度"和"序列"

写作教学是中学语文教学的半壁江山，其重要性自不必赘言，但是很长一段时间以来，中学写作教学效率不高也是不争的事实。说起写作文，学生"舞之，蹈之，乐不可支"的少之又少，倒是常作为"三怕"之一，出现在学生的口耳相传中。即使是中、高考的作文命题和所谓的"满分作文"，也屡屡被人诟病。毋庸讳言，当前的中学写作教学已是削足适履、难以适应新课改下的教学。具体来说，存在如下几个问题。

一、写作教学的无梯度状态

老师的教学功利性太强，命题、批改的标准紧紧围绕考试指挥棒转。从起始年级开始就瞄准中考作文，学生还没有经历"我手写我心"的"独抒性灵"的阶段，就瞄准了"中考满分作文"的范式，只好按照老师的要求背范文、说谎言，一凑二抄三套，写一些无病呻吟的作文。老师则忙于指导所谓技法，热衷于"给作文穿上漂亮的外衣"，写作教学似乎只是给学生传授写作的"花拳绣腿"。这种急功近利的没有梯度的写作教学，导致的直接后果就是学生对写作文畏惧、鄙夷和无所适从。

二、写作教学的无序化状态

写作教学没有目标，没有计划。老师教什么、怎么教，全凭老师个人的素养，甚至像某名师批评的那样，有的老师甚至到了教室门口"才猛一拍脑门"想起一个作文题目。学生的写作训练也是东一榔头西一棒槌，这样的写作教学怎么可能高效呢？

造成以上两种教学状态的原因是什么呢？

一是老师认识上的偏差。

这些老师认为"文章本天成，妙手偶得之"。他们认为文章是"写"出来的，不可能是"教"出来的。他们的证据来自一些优秀学生以及一些作家成功的经验。他们否定能力成长的循序渐进规律，轻视老师教学的作用，强调自学自悟，他们的写作教学只着眼于极少数精英的成长，对于大多数"资质平庸"的学生来说，最大的可能就是背过几篇优秀作文，到考场上"套题"，除此之外，别无良策。

二是语文教材本身的缺陷。

当时使用的教材编写注重体验与感受，突出综合与实践，在写作教学内容的安排上，把它与综合性学习结合在一起，以加强写作与生活的联系，力图实现从写作知识中心到写作实践中心的转变。写作与综合性学习结合的做法，刚开始受到众人的认可，认为从根本上解决了写作教学的难题。但没过几年，就在实际教学中发现了诸多问题。综合性学习被现实冲击得举步维艰，而与其相结合从而试图进行生活化的写作更是难尽如人意。教材试图只从写作内容知识角度，而拒绝从写作技能和写作策略性知识教学角度来解决写作问题。综合性学习与写作教学的嫁接，其实质是让老师自主开发、确定并安排写作教学内容，也就是让老师去做教材编写者应做的事情。这让一线老师感到困惑，老师能够凭借的只有直觉和经验，写作教学再次陷入直觉主义的泥潭：学生靠的是"妙手偶得"的灵感，老师靠的是"存乎一心"的感悟。写作教学由于知识缺乏，无本可依，无法可教，大家只能摸着石头过河，各显其能。写作教学的随意性与无序性是导致目前中学写作教学质量低下的重要原因。

综上所述，我们认为，当前的写作教学已经走进了一个误区，到了非变革不可的地步。古语说，穷则变，变则通。在认真地思考和广泛调研的基础上，我们成立了写作教学改革课题组，2010年年初，我们的课题——初中"TX"写作教学研究与实践，正式获得山东省教育科学"十一五"规划立项。其中"T"是指"梯度"，"X"是指"序列"。

我们的改革设想是这样的：

第一阶段：2010年3月—2010年7月，动员、发动征集议题，申报课题。

第二阶段：2010年9月—2011年2月，课题组成员分工，开始课题的研究。

第三阶段：2011年3月—2012年3月，在实践的基础上形成研究报告，编辑成册。

第四阶段：2012年3月—2013年3月，修改研究报告《中学作文这样写》，结集出版，课题验收。

具体来说，分为以下六大板块。

（一）前期准备。

新学期开学前，教研组指导各备课组拟定整个学期的写作教学计划，拟定作文题目。减少盲目性和随意性。

（二）借鉴和吸收"体验教学"的现有成果，扩大和丰富学生的积累。

首先，要充分利用身边一切可利用的资源丰富学生的积累。学生的思维是广阔的、活跃的，尤其是在课外生活中，他们多于成人的是那份可贵的好奇心。任何事物都很容易引起他们的兴趣甚至触动他们的心灵，他们总有着自己独特的感受和理解。这些不仅是学生写作的源泉和人格形成的基础，也是难得的教育教学资源。具体到我们的教学实践中，语文老师可以通过课前演讲、周记、日记等形式丰富学生的积累。

其次，利用现行新课标教材进行读写结合的训练。课文的思想内容、表达方式与技巧、语言都是学生的营养材料；对课文的复述、改写、缩写、扩写、仿写、续写，都是必要的训练和积累的手段。在阅读过程中多为学生设计体验性活动，让学生披文入境、情不自禁。可音乐渲染、可陶醉美读、可联系学生实际，这些教学手段可让学生自然入境，获得新的情感体验。

再次，以读促写，通过阅读古今中外的经典作品，扩大学生的"间接体验"。教研组在充分研讨的基础上，分层次、有梯度地向不同的年级推荐阅读书目，要求学生在规定的时间内完成一定的阅读目标，使这些积累成为学生的下锅之米。

最后，鼓励学生捕捉对自然、社会的感悟和思考，将其凝成文字。

（三）在一周一次的大教研活动中，要求每个语文老师按照课题的分工，选定一个和"写作教学"有关的专题在教研组内交流自己的研究成果。这个环节是课题实施过程中的重要一环，课题组的每个成员按照课题分工认真地收集资料、研究学情，通过和同行、课题组其他成员的交流、切磋，在实践的基础上形成自己的子课题研究成果。这些成果来自实践又最终指导实践，是课题成果的重要组成部分。

（四）要求课题小组（备课组）成员一个学期至少讲一节"作文汇报课"。这节汇报课须结合自己的课题分工，可以是作文知识，可以是写作指导，也可以是作文修改。这个环节是课题实践的重要组成部分。

（五）依托现行新课标教材，结合年级特点，有重点、分阶段、有层次地进行作文训练。按照每学期八次大作文设计，有序列、有梯度，最终形成一套写作课程序列。初步设想如下。

1.七年级：突出真实性，实现"无我"——"真我"的单向转变。

在这一阶段的写作教学中，我们要抓住学生"认知过程发展——形式逻辑思维形成阶段"的特点，既要向他们提出具体的、可行的要求，又不能期望过高。要引领学生以纯洁真实的心灵去关注世界，认识自己，抒写自己内心深处最真实的想法，从忽略自我的"无我"状态转变为认识自我的"真我"状态。通过积累真实素材，塑造真实自我，学生形成一种"求真"的写作习惯。

2. 八年级：突出个性，实现"真我"——"自我"的双向转变。

在这一阶段的写作教学中，如果能抓住学生"独立意识高涨——抽象逻辑思维形成阶段"的特点加以引导，往往能培养学生独特的思维方式，点燃学生创意的火花，形成他们富有自我（个性）的创作风格。

3. 九年级：突出思想性，实现"关注自我"+"超越自我"——"关照他人"的渐进转变。

在这一阶段的写作教学中，老师可以抓住学生"社会阅历增多——辩证逻辑思维形成阶段"的特点，有效发挥导向作用，帮助学生逐渐完善自我，优化思维方式，走向更为正确而深刻的理解和认识。在这一阶段的思维提升过程中，要特别注意归依"自然"，强化"高雅"意识，由"关注自我"走向"超越自我"。

（六）本课题在充分研究和实践的基础上，最终形成《中学作文这样写》研究成果。此研究成果作为初中写作的课程依据，一方面可以指导老师怎么教作文，另一方面可以指导学生怎么写作文，既是写作教学的"教案"，又是学生学写作文的"学案"。

以上是当年构建中学写作教学"梯度"和"序列"的设想与实施。

作为一个省级规划课题，"初中'TX'写作教学研究与实践"已于2012年12月顺利结题；作为课题成果之一的《中学作文这样写》于2012年7月出版后广受好评，2014年9月获东营市第七届优秀教科研成果一等奖。

但是课题组老师对于中学写作教学的"梯度"和"序列"、"研究与实践"的脚步，并未因此而稍作停留。整体规划、顶层设计—集体备课、教研—上课、实践，反复完善，十几年来，课题组成员默默耕耘，始终行走在构建中学写作教学的"梯度"和"序列"的羊肠小道上。

2017年秋季，全国小学和初中的起始年级开始使用语文统编教材，我们欣喜地发现，统编语文教材的写作训练部分有了很大的改观，有些变化竟与我们当初的设想不谋而合。例如：

七年级侧重训练"说话（不难 为何 谁看）"与"习惯（书写 格式 提纲）"，强调"中心（有主次 详略）"与"内容（积累 真实 具体）"；八年级侧重"结构（思路 连贯 条理）"，"特征（角度 顺序 特征）"，"实用（对象 得体 格式）"与"修改（内容 结构 语言）"；九年级侧重"表达（概括 分析 理据）"，"创作（联想 虚构 语言）"，"创意（选择 综合 个性）"与"独立（审题 提升）"。

七年级上册第一单元"热爱生活，热爱写作"、第二单元"学会记事"、第三单元"写人要抓住特点"、第四单元"思路要清晰"、第五单元"如何突出中心"、第六单元"发挥联想和想象"。

七年级下册第一单元"写出人物的精神"、第二单元"学习抒情"、第三单元"抓住细节"、第四单元"怎样选材"、第五单元"文从字顺"、第六单元"语言简明"。

八年级上册第一单元"新闻写作"、第二单元"学写传记"、第三单元"学习描写景物"、第四单元"语言要连贯"、第五单元"说明事物要抓住特征"、第六单元"表达要得体"。

八年级下册第一单元"学习仿写"、第二单元"说明的顺序"、第三单元"学写读后感"、第四单元"撰写演讲稿"、第五单元"学写游记"、第六单元"学写故事"。

……

生命不止，探索不已。

伴随着新课程改革的持续推进，我们对中学写作教学的梯度和序列探秘的脚步会走得更加平稳与坚实。

呈现在您面前的这本书，是我们的最新研究成果。

陈雪峰 单莉莉

2024 年 7 月

目 录
Contents

第1单元

观察的方法和顺序

◎**学习提示**

　　明白什么是观察；学会观察人物、观察景物的方法；掌握人物与景物的观察顺序。

　　什么是观察？观，指看、听等感知行为；察，即分析思考。观察是指有目的、有辨析地看的同时，调动其他感官，感知、认识客体，从生活中获得写作素材的一种重要方法。观察是写作的第一步，写作是从观察开始的。

　　鲁迅曾对文学青年说："此后如要创作，第一须观察……"从某种意义上说，没有观察就没有创作。法国印象派画家莫奈热衷描绘雾中的伦敦，他笔下伦敦的雾是紫色、红色、蓝色等，事物的轮廓在"怪异"的雾中隐约可见，可当时的伦敦人对此非常惊讶。"雾"不是灰色的吗？不过很快，伦敦的人们发现莫奈是对的。为什么呢？因为林立的烟囱不断地喷出带有火星的烟雾，与光发生映射，从而变幻出不同的颜色。后来，莫奈因精确地绘画出伦敦雾与众不同的特点，被称为"伦敦雾的创造者"。这一有趣的实例说明，作家、艺术家深入细致的观察是成功进行创作的一个先决条件。作为学生，刚刚开始学习写作，就更少不了要细致地观察身边的一切事物。

一、人物观察的方法和顺序

　　在这里先介绍两种观察人物的方法。

（一）总分观察法

　　总分观察法一般是按照先总体后局部的顺序观察。首先观察人物的总体概貌，捕捉人物的总体特征，记录初步的感受，再从几个细小的方面去观察，对人物的整体感受进行充实，使这种感受具体化。例如，可以各用一天的时间观察妈妈的外貌、动作、语言、神态等，同时每天记录自己的观察结果。这样做可以让我们观察到这个人物身上的细微之处，有机会捕捉到其特色。观察时应注意融入自己的感受、体会，将观察与体验相结合。

总分观察法可以使我们的观察目标性更强，从而获得预期的效果。否则，目的不明确，观察就会陷入盲目状态。盲目的观察只能获得"外行看热闹"的结果。多数学生都有过这样的经历：经常会遇到一些这样或那样的事，可是事后让详细地说一遍，或者写成作文，反倒不知说什么、写什么。这是怎么回事呢？就是因为我们没有明确观察目的，只是带着一种好奇的心理去看热闹。这种看，不是观察。

我给所教的两个班的学生布置了在一星期内用"总分观察法"观察他们任课老师的任务，并在周末写出观察报告。观察不再盲目，学生们成功地抓住了老师们的一些特点：外貌的突出特征、常说的一些话、习惯性的动作，等等。

例如：

外　貌

祝老师总是一身黑衣黑裤，或许是内心深处的朴实，抑或是对黑色的钟情，甚至连不常穿的连衣裙都是黑色的。最艳的一件衣服，或许是她那件淡紫色的外套了。祝老师还从不化妆，也几乎不佩戴任何饰品，一头及肩长发也扎成干练的马尾，飘荡在脑后。如此朴素而略显"沉郁"的穿着，也为祝老师增添了几分威严。

祝老师的那双眼睛还像年轻人一样透出无限的活力，她总将那双眼睛藏于那副她时常戴的眼镜后，深藏于眼中的还有岁月留下的沉稳与睿智。（学生　周子筌）

郭老师总会让我们在快乐与轻松中理解课文。郭老师的笑声是爽朗的，但她的眉毛却令人望而生畏。那瞋目竖眉的模样，与上课时的欢笑截然不同。当有同学不按时完成作业时，她眉头紧锁，皱出了川字纹，每一道纹路中都仿佛刻着——恨铁不成钢。（学生　孙天奇）

冬天时，尹老师总是爱把自己裹进那件粉色棉服里，朴素而大方。她对你微笑时，还会免费附赠一个小酒窝。（学生　吕卓桐）

动　作

课堂上，祝老师总是一边在教室里循环踱步，一边为同学们传授知识，手背在身后，眼睛扫视着班里的每一位同学，若发现哪位同学心不在焉，便走到他身旁，用手拍拍他的肩膀，使其回归课堂。（学生　周子筌）

上数学课时，李老师如一阵风快步走来，两手利落地推开黑板，一手拿翻页笔，一手点开课件，转身用目光扫视全班后，开始讲解昨晚的作业。（学生　李满瑄）

语　言

"第一题答案选——"李老师刚开始声音还很轻柔，后来突然提高了，她抬起头再次扫视全班观察我们的学习状态，继而放缓语调，"选——A。"（学生　李满瑄）

她说话时，嘴角微翘，眼睛微弯，再赠上那个免费小酒窝。"回答问题声音要大，说话不要扭扭捏捏。""回家一定要复习！"这都是尹老师的经典语录。那一声声、一字字，一点点地敲进你的心。（学生　吕卓桐）

她最经典的一句话莫过于半个身子前倾，抱着试探性语气缓缓开口："听——明白了——吗？"见我们点头，她眼睛骨碌碌转一圈，回身，满意地继续讲课。（学生　商靖洺）

神　态

贾老师步履轻盈地走进教室，脸上带着笑容，眉毛微弯，嘴角连带着眼角的丝丝鱼尾纹一同荡漾。整个人都感觉年轻了不少。（学生　蔡雨欣）

于老师本是含着笑容站在讲台上，可听到我们上楼时的吵闹声，他不禁将眉头拧成一个疙瘩，眼里射出让人不寒而栗的光。（学生　薄涵月）

观察人物要特别留心语言，通过观察说话者的语气、语速、面部表情、体态动作等，来捕捉人物说话的风格。说话的声音，有大有小，有粗有细，有快有慢。不同人的说话风格，代表着不同的人物性格。慢性子人说话，慢吞吞；急性子人说话，连珠炮；直爽人说话，直截了当；多疑人说话，拐弯抹角。人们常说"三句话不离本行"，不同职业的人，还会有不同的行业语言。所有这些，都需要我们在生活中仔细、耐心地观察。抓住了人物说话的风格，也就成功抓住了人物的性格特征。

（二）比较观察法

用比较的方法观察事物，目的在于辨别事物的不同点或相似处，从比较中发现事物的特征。比较可以分为"自比"和"他比"两大类。可以拿同一人物在各种情形下的表现做比较，比如抓住生气时、高兴时、严肃时、着急时……言谈举止和精神状态的不同点，也可以把不同人物在同一情景下做比较。例如，当考试的消息在班内宣布时，不同的学生会有不同的表现。事物之间因互相联系而存在，有联系就可以做比较，有比较就容易找出不同点，这些不同点就是它们的特征。

李老师生气时，声音瞬间飘升至顶点，如雷霆震怒，震慑课堂。双眼圆睁，闪烁着不容置疑的光芒；而她开心时，眼睛弯成一对月牙，流露出深深的喜爱与赞许，嘴角也大咧开来，仿佛向日葵盛开，洋溢着温暖与欢乐的气息。（学生　王若彤）

讲完了人物观察的方法，再讲人物观察的顺序。观察人物外貌的顺序一般是先整体再局部，由上而下。要先看整体，身材高矮、胖瘦；再看局部，脸形、五官、头发等。观察穿戴要先从上面看戴什么帽，再往下看穿什么衣、裤、鞋，这样，观察就会有条理。

二、景物观察的方法和顺序

此处的景物指自然环境，如山川原野、日月星辰、气象季节等自然景象。

（一）按方位或时间的顺序观察

按远近、上下、前后、左右，或按参观游览的路线观察，也可以按时间顺序观察同一景物在不同时间的变化。

请看俄国著名文学家车尔尼雪夫斯基的小说《怎么办？》中一节对田野景物的生动描写：

田垄闪耀着金黄色的光辉；原野上遍地是花朵，原野四周的灌木丛中也有成百成千的花儿盛开着，高耸在灌木后面的森林蔚成一片翠绿，发出飕飕的细语声，并且被五颜六色的花朵点缀着；从田垄上、草地上、灌木丛中和那充满森林的花朵里飘出一股芳香，鸟儿在枝头飞来飞去，枝丫间传来几千种声音，还夹杂着芳香；在田垄、草地、灌木丛和森林背后，又可以看见同样闪着金光的田垄，遍地花朵的草原，被百花覆盖着的灌木丛，一直到那被阳光照耀的森林遮蔽着的远山为止……

由于作家成功地采用了顺序观察的方法，通过由近及远的逐层扩展，立体而富有色彩地再现了俄罗斯生气勃勃、充满活力的广袤而又壮阔的原野。

如果观察的对象是动态的事物，那也有一个观察顺序的问题，这就是按观察对象出现或变化时间的先后顺序进行观察。比如峻青观察海滨仲夏夜，就按照"夕阳落山不久""夕阳逐渐西沉""夜色加浓"的时间顺序进行。巴金的《海上日出》更是对动态景物进行顺序观察而取得描写成功的范例。作者依次对"海上日出"的"之前""之时""之后"三个阶段做了仔细认真的观察，纵观了海上日出的全貌，有了这个顺序观察的基础，作者细腻而生动地表现了太阳跃出海面前后光色的无穷变化，令人目荡神摇。

（二）变换观察景物的角度

由于观察的角度不同，看到的景象是不同的。对于同一景物可以变换角度观察，或远视，或近视，或仰视，或俯视，这样景物的形象就会多姿多彩，使我们对景物有一个立体化的印象。

例如《与朱元思书》一文，写景先"水"后"山"，由远及近，逐层展开，让我们领略了富春山的奇异景色。

（三）多方面、多层次地了解观察景物

任何景物都有其自己的特点，观察时要从景物的色彩、形态、质地、动静、音响等方面抓特点。把此时、此地、此景的形象刻画出来，使人如见其形，如闻其声。例如《从百草园到三味书屋》中的一段文字："不必说碧绿的菜畦，光滑的石井栏，高大的皂荚树，紫红的桑葚；也不必说鸣蝉在树叶里长吟，肥胖的黄蜂伏在菜花上，轻捷的叫天子（云雀）忽然从草间直窜向云霄里去了。"作者抓住色彩、形态、质地、动作等特点描写百草园的景物，生动地表现了百草园的无穷趣味。

三、观察注意事项

第一，要抓住人物或景物的特征。只有抓住观察对象的与众不同之处，才能写出人物的个性或景物的特色。

第二，观察要细致。叶圣陶先生指出："实际生活中要养成精密观察和认识的习惯。"不同性格的人，说话、做事时的表现不同。人物的一个动作、一丝微笑，往往带有性格化的特征。所以，观察必须细致入微。观察得越细致深入，印象就越清晰，描述就越具体、越生动形象。

第三，一定要写观察笔记。观察后进行记录，避免遗忘，为写作积累素材。

【思考与练习】

1. 在我们学过的文章中，有很多把人物刻画得细致生动的例子，看看都是按什么顺序进行观察和描写的？

2. 仔细观察周围的人，任选一个人物写一则观察笔记。

（尹莉莉）

在对比中写出不同

◎学习提示

对比手法是作文的写作方法之一，它是通过对不同人、事、物的对比描写或说明，以突出其各自的特点，或者将同一人、事、物在不同时空和境况下的情景进行对照，以彰显其个性特征或变化。

在行文中恰当使用对比的手法，能使文章内容丰富而厚实，形象生动而鲜明，中心明确而集中。

一、结合课文，浅谈对比手法运用的几种形式

（一）人物的对比

通过不同人物的比较刻画，或同一人物不同时期多角度的对比描写，着力体现人物的巨大变化，揭示文章的中心。

如《范进中举》：对比手法主要运用于描写胡屠户这个人物。作者写了胡屠户在范进中举前后截然不同的两种态度，形成鲜明的对比，使他前倨后恭、欺贫爱富、趋炎附势、嗜钱如命、庸俗自私的典型市侩形象跃然纸上。

如《变色龙》：奥楚蔑洛夫对赫留金的态度，对狗和狗主人的态度，对案子的处理意见，每一次"变色"，就形成一次对比。作者通过对比，让两种互相矛盾的语言交替出自同一人物之口，把奥楚蔑洛夫见风使舵、媚上欺下的"变色龙"性格刻画得淋漓尽致。

如《故乡》：闰土由少年的天真活泼、勇敢机智变为中年的沉默拘谨、麻木自卑；杨二嫂由"豆腐西施"变成"圆规"。这两个人物前后的对比，不仅体现了残酷生活对人的锤打，更揭示了辛亥革命后中国农村的凋敗，有力地深化了文章的主旨。

如《我的叔叔于勒》："我"的父母对于勒前后态度的对比，揭示了资本主义社会中人与人之间赤裸裸的金钱关系。

注意：人物的对比都是通过对人物的语言、动作、神态、心理、外貌等描写来完成的。

（二）事件的对比

作文主要依靠事件的叙写来支撑，不同的事件对比着写，可以多层面地丰富人物形象，使行文脉络清晰、主旨明朗。如臧克家的《说和做——记闻一多先生言行片段》一文，作者就选取了

闻一多先生作为学者和革命家两个方面的事来对比行文。作为学者方面，闻一多先生是做了再说，或做了不说；而作为革命家方面，闻一多先生却是说了就做，言论与行动完全一致，表现了他既是一名卓越的学者，更是一名伟大的爱国者，一名言行一致的仁人志士。

（三）物的对比

《故乡》中描写了"记忆中的故乡"和"眼前的故乡"，两个方面形成强烈对比，突出了主题。

对比是写作中的一种常用手法。它通常将不同事物或同一事物不同的两面列举出来，加以对照，突出矛盾双方最本质的特征，使形象更加鲜明，起到相反相成的艺术效果。

二、对比手法的艺术功用主要有两个方面

（一）烘托突出

高尔基的《海燕》一文，突出地运用了对比的手法，把歌颂与揭露有机地融合在一起。通过乌云、狂风与波浪、大海形象的对比，揭露沙皇反动统治的黑暗与腐朽，从而歌颂了如大海般激荡的人民革命斗争和无产阶级革命战士的斗争精神。作品又通过暴风雨即将到来时海鸥、海鸭、企鹅们"呻吟""飞窜""恐惧""躲藏"等惊恐万状的丑态与"高傲的海燕""勇敢地、自由自在地""飞翔"的战斗英姿形成鲜明的对比，从而突出了海燕的高大形象。

（二）辛辣讽刺

鲁迅先生在《孔乙己》中，从多角度运用对比：①两种顾客的对比。作品一开始，描写了社会环境，介绍咸亨酒店的两种顾客，一"长"一"短"，一"里"一"外"，一"坐"一"站"，形成鲜明的对比，深刻揭示了顾客贫富的悬殊、阶级的对立，为"穿长衫"而"站着喝酒"这一特殊身份的孔乙己出场做了铺垫。②喜剧气氛和悲剧气氛的对比。在"笑"的喜剧气氛中，悲剧气氛得到了更加深刻的展示。同时，通过这一阵阵的哄笑，辛辣讽刺和深刻揭露了那个社会的病态。③孔乙己悲惨遭遇的对比。作者巧妙地将孔乙己第一次在咸亨酒店出场和他最后一次出场的外貌、动作、语言进行对比，揭示了封建制度不仅摧残人的肉体，而且毒害人的灵魂。④知识分子命运的对比。同样是读书人，孔乙己和丁举人的命运大不相同。一个穷困潦倒，最后被逼得以偷窃为生，被丁举人打断了腿；一个有权有势，成为统治阶级中的一员，对孔乙己残酷迫害，并置他于死地。之所以会这样，是因为一个没中举，一个中了举。这些对比，有力地讽刺和鞭挞了封建教育与科举制度。

《范进中举》中，胡屠户自身言行的对比，范进中举前后张乡绅与众邻居的态度的对比，都辛辣地讽刺了官场腐败、世态炎凉的病态社会。

《变色龙》通篇运用对比手法，通过对狗的身份的不同猜想，警官奥楚蔑洛夫之"色"竟变了五次之多，其趋炎附势、媚上欺下、见风使舵的丑恶嘴脸暴露无遗，显示了作品浓厚的讽刺意味。

需要注意的是，无论是烘托突出还是辛辣讽刺，都是为了突出文章的主题。

三、中学生在习作中可以从三个方面运用对比来增强文章的表达效果

（一）人物的对比

对比手法写人分两种情况：①通过对比一个人的过去和现在，突出人物的变化。②通过两个人的对比，突出一个人的特点。但无论是哪种情况，都要处理好主次关系，突出主要人物，淡化次要人物。无论是一个人的过去和现在对比，还是两个人对比，都要注意通过具体事例的叙述来进行。可以从外貌、动作、语言、爱好、性格等方面单独进行对比，也可以几个方面同时进行对比。

1.通过对比一个人的过去和现在，突出人物的变化。

如一位同学在下面这篇名为《醒来》的文章中，写了自己"醒来"前后的变化。

刚入初中时，我满怀憧憬、踌躇满志。然而，初次期中考试的失利，使我的心情滑到谷底。班长事无巨细的工作，好似重担压在心头，我仿佛陷入沉沉暗夜。曾经头顶上璀璨的光环黯然失色，众星捧月的豪气荡然无存。我越发怀念过去的时光，甚至开始逃避现实的生活。

犹记得，电闪雷鸣的下午。窗外，大雨滂沱，我的脸颊，有清泪滑过。"已觉秋窗秋不尽，那堪风雨助凄凉！"望着布满红叉的试卷，我苦笑着。"唰！"我愤然把试卷团起来，用力塞到抽屉里——我害怕同学不屑的目光。

……

在她的注视下，我轻轻地把桌洞中皱皱巴巴的卷子拿出来，温柔地将它展平。同窗赞许地笑笑，手轻轻拍拍我的肩。再次远眺窗外，雷声不再轰鸣，雨声不再呜咽。浅浅的暖阳，透过窗纱俏皮地在试卷上跳动，彼时，阳光亦照彻我的心房，信念的种子在萌芽滋长。

原来，窗外一直都有蓝天。同窗的友谊，唤醒了消沉的我。

"世界吻我以痛，我必报之以歌。"我用泰戈尔的名言暗暗激励自己，慢慢调整自己。面对繁重的学业，我不敢懈怠，无数个夜晚，青灯枯卷相伴，我已然心静如水；多少明媚的清晨，我穿梭在林立的教学楼中，手中抱着厚厚的资料，步履从容矫健。

遥远的风依旧，近处的雨依稀。我却从风雨交加中醒来，不再迷茫。漫漫长夜中，在友谊的光辉下，我也找到了奋斗的航向。"虽千万人吾往矣。"于花香阵阵、鸟鸣啁啾处，我自铿锵！

之前一味地怀念过去，逃避现实，在同窗的启发下，从消沉中"醒来"，找到了奋斗的方向，前后对比，突出了个人的成长。

2. 通过两个人的对比，突出一个人的特点。

如一名同学在一篇名为《等待》的文章中写了两个情节："我"等爸爸和爸爸等"我"。

> "到底怎么了？怎么还不来，急死人了！"
>
> 寒风中我蜷缩着身体，不停地抱怨着。我开始后悔，不该答应和爸爸来置办年货，要是在家待着该有多好啊！
>
> "等急了吧，嘿嘿。"不知什么时候，爸爸悄然出现在我的面前。我掉头没有理他，大步走向他的摩托车。
>
> "生气啦，咋不说话呢？"
>
> "我快冻死了，你怎么才来？"我指着潮湿的裤脚朝他大吼。
>
> ……
>
> 终于洗完了，走出浴室时我吃了一惊，天已经有点黑了。我慌乱地找着爸爸的身影。在小院的廊檐下，爸爸坐在那里居然睡着了。我开始懊悔听了他的话。摩托车上已经落了一层雪，爸爸的脚上也落了一层雪，不知道会不会渗到鞋里。我轻轻地弯下腰，为他拂去头发上的雪花，他却立刻被我惊醒了。
>
> "洗好啦。哟，天都黑了，快回家吧，你妈该着急了。"
>
> "爸，冷吗？在这里睡觉冷吗？"
>
> "没有啊，我没睡，这不，你一出来我就知道了。"他一脸错愕，像个做错事的孩子，起身擦拭车上的雪。我站在他身后注视着，不知不觉一股暖流涌上了我的心头。我怎么忘了，爸爸从打工地上海一路辗转，今天早上刚到家；我怎么忘了，路上为了省点钱，他连一顿热饭都舍不得吃；我怎么忘了，他这么辛苦还不都是为了我。而我却做了什么？只知道抱怨，就因为等了一小会儿。
>
> 他的等待远远大于我，他对我的关爱远远大过自己，他对我的爱也远远大于我对他的爱。这么多年的不等号，我却从未发现。爸爸，今后的日子里，我会把不等号改为等号，让我来呵护你吧！

"我"只等了一小会儿就连连抱怨、叫苦不迭；爸爸等"我"等到了天黑，在冰天雪地里睡着了却无怨无悔。两相对比，自私和无私形成了鲜明的对照，也使"我"幡然醒悟，发出了今后要呵护爸爸的美好心愿，写出了"我"性格成长变化的轨迹。

（二）物的对比

比如，一位同学在自己的一篇名为《草房子 小房子 新房子》的作文中，通过一家几代人居住环境的对比，歌颂了祖国的变化。

虽然是麦秆和土坯搭成的又闷又潮湿的草房子，却是一家人挡风遮雨的地方……篱笆上的那一簇簇栀子花，正开得很香很艳。花团锦簇的新砖房，后面是附近村庄起伏的稻浪。添置了大彩电，一家人欣喜不已……左侧有清幽的小径和整齐的小树林，虫鸣、鸟语搅和着阳光，艳丽的彩色楼房似靓丽的女郎风姿绰约地站立在那里俏笑着。

（三）环境的对比

在作文中通过环境的对比，可以起到烘托人物前后不同心情的作用。如遭遇挫折时，周围的一切仿佛都是阴暗的，"雨一直下，似乎在下决心一定要把我的悲伤冲洗得彻底干净"。而一旦走出了困境，收获了成功，周围的所有物体又仿佛都绽开了笑颜，"雨停了，天空中划过一道绚丽的彩虹，仿佛我此刻的心情，在闪亮地绽放着缤纷的色彩"。

总之，对比这种写作手法可以突出好与坏、善与恶、美与丑的对立，给人极鲜明的形象和极强烈的感受。运用这种手法，有利于充分显示事物的矛盾，突出被表现事物的本质特征，增强文章的艺术效果和感染力。我们在写作中应注意学习和运用这种有效的艺术表现手法。

【思考与练习】

1. 写作中运用对比有哪些好处？
2. 在文章中我们应如何运用对比来表现人和物，从而突出主题？

（李静）

巧用"多觉"描写，让文章有声有色

一、"多觉"描写的概念与作用

据传，古希腊人注意到在举杯饮酒之时，人的"五官"都可以分享到酒的乐趣：眼睛能看到酒的颜色，鼻子能嗅到酒的香味，舌头能辨别酒味，而耳朵却被排除在这一享受之外。怎么办呢？希腊人想出一个办法，在喝酒之前，互相碰一下杯子，杯子发出的清脆响声传到耳朵中，这样耳朵就和其他器官一样，也能享受到喝酒的乐趣了。这就是喝酒时要碰杯的由来。

烹调高手总是将美味佳肴烹饪得色香味俱全，让人看了赏心悦目，闻了香气扑鼻，品了津津有味。早期的电影是"无声片"，后来才有"有声片"，人们感到特别有意思。从"黑白片"到后来有了"色彩"，让人体味到"有声有色"的精彩，如今又有能闻到"香味"的电影……这些充分调动人的"五官"去全方位地感受"形、声、香、色、味"的电影备受观众的青睐。

人就是通过眼睛的"视觉"、耳朵的"听觉"、嘴巴的"味觉"、鼻子的"嗅觉"和身体的"触觉"来感受外界事物的，这就是人的五种感觉：视觉、听觉、嗅觉、味觉、触觉。

在写文章时，同时对两种或两种以上人的感觉进行描写称为"多觉描写"。写作时恰到好处地巧用多觉描写，就能让读者从"形、声、香、色、味"的多觉去感受你笔下的文字，可把客观事物的色、形、声、态等准确、生动、细腻地描绘出来，能使所描写的人或物更加鲜明生动，形象更加丰满突出，有助于从不同侧面来深化主题思想，增强文章的感染力。

吴伯箫《菜园小记》：

你留心那平整湿润的菜畦吧（视觉，触觉），就从那里会生长出又绿又嫩又苗壮的瓜菜的新芽哩（视觉）。那些新芽，条播的行列整齐，撒播的万头攒动，点播的傲然不群，带着笑，发着光，充满了无限生机。一棵新芽简直就是一颗闪亮的珍珠（视觉）。……暮春，中午，踩着畦垄间苗或锄草中耕，煦暖的阳光照得人浑身舒畅（触觉）。新鲜的泥土气息，素淡的蔬菜清香，一阵阵沁人心脾（嗅觉）。一会儿站起来，伸伸腰，用手背擦擦额头的汗，看看苗间得稀稠，中耕得深浅，草锄得是不是干净，那时候人是会感到劳动的愉快的（视觉）。夏天，晚上，菜地浇完了，三五个同志趁着皎洁的月光，坐在畦头泉边，吸吸烟；或者不吸烟，谈谈话；谈生活，谈社会和自然的改造（视觉，味觉），一边人声咯咯啰啰，一边在谈话间歇的时候听菜畦里的昆虫的鸣声（听觉）；蒜在抽薹，白菜在卷心，芫荽在散发脉脉的香气（听觉，嗅觉）；一切都使人感到一种真正的田园乐趣。

"多觉"的综合形象，既画出了逼真的画，又抒出了浓郁的情。比画更具有立体感，比诗更具有形象性。

鲁迅《祝福》：

灰白色的沉重的晚云中间时时发出闪光（视觉），接着一声钝响，是送灶的爆竹；近处燃放的可就更强烈了，震耳的大音还没有息（听觉），空气里已经散满了幽微的火药香（嗅觉）。

俄国屠格涅夫《白净草原》：

在这些日子，一切色彩都柔和起来，明净而并不鲜艳；一切都带着一种动人的温柔感。在这些日子，天气有时热得厉害，有时田野的斜坡上甚至闷热；但是风把郁积的热气吹散，赶走，旋风——是天气稳定不变的确实的征候——形成高高的白色柱子，沿着道路，穿过耕地游移着（视觉）。在干燥而清净的空气中，散布着苦艾、割了的黑麦和荞麦的气味（嗅觉）；甚至在入夜以前一小时还感觉不到一点湿气。这种天气是农人割麦所盼望的天气。

二、"多觉"描写的行文技巧

文章要让读者像作者一样受到感染，让读者身临其境，可以运用"时空搬运大法"把当时的环境、情景搬到读者的眼前来，让读者置身其中。

首先要有细致入微的观察。要调动我们的眼睛、鼻子、耳朵、皮肤等各种感官去感受，并把这些感受原汁原味地用文字还原，写出形象、颜色、温度、明暗、声音、气味……将当时的情景完整地搬运到读者的眼前来，让读者不知不觉地走进去。苏联作家 A. 托尔斯泰在谈到描写时曾说："你们应当时时运用幻觉，就是说，学会看见你所描写的东西。你们对你们所幻想的影子看得越清楚，你们的作品的语言就越准确而切实。"（《论写作》）在构思时必须将自己的身心完全融入回忆和联想的环境氛围之中，借此产生真切入微的体验，以这样复现的体验做描述的素材。美国新闻学家 D.C.雷特狄克在谈到描写技巧时说："在人们的心里，蕴藏着各种各样的记忆，如果你能唤起他们心中的这些形象，你的描述就具有了激动人心的力量。"

（一）对自然事物的观察

1.视觉方面（大小、形状、规模、颜色、图案、明暗、动静以及上述方面的细微变化）；

2.触觉方面（轻重、冷热、软硬、涩润）；

3.嗅觉方面（香臭、浓淡等）；

4.味觉方面（酸、甜、苦、辣、咸，还有复合的味道及其程度）；

5.听觉方面（远近、音色、洪细、高低、疾徐、作歇）；

6.感觉方面（压抑、轻松、温暖、寒冷、凄凉、温馨、悲哀、黯淡、明快、怀人、思远、心旷神怡、宠辱皆忘、奇异、恐惧等）。

（二）对社会事物的观察

对人物的观察（浅观察、深观察、特点陈述、群体观察）。

1.外貌（肖像、表情、神态、服饰），视觉为主；

2.语言（身份、年龄、场合、背景），视觉结合听觉；

3.动作（头部结合表情，手部、脚部、胸腹部、肌肉），视觉结合听觉结合触觉。

其次要有生动形象的语言。怎样唤起读者的记忆呢？生动形象的语言可以唤起读者的联想和想象，使读者的头脑中产生具有光、色、态的具体形象，这就是语言的启示性。如果能最大限度地发挥语言的这种启示性，就能够在读者的头脑中唤起对光、色、态的丰富联想和想象，形成一幅幅生动的画面。经验表明，人们心中那些深刻的印象并不是只从视觉得来的，它们也来自人们的触觉、嗅觉、味觉、听觉。

初学写作的人大多注重视觉形象，只写自己看到的一切，而实际上，这只是印象的一部分，要反映出一个场景，仅仅调动一种感受是不够的。要让读者有身临其境之感，就要突破视觉印象的单一描写，而综合地调动触觉、嗅觉、意觉、视觉、味觉、听觉等多种印象，立体地反映环境、气氛。这样，既可以加强事物形象的高度真实感，又可以大大丰富客观画面中渗入的情感因素，创造出更为动人的艺术境界。"想一想我们在海滨度过的时光吧。除了你看到的一切之外，你一定还记得那徐徐吹来的海风，那一阵阵海浪的拍击，你的嘴唇上还留着海水的咸味，那沙粒也还曾抚摸过你的双脚。如果仅仅写出你看到的景象，不就会漏掉许多生动的回忆吗？"（雷特狄克:《特写写作》第 29 章）要成功地进行"多觉"描摹，要注意集中凝练，在几句话里就尽可能多地表达出多种感觉，同时尽可能地将各种修辞手法结合起来写。例如，鲁迅先生的《从百草园到三味书屋》中百草园内的景色。

不必说碧绿的菜畦（颜色），光滑的石井栏（质地），高大的皂荚树（形状），紫红的桑葚（颜色）；也不必说鸣蝉在树叶里长吟（声音），肥胖的黄蜂伏在菜花上（形态及准确的动作），轻捷的叫天子（云雀）忽然从草间直窜（速度和力度）向云霄里去了（形态及准确的动作）。单是周围的短短的（规模）泥墙根一带，就有无限趣味。油蛉在这里低唱（拟人），蟋蟀们在这里弹琴（拟人）。翻开断砖来，有时会遇见蜈蚣；还有斑蝥，倘若用手指按住它的脊梁，便会啪的一声（声音），从后窍喷出一阵烟雾。……如果不怕刺，还可以摘到覆盆子，像小珊瑚珠攒成的小球，又酸又甜（味道），色味都比桑葚要好得远。

——让人仿佛置身其中，同作者一样感受到无穷的乐趣，就是这种写法所产生的效果。
再看看朱自清先生是怎样写《春》的：

"吹面不寒杨柳风"，不错的，像母亲的手抚摸（力度）着你。风里带来些新翻的泥土的气息（气味），混着青草味儿，还有各种花的香（气味），都在微微润湿（湿度，触觉）的空气里酝酿。鸟儿将巢安在繁花嫩叶当中，高兴起来了，呼朋引伴地卖弄清脆的喉咙，唱出宛转的曲子（拟人），跟轻风流水应和着。牛背上牧童的短笛，这时候也成天（时间之长）嘹亮（声音的响度）地响着。
雨是最寻常的，一下就是三两天。可别恼。看，像牛毛，像花针，像细丝，密密（细、密、亮；联想；比喻）地斜织（有风的状态）着，人家屋顶上全笼（范围）着一层薄（厚度）烟。树叶儿却绿得发亮，小草儿也青得逼你的眼（颜色及亮度）。

朱自清笔下的《荷塘月色》：

微风过处，送来缕缕清香（嗅觉），仿佛远处高楼上渺茫的歌声似的（听觉，通感）。
塘中的月色并不均匀；但光与影有着和谐的旋律（视觉），如梵婀玲上奏着的名曲（听觉，通感）。
叶子和花仿佛在牛乳中洗过一样（视觉）；又像笼着轻纱的梦（通感）。

丰子恺的《竹影》：

院子里的光景已由暖色变成寒色，由长音阶变成短音阶了。

从通感上看是打通了视觉与听觉，"以耳识幻感补益眼识实觉"（钱锺书）；从比喻上看，则是将"光线"隐喻为"音乐"，形象地传达了作者对傍晚光线的主观感受。
注意："多觉"描写不等于通感。

通感修辞格又叫"移觉"，就是在描述客观事物时，用形象的语言使感觉转移，将人的听觉、视觉、嗅觉、味觉、触觉等不同感觉互相沟通、交错，彼此挪移转换，将本来表示甲感觉的词语移用来表示乙感觉，使意象更为活泼、新奇的一种修辞格。如《鲁提辖拳打镇关西》中分别从味觉、视觉、听觉的角度描写了三拳，并没有写出感觉的转移，所以不属于通感，但是属于"多觉"描写。

【学生习作】

顶出一个春天

记忆里仍是那抹盎然的绿，眼前，绿意环绕，春意盎然……

"春风吹又暖，冰雪间消融。"东风悄至，可眼前仍是茫茫一片，没有任何生气。记忆的碎片随着温和又夹杂着些许料峭的春风，落入了记忆的长河。

儿时的春天，是春色满园的。迎春花的嫩叶上还遗留着昨夜的晶莹露珠，黄灿灿的小花总是在人们不经意间绽放，总会让疲惫的人们眉眼间多出一抹笑意，得到心灵的慰藉——春天来了。多么欢快！多么舒畅！耳畔回响着的，是喜鹊的欢啼，让原本寂静无声的春天，多了些热闹。

春风再一次拂过我稚嫩的脸庞，睁开双眼，我的思绪又一下回到了如今。光秃秃的地面上只有几株瘦小、黄绿的小苗，迎春花也只是冒出了几朵半闭半合的花骨朵儿。以往那个姹紫嫣红的春天，到哪去了呢？如今的社会，都在提倡全面建设小康社会，工业污染也愈发严重。的确，我们是要迎来梦寐以求的金山银山了，可是令人心驰神往的绿水青山又该何去何从呢？

想着想着，嘴角藏了些笑意，眉间多了份落寞。最近繁重的学习生活已把我逼到了崩溃的边缘，心间仿佛多了块坚冰，没有丝毫暖意，春天，似乎很遥远……

迈出门外，随心漫步。恍惚间，一股清新淡雅的芬芳萦绕在我的鼻尖。抬眼，一抹耀眼的绿霎时顶在我的眼前——啊，这是多么美丽的邂逅！——香樟，一株充斥着春意的香樟啊！

好一个生机勃勃的绿！

我的目光一下子就驻留在它的身上，无法移走。粗粝的枝丫上不是枯瘠的一片，而是一片又一片，一簇又一簇，一发不可收拾的绿叶。深绿映衬浅绿，上下错落有致，光泽、大小、颜色都是恰到好处。在现在还单调寂寞的春天里，它就是人与自然最美好的杰作！——自然的春天，仿佛被这翠绿的香樟，突然一下顶出来了。——内心的坚冰，似乎被这惊人的绿所震撼，开始破裂，融化……

重重叠叠的绿与记忆里重合，我的思绪又透过绿色的空隙，撬开了记忆的木匣——

祖父生前最喜欢的，就是香樟了。

"香樟好啊，香樟好，香樟浑身都是宝……"记忆中，春分，香樟的绿意就漾满了整个小院，鸟雀们的欢闹与春风交相辉映，奏出属于春天的最美的乐章。而我则无忧无虑地奔跑在春日的阳光下，肆意欢笑。林荫旁，香樟树下，祖父佝偻着背浅笑，仿佛有了这一切，他也就心安了。

儿时最疼我的便是祖父，嗅着香樟的清香，念着祖父的音容笑貌——倏地，心灵的春天也突然被顶开。那块坚冰早已幻化成一泓春水，长留在我心间。

麻雀的一声清脆啼叫，把我散落在远方的思绪扯了回来。目光再一次落到了这株香樟上——依旧是那么的青葱、翠绿！蓦然，我似乎瞧见了祖父那和蔼的微笑，深邃的瞳已眯成一条细细的月牙，爽朗的笑声久久不绝。

我的心情久久不能平静，满腔充斥着暖意，阳光直射我的心窝，绿意盎然，春暖花开。

一株树，一个人，一份绿，一股怀念，顶出了一个生气勃勃的春天！

春，香樟树下，我笑了。

【思考与练习】

1. 什么是"多觉"描写？

2. 选择文中精彩的一段"多觉"描写试品它的好处。

（单莉莉）

事件发生发展的环境

◎学习提示

文学作品中的环境描写，不但可以让人感受到整个时代、整个环境的生活气息，还能推动整个故事情节的发展。

环境是人物生活的"土壤"，环境是事件发生发展的特定场所。梅尧臣说过："状难写之景如在目前，含不尽之意见于言外。"确实，成功的环境描写，不但可以让人感受到整个时代、整个环境的生活气息，还能推动整个故事情节的发展。写故事性较强的记叙文，除情节外，也要写好自然环境和社会环境。写好环境描写，可较好地交代事件发生，推动情节发展，进而充分、明确地表达中心思想。

环境描写是指文学作品中对人物所处的具体的社会环境和自然环境的描写。"人创造环境，环境塑造人。"人物的活动、事件的展开，总是在一定自然环境、社会环境中进行的。因此，写人记事常常需要对环境进行描写。作品中的环境描写，不论是自然环境还是社会环境，都不是可有可无的装饰品，而是密切地联系着人物的思想行动，推动着事件的发生发展。

一、事件发生发展中的环境

环境描写是指对人物所处的具体的环境的描写，包括自然环境和社会环境。自然环境描写包括：人物活动的时间、地点、季节、气候以及景物等；社会环境描写，指的是对特定的时代背景及人物生活环境的描写。它所描写的范围可大可小，大至整个社会、整个时代，小至一个家庭、一处住所。描写的内容可以是室内陈设、当地的风土人情和时代气氛等。事件发生发展中的环境是指在事件发生发展的过程中所穿插的环境描写。

二、环境描写对事件发生发展具有重要作用

（一）交代故事发生、发展的时间地点

"车窗外是茫茫的大戈壁，没有山，没有水，也没有人烟……"《白杨》首段环境描写便交代了地点：使人初步感受到大戈壁的荒凉与贫瘠。

（二）交代社会环境，如背景、习俗、思想观念以及人与人之间的关系等

事件发生的背景多指社会环境。如《变色龙》的开头："四下里一片沉静，广场上一个人也没有。商店和饭馆的门无精打采地敞着，面对上帝创造的这个世界，就跟许多饥饿的嘴巴一样，门口连一个乞丐也没有。"只用寥寥几笔就真实地再现了沙皇统治下的社会一派萧条败落的景象，反映出19世纪80年代俄国社会阴森可怖的黑暗面貌。主人公奥楚蔑洛夫就生活在这样的典型环境中。社会环境的交代有利于读者了解事件发生的背景，能更准确地理解事件的发生和发展。

另外，如鲁迅的《孔乙己》开头对咸亨酒店的介绍：鲁镇酒店的格局，是和别处不同的：都是当街一个曲尺形的大柜台，柜里面预备着热水，可以随时温酒。做工的人，傍午傍晚散了工，每每花四文铜钱，买一碗酒——这是二十年前的事，现在每碗要涨到十文……但这些顾客，多是短衣帮，大抵没有这样阔绰。只有穿长衫的，才踱进店面隔壁的房子里，要酒要菜，慢慢地坐喝。咸亨酒店可以说是当时中国黑暗的半封建半殖民地社会的缩影，对咸亨酒店的介绍，是为了交代孔乙己生活的社会环境，渲染"短衣帮"与"穿长衫的"两个泾渭分明的社会群体，表现了社会严重的阶级对立，人与人之间冷酷的关系。作者刻画这样一个势利、冷酷、虚伪的社会环境，交代了故事发生的社会背景，为情节的发展奠定了基础。

（三）渲染事件发生发展的气氛，奠定故事基调

例如："天灰蒙蒙的，又阴又冷，长安街两旁的人行道上挤满了男女老少。"《十里长街送总理》一文中的环境描写，渲染了事件发生的悲哀的气氛，衬托出人们悼念周总理的极其沉痛的心情。另外，如《故乡》中对故乡景象的描写，渲染了一种悲凉的气氛。而鲁迅《药》一文中一段：时令虽已是清明，然而天气仍"分外寒冷"，"歪歪斜斜"的路旁是"层层叠叠"的丛冢；这里没有生机，只有"支支直立"的枯草发出"一丝发抖的声音"；这里没有啼鸣的黄莺，只有预兆不祥的乌鸦，而且"缩着头，铁铸一般站着"。这里借助环境描写为故事的发生发展渲染出阴冷、悲凉的气氛，奠定了整个故事的感情基调。

（四）暗示事件发生发展中人物的性格，衬托活动

法国短篇小说大王莫泊桑的《我的叔叔于勒》中有两处景物描写。

A. 我们上了轮船，离开栈桥，在一片平静得好似绿色大理石桌面的海上驶向远处。

B. 在我们面前，天边远处仿佛有一片紫色的阴影从海里钻出来，那就是哲尔赛岛了。

第一处环境描写是在菲利普一家怀揣发财梦去旅游时，那时他们收到于勒发财的信，菲利普的二女儿也因此结了婚，一家人高兴出游，那时的海面在他们眼中美得如"绿色大理石桌面"。可见一家人的心情多么愉快。但出乎意料的是，他们在旅游的船上遇到了破产后沦落为水手的于勒，他们一家发财的梦想破灭了。所以，他们旅游的目的地在他们眼中却成了"紫色的阴影"，不着一字，却淋漓尽致地写出了菲利普一家失望、沮丧的心情，衬托出人物在故事发展过程中的心理变化。

当代作家曹文轩的《孤独之旅》中，有关暴风雨的描写和杜小康的成长是分不开的。芦荡的暴风雨是极其可怕的："雷声""如万辆战车从天边滚动过来"，"暴风雨""歇斯底里""天昏地暗"，"仿佛世界已到了末日"，暴风雨冲垮了鸭栏，惊散了鸭群，杜小康表现出成人般的勇气和坚强，在暴风雨中搏斗。暴风雨给了他一个成长的机会和舞台，可以说环境愈是恶劣，愈是能突出主人公杜小康的勇敢和坚强，也愈加使人物形象活灵活现，再现人物在事件发展过程中的成长。

一位学生在《茵草坪上的故事》中有这样一段描写，作者不直接写内心滋生的思念之情，只说："一场雨之后那一片茵草地更绿了，那一株株的绿草一下子似乎长了一大截，让这片小小的草地变成了一张厚厚的绒毯，我感到，那正在滋生的不是小草，而是自己无法阻止的思念。"这样的句子含蓄有情，写出了作者内心的思念之情，衬托了人物的活动。

（五）推动情节发展，作为情节发展的铺垫或线索

在文章中，多次使用景物描写，不仅可以使情节显得更加真实、更加吸引人，还能自然地展开情节。

"车窗外是茫茫的大戈壁，没有山，没有水，也没有人烟……"《白杨》首段环境描写，使人初步感受到大戈壁的荒凉与贫瘠，为下文爸爸的沉思做了铺垫。

《曹操煮酒论英雄》中"酒至半酣，忽阴云漠漠，骤雨将至。从人遥指天外龙挂"一句，因为天气的变化，引出了对"龙"的评论，从而推动了情节的发展。

另外，如《边城》中写道："天已快夜，别的雀子似乎都休息了，只杜鹃叫个不息。石头泥土为白日晒了一整天，草木为白日晒了一整天，到这时节各放散出一种热气。空气中有泥土气味，有草木气味，还有各种甲虫类气味。翠翠看着天上的红云，听着渡口飘来外乡生意人的杂乱声音，心中有些儿薄薄的凄凉。"情窦初开的翠翠"在成熟中的生命，觉得好像缺少了什么"，"好像眼见到这个日子过去了，想要在一件新的人事上攀住它，但不成"。翠翠渴望爱情但还没有着落，有孤单失落之感。这时祖父在渡船上忙个不息，顾不上她，杜鹃叫个不息，泥土、草木以及各种甲虫类气味，生意人的杂乱声音，更增添了翠翠内心的纷乱和孤独之感，因此她"心中有些儿薄薄的凄凉"。这里的环境描写成为人物心理活动的契机并映衬着人物的心情，还有推动故事情节发展的作用。

（六）使故事情节完整，深化文章主题

分析故事的主题，离不开对情节的细致分析，也离不开对环境的认真考察。如老舍的《骆驼祥子》中，为了刻画人力车夫祥子的辛苦，揭示旧社会劳动人民的悲惨，作者极力刻画了日烈雨暴的情景。当日烈到人不能忍受的程度，祥子还不得不拉车挣钱；当雨暴到人不能行走的程度，祥子还不得不在雨中挣命。通过这样的环境描写，展现了祥子在烈日暴雨下拉车的故事情节，从而揭示了旧社会劳动人民生活的疾苦和悲惨的主题。

在一篇以"关心"为题的中考满分作文中就三次出现了景物描写。开头是这样描写的："细

雨绵绵，如同那扯不断剪不断的线，我的烦恼就像这绵绵的雨丝，没有尽头。"中间接着说："放眼望去，那一片片的竹林在雨中显得更加娇美了，那一簇簇的绿叶，经过雨水的洗刷之后，更加绿了，更加亮了。"结尾的时候，作者再次写到了景物："我呆呆地伫立雨中，望着父女俩消失在茫茫的雨雾中。心中忽然静静地淌过一阵热流。""雨依然飘洒，不过，雨丝却成了母亲的双手，在轻抚着奔跑的我。"同样写雨，却用了三段情感不同的文字，情节自然展开。用这种方法写出来的文章，脉络分明、极富情感。

三、注意事项

运用环境描写要做到：

1. 抓住特征——写出独具特色的景物。

2. 具体生动——给人身临其境之感。

3. 目的明确——为表达中心思想服务。

宋代诗人杨万里写过这样的诗句："春花秋月冬冰雪，不听陈玄只听天（自然之意）。"确实，环境描写不能为景而写景，更不可"情不够，景来凑"，应该学会让景物说话，为我们讲述一个情节生动的故事。

【思考与练习】

1. 环境描写对事件发生发展有什么作用？

2. 环境描写有哪些注意事项？

3. 修改自己写过的文章，在事件发生发展中插入一些环境描写。

（陈雪峰）

事件细节的观察与表达

◎学习提示

注意观察事件的细节，丰富写作内容；学习细节，运用细节描写让文章更具表现力。

英国医生约瑟夫·贝尔的观察力极强，从膝盖磨损奇特的裤子，他断定患者是皮鞋匠；从粗大的指关节和手指上稍稍变硬的皮肤，他断定患者是制造瓶塞的工匠或采石场工人，患者都既惊讶又佩服。作家柯南·道尔以他为原型，塑造出观察力惊人的大侦探福尔摩斯。福尔摩斯的演绎与分析法则都是贝尔医生在实际生活中常常讲起的："我一向教学生注意观人于微的重要性，琐碎事物里所含的意义无穷。这就是注重细节观察的重要性。"

写作需要一双像福尔摩斯那样善于观察的眼睛。从字面上说，"观"是"看"，"察"是"仔细看"，"观察"就是"仔细察看"，如果对周围的事物和生活熟视无睹，缺乏必要的观察，即使构思新奇，在描景状物、写人叙事时也会感到左右为难、力不从心，就会出现面对作文题思来想去却难以理出头绪的现象。鲁迅先生主张要"留心各样的事情""如要创作，第一须观察"。

一、细节观察的要求

（一）观察要有善于发现的双眼

留心生活，挖掘司空见惯的事物中不曾被人重视的东西，用明亮的充满智慧的双眼去捕捉，方能丰富自己的精神世界。

（二）观察要细致入微，抓住事物的特征

景物各有其形，人物各有其貌。抓住特征就是抓住这一事物区别于其他事物的地方。

莫泊桑在法国文坛刚崭露头角时，有一次去看望福楼拜，想把准备写成短篇小说的几个故事讲给他听。然而福楼拜这样说："现在要做的是——当你走过一个坐在自己店门前的杂货商面前、走过一个吸着烟斗的守门人面前、走过一个马车站面前时，请你给我描绘一下这个杂货商和这个守门人他们的姿态，他们整个的身体外貌，要用画家那样的手腕传达出他们全部的精神本质，使我不至于把他们同任何别的杂货商人、任何别的守门人混同起来。还请你只用一句话就让我知道，马车站有一匹马同它前前后后五十来匹是不一样的。"莫泊桑照他的话去做了，这才知道自己还没有学会用眼睛去观察生活、观察人。可见，观察出事物特征是多么必要。

（三）观察要有顺序

从认识事物的规律出发，无论事件中的人或物，观察时往往都采取先整体再局部、从上到下、由外而内的顺序。

（四）观察要和思考相结合

思考是观察过程中最为重要的环节，将现象与本质相联系，发现细节的内在，开动思想机器。在观察中展开联想、想象，形象将更加生动，给人身临其境的感受。

二、细节观察的方法

（一）随意观察和专意观察

随意观察是从兴趣出发，随时随地观察，一人一事、一草一木、一朵云彩、一条标语等，皆可成为观察的对象，坚持积累，提高观察力。

专意观察是指在一定时间内有目的地选定一个观察对象。目的明确、对象清楚、有充分准备的观察效果更好。如作文《春回校园》，带着目标到校园去观察，显然比随意走一遭好得多。

（二）全面观察和细致观察

全面观察是对事物各方面的整体观察，全面反映事物；细致观察则是对事物某一方面精细观察，不可忽略细小的地方。

作家艾芜说过："听见对方厉害的话，暴躁的人会按捺不住，脸红筋涨地发言反对；有涵养的人便会镇静异常，从容不迫地加以辩驳；爱生气而不喜欢讲话的人定会一言不发，脸变青了，紧紧咬着嘴唇；世故很深的人就装着满不在乎的样子，只微微地冷笑一下；胆小的人就脸色灰白，禁不住冒出冷汗；老实的人便局促不安，手足都不晓得放在哪里的好。"这都是细致观察的结果。

三、关于细节的表达

叶圣陶先生曾说："所谓语文，语是指口头语言，文是指书面语言。可见，语文是口头表达能力与书面表达能力的综合体现。"

细节的表达方式包括口头表达和书面表达两种。

（一）口头表达

1.口述：将观察所得尽可能准确、细致、流利地说出来。口述与一定的题目要求相结合就是口头作文。

2.模仿表演：把观察到的声音、样貌等细节或人物特性通过表演再现出来。

（二）书面表达

1.观察日记。日记的内容，来源于对生活的观察，可以记事、写人，可以状物、写景，也可以记述活动。日记应及时准确地记录观察到的内容，这也是积累素材的好方式。

2. 细节描写。"细节"顾名思义，就是细枝末节，它是人物、情节、环境的最小单位，如人体的细胞。说得通俗一点，细节就是具体的描写那些动作、神态、环境等的细微表现的地方。好文章之所以能感人肺腑，精彩的细节描写功不可没。

（1）细节描写的作用。

①为情节的发展埋下伏笔。

> 我母亲对我们的拮据生活感到非常痛苦。那时家里样样都要节省，有人请吃饭是从来不敢答应的，以免回请；买日用品也是常常买减价的，买拍卖的底货；姐姐的长袍是自己做的，买十五个铜子一米的花边，常常要在价钱上计较半天。（《我的叔叔于勒》）

②表现人物心情。

贺知章"笑问客从何处来"综合运用情态细节和语言细节，在一"笑"一"问"之间，把老归故里人不识的凄凉生动地再现在读者面前。

> 时候既然是深冬；渐近故乡时，天气又阴晦了，冷风吹进船舱中，呜呜的响，从篷隙向外一望，苍黄的天底下，远近横着几个萧索的荒村，没有一些活气。我的心禁不住悲凉起来了。（《故乡》）

（2）细节描写的方法。

①锤炼词语。

将观察到的细节用尽可能合适的词语描绘出来，在反复推敲中选定最有表现效果的词语，使之符合现实，符合写作的要求。

②巧用修辞。

> ……一个凸颧骨，薄嘴唇，五十岁上下的女人站在我面前，两手搭在髀间，没有系裙，张着两脚，正像一个画图仪器里细脚伶仃的圆规。（《故乡》）

《故乡》中"圆规"的比喻活化出杨二嫂身材的特点。

③在对比中表达细节。

他身材增加了一倍；先前的紫色的圆脸，已经变作灰黄，而且加上了很深的皱纹；眼睛也像他父亲一样，周围都肿得通红，这我知道，在海边种地的人，终日吹着海风，大抵是这样的。他头上是一顶破毡帽，身上只一件极薄的棉衣，浑身瑟索着；手里提着一个纸包和一支长烟管，那手也不是我所记得的红活圆实的手，却又粗又笨而且开裂，像是松树皮了。（《故乡》）

五年前的花白头发，即今已经全白，全不像四十上下的人；脸上瘦削不堪，黄中带黑，而且消尽了先前悲哀的神色，仿佛是木刻似的；只有那眼珠间或一轮，还可以表示她是一个活物。（《祝福》）

鲁迅笔下的闰土和祥林嫂都采用在对比中刻画细节的方法，使其悲惨境遇一目了然。

明确了观察的重要性，掌握了观察的方法，再将观察的细节运用合适的方法表达出来，作文的选材将更富有新意，内容也会充实生动起来。

【思考与练习】

1. 将你教室的特点比较细致地用口头表达出来。

2. 模仿一部电影中的一段表演，看看大家会有什么评价。

3. 当你考试取得了满意的成绩，面对试卷，妈妈(爸爸)是怎样的反应？运用合适的词语和修辞，尝试写一段细节描写。

（王玉）

事件场面的观察与表达

◎**学习提示**

什么是场面描写？如何进行场面描写？场面描写有哪些作用？

场面描写是指在一定的时间和地点内，以人物活动为中心，通过综合运用叙述、描写、抒情等表达方式，对自然景色、社会环境、人物活动等进行集中表现的描写方式。它描绘的是一个特定事件进行中的横断面，涉及人物的外貌、语言、动作、心理活动和神态等各方面的细节。

场面描写的目的是要营造出一种特定的气氛，因此，它不是单一的表达方式和写作手法的运用，而是要通过综合多种手法，如映衬、象征等，使场面变成一幅生动而充满感染力的图画。常见的场面描写包括生活场面、劳动场面、战斗场面、运动场面以及各种会议场面等。

一、观察好并且写好一个场面的方法

（一）有条不紊

场面无论是大是小，它们的共同点是人物众多、事件繁杂，因此，写场面必须理出个头绪，有条有理地描述。只写一点不及其余，形成不了场面，面面俱到又容易凌乱杂沓。场面描写一般是以人物活动的不同类型组织起来的。以人物的视线，或以人物的活动来安排文章顺序是常用的方法。

（二）有点有面

写场面离不开场面中人的描写。场面中人物众多，是不是都要一一写出来？不，且不说小小的记叙文不像摄像机那样有很大的容量，就是全写出来也没什么意义。因为文章的主题决定了选择的材料是有限度的，不可能所有人的言谈、举止都与主题有关系，即使有，还存在一个远近的问题。为了花最少的笔墨最突出地表现中心，我们就要选那些与主题关系最密切、最有代表性的人的活动来加以重点叙述，以少胜多、以小见大。写活动还少不了场景的描写，这是活动的背景。场面里常常有一两件事物处于中心地位，它关系到全篇文章的中心思想。因此，场面描写中要抓住这一两件事物，把它们写好写细，以它们来突出整个场面的气氛。

比如《开国大典》中"举行典礼"这一部分：

> 下午三点整，会场上爆发出一阵排山倒海的掌声，中华人民共和国中央人民政府主席毛泽东出现在主席台上，跟群众见面了。三十万人的目光一齐投向主席台。
>
> 中央人民政府秘书长林伯渠宣布典礼开始。中央人民政府主席、副主席、各位委员就位。乐队奏起了中华人民共和国国歌——《义勇军进行曲》。正是这战斗的声音，曾经鼓舞中国人民为新中国的诞生而奋斗。接着，毛泽东主席宣布："中华人民共和国中央人民政府在今天成立了！"
>
> 这庄严的宣告，这雄伟的声音，使全场三十万人一齐欢呼起来。这庄严的宣告，这雄伟的声音，经过无线电的广播，传到长城内外，传到大江南北，使全中国人民的心一齐欢跃起来。
>
> 接着，升国旗。毛主席亲自按动连通电动旗杆的电钮，新中国的国旗——五星红旗徐徐上升，三十万人一齐脱帽肃立，一齐抬起头，瞻仰这鲜红的国旗。五星红旗升起来了，表明中国人民从此站起来了。
>
> 升旗的时候，礼炮响起来。每一响都是五十四门大炮齐发，一共二十八响。起初是全场肃静，只听见炮声，只听见国旗和许多旗帜飘拂的声音，到后来，每一声炮响后，全场就响起一阵雷鸣般的掌声。
>
> 接着，毛主席在群众一阵又一阵的掌声中宣读中央人民政府的公告。他用强有力的语调向全世界发出新中国的声音。他读到"选举了毛泽东为中央人民政府主席"这一句的时候，广场上的人们热爱领袖的心情融成一阵热烈的欢呼。观礼台上同时响起一阵掌声。

这一部分的场面描写点面结合，不仅写出了典礼的庄严、热烈，更表达了人民群众热爱新中国、爱戴领袖的思想感情。

（三）写好气氛

有时候，场面描写还需要刻意渲染气氛，或欢快，或恬静，或悲怆，或紧张。人物总是离不开这样的场面，在这样的场面中开展活动。通常情况下，在人物出场前、出场后或者离场后，都要进行场面描写的烘托或者铺垫，以求更好地为描写人物形象而服务。如《在烈日和暴雨下》（节选自老舍的长篇小说《骆驼祥子》）有这样一个片段：

> 车夫急着上雨布，铺户忙着收幌子，小贩们慌手忙脚地收拾摊子，行路的加紧往前奔。又一阵风。风过去，街上的幌子，小摊，行人，仿佛都被风卷走了，全不见了，只剩下柳枝随风狂舞。

这个片段短而精彩，把暴风雨来临前后的场面像放电影一样展现在读者面前，文字虽不精彩，但寥寥几笔生动地描写了在烈日酷暑中暴雨突然来临时，街面上"仿佛有什么大难来临，一切都惊慌失措"的场面。

写好气氛还应注意以下几点。

1. 要认识场面气氛的思想差异。操场上的热闹、市场上的热闹、晚会上的热闹体现出来的情绪、思想是不尽相同的。操场上的"热闹"是朝气蓬勃、天真活泼；市场上的"热闹"是经济繁荣、买卖兴隆；晚会上的"热闹"是欢乐、幸福、陶醉。作者就是要根据"热闹"内涵上的差异，选择场面描写的内容。

2. 要写好气氛的发展、变化。在实际生活中，有些场面的气氛是随着事件、人物的活动发生变化的。例如，上课前教室内吵吵嚷嚷，老师一进教室，同学们就鸦雀无声了，这就是变化。我们在一些影视作品中就经常能看到有些场面气氛起伏变化很大。写好场面气氛的变化，关键是抓住事件的发展过程，在事件发展中去写场面气氛的变化，不然就变化得让人莫名其妙。

（四）运用多种方法、技巧描写场面

场面描写涉及人和事，也就是说，场面描写与人物描写、事件记叙息息相关。场面描写为记事、写人服务，单纯的场面描写是不存在的。因此，我们要注意学习通过人物的肖像、语言、动作等描写来烘托场面，注意事件发生、发展对场面描写的影响。单一的表达方式和写作手法是不够的，要综合运用记叙、描写、抒情、议论等表达方式，以及映衬、象征等多种表现手法，这样才能使场面变成一幅生动而充满感染力的图画。

二、场面描写的作用

场面描写一般由"人""事""境"构成，它是叙事性作品的基本构成单位，是刻画人物、展开情节、表现主题的主要手段。下面具体谈谈场面描写的几种作用。

（一）衬托或表现人物形象

场面描写的最主要作用是为塑造人物形象和表现作品主题服务，但在具体运用中来看，作用又有所侧重。如《安塞腰鼓》中："一捶起来就发狠了，忘情了，没命了！百十个斜背响鼓的后生，如百十块被强震不断击起的石头，狂舞在你的面前。骤雨一样，是急促的鼓点；旋风一样，是飞扬的流苏；乱蛙一样，是蹦跳的脚步；火花一样，是闪射的瞳仁；斗虎一样，是强健的风姿。黄土高原上，爆出一场多么壮阔、多么豪放、多么火烈的舞蹈哇——安塞腰鼓！"这段场面描写赞美激荡的生命和磅礴的力量，表现了西北汉子的阳刚美。

（二）渲染气氛，烘托事物

有的场面描写刻意渲染气氛，或喜悦、恬静，或悲怆、紧张，让人物在一定环境中真实地展开活动。如都德的《最后一课》写上课的情景，巧妙地借助一个无知顽童的冷静观察和心理分析，

特别是对韩麦尔先生临下课之际感人至深的神态言行的细摹，在肃静而凝重的氛围的层层烘托渲染中，最后突然如火山爆发般地喷出爱国主义的激情，收到了强烈地感染读者的艺术效果。

（三）明示或暗点主题

有的场面描写着意突出主题，或明示，或暗点，让人物在活动中完成自己的使命，将作者的倾向在具体的场面描写中自然流露出来。

如《老山界》：

满天都是星光，火把也亮起来了。从山脚向上望，只见火把排成许多"之"字形，一直连到天上，跟星光接起来，分不出是火把还是星星。这真是我生平没见过的奇观。大家都知道这座山是怎样地陡了，不由浑身紧张，前后呼喊起来，都想努一把力，好快些翻过山去。

"不要掉队呀！"

"不要落后做乌龟呀！"

"我们顶着天啦！"

大家听了，哈哈地笑起来。

在"之"字拐的路上一步一步地上去。向上看，火把在头顶上一点点排到天空；向下看，简直是绝壁，火把照着人的脸，就在脚底下。

文段通过描写"之"字形火把来写夜晚行军场面，是围绕表现红军不畏艰险、坚强勇敢的豪迈气概这一中心来写的，给读者留下了深刻印象。

以下是一篇场面描写的范文：

最令我难忘的还是到达军营的第四个夜晚。

夜深了，很静。

"嘟、嘟、嘟。"三声清脆的哨音划破了整个山谷的沉寂，也把我从梦中惊醒。是三声！紧急集合！我随手去拉灯绳。"别开灯！"不知哪里来的一声提醒了我。紧急集合是不允许开灯的。此刻，我们住的营房可"炸了锅"。"嘿，我的衣服呢？""手电，快给照照！""现在几点了，还没睡好呢！""甬啰唆，只有三分钟！"……"喂，回来，你穿的是我的鞋！""哗啦！""床塌了？""嚷什么，我把脸盆踹翻了！"……这时的我，用热锅上的蚂蚁来形容，是一点儿也不过分，好不容易胡乱套齐了衣服，背包却怎么也打不好，脑门上急出一层汗。打了拆，拆了打，折腾了两三次就是打不好。心里一慌连手指也给缠了进去。最后干脆一咬牙，横七竖八地给被子来个"五花大绑"就往肩上一扛，跳下地，趿拉着鞋，冲出门外……

分析：

本片段描写了军营中一次紧急集合的场面。"我们住的营房可'炸了锅'"，概括写出了这个场面的特点，有找衣服的、穿错鞋的、踹翻盆的、抱怨的……这其实是对整个"面"的描写，接下来详写了"我"在这次紧急集合中的表现，运用了动作描写、心理描写，可谓是"点"。整个场面有详有略、有点有面，写出了一种紧张的气氛。

【思考与练习】

1. 要写好一个场面应注意哪几个方面的问题？

2. 场面描写有什么作用？

3. 请从比赛的场面、联欢的场面、升旗仪式的场面、学习的场面等中任选一个场面，具体地描写下来。

（李静）

第2单元

让想象飞翔

◎**学习提示**

　　作文离不开想象，丰富的想象力是写好作文的一个重要前提。想象是什么？想象是一种特殊的思维形式，是人在头脑里对已储存的表象进行加工改造形成新形象的心理过程。它能突破时间和空间的束缚。想象包括联想、再造想象、创造想象，其中创造想象是想象的最后阶段，写作中应当合理运用想象，培养想象力。

作文离不开想象，纵观历年来的中考、高考作文要求，想象能力的培养越发显出其重要性，想象训练是写好作文的必由之路，各种文体的写作都离不开想象。

一、想象的类型

想象包括联想、再造想象和创造想象三类。

（一）联想是想象的初级形态，是由此及彼的一种思维活动

联想的种类很多，主要有以下四类。

1. **类比联想，取其形似。**

主要指事物间的形态、色彩、声貌相似。如由天上的云霞想到仙女们的衣服，这两者主要是色彩美感相似。由风雨敲窗想象到铁马冰河的行军声，主要是声音相似。

2. **对比联想，取其意反。**

有些事物表象有些相同，但它们之间也有相反的因素，取其相反之点进行对比映衬，可以增强表达的效果。同是树，白杨的干枝显得高大、伟岸、挺直，而杨柳的枝条则显得柔弱。再如，松树同杨树相比，松树岁寒而不凋，显得青翠有生命力；而杨树则枝叶凋零，抵御不住严寒的侵袭。

3. **拓深联想，取其质同。**

有些事物的形式虽不相同，但其本质却有相同的地方。于谦的《石灰吟》是一首托物言志诗。

作者以石灰做比喻，表达自己为国尽忠、不怕牺牲的意志和坚守高洁情操的决心。作为咏物诗，若只是事物的机械实录而不寄寓作者的深意，那就没有多大价值。这首诗的价值就在于处处以石灰自喻，咏石灰即是咏自己磊落的襟怀和崇高的人格。首句"千锤万凿出深山"是形容开采石灰石很不容易。次句"烈火焚烧若等闲"。"烈火焚烧"，当然是指烧炼石灰石。加"若等闲"三字，又使人感到不仅是在写烧炼石灰石，它还象征着仁人志士无论面临怎样严峻的考验，都从容不迫、视若等闲。第三句"粉骨碎身浑不怕"。"粉骨碎身"极形象地写出将石灰石烧成石灰粉，而"浑不怕"三字又使我们联想到其中可能寓有不怕牺牲的精神。至于最后一句"要留清白在人间"更是作者在直抒胸怀，立志要做纯洁清白的人。于谦为官廉洁正直，曾平反冤狱、救灾赈荒，深受百姓爱戴。明英宗时，瓦剌入侵，明英宗被俘。于谦议立明景帝，亲自率兵固守北京，击退瓦剌，使人民免遭蒙古贵族再次野蛮统治。但英宗复辟后却以"谋逆罪"诬杀了这位民族英雄。《石灰吟》可以说是于谦生平和人格的真实写照。

4. 辐射联想，取其神似。

事物间的情调、气质、神态有相似的地方。如鲁迅描写《故乡》开头的环境：天气阴晦、荒村萧索、冷风吹船三个景物毫不相同，但有共同的神韵即衰败冷落。三个景象叠加在一起就勾勒出一幅悲凉的风景。马致远的《天净沙·秋思》中"枯藤老树昏鸦"就是把萧瑟枯萎的衰景放在一起，作为游子奔波的背景衬托起到渲染的作用。在具体的写作过程中，有许多联想常常综合运用，以加强表达效果。

（二）再造想象是依据语言和其他的物质手段所作的形象化描绘，在头脑中形成相应的新形象的过程

我们读了文学作品，头脑里就会呈现出作品人物的音容笑貌、举手投足的形象，产生这一形象的思维过程主要是运用了再造想象。它是通过阅读者自身经历感受和依据别人的描绘，根据自己的体会创造的形象。读《阿长与〈山海经〉》，阿长的人物形象，粗俗质朴、迷信愚昧、关爱孩子。阿长喜欢"切切察察"，指指点点，惹起一些"小风波"。她对"我"管束严格，不允许"我"走动；夏天睡觉时摆成"大"字，虽然"我"的母亲委婉地提醒过她，她却依旧如此。她迷信愚昧，懂得许多"规矩"，认为正月初一说"恭喜"、吃福橘就可以保证孩子和自己一年到头顺顺溜溜；叮嘱不能从晒裤子的竹竿底下钻过去。阿长认为太平天国的军队会叫妇女脱下裤子排好队站在城墙上，就可以让外面攻城的大炮不能放出来，或自行炸毁。

她关爱孩子。有些"规矩"其实对孩子有益，比如孩子不要走进停放去世的人的屋子。最让迅哥儿感动的是：不识字的阿长看到迅哥儿念念不忘《山海经》，就关切地询问这件事。她利用放假的一段时间，费尽千辛万苦，遭受多少白眼（因为不识字，她逢人就打听的是《三哼经》），花费自己的劳动所得，为迅哥儿买来他朝思暮想的带图的《山海经》，满足了孩子的求知欲，为鲁迅成为文学家奠定了基础。

读《红岩》许云峰的人物形象，他是工人出身，长期从事地下党领导工作，有着丰富斗争经验的党的领导人形象。他足智多谋、立场坚定，具有非凡的胆识和善于应付瞬息万变的局势的才能。在狱中，他巧妙地引导徐鹏飞做出错误的判断，承担《挺进报》的领导责任，保护了地下党组织。面对敌人精心设计的酒宴，随机应变，戳穿了敌人的阴谋，把筵席变成揭露敌人的讲台，机智地引出特务头子毛人凤出场，表现出共产党人的无敌力量。许云峰具有压倒任何敌人而不被敌人压倒的大无畏气概和勇于献身的崇高精神。在狱中，他与徐鹏飞进行了针锋相对的斗争，他赤手空拳以顽强的毅力挖通了监狱通向狱外的洞口，并把它留给了战友，自己带着必胜的信念从容就义。

（三）想象的最高阶段是创造想象

它不是根据现成的描述，而是独立地创造新形象的过程。创造想象使我们作文不断创新、富有新意。它不是简单机械地模仿和重复，而是对生活有独特见解，文章有着鲜明的个性和创见。古今中外的文学家留下了许多脍炙人口的名句名篇，都是创造想象的结晶。如王勃的名句"海内存知己，天涯若比邻"，就是一扫以往送别诗的悲伤，诗句洋溢着大丈夫四海为家的豪迈情感。秦观的《鹊桥仙·纤云弄巧》中"两情若是久长时，又岂在朝朝暮暮"。诗人强调相聚的质量而不在数量，因而受后世读者的喜爱。阿富汗作家乌尔法特写的《生活》，他认为生活的本质像水，对生活的理解要看你对水的需要程度。"没有受过饥渴的人是永远享受不到饭与水的甜美"，至于盛水的器皿，那只是生活的外包装而已。这种独到的深刻认识来自他对生活的独特感受。美国作家塞缪尔·厄尔曼的《青春》中名句："无论年届花甲，抑或二八芳龄，心中皆有生命之欢乐，奇迹之诱惑，孩童般天真久盛不衰。人人心中皆有一台天线，只要你从天上人间接受美好、希望、欢乐、勇气和力量的信号，你就青春永驻，风华常存。"常常被世界级名人当作座右铭，激励着无数仁人志士向善向上。这些思想上闪亮的火花都是创造想象点燃的。

二、如何在作文中合理想象

（一）想象，要融进生活的点点滴滴

作文是学生综合地、创造性地运用语言文字，反映客观现实，表达思想感情的一种智力技能，它要求学生有一定的观察、想象和思维能力，还要有一定的生活经验基础。作文离不开生活，想象离不开现实。高尔基在《谈笑及其他》一文中说道："一切想象都根源于现实。"丰富多彩的现实生活是我们想象的不绝源头。

1. 用眼睛观察生活，让想象立根。

"想象不过是把许多次数、许多方面观察所得的融为一体，团成一件新鲜事罢了。"叶圣陶先生的话就形象地概括了现实生活和想象的关系，简单地说，现实生活就是想象的源泉和根本。

2. 用心灵触摸生活，让想象丰满。

有了对生活的观察，学生对想象作文有了可写的素材，可只有这孤立简单的生活表象，想象作文只会"瘦弱不堪"，更需学生利用以往积累的语言材料，对身边熟悉的生活、对自己独特的感受和认识在头脑中进行精心的加工，这样才能让想象变得更加丰满。

"观察生活中的冬天"布置了一个星期后，学生纷纷有话要说："冬天，银杏叶子都掉了""早上的河面有一层白霜""上学的路上都是白茫茫的雾"……我欣喜学生细致的观察，而有了这些真实的素材，更需要及时唤起学生的想象，对生活素材进行想象化处理。于是，在同学们的努力下，一幅幅真实而富有想象力的画面映入眼帘："冬天，银杏树叶落满地，黄叶子像一只只蝴蝶飘落到树妈妈的脚下。"一个同学描绘道："花坛里没有了朵朵鲜花显得很冷清，早上的操场披上一层白茫茫的霜……"又一个同学写道："冬天的清早有大雾，整个世界一片迷茫，房子啊，车子啊，人啊都浸在浓浓的雾里；河面会结一层薄冰，像放上了一块玻璃，路上的行人都围起围巾，戴上口罩……"

（二）想象，需存于合情合理的前提中

想象作文有了现实生活的真实素材就如鸟儿有了一对有力的翅膀；而想象作文有了情境的创设犹如鸟儿有了广阔的飞翔天空。不过想象还需要合情合理。因为，想象新奇不等于离奇，想象也不是"天外来客"，它是现实生活的折射和延伸。合情，就是合乎人的主观愿望和内心需要。合理，就是合乎事理，合乎客观事物的发展规律和社会公共道德。做到了合情合理，文章才经得起推敲，才显得实在可靠和有说服力。如何使想象合情合理，对老师和学生提出了以下要求。

1. 学生应认识事物，了解其特点。

想象作文虽鼓励学生大胆创新想象，但前提是以现实生活中的人、事、物为基础展开联想，创造出新的人、事、物的过程。它要求必须对现实生活中的人、事、物进行充分的了解、认识，这是进行想象的基础。不了解不认识，就无法在此基础上进行合情合理的想象。

在想象的世界中，蒲公英像小降落伞、柳树像苗条的姑娘等，都与事物特点密切相关。听完想象作文《爆米花》指导课，感觉学生缺乏的是对想象中的事物的认识，大红枣子爆成了红灯笼，把身边的大红枣子在想象的放大下成了红灯笼，富有童趣。我们说的合情合理不是指现在或将来一定能发生、能实现的事情，只要人们根据自己的生活阅历、常识，认为你不是在胡编乱造，就可以了。

2. 老师应适时引导，及时纠正。

叶圣陶先生说："作文和说话本是同一目的，只是所用的工具不同而已。"所以，在说话的经验里可以得到作文的启示。老师要引导学生展开心与心的交流，师生之间、学生之间的多向交流，让学生在各自思维加工后再进行互相启发，弥补不足，促进完善。而此时老师"引导者"的身份显得十分紧要。对于学生的闪光之处老师要加以肯定和赞赏，当部分学生出现偏离实际的想法时，老师不仅要小心保护，更应及时引导，给予正确的观点。

三、怎样培养作文想象力

培养作文想象力的途径便是扩大记忆存储，没有记忆便没有想象。想象凭借记忆活动，意大利的维柯说："想象不过是扩大或加以组合的记忆。"因此，不仅要对课本知识多加记忆，还要对生活中的经历加深印象，以加大记忆的存储量。这样等到我们写相关的知识内容时，就能很快地根据写作需要调动大脑储存知识，快速地排列组合，构筑我们强有力的文字方队。如下几种方法可以培养作文想象力。

（一）形象再造法

形象再造法就是让学生在头脑中再造自己过去感知过的事物的形象，具体地说，就是由当前感知的某一事物，去回忆相关的另一事物。中学生作文的大部分题材来源于对往事的回忆，我常让学生写出自己最喜欢或最不喜欢的东西，为什么最喜欢或最不喜欢，它会使你联想到什么事或人；还可结合教材的学习，及时抓住文中想象的原型，训练想象能力。如学《春》一文中"闭了眼，树上仿佛已经满是桃儿、杏儿、梨儿"，作者由春花想到秋实，这是联想。有的学生由粉笔想到蜡烛，想到它们的无私奉献精神；有的学生由蜜蜂的辛勤采蜜想到学习上要孜孜不倦、博览群书等。通过这种训练，同学们感觉到作文不是天马行空，只要有心都有材料可写。

（二）跨越时空法

跨越时空法，即对未来事物进行畅想以创造新形象。《卖炭翁》这首叙事诗，诗人没写明卖炭翁一车炭被掠后的情景，而是留给读者自行想象。如归途中卖炭翁凄苦的神态及回家后惨淡的生活。

（三）同题多体法

同题多体法就是对同一事物做扩散式的想象。朱自清在《春》一文中对春草、春雨做了形象的描绘，学过这些内容，要求学生对春夏秋冬四季的草各设一个比喻，对四季的雨用拟人的方法各写几句话。学生要较好地完成这些练习，就要抓住各季节草、雨的特征，再发挥想象，才能做好。我以"钉子的启示"让学生做联想，学生联想到雷锋的钉子精神；由钉子的可能弯曲联想到只有自身硬，才能经得起敲打；由钉子借助外力才能完成工作联想到做人要自立、自强。

（四）情节扩充法

有些叙事性文章，故事性较强，但情节不一定连贯，也有的文章故事较简单，都可通过这种想象，把不连贯的变为连贯，把简单的故事扩充为生动的故事。如《木兰诗》中描写战斗生活的情节，作者只选择了几个典型点铺陈。"将军百战死，壮士十年归"，可对这一情节做扩充想象，使之构成一个完整的古代女英雄身经百战、胜利而归的战斗画卷。通过这种想象，借助原型，构成一个完整的思维过程。

总之，想象作文要在生活中积累，在想象中飞翔，在创新中升华，真正做到"异想天开"。

【思考与练习】

1. 想象的类型有哪些?

2. 想象对写作有什么作用?

3. 作文中进行想象应该注意什么问题?

（施冬妮）

怎样写想象作文

◎ **学习提示**

想象是一种非常重要的能力，正如英国大诗人雪莱所说，"想象是创造力"。想象作文给了学生更为广阔的思维空间，要弄清作文中的"想象"和"想象作文"的区别，进而写好想象作文。

想象是一种非常重要的能力，正如英国大诗人雪莱所说，"想象是创造力"。想象作文，就是在想象的基础上写作文。想象作文，不管是话题的、命题的，还是提供材料的、看图的，都需要展开想象。

想象可以突破时空的限制，让人在虚拟的环境里更自如地表情达意。一旦进入想象，文章就会闪现创造的火花，显得飘逸洒脱。所以，想象作文给了学生更为广阔的思维空间，但是，要写好想象作文，却有一定的难度。那么，怎样才能写好想象作文呢？

一、区别清楚作文中的"想象"和"想象作文"

作文离不开想象，但是并不是说作文里有了想象就是想象作文。因此，说作文里有了想象就是想象作文的说法是不正确的。看完下面的例子，大家就会明白。

伴随着布谷鸟的歌声、小河的苏醒以及燕子的汇报，春天来了。一切都像刚睡醒的样子，欣欣然张开了眼。

小草偷偷地从土里钻出来，瞧瞧这儿，瞧瞧那儿，对这一个新的世界感到惊讶——哇！外面的世界好大、好美啊！

蝴蝶妹妹在花丛中翩翩起舞，卖弄着自己婀娜的舞姿。

蜜蜂弟弟嗅着花刚洗完头的香味，提着小桶，哼着《嗡嗡歌》去采蜜了。

你睁眼看看，春风是生命的使者，是她把博大的爱洒向人间，让春天里的万物们显得精神抖擞。

你侧耳听听，春雨——是她润醒了小草、润开了杏花，是她用手勾勒出了一幅宏大的山水画，弹奏起了小喇叭"春光曲"，滴答，滴滴答，至今仍萦绕在万物们的耳畔，挥之不去。

"叮叮咚咚，叮叮咚咚……"那是什么声音？哦——原来是小河睡醒后起来玩耍啊！听他唱歌，那如琴弦一般的天籁真心让人心旷神怡，就连布谷鸟听了也不禁退让三分。

上面这段文字中，作者通过丰富的想象，如"小河的苏醒""燕子的汇报""小草偷偷地从土里钻出来""蝴蝶妹妹在花丛中翩翩起舞"等，生动地描写了春天到来的欣欣向荣、万物复苏，这篇习作中确实有许多是作者想象的描写，但是这篇文章却不能算是想象作文。想象作文与平时作文中的"想象"有所不同，想象作文指的不是细节和情节的想象，而是整篇作文的想象。如朱自清的《春》一文最后一段的排比想象；《月光曲》中的兄妹听琴的想象也是细节或情节的想象。

弄清作文中的"想象"和"想象作文"的区别对于学生写想象作文至关重要，它是学生学会乃至写好想象作文的前提条件。

二、将想象与现实生活紧密结合

中学生在作文时，往往觉得没有合适的素材可写，或是不知从何想象。其实，不是生活中没有作文素材，而是缺乏善于捕捉作文素材的能力。连素材都有限，自然就很难展开想象了。因此，培养观察生活的能力，养成留心观察周围事物的习惯显得十分重要。那么，怎样观察呢？

（一）观察周围事物，捕捉典型材料

中学生的视野往往局限于一个小圈子，觉得一些司空见惯的小事没什么可写。其实，平常的小事也可写出新意来。要选择最佳的观察对象，安排合理的观察顺序，认真观察。

（二）动用多种感官，丰富写作素材

心理学认为，观察是思维的知觉，没有思维的观察是肤浅的，不是真正的观察。观察不仅要看，而且要动用耳、口、鼻、手、脑等感官去多方面地感知或判断，获得真实、全面、深刻的印象，为作文提供丰富的材料。

（三）填写观察记录，养成观察习惯

观察不应只是一次作文之前的例行公事。作为语文老师，除了指导观察的顺序、教给观察的方法外，还应指导学生填写观察记录。较好的办法是每周交流一次，评选班级"最佳观察员"，以提高学生的观察兴趣，养成留心观察的习惯。

三、进行合理的想象

想象是以生活为基础的，因此我们写想象作文，一定要从实际生活出发，展开合理的想象。所谓合理，就是所写的内容是情理中的事，也就是想象的人、物、事要符合生活的真实，能够反映事物发展的本质，那种脱离实际的胡思乱想是不可取的。比如，《神笔马良》的作者根据当时贪官横行、百姓受苦的黑暗现实，展开了合理的想象，让神仙帮助马良惩罚了贪官，使百姓过上幸福安定的日子。他的想象尽管神奇但却符合当时那个社会的现实，表达了善良的人们的共同愿望。

再如《皇帝的新装》，安徒生通过想象构建了一个昏庸无能而又穷奢极欲的皇帝受骗上当的故事。这些想象奇特而大胆，而读者仍然觉得合情合理。为什么呢？因为这个皇帝正是当时欧洲残留的大大小小的各式封建统治者愚蠢无知、虚荣腐败的真实写照。骗子们声称新衣有"愚蠢的人看不见"这一神奇特性。于是上至皇帝大臣，下至观看游行的老百姓，成百上千的人异口同声、自欺欺人，称赞皇帝的"新装"。想象看似夸张，其实又很合理。在专制制度下，发生过多少荒唐可笑的事！从人物的可笑言行，正可以看出专制制度的淫威。同时，在作者笔下，各色人等由于地位的不同，他们的心理和言行也有细微的差异，一系列丰富多彩的细节表现了安徒生卓越的想象能力，也令想象更为真实。那么，怎样做到想象合理呢？

（一）再现

侧重于写景状物或叙事的想象作文，可以搜寻脑海中对相关事物的印象，加以再现。

（二）移植

有时候，想象可以进行嫁接、移植，把优美的景色移为一处，或把有趣的现象归为一物，或把美好的品质浓缩于一人之身，即学生可以按自己意愿中的特定形象，结合生活实际，进行移植想象。只有善于把想象与现实生活中的事实联系起来，巧妙地设计人物之间的关系，才能使文章生动有趣。

（三）幻想

幻想是更为大胆的想象。19世纪丹麦著名作家安徒生的童话，充满幻想。在他的笔下，花鸟虫鱼、家具、玩具乃至墙壁都有生命，都被赋予了人的感情。学生对于未知的世界、未来的世界充满了幻想。我们老师要鼓励学生幻想。对于未知的世界、未来的世界，学生的想象可以天马行空、任意驰骋，因为，任何限制都显得多余。

一句话，想象源于生活。学生想怎么写，就放手让他们怎么写，这也符合新课标的要求。

四、想象要大胆

写想象作文，一定要展开想象的翅膀，大胆想象。比如《天上的街市》一诗，郭沫若就大胆想象构建出一个美丽的"天上的街市"，又借牛郎织女的故事，写出幸福生活的场景："我想那缥缈的空中，定然有美丽的街市。街市上陈列的一些物品，定然是世上没有的珍奇。你看，那浅浅的天河，定然是不甚宽广。那隔着河的牛郎织女，定能够骑着牛儿来往。我想他们此刻，定然在天街闲游。不信，请看那朵流星，是他们提着灯笼在走。"同学们要敢于想象，用纯真的童心和手中的笔去畅想未来，去描绘灿烂的明天。

五、想象的内容要具体

想象作文要做到内容具体，切忌说空话。你想象未来是什么样子的，就要把你头脑中勾画的那个新事物具体描绘出来；你想象未来你在做什么，就要具体描写你的言行。总之，要言之有物，让事实说话。比如，我们在学《愚公移山》这篇短文时，可以充分发挥想象，从语言、动作、神态、心理等方面具体描述愚公与智叟交流的场景。

六、在想象中要表达自己的真情实感

想象作文是对未来的幻想，饱含着对美好生活的热爱和向往。想象作文必须有一个"美好"的中心思想。如刘禹锡《杂曲歌辞·浪淘沙》组诗之一中的诗句"如今直上银河去，同到牵牛织女家"，通过奇特瑰丽的想象，不但写出了黄河水的气势磅礴、壮阔浩瀚，还描写了天上的牛郎织女依"河"（银河）而居，过着宁静的田园生活，寄托了诗人美好的憧憬。泰戈尔的散文诗《金色花》把儿童想象成一朵金色花——最美丽的圣树上的花朵。"假如我变成了一朵金色花，为了好玩，长在树的高枝上，笑嘻嘻地在空中摇摆，又在新叶上跳舞，妈妈，你会认识我吗？"通过天真烂漫的想象，赞美了孩子的纯洁、可爱。如果只是瞎编一个热闹离奇的故事，就失去了想象的意义。总之，无论我们想象得多么奇妙，都是为了向人们展示一种理想，表达一种愿望。因此，我们在写想象作文时就会渗透自己的真情实感。

七、多看课外读物，多参加有益的社会活动

要写好想象作文，仅仅具备一定的写作能力还是不够的，学生还必须具备较为丰富的自然知识、社会知识、科技知识、人文知识等，因此，平时多读有益的课外书，多参加有益的社会活动，以此来充实自己、丰富自己，写文章时才会言之有物、言之有情，文章才有可读性。

总之，想象是创造之母。没有想象，就没有创造。南朝的刘勰曾这样形象地强调想象的妙趣和作用："文之思也，其神远矣。故寂然凝虑，思接千载；悄焉动容，视通万里；吟咏之间，吐纳珠玉之声；眉睫之前，卷舒风云之色。"（写作的构思，它的想象往往飞向遥远的地方。所以作家默默地凝神思考时，他的思路可以远接千年；悄悄地改变面部表情时，他的眼界可以扩展万里；他吟咏文章时，好像吞吐珠玉，发出珠圆玉润的悦耳声音；留心注目，在凝想间，眼前似乎呈现风云变幻的景象）让我们放飞想象的翅膀，书写奇思妙想的篇章吧！

【思考与练习】

1. 展开想象，把下列成语构想成生动的画面，并用文字表达出来。

　　风尘仆仆　眉飞色舞　灰心丧气

2. 从下面几组事物中选择一组，大胆想象，编一个故事。

　　小溪　大河　大海
　　蚂蚁　蛋壳　青蛙
　　铅笔　橡皮　卷笔刀

（刘艳）

第3单元

说真话，诉真情

◎**学习提示**

　　写作文必须说真话，诉真情。说真话，诉真情，具体应该从三个方面做起：①开门见山表明情感；②典型材料表现情感；③结尾强调深化情感。

　　中学作文往往要求学生写对自己有所关爱、有所教育、有所启迪的人和事。写出一种生活中奋发向上、积极进取、纯真美好的场景和画面；歌颂新时代的新风尚、新气象；歌颂社会的闪光点、生活中的真善美。

　　作文由内容和形式两部分构成，形式是为内容服务的。如果没有好的内容、发自肺腑的真情实感，再好的形式都会失去作用。写作文，就是用书面语言表达对生活的真情实感。写好作文必须说真话，诉真情。

　　"说真话"极其必要。我们在写作文时，只有敢说真话，肯吐心声，真正做到像巴金所说的"把心交给读者"才能使读者感到真诚，感到可信，才能使我们写出的那些话产生巨大的说服力和感染力。写作应坚持"说真话"，实际上是把生活和写作、把做人和作文二者真正和谐地统一在一起。

　　奥地利著名小说家卡夫卡说："什么叫写作？写作就是把自己心中的一切都敞开，直到不能再敞开为止。写作也就是绝对地坦白，没有丝毫的隐瞒，也就是把整个身心都贯注在里面。"因此，写作必须敞开心扉，绝对坦白，毫无隐瞒。

　　生活中经历的大大小小的事件或者片断的场景，之所以能在我们的心里留下印记，是因为我们感受到了其中的真情实感。这些情感积少成多，构成了我们的内心世界。

　　如果与题目相关的事情或者片断情景纷至沓来，并且都带着深刻的喜、怒、哀、乐等真情实感，写作文肯定是轻松的、自然的。凡是优秀的作文，都是能以情动人的，给人留下深刻印象。差的作文都是比较平淡，且缺乏对生活的情感体验。

　　当我们对写作技巧不断夸大的时候，我们忽视了一篇文章的根本，这个"根"被砍断了。我们必须再次强调：文章最终要表达的是情感，如果没有情感，文章不能深入人的精神世界，作文就成了一座空中楼阁。

"诉真情"也很重要。人有七情六欲，这是先天的禀赋，不学而能。所以，情贵在真，发自天性，出于自然。从这一点说，虚情、矫情、煽情、造情等，都是不可取的。

作文的真情实感源自对生活的仔细观察和细心体会，来自生活的朴实和纯真而不是繁华的街市和灯红酒绿，来自内心深处的恬淡而不是人云亦云。正如诸葛亮的"非淡泊无以明志，非宁静无以致远"；伯牙与钟子期高山流水的君子之交，范仲淹在历经世事沧桑后"不以物喜，不以己悲"的人生信条。

只要是人，吃的是五谷杂粮，就逃不开一个"情"字。大到民族情、爱国情，小到父子情、师生情、同学情，出于人的本性，我们渴望真情，渴望被真情打动。朱自清的《背影》，之所以经久不衰、百看不厌，就是其中渗透着一个古老民族千百年不变的情感——父子情深，而这种父子情又具有鲜明的时代气息，是中国人独有的。

冰心说过："雨后的青山，像泪水洗过的良心。"她告诉我们："唯有真实的情感才是人类永恒的主题。倘若将自己的情感忽略，文章便失去了意义。"正如她的散文《谈生命》，无论是"一江春水"，还是"一棵小树"，都是对人生的真实感受，是内心世界的自然流露，像一首诗，形象地写出了自己的内心世界。

情感对一篇文章来说极为重要。若将一篇文章比作一个人，文章的情感便是这个人的灵魂。灵魂活跃了人才能有生气，性格凸显，同样的道理，情感突出了文章才能文气蓬勃，感人至深。只有先让情感突出了，我们的作文才会有获得理想高分的前提。

说真话，诉真情，具体应该从以下三个方面做起。

（1）**开门见山表明情感**。这是作文情感突出的第一要务。开门见山，就是要直截了当，一语中的，要让读者从一开始就明白你的作文要表达什么意思，而不是拐弯抹角、旁逸斜出地说些让读者找不到北的多余的话。正如朱自清的《背影》开头写道："我与父亲不相见已二年余了，我最不能忘记的是他的背影。"

（2）**典型材料表现情感**。怎样的材料才算"典型"呢？我们说，"典型"的材料必须具备"代表性""鲜活"两个方面的特征。材料典型了，它就有了代表性，就能说明问题，这样的作文自然情感突出。而材料鲜活了，作文的内容也就新颖别致和富有时代气息，结果势必会使作文情感充满张力，得到应有的突出。例如鲁迅的《故乡》，回忆中的故乡是充满神异色彩的图画，是"我"少年时代的天堂。而现实中的"故乡"则是一个"苍黄的天底下，远近横着几个萧索的荒村，没有一些活气"，原来是童年的好伙伴的闰土，而今不再叫我"迅哥儿"，却恭敬地叫我老爷；原来是文静的豆腐西施而今却是"画图仪器里的细脚伶仃的圆规"。不管是闰土，还是杨二嫂，他们的身上都反映了一个时代的印记。他们的遭遇是当时整个社会的缩影，这样的形象更具有代表性。

（3）**结尾强调深化情感**。这是使作文情感突出的又一重要举措。

文章的结尾往往是作者真情实感集中表达之处，如同豹尾一样，必须收束有力。如鲁迅的《藤野先生》的结尾，把对藤野先生的崇敬和怀念化作斗争的勇气与力量。作者用这种"韧"的战斗精神和坚持继续战斗的行动，来表达自己对藤野先生的仰慕、怀念之情。

"说真话，诉真情"还要注意以下两点。

（1）感情的倾诉不要有范围的限制。一些同学在写自己的真实感情时往往有先入为主的习惯，从而带来一些框框：把自己的真实感情分成积极和消极两种，写作时只写前者，回避后者，表现出一片光明。这种人为的掩饰是完全没有必要的，这也是种作假。人类的感情多种多样，不论高下，只要是自己的真情就可以如实表现。

（2）感情的倾诉要适当节制。任何真正的艺术都是一种"自由"和"节制"的统一，如果感情的倾诉失"度"使人感到滥情，那就不好了。生活中经历的大大小小的事件或者片断的场景，之所以能在我们的心里留下印记，是因为我们感受到了其中的真情实感。这些情感积少成多，构成了我们的内心世界。

说真话、诉真情，核心是真。真，是善、美的基础，是文章能够说服人、感染人的重要条件。希望同学们在学习写作之始就能杜绝假话、矫情，坚持说真话、诉真情，把路子走正。

【思考与练习】

1. 写作文为什么要说真话，诉真情？
2. 怎样才能做到说真话，诉真情？

（魏小叶）

片段作文训练

　　所谓"片段作文"，指用短小篇幅表现画面、说明特点、阐明观点的写作练习。其特点是规范性强，发挥空间小，与阅读结合紧密。

　　纵观近年的中考片段作文题，试题具有贴近学生日常生活、题材丰富、涉及面广的特点。如浙江杭州中考题：

　　毕业前夕，班委计划挑选班级三年来活动的照片，制作一本相册。在相册扉页，需配一段100字左右的文字，请你完成该项写作任务。

　　要求：

　　1. 符合情境；

　　2. 语言生动，至少运用一种修辞手法；

　　3. 不出现真实的校名和师生姓名。

　　片段作文命题类型多样，总结归纳主要有记叙类，如扩写小故事、古诗等；描写类，如描写人物的语言、神态等；论述类，如针对某事、某现象谈看法等；说明类，如介绍器物、风俗等；应用类，如颁奖词、导游词等。

　　片段作文命题类型不同，考查侧重点也不同。如记叙类就要注意主次分明、语言生动，描写类就要注意主题明确、特点突出，论述类就要注意观点明确、方法恰当，说明类就要注意解说清楚、条理分明，应用类就要注意格式正确、语言得体等。这就要求片段作文训练要提高学生对社会、生活、事物的观察力，有效培养学生的想象力，提高学生语言文字的综合运用能力。因此，在日常教学中，我们要重视对学生进行片段作文的训练。

　　那么，该如何切实有效地开展片段作文训练呢？从课本中挖掘训练点是一个重要途径。课本作为知识的重要载体，蕴含着丰富的写作素材和范例。我们可以仔细分析其中的优秀篇章，探究其写作技巧，从中汲取有益的经验。

一、练在经典处，求运用精彩

每一篇课文都有值得学习和借鉴的地方。能将经典段落进行精彩的仿写，是片段作文训练的方法之一。在仿写经典段落的时候要注意：分析结构，仔细研究经典段落的句子构成，模仿经典段落中有特点的句式；替换意象，把经典段落中的具体事物、场景等替换成类似或相关的事物、场景；模仿写法，如经典段落使用了修辞手法，如比喻等，在仿写中也要注意相应手法的运用。

下面是对《从百草园到三味书屋》经典段落进行的仿写片段作文训练：

不必说碧绿的菜畦，光滑的石井栏，高大的皂荚树，紫红的桑葚；也不必说鸣蝉在树叶里长吟，肥胖的黄蜂伏在菜花上，轻捷的叫天子（云雀）忽然从草间直窜向云霄里去了。单是周围的短短的泥墙根一带，就有无限趣味。油蛉在这里低唱，蟋蟀们在这里弹琴。翻开断砖来，有时会遇见蜈蚣；还有斑蝥，倘若用手指按住它的脊梁，便会啪的一声，从后窍喷出一阵烟雾。

作者以儿童的眼光看事物，抓住事物特点，符合儿童心理；开放五官，用耳朵听、用眼睛看、用鼻子闻、用舌头尝、用手摸，抓住事物的形、声、色、味，描绘得有声有色，有滋有味；观察景物要抓住顺序，层次井然，条理分明；学习整段话的句式。

下面是学生写作的片段：

不必说清澈的流水，油绿的麦田，狭长的土坯，高大的槐树；也不必说鸣蝉在树叶间吟唱，轻盈的蝴蝶在花丛中翩然飞舞，强壮的黑狗伏在田埂上。单是短短的地头一带，就有无限趣味。小朋友们在树下鸟雀般追来追去，有时还会遇见蚂蚱，当你蹑手蹑脚地去抓它，它便会嗖的一声，跳入田中，不见了身影。

这是学生在学习过程中，结合课文经典内容进行的仿写。该生调动自己的生活经历，将课文内容内化后，运用得恰到好处。

二、练在情感处，激感悟表达

每一篇课文都是因"情"而作，当学生感受到作者寄寓其中的情感，引起共鸣时，要把握好时机进行练笔。如学习《我的母亲》时，当读到母亲舔"我"的病眼的相关段落时，文中流露的浓浓的母爱，感染着学生，引起了学生的共鸣。

这时候就可以安排一个片段训练："咱们的生活里，时时关心爱护我们的爸爸妈妈老师，一定有些细节，让你想起就忍不住热泪盈眶。请你抓住这样的一个细节，把它描述出来。"这样安排，学生便有话可说，而他们笔下的文字，字字真切。

下面是学生写作的片段：

那是怎样的一双手！或许曾经它们也有着白皙的肤色，但现在却只余透着黄黑色的岁月的颜色；或许它们也光滑紧致过，但面前粗糙的手背与指上的皱纹已然不复那么多个"曾经"，却在我面前展开了老师心灵之美的画卷，让我愣神一瞬。青筋条条绽出，盘虬卧龙般伏在老师的手背上，我看了自己的手，心里颤抖着。

老师的手再一次动了，我的心也跟着老师的手，全神贯注着。它们在试卷上翩然舞动，如涓涓溪流引导我一步步踏上正确的道路，又恰似风中曳动的柳叶，那灵动的身姿。但手上的一道道皱纹，一条条青筋，将我从幻想拉回到现实，再一次聚焦到面前的办公桌上。是的，这就是化学老师的一双手。那一双看上去称不得美的手，成为我心中化学老师的印记。不觉间，昔日刺痛我内心的红叉，现在也在老师手的指引下，尽数化为我成长的养料。

老师挥一挥手示意我明天再过来一趟，在她的笑颜里，她的手也有了灵性，雀跃着。看着化学老师那挥动的手，一股热流涌上心头。时间抹去了它们一切美丽的痕迹，可在晶莹的泪光里，我仍是看到了，看到了那不加装饰仍动人心魄的魅力。

是你，是你以一双手，拨动真诚的心，铭记成长的辛酸，陪伴我走过所有——我的老师；是你，是你以一双手，驱散疑虑的迷雾，浇灌青春的花朵，点亮心中的灯盏——我的老师。不灭的火种，汩汩的清泉，黑暗中的灯塔，多么高尚的语言也难以形容你——我的老师！

总之，通过研究课文中经典段落的写法、探索课文中情感的触发点等方式，我们可以从课本中不断挖掘片段作文的训练点，用心感悟、用心实践，相信我们定能在扎实有效的片段作文训练中不断提升写作水平。

【思考与练习】

完成片段作文训练：课堂上的精彩一瞬

（展莉丽）

写好一件事

◎**学习提示**

　　写好一件事，不只是把事情写具体、写清楚，还要注意文章的结构和记叙的顺序，并学会运用准确生动的语言把小事写经典，把平凡事写精彩。

　　平时学生练习写一件事的记叙文普遍存在这样的问题：流水账记事；详略欠佳；事情没有波折层次；过于重视事件的经过，而忽视主题；缺乏思想深度；语言表达能力不足；观察不细致；缺乏写作技巧，不会运用多种表达方式和各种描写手法；等等。这种种问题制约了学生，使他们不能更好地写作"一件事"类的作文。

　　那么，怎样才能把一件事写得精彩呢?

一、精选一件自己感受最深的事

　　记事的文章，首先要求熟悉这件事，动笔前自己能把事情的来龙去脉说清楚。但是对中学生来说，熟悉的事情肯定不止一件两件，面对众多的事件要进行精挑细选之后才能动笔。所以，我建议学生在写叙事类作文尤其是写一件事的作文之前，一定要先动笔把多件事情大体列一下。然后想一想哪件事跟作文标题最合拍，哪件事更能突出中心，而且自己有话可说，有较深刻意义可挖掘，深思熟虑之后再动笔。只有在动笔之前经过这样一个精选材料的过程，才能在伏案的过程中不悔最初的腹稿。

　　鲁迅的《阿长与〈山海经〉》前面先写了长妈妈"切切察察"的毛病，摆成"大"字的睡相，令人厌烦的种种规矩，关于"长毛"的故事等。但作者写此文的目的不在于写自己厌烦长妈妈，大揭其短，而是表述自己对长妈妈的敬意和怀念。因此着重写买《山海经》一事，突出文章的主旨，而略写其他事件，塑造了一个既有优点又有缺点的、真实鲜活的长妈妈形象，给读者留下了深刻的印象。

　　在此，规劝同学们千万不要编造事件来写，也不要写那些道听途说的事件，那样的文章不真实，也不感人。

学生习作：

　　比赛的日子很快如约而至，我站在跑道上，撑住微微发抖的腿，咽下心中的紧张与不安，做着最后的热身运动。"砰"的一声，发令枪响了，我全身紧绷的肌肉在一瞬间爆发出巨大的力量，带领我一路飞奔来到第三名的位置。我的速度稳定下来，微微喘着气，脑海中又闪过训练时的种种技巧与方法，紧跟在第一名和第二名身后。大约跑了四百米，第二名坚持不住，速度慢了下来，我立即追上了第一名。只有最后一百米了！我疲惫不堪的双腿再次爆发出惊人的速度，超越了第一名，成功摘得桂冠。

　　在冲线的一刹那，我看到，夕阳的余晖散落在跑道，是意外的鲜艳，像是对我努力的见证，又像是坚持后才能欣赏的晴朗。那一刻，我仿佛又见到了当初在跑道上挥洒汗水的自己。跑步需要坚持，人生亦是如此，虽然每一步都很艰难，但还是要坚持到底，不是看到希望才坚持，而是坚持过后才能看到希望，只有坚持到底，才能见到成功的辉煌，取得最终的胜利！（高颢心《今朝晴朗可喜》）

二、讲究记叙顺序的灵活运用

　　明确了写哪一件事，还要明确写明白事情的经过不是最终目的，这只是表达中心思想的一种手段。在审清题目的前提下，对了然于心的事情经过可以通过倒叙改变叙事结构，可以通过插叙充实文章内容，可以制造悬念引发读者兴趣，可以一波三折增加情节的波澜。我们可以通过课文或课外阅读的文章，学习有特色的结构方式，通过结构控制叙事的单一。

　　倒叙手法的作用包括以下三个方面：一是表现文章中心的需要，把最能表现中心思想的部分提到前面，加以突出；二是使文章结构富于变化，避免平铺直叙；三是表现效果的需要，使文章曲折有致，造成悬念，引人入胜。

　　注意，倒叙是根据表达的需要，把事件的结局或某个最重要、最突出的片段提到文章的前边，然后再从事件的开头按事件发展的先后顺序进行叙述。采用倒叙的情况有以下几种：一是看到眼前的事联想到以往的事，从现在的角度去追叙往事；二是把当前的情况和过去的情况加以比较；三是先写事情的结局再记叙事情的缘由。倒叙时要交代清楚起点。倒叙与顺叙的转换处，要有明显的界限，还要有必要的文字过渡，做到衔接自然。特别要注意，不要无目的地颠来倒去、反反复复，使文章的眉目不清。

学生习作：

"好消息！好消息！我考级通过了！"我欢呼着推开家门。妈妈脸上露出难以掩饰的欣喜，继而又故作严厉。看着妈妈复杂的表情，钢琴考级前妈妈陪伴、鼓励我的场景一幕幕浮现在眼前。（王潇晗《从未止步》）

我在无数人惊慕的目光中微笑着接过冠军奖杯。那抹金色在我的心里绽放出一道彩虹，无数聚光灯向我打来，望向前方的光芒，听着台下人的欢呼，我的思绪不知不觉回到了那段挥洒汗水的日子……（闵翼然《这一程，有你相伴》）

三、学会用准确、鲜明、简洁、生动的语言叙事

写一件事的作文，除了选材上要有真情实感外，还能如何把这件事叙述得让人赏心悦目呢？毋庸置疑，语言的准确、鲜明、简洁、生动是优秀的叙事类作文的一个重要标准。

学生习作：

再大一些时，就开始自己学着做一些传统的美食。我与桂花糕的相遇，是在一个春节。跟着爸爸妈妈逛街时，见到一个小商贩，我走近，一股浓郁的桂花香扑面而来。那人笑着打开蒸笼，蒸汽上涌，一块块桂花糕呈现在眼前，咬一口，松松软软，花香四溢。买回家之后，将桂花糕装盘，发现桂花糕不仅好吃而且耐看，便想学着自己做。买桂花，买材料，学着做。在父母和教程的指导下，我终究是做成了一盘自己的桂花糕，感觉味道更加浓郁、鲜香。（孙千茹《从未止步》）

我迅速调整状态，向着优秀的同学"看齐"。那一刻，前方没有阴霾阻挡，我感觉自己如同一只苍鹰，自由地翱翔在无垠的天空中，飞驰在逐梦的道路上。我再次坐到座位之上，与往日不同，我迅速打开课本，沉浸在书的海洋里，沉浸在琅琅的书声中。翻开课本，里面的一图、一画仿佛皆是我圆梦的基石。那时，我觉得，与明月相守，与鹊鸣相伴未尝不是一件美事。终于在一模、二模的时候取得了较为满意的成绩。（李昕泽《心有信念》）

回首那段时间，正是那一颗不服输的心，那一份要掌握每个知识点的坚定，那一种分秒必争的紧迫，才造就了这一幅完整的拼图。它如同一阵带着暖意的轻风，拂去了我

心头的阴霾，温暖了我的心。走出教室，看着校园中明丽的秋景，分外美丽，分外晴朗，今朝，晴朗可喜。（蔡卓瓴《今朝晴朗可喜》）

四、选材时要注意一件事的内涵

事情可以小一点，但事情的意义一定要挖掘出来。

（1）**故事性**。通过细腻的描绘和生动的叙述，能够把一个简单的故事变得丰富多彩，让人回味无穷。

（2）**主题性**。这些主题或许是关于人性的探讨，或许是关于成长的反思，又或许是关于社会现象的观察。应通过讲述具体的故事来揭示这些主题，使读者在阅读过程中产生共鸣，进而引发深入的思考。

（3）**情感性**。通过情感的渲染，读者感受到作者的喜怒哀乐，从而拉近了作者与读者的距离，进而触动读者内心深处的情感。

（4）**艺术性**。包括语言的运用、结构的安排、情节的处理等方面，独特的语言风格和精湛的叙事技巧，可以让读者在阅读过程中拥有"美"的享受。

总的来说，要写好一件事，能把小事写经典，把平凡事写精彩，的确需要学生用很长一段时间去用心观察生活，积极投入写作。当然，这个过程更需要语文老师反复地指导和鼓励。写好一件事也是练习写多件事的基础。唯有如此，呈现在读者面前的才可能是一件有意义的、有结构特点的、有精美语言的、让人难忘的事。

【思考与练习】

1. 怎样把一件事写精彩？

2. 用倒叙这种记叙方法需要注意哪些问题？

3. 请选一件你印象深刻的事写下来，可以是开心的、难过的，也可以是有趣的，只要心中想到就可以写下来。

（姜素娟）

写两三件事

　　学会完整有序地记叙一件事后，我们会发现，一件事常常不足以多层面、多角度地表现主题。这时，我们就要学习写两三件事。

　　写两三件事可以丰富个体或群体的人物形象，可以表现成长的梯度，可以更充分地体现对生活的某种认识……写几件事与写一件事相比要复杂一点。写几件事的作文，最重要的是确定文章的中心。一篇文章只能有一个中心，不能因为写了几件事就有几个中心。

一、关于选材

　　确定中心后，就要选取能表达中心的材料，应当是自己最熟悉的、印象最深刻的、感受最强烈的材料。运用这样的材料写出的作文才会有感染力。

（一）用两三件事写人

　　"人因事而鲜活，事因人而彰显"，也就是说，人与事互为依托。大多数记事的文章是为树立人物形象服务的。生活中可以写的人很多，往往不会脱离家庭和学校的范围。人物的个性不是一件事能表现充分的，无论父母、老师、同学，都有其性格的多面性——温柔与严厉，豪气与内敛，幽默与稳重……这时需要根据对人物的最深感受来选材。

　　如果是写一个人，一般情况下，不要急于把头脑中立即闪现的事件作为材料，因为这往往是大家都容易想到的，难以出新。选材应注重独特性，即自己经历的，别人所没有的。如写母亲，大家首先想到的多是妈妈熬夜照顾生病的自己，或雨中为"我"送伞，或学习中严格要求"我"、生活上尽心照顾"我"等，甚至盲目复制别人的经历。这时需要另辟蹊径挖掘几段独特的经历，可能是妈妈看到孩子吃饭时的一脸满足，可能是她为"我"送书到学校时的气喘吁吁，都应是真实的生活体验并为多角度表现母亲形象服务。写同桌，可以从他的性格、做事的态度和爱好三个角度组织材料。高考满分作文《沉默的父爱》，作者以时间为序，串联出 6 岁时父亲放手教"我"骑车、16 岁的"我"获奖后父亲的冷漠淡定，以及送"我"高考时的冷静三件事，表达了沉默中深沉的父爱。

如果是要通过两三件事写几个人，对几件事的选择要各有侧重。如果几件事互相雷同，处在同一个平面上，写出来就会有啰唆、拖沓的感觉；如果几件事相去很远，不能在文章中心的辐射范围内，又反而会影响对主题的把握。所以，用几件事写不同的人，一定要紧扣中心，使几件事能从不同的角度、不同的层面来共同表现人物的精神风貌。如"老师，您辛苦了"，可以分别表现语文、英语、数学三位老师的辛勤付出，共同体现"辛苦"的主题。

（二）通过两三件事写几段经历表达主题

在表达一个主题的目标统领下，写的两三件事必须有一个共同点。最好选取能体现成长的时间性、阶段性的材料。如作文"如歌的岁月"，可以选择记忆中不同年龄段三段愉快的经历，表达对童年时光的怀念。一名同学写作表现生活条件改善的文章，名为《草房子 小房子 新房子》，从住房上下功夫，分三件事写了爸爸和自己小时候的住所，用实际体验见证生活的美好。也可采取以主题词辐射开来的方式选取材料。如"爱，让生活更美好"，就可以将爱分解为母爱、师爱和友爱三个角度，表达爱带来的美好感受。

二、谈谈写作技巧

（一）思路要清晰

对写作的内容要有整体构思，看到题目，可能许多想法、材料一下子都涌上心头。这时，不要急于落笔，先想清楚文章要写的中心是什么，并为此取舍材料。若是不加以选择，不舍得放弃，想到的都写上，会使文章混乱不堪。各部分内容的重要程度也不一样，哪些为主，准备详写、哪些为次，准备略写，都要心中有数，思路清晰。

（二）结构安排

写两三件事时需要有段落间的过渡，但过渡句往往多用"不但……而且……""虽然……但是……"这种较为生硬幼稚的句式。写作文时可参照以下几种并列式结构进行过渡。

1. 首句概括式——首句使用概括性的语句，使读者第一时间了解将要记叙的事件。

2. 段尾总结式——一件事的结尾用一句话暗示事件的结束，并可适当点题。

3. 小标题式——鲜明地展示事件的间隔。小标题力求简洁明了，要避免刻意雕琢、喧宾夺主而忽略了语意的表达，也不可简单地重复。

4. 日记式——以时间为明显的段落提示，通过几个生活片段写两三件事。

（三）淡化情节，细节取胜

出于篇幅的考虑和时间的限制，两三件事不必局限于对时间、地点与人物的刻板交代，更不能通篇流水账，要让细节成为文章的核心和动人之处。这样，即使是大家都经历过的事情，也可以凭细节取胜。事件涉及的人物肖像和神态等描写不必非在开头呈现，而应贯穿于具体事件的记叙中。一个表情、一个眼神、一句话、一个不经意的举动，都能点染出人物鲜明的个性特征。

（四）以散文化的语言为文章增色

流畅的语言可以使事件明确清晰，美丽的语言则能创造出诗意的画面，增加事件的可感性。美化语言是作文必不可少的技能，需要我们在积累和实践中不断提高。

把握了以上内容，我们来看两篇例文。

例一：习作《面对时间，我流泪了》

岁月的沙漏中一点点漏下沙粒，它漏得悄无声息，像一个贼，带着时间溜走，偷走了人们本不应丢失的记忆……

小时候我和姥姥最亲，吃饭要在姥姥身边，玩要和姥姥一起玩，每次离开姥姥家我都会哭一场……可是当我慢慢长大后则越来越少地依赖姥姥，我却没有发现，有个小偷，钻进了家，偷走了姥姥的黑发，留下的，是如雪的白发。

姥姥现在常对我说："你小时候和姥姥最亲。"可我竟发现自己无言可以相对。小时候和姥姥在一起快乐、幸福的记忆，我的，早已伴着稚嫩被那小偷偷走了；姥姥的，却一直被保存在一个安全的地方，不是脑中，而是心里。

那天晚上已经是 11 时了，我还在埋头做练习题，突然听到脚步声，姥姥正端着一杯热水走进来，姥姥平时睡得是很早的……姥姥把水放在桌子上，拍了拍我，说："早点睡吧，别太累。"

就像很多年前一样。

还是一样的语气，一样的话语，可姥姥已经老了。我看着姥姥用已不太灵便的腿脚离开，慢慢地打开门，看着台灯明晃晃的灯光乖乖地掩在姥姥的白发中，关门前，我看见姥姥疲惫的眼中却有藏不住的温柔与慈祥。

门关上，屋里又是只有我一个人，可我却因为这一杯水，眼底泛起了泪花。我想起姥姥总是给我端水，我却从没有为姥姥端过一次……甚至，从未在意。大概是因为时间吧，它是自私的贼，偷走了我们不应忘记的东西。

可我又因为这百次中的一次而感动流泪，大概也是因为时间吧，它是个公平善良的小偷，它偷走我们的东西，告诫我们：保管好你的每一份美好，当你珍重它们，时间，便把一切还你。它自私，因为它无私。

我捧着一杯水，放在姥姥床头，我对姥姥说："姥姥，早点休息吧。"一瞬间，姥姥的笑容温暖了我的心，我转过头，眼泪流了下来，和姥姥的笑容，晕开绽放在这明亮的夜晚。

人生就像旅途，走得越远，丢得越多，有个叫时间的小偷，藏起你丢的东西，当你开始寻找，便还给你。它说："保管美好，如果它很重要，那是你们本不应丢失的美好。"

时间的小偷从不偷窃，偷东西的，是我们自己。

例二：习作《面对那双手，我流泪了》

时间的手，纷飞了年月，漾成一圈圈纯白的年轮，它在孩童的脸上留下欢笑，在静默岁月的老者身上，留下让人流泪的痕迹。

在我心中，那双最美的手，是姥姥的手。

童年是一场梦，姥姥用她的手，为我创造了甜美。

乡间的夜晚那么美好，我总穿着姥姥亲手缝制的衣裙，在开满鲜花的小路上蹦跳，日光是温柔的，却永远拂不去孩童的活力。那时的我不怕黑夜，因为姥姥，总会亮着一盏温暖的灯，在我身后陪着我，直到夜晚真正来临。星星洒满夜空，我才向家的方向奔跑，也总会有些停留，妄想捉到草丛里唱歌的小虫，临近那扇亲切的门，总会看到姥姥微笑着站在门口，手里提着灯，真的比什么都美好，也从未想过她会变老。

小时候，总是不爱睡觉，姥姥便在床边陪着我，手里缝缝补补，那是我的新裙子。一针一线，姥姥的手快极了，我只能晕晕乎乎地看看，那时我没看懂，那朴素的一针一线，都凝聚了姥姥对我的疼爱呀。"姥姥，我好爱你。"每当我这么说，姥姥总是摸摸我的头，指肚有点硬，却非常温暖。姥姥编织了我的童梦。

年轮一圈一圈地增加，我长大了，已经懂得学习繁重的我，回姥姥家的时间少了。总能听到姥姥给妈妈打电话，也总是在问："你们什么时候过来？"每每听到，我围着姥姥跑来跑去的情景就浮现在脑海。姥姥做包子时，调皮的我总是拿面粉乱挥，喊着帮忙，却也帮不了什么，白白的面皮，包住咸香的肉馅，姥姥的手动得飞快，不一会儿，一个个圆鼓鼓的白胖子便被放进蒸笼。我总学不会静静等待那白汽和香气的到来，便常常叫"怎么还不好"，姥姥总是说："着什么急，都是你的！"其实姥姥不爱吃肉包子。回忆只是回忆。想想只是愧疚，泪被止在眼眶。

那天，我回到姥姥家，姥姥已经搬进城市，她不舒服，妈妈便带我来看看。姥姥本来就瘦，这几天胃口不好，瘦得竟像纸片人，稀疏的头发凌乱地不肯贴在头皮。姥姥躺在床上，我走到她身旁，记忆里的温暖有力的手，干枯地搭在床上，其实不是大病，只是年月在姥姥的手上留下了太多痕迹，我用力地握着，生怕再遗失一点美好，姥姥依然朝我微笑，我的心却被生生地刺痛，转过头去，流下了愧疚的泪。

时光的手，带来了美好，而我们却在时光中遗忘，亲爱的姥姥，让我为你做饭可好？

擦干眼泪，我抱住姥姥，也抱住美好。

【思考与练习】

1. 写两三件事怎样选材？一般用什么结构？

2. 如果让你写作"初中生活二三事"，你打算写哪几件事，怎样安排内容？

3. 写两三件事与写一件事有什么不同？

（王玉）

浅谈作文的选材范围

◎**学习提示**

　　中学生作文选材的范围大体包括学校、家庭、社会、自然和阅读五个方面，每个方面又有多种选材角度。

一、作文选材的意义及学生作文现状

　　俗话说，"巧妇难为无米之炊"，写文章亦是如此。美味佳肴需要食材来烹饪，佳作华章也需要鲜活的材料来充实。材料是文章的"血肉"，是构成文章的基本要素之一，也是写好作文的先决条件。马卡连柯曾说："只有正确地解决了材料的问题，才谈得到写作技巧的问题。"

　　人们也常说："写作文，三分在技巧，七分在选材。"可见，选材之于作文有着至关重要的作用，甚至是决定文章成败的关键。

　　目前，学生写作文时，最常出现的情况就是头脑空空没事可写，所以就胡乱编造材料、照搬别人的材料、重复老掉牙的材料，致使作文要么文不对题，要么脱离生活实际，要么缺乏新意。

　　那么，该如何指导和帮助学生拓宽思路、寻找"材源"并选择合适的材料呢？首先要让学生明确作文选材的范围，知道从哪里去选取材料。

二、作文选材有五个方面

　　生活是艺术的源泉，任何艺术作品都来源于创作者的生活经历和体验。结合当代中学生的生活，其实作文选材的范围很广，大体有学校、家庭、社会、自然和阅读这五个方面。其中学校、家庭、社会这三个方面是最主要的和最常用的选材范围，因为这是学生日常生活中接触最多、最为熟悉的，容易写出真情实感，真切感人。

三、每一方面都有多种选材角度

　　如果我们仔细思考和品味，就会发现无论是学校、家庭、社会，还是自然和阅读，每一个方面的生活都是多姿多彩的，其作文的选材角度也都是多种多样的。

（一）学校方面

学校是我们人生成长一个非常重要的场所，校园生活应该是我们青春生活的一个重要组成部分。校园生活的丰富多彩、绚丽多姿，不仅给我们带来甜蜜和快乐，更给我们带来不尽的启发和感触。如果从校园方面思考选材，会有丰厚的收获。可以说，校园生活的外延有多大，作文的外延就有多大。

1.青春之歌。记录个人成长中顽强拼搏、坚持不懈、自律自强、不断超越自我的感人历程或经典瞬间。

如《越来越懂得坚持的我》（郭晋阁），作者叙写了自己在学围棋、练书法、疫情期间上网课三段人生历程中坚持不懈的具体表现和成长收获，唱响了一曲嘹亮的青春之歌。

> 两个月，六个月，一年，两年……在不知不觉中，围棋已成为我课余生活中重要的一部分。一个个妙着，犹如滴水一般，随着时间的推移越聚越多。而我也以此为契机，初次理解了坚持的含义：原来坚持便是将一事情长久地做下去。
>
> ……
>
> 一本，两本，三本……枯燥无味的训练令我觉得痛苦，手指关节处也因为长时间地握笔而生了老茧，泛着可怕的红光。可每当我看到自己的书写又有了进步时，那种成就感和喜悦便又会激励我继续坚持。那时我对坚持的理解又更深了一层。我渐渐明白：坚持有时会很苦，但坚持过后的成果一定是无比的甘甜。
>
> ……
>
> 我尝到了坚持的甜果，并最终明白坚持便是拒绝成长道路上的种种诱惑，始终铭记自己的初心，并为之不断努力。

2.师生之情。叙写师生交往中的永恒记忆，抒发师生之间亦师亦友亦亲人般的真挚情感。

如《你是我心里的那束光》（马金泽），作者写江老师用热情的鼓励、耐心的引导、认真细致的工作态度温暖了他，感动了他，激励了他，甚至照亮了他，帮他叩开了写作的大门，让他的心里充满了阳光和自信，充满了对老师的敬爱和感激。

> 你深知我写作中存在的问题，总是在我的每篇练笔中都留下细致批改的痕迹和热情鼓励的话语、一句句修改美化的语句、一道道鲜红的波浪线、一个个圈画出的生动形象的词语、一张张可爱的笑脸和"你真棒"的小印章，每天都温暖着我，感动着我，激励着我。
>
> 渐渐地，我学习、积累的方法和好词佳句越来越丰富，写作文也感到越来越轻松，佳作、范文也慢慢涌现。
>
> 国庆假期期间，你在班里举办了"烹美食、写美文"活动，我用心学习烹饪美食，

将心得感悟认真写入《爱，在红烧茄子中》，被你誉为"小厨神的大杰作"，高调地晒到班级群里、你的微信 QQ 朋友圈里。看着题目旁大大的"范文"二字和你热情洋溢的赞美之词，我的信心倍增，对你的敬爱和感激之情也倍增！

时光飞逝，转眼到了学期末，在你的耐心指导下，我终于学有所成。我利用两周时间写了七篇观察日记，每篇都成了佳作。你让我在班里朗读时，我赢得了同学们经久不息的掌声。我站在讲台上，外面的阳光照耀在我的身上，我的心里也充满了阳光和自信。

亲爱的老师，你用一句句热切的鼓励，一笔笔细致的勾、点、圈、画的批改痕迹，一点点耐心的引导，温暖了我，激励了我，让我越来越努力，越来越自信，你就是我心里那束永远耀眼的光。

3. **同窗之谊**。叙写同窗之间的真情故事。

如《今朝晴朗可喜》（黄文心），作者写自己考试失利闷闷不乐时，同学的关心、鼓励带给了她温暖和欣喜。

早上，在教室中，我正因为考试失利而闷闷不乐，托着腮独自发呆，尽管老师讲得十分生动，我却连半个字都没有听进去。这时，一直在低头写着什么的她突然抬起头来，将一张字条塞到我的胳膊底下。我有些好奇，将字条抽出来，打开一看，上面是她娟秀的字迹：别难过啦，你一直很棒的！这次没考好，下次一定能考好哦，我相信你！读着她温暖的话语，我的鼻头有些发酸，转头看她，她朝我露出一个灿烂的笑容。阳光透出树叶间的缝隙，斑斑点点地洒在课桌上，外面的天空湛蓝、晴朗，我心中亦是如此。

4. **人物写真**。对校园中的老师、学生、职工等人物进行"画像"，写出他们鲜明的性格。

如《你的声音，你的样子》（张嘉轩），作者着重描写王老师讲课时的声音、语言，批作业时的神情、姿势，刻画了一位和蔼可亲、风趣幽默、循循善诱、认真专注的老师形象。

5. **课堂生活**。记录课堂的精彩瞬间和自己的收获，展现课堂生活的丰富多彩、生趣盎然。

如《课堂剪影》（刘轩君）描绘了班会课、语文课、思品课上的三个精彩瞬间，自己从中学会了"感恩""不要吝啬自己的掌声""不忘国耻"，等等。

6. **课余生活**。在课堂之外的图书馆、寝室、食堂、操场等地方，有许多有趣的、有意义的事情时时发生着，在学校里举行的丰富多彩的活动中也经常会发生许多有趣的或者感人的事情。

如《今朝晴朗可喜》（谢汶杉）中，作者写在学校运动会女子 800 米田径比赛中，自己不惧困难、顽强拼搏，最终打破纪录、超越自我，既激动欣喜，更为自己的坚持和努力欢呼、赞叹！

　　我正向着终点冲刺。近了，更近了，暖融融的阳光洒在我身上，午后微熏的风拂着我的脸颊。尽管双腿像灌了铅一样沉重，嗓子里也干得快要冒烟，我依旧用自己能达到的最快速度奔跑着。终于，我的脚踩上了终点线。"这么快？！破纪录了！"看着老师惊喜的表情，我激动地叫了出来，我打破了自己的纪录，打破了学校运动会的纪录。泪眼模糊中，往昔辛苦努力的情景一幕幕浮现在我的脑海中，脚上有伤却依旧跑完全程的我，在倾盆大雨中冒雨奔跑的我，在炎炎烈日下的操场上努力拼搏的我……无数个过去的我汇聚起来，构成了此刻的我。我仰起头，空气中是少年拼搏过后散发的淡淡咸味儿，天空万里无云，我在心中为自己欢呼，也为过去那个努力的我欢呼！

　　7. 校园文明。讲文明、懂礼仪是中华民族的传统美德，也是学校教育的必修课。每所学校都会开展"文明礼仪进校园"教育活动，倡导学生讲文明，懂礼仪，学雷锋，树新风，促使文明礼仪规范落到实处，形成校园文明礼貌之风。

　　如《文明校园三月风》（张嘉瑜），作者写转学到胜利第一初级中学后第一次参加升旗仪式时的见闻、感受，以及之后感受到的更浓郁的文明气息，赞扬了一中师生的文明行为。

　　就在我出神之际，耳边不知何时响起了庄严嘹亮的歌声，我犹如清夜闻钟，又如受了当头一棒，颇有些不安。我诧异地环视着周围，看到有的同学神情严肃，双眼紧紧盯着空中徐徐上升的红旗，嘴巴随着音乐的节奏一张一合，郑重地吟唱着对祖国最真挚的热爱；有的同学紧握着拳头，眉头紧皱在一起，似在为祖国人民遭受的巨大灾难而痛心，似在随时准备着为祖国和人民而抗争……我顿觉羞愧万分，脸颊烫得厉害，真想立马找个地缝钻进去。

　　升国旗时郑重地敬礼和唱国歌，原来是每个中国人都应该铭记于心并落实于行动的一项文明礼仪啊！在一中校园里到处飘荡的这股文明之风，吹进了我紧锁的心门，唤醒了我迷惘的灵魂。于是，我仰起头，庄重地注视着缓缓上升的国旗，挺直脊背，随着同学们的节奏，大声唱起了庄严的国歌。

　　接下来的日子里，更浓郁的文明气息融进了我的心里。在这里，文明是善良真诚的微笑，是耐心专注的聆听，是温暖亲切的鼓励，是热情友善的援助……

　　文明之花，盛开在一中校园的每一个角落，盛开在每一位老师和同学的心田里，芬芳浓郁，经久不衰。

　　8. 素质教育。在实施素质教育的过程中，老师的教学方法和学生的学习方式都发生了很大的变化。

　　如《校园艺术节纪实》（张馨允），写学校各个年级开展的演讲比赛、百人书画展、英语歌曲大赛等活动,可以说是素质教育的集中展示。

9. 异性交往。处于青春期的初中生,异性之间往往有一种神秘感,交往中的一举一动常常在心底掀起巨大的波澜。

如《我的热情同桌》(胡雨菲),写刚做同桌时羞涩地与同桌划清"男女界限",而在劳动中、学习中同桌热情帮助"我","我"深感自责,彻底打破了"界限"。

10. 网络空间。互联网是一把双刃利剑,给人带来便利的同时也带来了很多的负面效应。对中学生而言,在互联网上可以及时获取各种信息,快捷地与朋友交流,向"名师"求教……但是,也可能会有一些同学沉迷于网上的游戏而不能自拔,最后荒废了学业。我们周围不乏这样的事例,结合生活经历来谈互联网的利弊,呼吁同学合理利用网络,未尝不是一个很好的角度。

如《丢》(李木子)写自己丢掉了"爱玩游戏"的坏习惯,虽然经历了不能上网玩游戏的烦恼痛苦,但亦体会了认真学习的充实快乐、取得优异成绩的开心自豪,更培养了自律的品格和良好的学习习惯,可谓收获颇多。

(二)家庭方面

家,是我们生命的摇篮,是我们可以停靠的温馨港湾,是我们成长的第一驿站,是我们感情最深最浓的地方。在家里,有关心、疼爱我们的祖父母,精心抚养教育我们长大的父母……在家里,有祖父母的呵护,母亲的唠叨,父亲的责罚……在家里,有温馨,有冲突,有快乐,有烦恼……用心体会,便会发现家庭生活也是丰富多彩、蕴含深厚的,也可以有丰富的选材角度。

1. 浓浓亲情。浓浓亲情,动人心弦。亲情是人间真挚而美好的感情,描写亲情的诗文往往最能打动人。在温馨与和美中有亲情,在误解和冲突中也有亲情。

《你们的爱温暖了我的岁月》(邱奕然)感动于母爱的温柔和细腻。

皎洁的月光斜射进窗纱,映出栏杆斑斑驳驳的黑影。初冬的夜很安静,耳边只剩笔尖与纸张的摩擦声,可以让我有足够的耐心去记忆那冗长烦琐的课文。就在这时,门突然被推开了一条缝,你端着一杯热茶悄无声息地闪了进来。你轻轻走到桌边将茶杯放下,然后在我身后静静坐下。没有多余的话语,只是默默地陪伴。碧绿的茶叶在水中恣意舒展、翻滚,茶杯上方水汽氤氲。轻啜一口热茶,一股茶叶的清香在舌尖萦绕。偶尔学累了起来伸展活动,回头正对上你望向我的目光。饱经沧桑的眼眸中透出对我浓浓的关爱,橘黄色的温暖灯光将你的眉眼照得柔和发亮,于是你那一刻的温柔笑颜便在灯光下被定格成了我脑海中最美的画面。不需要过多的言语交流,你的爱在无言中润物无声。心中蓦然升腾起丝丝缕缕的温暖与感动。

2. 人物写真。为家庭成员"画像",刻画他们的鲜明性格和优秀品质。

如《我的"贪吃"奶奶》(李雨昂),通过描写奶奶吃东西和"吃书"两个镜头,为我们刻画了一位幽默可爱、爱惜食物、酷爱读书的老人形象。

3. 个人成长。记录自己成长过程中的快乐、幸福、烦恼、忧伤、迷惘等。

如《有一种味道叫幸福》（周彤），记叙了为父母烹饪美食的经历，色香味俱全的辣炒白蛤、父母开心满足的笑颜，让作者既体会了成长的喜悦，又品味了幸福的滋味。

　　架上锅，点上火，一缕缕白烟从锅里飘了出来。倒些许油，把葱姜蒜和干辣椒一股脑儿丢进锅里，赶紧撤退几步。油在锅里炸开，溅出锅外，我赶忙盖上了锅盖，各种调料像小鱼一样在锅里上蹿下跳。不多时，便被煎出了一种特殊的香气，直往鼻子里钻。白蛤从盐水里捞出来，拿清水冲洗几下，扔进锅里，顿时发出嘶嘶的响声。锅一晃，炒勺一翻，满满一大锅的白蛤一个一个张开了嘴巴。放点生抽，再翻炒几下，海鲜浓郁鲜美的气息顿时弥漫了整个屋子。我的心里也漾起阵阵涟漪，那是成长的喜悦，是满满的成就感。

　　从锅里把白蛤盛出，撒点香菜，倒一匙香油，轻轻一拌，便端到桌上，待父母品尝。父母满足地吃着，开心地笑着，不住地夸赞着，我的心头一阵甘甜，名为幸福的味道，源自灵魂，像一股温暖洋流，永存天地间。

4. 家庭日常。

①家庭烦恼。在家庭生活中，我们难免会遇到各种各样的烦恼，它可能来自父母之间的矛盾，可能来自父母对自己的过高期望，也可能来自两代人之间的"代沟"……

如课文《羚羊木雕》围绕"羚羊木雕"讲述了一场家庭纷争，展示了两代人不同的价值观。

②优秀家风。家风是一个家庭长期形成的道德准则、处世规范和行为方式，潜移默化于家庭日常生活之中。良好优秀的家风，对一个人的成长、成才起着至关重要的作用。"忠厚传家远，诗书继世长""积善之家必有余庆，积不善之家必有余殃""淫慢则不能励精，险躁则不能治性"，这些都是我国传统家风的写照。勤劳、诚实、孝悌、和睦、向善、进取等是中华民族家风的基本价值取向。

如《家风》（王景慧），通过两个小故事和自己的一些思考，写出了家风对自己的影响，明确表达了家风中的思想，并表示这样的思想是值得传承的。

（三）社会方面

作为新时代的中学生，我们并不是"两耳不闻窗外事，一心只读圣贤书"，我们也在时刻关注社会，接触社会，了解社会，参加各种实践活动，体验各种社会生活，把所见到的、了解的、经历的社会上的人和事记录下来，也可以充实我们的作文选材。

1. 新闻时事。记录生活当中每时每刻的新闻事件、热点话题、政治动态、产品资讯等。

如《隔疫不隔爱》（周芷阳）、《难忘 2020 年的春节》（郭俊辰）、《我的母亲是老师》（董易涵）

三篇文章从不同角度叙写2020年的全民抗疫故事，赞扬国人的责任担当、勇于奉献、大爱无疆。

2. **人间真情**。人间处处有真情，记录感人瞬间，唱响真情赞歌。

如《不一样的新年》（赵明洋），写疫情期间，白衣天使们舍小家为大家，无私奉献，传递真情。

　　大年三十晚上，我在家吃着香喷喷的年夜饭，欣赏着春晚，享受着一家人在一起热热闹闹过新年的快乐，但是我没有想到，大年三十竟然有那么多人回不了家！白衣天使们大年三十却只能啃着干面包和方便面度过最艰难的新年，她们却吃得很满足。十多个90后的姐姐为了穿防护服自发地把长发剪了，她们却一个个笑得灿烂："我们连生命都交上了，何况是头发呢！"去年这个时候，她们早已依偎在家人的身旁享受着天伦之乐，她们也是孩子，需要家人的陪伴。可是疫情来临，她们就冲到了最前面，舍小家顾大家，正是这样一群乐于奉献、敢于付出的英雄为我们负重前行，我们才感受到了岁月静好。

3. **楷模人物**。刻画对自己乃至社会大众有重大影响的或者有着榜样力量的人物，赞扬其优秀的精神品质。

如课文《詹天佑》刻画了一位伟大的爱国工程师形象，梁衡的《跨越百年的美丽》高度赞扬了居里夫人永恒的人格魅力和崇高的精神境界。

4. **社会发展**。记录见证经济、社会巨大发展的典型场景和瞬间，抒发爱国热情和民族自豪感。

《胜利广场新风景》（许春阳）通过描绘东营胜利广场周围人、景、物焕然一新，生气蓬勃的景象，反映了人们生活节节拔高、社会日新月异的进步。

5. **民风民俗**。"百里不同风，千里不同俗。"每个地方都有不同的特色。介绍各地的风俗习惯及其蕴藉的文化内涵，展现中华文化的博大精深。

如汪曾祺的《端午的鸭蛋》，在小小的鸭蛋里品尝生活的滋味，从平淡的生活中发现情趣和诗意。

（四）自然方面

新课标要求中学生要"学会多角度地观察生活，丰富生活经历和情感体验，对自然、社会和人生有自己的感受和思考"。由此，我们可以看出学会从自然当中选取材料进行写作已是中学生必须具备的能力了。有关自然方面的选材主要有以下两个角度。

1. **"景""物"写真**。描绘自然界中的花草树木、虫鱼鸟兽、山川河流、雨雪风霜……展现造物主的神奇和自然的妖娆多姿、魅力无穷。

课文《春》《济南的冬天》《夏感》都是这类选材的佳作。

2. **人与自然**。人与自然关系密切，人类依靠自然而生活，而人类的活动又对自然有着巨大的反作用。书写人与自然的和谐关系或者人类破坏自然的行为所造成的恶果，呼吁人类保护自然、与自然和谐相处，也是很好的写作角度。

如《今朝晴朗可喜》（徐浩东），描写人类保护生态环境之后的自然美景，彰显了人与自然和谐相处的生态主题。

> 转头望，一片广阔的枫树林，一棵棵枫树笔直地伫立在那里。那茂盛的枫叶，红得似火，正旺盛地燃烧着。清风拂过，那火焰便如有灵性般，在风中摇摆着，跳跃着，舞动着。仔细看去，时不时有几只火红的蝴蝶从枝头飘落，犹如一位位出色的舞蹈家，在风中翩翩起舞，尽显风采。
>
> 树下低矮的草丛中，藏匿着一只小松鼠，它浑身橙红色，如不是那蓬松的大尾巴正在摇来摇去，还真让人难以发现。它貌似正在摆弄一颗不知名的坚果，觉察到我的存在，便将坚果塞进嘴中，蹦蹦跳跳地跑走了，那样子还甚是可爱。温暖的阳光洒在我的脸上，也照进了我的心里，那喜悦之感也不知何时涌了上来。这一刻，我觉得风已不再寒冷，而是泛着丝丝暖意。

（五）阅读方面

阅读作为我们生活的重要组成部分，也可以给我们提供一些选材角度。

1. 读书经历。叙写自己或他人的读书生活，突出书之于人的巨大影响。

《最是书香能致远》（江静老师）叙写女儿可乐的读书经历：一岁时牙牙学语，两岁时陶醉其中念念有词，三岁时引经据典语出惊人，四岁时喜背古诗有些许积累，五岁时偶有小作并道出缘由，之后读书兴趣更浓、语速更快、积累更多、收获更大，不由得让作者感叹：最是书香能致远！

> 吾女可乐，年方九岁，厌动喜静，甚爱读书。其年龄不大，然"书龄"很长；识字不多，然阅读内容繁杂，范围甚广；心智稚嫩，然读书态度端正，精神可嘉。
>
> 吾睹其读书经历，感其嗜此不疲，喜其渐有进益，亦随其后开启读书之旅，遂渐渐领悟书之魅力，愈加体会"最是书香能致远"绝非虚言。
>
> 初为人母时，心心念念想要子女接受书香熏陶，将来亦能"腹有诗书气自华"，抑或"文质彬彬""谈吐高雅"，故常以诵读之声胎教。可乐小宝甚是通晓母亲大人心意，对美读胎教喜爱不已。犹记每晚诵读胎教之时，可乐便好似活泼好动的小兽，总会于美读精彩之处或故事高潮之时手舞足蹈以示其乐！
>
> 二〇一四年除夕，可乐整满一岁，虽不识字，却喜一边翻书一边咿咿呀呀自言自语，吾不知其能否读懂，却知其乐在其中。
>
> 二〇一五年，可乐两岁，已初识文字，能独自读书。每日闲暇时光，可乐均手不释卷，

或端坐于桌前，或横趴于书堆，或斜靠于沙发，或仰卧于床上，或蹲坐于马桶，念念有词，神情或严肃，或平静，或欣喜，或怪异……

偶有一日，吾有事唤之，多遍不应。再唤，生气大呼："我聋了！"之后，可乐读书之时，吾家人再不扰之。之后，每日茶余饭后，吾家人似心有灵犀，各捧书卷，享受书之馨香。此番读书光景，日日上演，持续至今。

……

二〇一九年至二〇二〇年间，吾忙于工作和照顾二宝，无暇顾及可乐，其读书之嗜好非减反增，中考必读书目已读完大半，读书速度更是秒杀身为语文老师的母亲大人。

吾印象极深一事：因寒假安排学生阅读《荒野的呼唤》，吾遂购置一本欲自读。可乐见之，如获至宝，藏于其室，悄然读之。不多时（两个多小时），还书与吾，慨叹曰："你的书太薄了，意犹未尽！"吾担心其走马观花，欲批评教育之，可乐自请母亲检查，诸多问题，细之毫末，无一答错。吾感慨可乐读书之神速，探究原因，盖读书如用脑，愈用愈灵，愈读愈快。

二〇二一年，可乐八岁，读三年级，写作征文《我的梦想》，为师所赞，荣获佳绩。其梦想，其善良，其领悟，其情怀，吾以为堪赞！吾引其文，以言自豪之意、骄傲之情，亦以佐证吾之读书心得：最是书香能致远。

……

孔子云："三人行，必有我师焉。"在读书方面，可乐堪为吾师，其乐于读书、勤于读书、专心于读书之精神永远值得吾学习！

2. 感知人物。全面认识英雄、伟人、名人、普通历史人物以及故事角色，了解他们伟岸感人的事迹，体会其性格、情感。

《珍贵的友谊——〈赠汪伦〉改写》（盛思瑶）以丰富的想象和优美的文笔向我们娓娓讲述了"诗仙"李白与汪伦的珍贵友谊，堪与"高山流水"的伯牙子期相媲美，丰富了人物的形象内涵，展现了一个重情重义、情思细腻的李白。

在那一年的那一天，你收到一封信："李白兄，我们这里有十里桃花和万家酒店。可否请李白兄共饮一杯？"那早已仰慕你许久的汪伦知道你爱喝酒、爱写诗、爱看美景，你便兴冲冲地去了宣州。

原来那十里桃花，只是一条叫作"桃花"的长达十里的河罢了；那万家酒店，也不过是一个姓万的人开的酒家而已。你却不生气，反而很开心。因为在与汪伦的交谈中，他给你的感觉像极了知音密友。

你日后，只是与汪伦一起饮酒罢了。但令人好生奇怪的是，这每天只是饮酒作乐的日子，为何那般快乐？原来，你早已在与汪伦相处的日子里，深深喜欢上了这个谈吐不凡的年轻人，并且对他产生了敬佩之意。

只可惜，天下没有不散的宴席。

在那如流水般飞逝的日子里，你那般快乐，却没有发现，你在这里已经待了不少日子。

在你回乡的那天，船早已在那桃花河里等候，可你就是不愿意离去。你在等他，你在等那个叫汪伦的小伙子。"客官，我们是不是该走了？送走您，我还有下一批客人呢。"船夫早已催了一遍又一遍，可你却平淡如水，对那船夫摆摆手，道："不急，不急。再等等吧。"

一阵悠扬的歌声飞入你的耳朵，刺穿你的神经——那是汪伦的歌声啊！你健步如飞，冲上去紧紧握住汪伦的手，想到千言万语，却张不开口。"李白兄，莫伤心，海内存知己，天涯若比邻，我们一定还会再见面！别忘了汪伦，别忘了十里桃花，别忘了万家酒店！"你点点头，含泪登上了回乡的船。

在你看来，鸟儿的歌声仿佛那样的凄楚酸涩，远处的青山越来越模糊，向你招手的汪伦也渐渐看不见了……你含着泪，文思如泉涌："李白乘舟将欲行，忽闻岸上踏歌声。桃花潭水深千尺，不及汪伦送我情。"

大家看，只要注重从以上五个方面选材，并认真思考体会每方面的生活，拓宽自己的思路，极力扩大选材角度，写作材料确实可以如黄河之水，滚滚而来。

材料丰富了，在具体取舍时，可以单以一方面的材料为主写作，也可以从多个方面、多个角度选择组成文章的主干材料，还可以选择其中一个熟识的材料翔实写作。

【思考与练习】

1. 作文选材范围有哪些？每个范围有哪些主要的选材角度？

2. "今朝晴朗可喜"，先审题，然后分别从学校、家庭、社会三个方面选取材料，并说给其他同学听。

3. "我为_____点赞"，先将题目补充完整，然后根据题目选取材料并拟写作文提纲。

（江静）

提炼事件的意义，写出自己的感悟

◎学习提示

　　写作要提炼所写事件的意义，要写出自己的感悟；怎样提炼事件的意义？提炼事件的意义时需要注意什么问题？

　　文章是什么？文章是作者内心的宣言，个性的表达；是作者对世界万物真实看法的表述，是对生活中感悟的忠实记录。所以，我们写文章（特别是记事的文章），要把作者独特的看法和感悟写出来，也就是要写出事件所含的积极意义。换言之，作文时，我们要指导学生提炼所写事件的意义，要写出自己的感悟。当然，这里所说的事件的意义，肯定是它的积极意义。

　　鲁迅先生有过这样一句话："选材要严，开掘要深。"也就是说，写作对生活的认识不能仅仅停留在表面，要力求发现内在的、本质的东西。以叙事为主的文章，一般要反映事件蕴含的思想意义。一件事的思想意义是多方面的，因此，立意时要力求从事件所表现出的各种思想意义中，寻找最主要、最典型、最深刻、最动人的那一种思想意义，因为它决定事件的主要性质，代表事件的本质。

　　那么，怎样提炼事件的意义呢？下面结合学生习作片段谈两种方法。

一、抒情法

　　抒情法就是在记事中，采用抒情的方式，把事件的意义通过抒情表达出来。比如，有一篇《第一次运动会》（余宁）的习作，其主要内容是记叙作者第一次参加运动会的过程，如果只写参加运动会的全过程，顺利比赛取得优异成绩，文章也收尾了，那有什么意义呢？作者在结尾这样写道："从踏上跑道的第一步起，迎着微风奔跑，每一滴为运动而流的汗水都鼓荡着青春的脉搏，不得不说，在我们奋力拼搏的青春中，运动从未缺席，也从未遗憾。我还要把自己的这种不服输带到以后的人生路上！因为我知道，经历风雨，才能见到彩虹！"你看，作者在叙事之后巧妙地抒写了这件事对自己深远的影响，这就提炼出了所写事件的意义。

　　再如，一篇《收获温暖》（阮晓琳）的学生习作，写炎热的夏夜母亲在自己熟睡时，如何坚持为自己扇扇子的事。作者在叙述完事件后，有这么一段抒情性文字：

竹扇在身后有节奏地轻和夏日冗长的蝉鸣，似是把我心底最后一丝燥热都吹尽。忽然想起，儿时很多夜晚，惺忪醒来，却发现妈妈斜倚在床头，半垂着眼，也分不清是不是睡着，手上的竹扇却在呼啦作响，口中呢喃着我听不清的话语。只觉得有那阵阵清凉的微风，便是心安。我默然微笑，不知道为什么，现在，明明清爽宜人，心底却蓦地温暖起来，热烫得能把人灼伤，好似明亮的烛光在心底摇曳，忽明，忽暗。

正是这段文字，才使"扇扇"这件生活中的小事有了"岁月般绵长"的母爱这一层深意。

二、议论法

议论法就是在记事的过程中，采用议论的方式，把事情的意义挖掘出来。因为意义是蕴含在事情之中的，通过议论，就能把它揭示出来，否则，意义就不容易显露。例如，一篇《笛子里的文化》（薛云溪）的习作，作者叙述了暑假苦练吹笛子的事，他是这样道出这件事的意义的："笛子是人情绪的一个出口，是人精神的一种寄托，情绪和精神共同创造了深邃的文化。苏武牧羊于北海，是笛子吹奏出了他的不屈气节；梁祝的爱情故事，是笛子演绎出了二人化蝶的凄美缠绵。那刚刚新婚却又离别的夫妻，是不是正对着月亮惦念着对方？那扬鞭催马运粮忙的农民，是不是心里正喜气洋洋盘算着给儿女做几件新衣裳？从古代的帝王将相，到如今当家做主的广大人民，一支笛子联系了上下阶层，传播了中华文化。正是无数百姓拥有了美好的向往和精神品质，才让笛子蕴含了兼容普及的文化。"有了这几句议论，吹笛子这件事不只是学会了一项才艺，更是传统文化的传承，文章的中心也就明确了。

因此，我们写记事的文章，不能只是把事情说一遍就完，应该先想一想，为什么要写这篇文章，即在这篇文章里自己要表达什么思想内容，这样才能挖掘出事件中深刻的思想意义。在记事之后，或就事论事抒发感想，或由事入理阐发感悟，是让作文具有一种哲思之美的重要手段。尝试爬山，可以感悟征服困难的滋味；体验垂钓，可以感悟宁静淡泊的境界。在由事写感的时候，要对事件进行由表及里的分析、挖掘，由一事提炼出一理，并且用精警的语言予以点示。

在提炼事件的意义时要注意以下两点。

（一）提炼事件的意义，一定得是对事件的真实感悟

只有真实的感受才能让读者产生共鸣，一旦有矫揉造作的痕迹，就收不到感人的效果。真情实感才能打动人心，要做到为情而造文，而不是为文而造情。例如，《朱红的年戏又一愁》（刘钊宇）这篇习作，作者通过具体的事件写出了浅浅的乡愁，她是这样提炼自己的感悟的："记忆里的那台年戏已结束，但如今又在屏幕里出现，再听到它时，我已褪去了当初看戏的懵懵懂懂，听懂了曲中深意，明白了其中的乡思愁绪——纵然家乡的年戏已停唱，但生活总有一出台戏不会休止暂停，乡音，就是那最温暖、最永恒的一台戏。"

（二）提炼事件的意义，对事件的真实感悟，要做得有坡度

感情也好，感悟也好，不是对人或事一见即发，而是有一个过程，这个过程必须存在关联、过渡、蓄势、铺垫，这样的感悟才自然，才不突兀。比如，《留住生命里的一片绿叶》（材料作文，绿叶用的是比喻义，指生命里曾给过自己帮助的人和事）（郭灵飞）这篇习作，作者在文章的开头就写下了这样的感悟："3月的春风轻轻拂过我的脸颊，几日之后，窗外应当又是一片花团锦簇，然而我的眼前却又飘动着那片生命的绿叶，那是我第一次得到的鼓励，将永远给我向前的自信与希望。"可以说，这是一次很好的铺垫，也自然而然地过渡到对"第一次得到鼓励"这件事的叙述上。在叙述到比赛前因忐忑不安而犹豫不决时，是老师温暖的话语鼓励了作者，此时，作者适时蓄势，她写道："窗外，阳光穿透层层阴云，投射在婆娑的绿叶上。我静静聆听着老师的鼓励——属于我的第一次的鼓励，它正化作一片绿叶，在我心中生长着，为我一点点注入力量。"当作者赛后站在台上领奖，老师的鼓励又在耳边回响时，她对事件的意义写出了这样的感悟："阳光透过纤巧的薄云，在我心中洒满了灿烂。我仿佛看到那温暖的鼓励正化作一片充满生机的绿叶，在轻风中歌唱着希望和生命……让我留住生命里的这片绿叶吧，让这片绿叶飘扬成风中希望的旗帜！"有了前面的铺垫、过渡、蓄势，这段抒情性文字就水到渠成了。

既然文章是作者内心的宣言，那么，我们写作时，就要从日常平凡细小的事件中提炼出其意义所在，揭示出生活的真谛，写出自己真实而自然的感悟！

【思考与练习】

1. 怎样提炼事件的意义？

2. 提炼事件的意义时需要注意什么问题？

3. 以"发生在家中的一件事"为题，写一篇文章，要求提炼出所写事件的意义，写出自己真实自然的感悟。

（刘艳）

文章之要 "立意" 为先

◎**学习提示**

　　"立意"是统摄一篇文章的核心，决定作文素材的取舍，决定文章的结构形式。"立意"就是提炼和确立文章的中心思想，即写作这篇文章的目的与旨意。好的文章立意需要新颖、高远、深刻、真挚。

　　王夫之："意犹帅也。无帅之兵，谓之乌合。"立意是统摄一篇文章的核心。"立意"就是提炼和确立文章的中心思想，即写作这篇文章的目的与旨意。作文立意不但要新颖，还要高远、深刻、真挚。浅尝辄止，不揭示本质，不能写出鞭辟入里的好文章；人云亦云，不打破常规，便会千篇一律、流于平俗。主旨确立得如何，对文章全局起很大作用。缺少主旨的文章，即使材料丰富，也会杂乱无章，甚至不知所云。

　　"意"决定素材的取舍。构思时可选入文章的素材很多，但哪些该选，哪些要舍弃，唯一的依据就是文章的"意"。例如，魏巍的《谁是最可爱的人》，在创作此文之前，魏巍曾就朝鲜战场采访的素材写过一篇通讯《自豪吧，祖国》，篇幅较长，包含 20 多个生动的故事。但在创作《谁是最可爱的人》时，作者觉得所选事例太多，内容分散，不能突出重点。之后，他精挑细选，反复推敲，着重打磨了三个最动人的故事：朝鲜战场最壮烈的松骨峰战斗；青年战士马玉祥冲进火海救出朝鲜儿童；与战士在防空洞谈话。文章的主旨是赞颂志愿军战士崇高的英雄主义、国际主义和爱国主义精神。正是确立了这样的"意"，作者才在 20 多个事例中选定了这三个最能表现主旨的事例。

　　"意"决定文章的结构形式。一篇文章由多个部分组成，各部分按照什么形式组合，须遵循一定的原则，这些原则离不开"意"的主宰。作者要表达怎样的写作意图，就要按照怎样的意图来架构文章的框架。例如，鲁迅的《藤野先生》和海伦·凯勒的《再塑生命的人》，同样都是回忆老师的文章，结构形式却完全不同。鲁迅怀念藤野先生，是因为藤野先生正直质朴，毫无民族偏见，写作意图是把对往事的回忆与现实的斗争结合起来，借以激励自己。出于这个意图，文章以"我"的思想变化为线索，按时间顺序组织材料，表达自己弃医从文、拯救麻木国人的决心。《再塑生命的人》目的在于抒发对莎莉文老师由衷的赞美和感激之情，同时也体现了"我"好学善思、坚忍不拔、热爱生活的精神品质。因此文章在选材时，着重选取了莎莉文老师教"我"识字和认识各种事物的事例，采用渐进式组材的方式，随着"我"与莎莉文老师的接触不断深入，逐渐表现出莎莉文老师独特的人格魅力。

文章的"意"关系文章素材的选择、篇章结构的安排,"意"在文章中是发号施令的"将军"。如何才能让思维开阔、深入,让立意异彩纷呈、熠熠生辉呢?

一、立意要"新"—— 跳出陈规,别出机杼

立意"新"即立意不是陈词滥调,更不是千篇一律,而要给人耳目一新之感。这就要求作者看待问题、提出观点的思维、角度等要有新意,比如基于更高站位而有新的视野、基于更新视角而有新的理解、基于更准切口而有新的发现等。同时要注意,立意要新但不能为了求新而新。立意既要合乎传统不让人有标新立异之感,又要有独到见解不让人感觉都是陈词滥调。这里的新意关键是要"见他人之未见",给人以清风拂面之感。

(一)立意新颖,要避免俗套

例如,一写老师,就写老师像蜡烛一样"无私奉献",燃烧自己照亮别人,写老师灯下备课或讲台晕倒等"感人事迹";一写父母,就写父母如何关心照顾自己,写父母雨中送伞,晚上学习送牛奶的"动人片段";一写梅花,就是不畏严寒、高洁傲岸的高尚品格……这些几乎像通用的公式一般,但写得多了就变成了俗套。

如何让立意免俗,我们不妨多向前人学习。鲁迅先生写过三位老师,分别是《从百草园到三味书屋》中的寿镜吾先生、《藤野先生》中的藤野严九郎和《关于太炎先生二三事》中的章太炎先生。三位老师各不相同。寿镜吾先生在鲁迅笔下是位"严而不厉"的私塾先生,他的启蒙老师是可畏、可爱又可笑的。藤野先生是位正直质朴、没有民族偏见的老师,他的外国老师是可敬的。鲁迅为章太炎先生写的这篇悼念文章是为老师辩诬、证明的,但鲁迅和自己最尊敬的老师在心灵与情感上又有一种既相通又相隔的感觉,这位老师是最可敬,也是最可悲的。三篇写老师的文章,每篇文章的立意都不相同,各有自己的特点。

(二)立意新颖,可反弹琵琶

在立意过程中,可进行逆向思维,借旧的事物翻出新意,并在摒弃陈规的基础上写出新意。具体地说,就是要想别人想不到的、不敢想或者是想不透的地方。有些作文题中经常出现一些名言、警句、成语,从这些名言警句的角度立意时要注意,随着时代进步,人们的观念也在不断更新。如果顺应以前的观念,必定会千篇一律,我们不妨从逆向的角度去思考,提出完全不同的新观点。例如,2022年山东泰安卷中考作文:(1)智者贵在乘时,时不可失。——司马迁;(2)有希望的成功者,并不是才干出众的人,而是那些善于利用每一时机去发掘开拓的人。——苏格拉底;(3)我就担心丧失机会。不抓呀,看到的机会就丢掉了,时间一晃就过去了。——邓小平。以上材料引发你怎样的联想与感悟?请自选角度,自拟题目,写一篇不少于600字的文章。通过审题立意,大部分人定会围绕"要善于抓住机遇"来立意,但一位学生却以"我本来可以"为题写了一篇议论文,以名人故事进行举例论证,但没有选择正面论证抓住机遇的重要性,而是通过

分析人们错失良机的根源，反其道而立意，提出自己的观点"把握机遇就要克服个人缺陷，形成良好品质"，立意新颖奇特、引人深思。

二、立意要"高" —— 登高望远，拨云见日

中学生作文立意通病是虽有立意，但立意总是浅俗、低端，不够高深邈远。这"高"就是给人以登高临远的感觉，不是井底之蛙，更不是就事说事。高远的立意必须超越自我局限，追求更高层次的精神、价值和情感。作者需开阔视野，用更高、更长远的眼光去审视生活、生命和人生，比如将个人情感上升到对国家、对民族、对人类的情感。例如，朱德的《回忆我的母亲》，作者立意不是仅仅停留在对母亲真挚的爱上，更是把对母亲的一片赤诚的感情升华到一定的高度，与爱人民、爱民族、爱共产主义事业融合在一起。这种"高"是一般回忆母亲的文章所不具备的。

三、立意要"深" —— 鞭辟入里，入木三分

立意的深度决定作文的高度，立意不应拾人牙慧、平庸肤浅，而是要写出"尺水见波澜"的深刻。鲁迅先生曾说："抓住一点，深深开掘。"写文章就要透过现象、鞭辟入里，深入挖掘入木三分的深邃思想，提炼见微知著的深刻道理。这样才能打动人、感染人、启迪人，起到点拨思想、指导行动的作用，给人以"居高声自远，非是藉秋风"的深刻意蕴。例如，莫顿·亨特的《走一步，再走一步》写"我"小时候一次冒险并获救的经历。一般人来写，立意可能是父爱伟大，或"我"自此变得坚强，如何克服困难等。但作者却别开生面地表达了这样的思想："……不要想看下面遥远的岩石，而是注意相对轻松、容易的第一小步，迈出一小步，再一小步，就这样体会每一步带来的成就感，直到达成自己的目标。"作者认为，摆脱恐惧走向成功的秘诀就是专注于克服当前遇到的每个困难，一小步再一小步，积小胜为大胜。作者经过了漫长的人生阅历，反复回味这段经历，从平凡的故事中寻找到了"深刻"的立意，表达了深刻而又独特的人生哲理。

元代戴师初语："凡作文发意，第一番来者，陈言也，扫去不用。第二番来者，正语也，停之不可用；第三番来者，精语也，方可用之。"说的就是文章立意必经三番选择与淘汰，立意陈旧或立意浅薄，都不可取。因此，立意贵在选，选意贵在深。初中生所见之人、所遇之事，往往"平凡"的居多，但只要在"深"字上下功夫，对自己熟悉的生活素材多去由表及里地深入分析，从平凡事件中开掘出不平凡的思想光辉，挖掘出它们所蕴含的价值意义，就可以写出立意深远、思想深刻的作文。

四、立意要"真"—— 将心比心，感同身受

中学生作文立意还存在对生活缺乏爱与激情，爱唱高调，言不由衷的现象。究其原因，一是匮乏的生活体验没有给他们提供便于写作的条件；二是中学生作文也确实存在华而不实爱唱高调的风气。白居易说："感人心者，莫先乎情。"写作时要先感动自己，把自己的感情投入进去，以自己的切身感受、深刻感触去打动别人，而不是矫情有余、故作姿态。这里的"真"，是感情的自然流露、浑然天成，是文章具备感染力的根本所在。教材中有些经典课文之所以感人全由感情驱动，文中之情或如江河大海一般深厚，或如火山爆发一般强烈。例如，史铁生的《秋天的怀念》写"我"年轻时只顾自己悲伤任性而忽略母亲的关爱，以及现时与妹妹互相勉励"要好好儿活"，表达的是至诚至真的亲情，是自己真实情感的流露，所以读来才会如此感人。作文的品质贵在真诚，言由心生，心言相通才是上佳的品质。因此，作文以情为要，应怀着真情面对生活，带着真情来写作。夏丏尊说过："文章是传达自己意思和情感给别人的东西。倘若自己本来并无这样的意思和情感，当然不应该作表示这样意思和情感的文章，不然便是说谎了。"文章一旦缺失真诚的品格，别的方面即使再优越也不能增益文章的价值，甚至让人读后有矫揉造作之感。

中学生作文中的问题林林总总，立意问题非常突出。我们平时在进行作文训练时应该把立意训练放在重中之重，提高学生立意能力，让学生能写出立意新颖、高远、深刻、真挚的好文章。

【思考与练习】

1. 好的立意应该注意哪些方面？
2. 阅读下面材料，根据要求答题。

第一棵树：长在陡峭的崖壁上，树根盘绕屈曲，是一道亮丽的风景，也时常面临风雨雷电的洗礼。

第二棵树：长在热闹的大路边，树冠很大，总能给路人带来阴凉，也时常忍受人们的攀缘折损。

第三棵树：长在如画的园林中，树形美观，人人称赞，也时常需要被修剪，甚至扭曲。

哪一棵树最能触动你的心灵？请你结合成长体验，发挥联想和想象，写一篇记叙性文章。

　　老师要求在写作之前，每位同学先把立意列出来。小明选择围绕第二棵树来写，他想通过写环卫工人辛勤工作却收入不高，甚至有些人对他们缺乏尊重，表现环卫工人的奉献精神。但老师认为他的立意太浅显、平常。你能否帮助小明确定一个更新颖、高远、深刻的立意？

（贾金凤）

第4单元

人物描写的基本方法

◎**学习提示**

　　人物描写的基本方法可分为五种：外貌描写、神态描写、语言描写、动作描写和心理描写。

　　人物描写的基本方法，可分为外貌（肖像、衣着）描写、神态描写、语言描写、动作描写和心理描写。怎么使用这些描写方法，这些描写方法有什么作用呢？我们一一来看。

一、外貌描写

　　外貌描写是指把人的容貌（脸形、五官）、身体形态、衣饰、姿势、风度等方面的某一部分或几个部分，用生动具体的语言描述出来，加深读者对人物的印象。其作用不仅在勾画出这个人物的外部面貌，更是为了以"形"传"神"，即通过人物的某些外部特征来揭示这个人物的性格。它往往着重于人物的面部、身材、服饰，以表现人物的身份、风度、神韵等。

　　（一）整体描绘。对人物外貌整体进行描绘，从而给读者一个完整的形象

　　例如：

　　　　何满子六岁，剃个光葫芦头，天灵盖上留着个木梳背儿；一交立夏就光屁股，晒得两道眉毛只剩下淡淡的痕影，鼻梁子裂了皮，全身上下就像刚从烟囱里爬出来，连眼珠都比立夏之前乌黑。（刘绍棠《蒲柳人家》）

　　这个整体的外貌描写，把一个活泼可爱而又调皮的农家孩子栩栩如生地展现在读者面前。

（二）局部刻画。这是对人物的外貌描写运用得最多的一种手法，以突出人物的外貌特征，给读者以深刻的印象

例如：

　　这时，德拉美丽的头发披散在身上，像一股褐色的小瀑布一样，金光闪闪。头发一直垂到膝盖下，仿佛给她披上一件衣服。（欧·亨利《麦琪的礼物》）

这个外貌描写着重对人物的头发进行刻画，以突出德拉的头发之美。

（三）有时，描写人物外貌，还可以加上作者的主观感受，以表达对所写人物的态度

例如：

　　三仙姑却和大家不同，虽然已经四十五岁，却偏爱当个老来俏，小鞋上仍要绣花，裤腿上仍要镶边，顶门上的头发脱光了，用黑手帕盖起来，只可惜宫粉涂不平脸上的皱纹，看起来好像驴粪蛋上下了霜。（赵树理《小二黑结婚》）

画线句的比喻，表明了作者对三仙姑这个人物的厌恶。

学生作文：

　　我的妈妈今年三十多岁，个子不高，有点胖，爱穿红衣服。她有一头短短的、乌黑的鬈发。一双小眼睛，细眉毛，鼻梁上架着一副近视镜，整天笑眯眯的。妈妈很爱运动，整天穿着运动鞋，走起路来像阵风。每天晚饭后，她都催促我和爸爸一起去散步。

这段外貌描写突出了妈妈"小眼睛，细眉毛，整天笑眯眯"的特征，爱笑，表现了妈妈和蔼可亲、温柔的性格。

为了使外貌描写更生动传神，有时候还可以运用比喻、夸张、对比等修辞手法。

例如：

　　她脸上的笑容像孔雀开屏一样灿烂绚丽。（比喻）

　　他长得胸阔膀又宽，论劲头，能气死一头牛。（夸张）

　　他的一对耳朵啊，活像两片神气活现地撑开着的河蚌壳儿！（比喻、夸张）

　　两只突出肥大的耳朵守卫在脑袋的两旁，像两扇屏风似的。（拟人、比喻）

二、神态描写

神态，就是神情和态度。神态描写是指人物脸部细微的表情和姿态。人们常说："脸是人感情的晴雨表。"这说明了神态与人物思想感情的关系是极为密切的，内心活动常常从人的脸部显示出来。一个人心里高兴，往往就喜上眉梢；内心得意，就眉飞色舞；心里担忧，往往满脸愁容；内心痛苦，就双眉紧皱。

例如，写"欢笑"的神情：

> 每逢他遇到新朋友，或是接见属员，他的大眼会像看见个奇怪的东西似的，极明极大极傻地瞪那么一会儿，腮上的肉往下坠，然后腮上的肉慢慢往上收缩，大眼睛里一层一层地增厚笑意，最后成为个很妩媚的微笑。微笑过后，他才开口说话，舌头稍微团着些，使语声圆柔而稍带着点娇憨，显出天真可爱。这个，哪怕是个冰人儿，也会被他马上给感动过来。（老舍《且说屋里》）

写"绝望"的神情：

> 他没有话回答了。他的脸上现出一阵痛苦的拘挛。他把眼光埋下去看地上，好像故意在躲避我的注意。过了半晌他才抬起头，用一种无力的绝望的眼光看我，口里呻吟般地说："你也许有理。我是完结了。我们这般人是完结了。"（巴金《沉落》）

写"恐惧"的神情：

> 我父亲突然好像不安起来，他向旁边走了几步，瞪着眼看了看挤在卖牡蛎的身边的女儿女婿，就赶紧向我们走来，他的脸色十分苍白，两只眼也跟寻常不一样。他低声对我母亲说："真奇怪！这个卖牡蛎的怎么这样像于勒？"（莫泊桑《我的叔叔于勒》）

要写好人物的神态，得注意以下几点。

（一）要注意人物神态的细微变化

要写好人物的神态，就要仔细观察人物神态的细微变化。比如笑，"微笑"是反映发自内心的喜悦；"歪起一个嘴笑"是表示心怀鬼胎、不怀好意；"张大嘴哈哈大笑"既表现人物豪爽的性格，也表现笑得痛快。可见只有观察清楚各种神态的特点，才能在神态描写中反映不同的意义。

不同年龄、不同性别的人在同一场合的神态往往是不一样的。年龄相近、性别相同的人，由于思想性格不同，对待同一件事，他们的神态也常常各不相同。即使是同一个人，遇到不同的情况时，他的神态也会不一样：

高兴时——嘴角上泛起一阵涟漪，眼睛笑成了一条缝。

伤心时——鼻子两翼一掀一掀，眼睛里充满了泪水。

紧张时——不住地喘气，脸色灰白，双眉紧锁，一句话也说不出来。

愤怒时——竖起了眉毛，眼珠子瞪得像要弹出来似的。

发愣时——两眼直呆呆向前望去，木头一般地站在那里。

哭泣时——亮晶晶的泪珠在他眼睛里滚动，然后，大大的、圆圆的、一颗颗闪闪发亮的泪珠顺着他的脸颊滚下来，滴在嘴角上、胸膛上、地上。

我们平时要重视对人物的神态做细致的观察，还要从课文和名家作品中学习一些描写人物神态的词语与方法。

（二）神态要反映人物的思想感情

描写人物的神态，还要注意反映人物的思想感情。不能离开刻画人物、表现主题的需要，为写神态而写神态。

例如：

在一个商店里，一个小孩拿着一根巧克力冰激凌在和妈妈吵架。

小孩子说："妈妈，买了这根冰激凌吧！我想吃！"

妈妈气愤地说："如果你不想让牙齿烂掉的话！那你就别想吃！"

小孩子说："妈妈！可怜可怜我吧！我真的很想吃冰激凌，呜呜！"

妈妈什么话也没有说，小孩子在哭，他的嘴巴张得大大的，眼睛里面滚出无数滴泪珠，鼻子里流出了鼻涕。妈妈突然对孩子好声好气地说："好吧！我给你买一根冰激凌，但是，这是最后一次！"

本来很伤心难过的小孩子变得高兴起来，翘得高高的嘴巴一下子变成了镰刀，鼻子好像已经闻到了巧克力冰激凌的香味，眼睛瞪得大大的，里面好像闪着冰激凌，眉毛弯成了月亮，他兴高采烈地拿着那个冰激凌和妈妈离开了商店。

这段文字中，小孩子执意要吃冰激凌，为了达到目的，他"哭""嘴巴张得大大的""眼睛里面滚出无数滴泪珠"，达到目的后，"翘得高高的嘴巴一下子变成了镰刀""眼睛瞪得大大的""眉毛弯成了月亮"，小孩子特有的神态跃然纸上。

（三）要同动作和语言描写相结合

神态描写要结合人物行为或语言叙述，以增强文章的表现力。

这一点可以综合阅读本章的内容。

三、语言描写

语言描写是通过对人物对话、独白及语气进行描写，来表现人物身份、思想、感情和性格的写作方法。

"言为心声"，不同思想、不同经历、不同地位、不同性格的人，其语言也是不同的。鲁迅说过："如果删掉了不必要之点，只摘出各人的有特色的谈话来，我想，就可以使别人从谈话里推见每个说话的人物。"能够让读者从"各人的有特色的谈话"中来"推见每个说话的人物"，这便是成功的语言描写。

那么，怎样才能使人物的语言成为人物形象塑造的一个有机组成部分呢?

（一）语言要能显示人物的身份、职业、地位、经历

俗话说："三句话不离本行。"行话运用适当，人物的身份便自然而然得到了介绍。

下文这个故事就很典型。

从前，一个村子里有善于和事的四个人：一个是厨师，一个是裁缝，一个是车把式，还有一个是使船的。谁家有个红白事，打架抬杠的，都请他们去帮忙。

有一回，本村有老哥俩闹分家，由于人多嘴多心眼多，分了几天也没分彻底，就请这四个人去"说和"。这四个人也觉得这事很棘手，就先到厨师家开了个"碰头会"。厨师说："我看咱去了要快刀斩乱麻，别锅啦碗啦分不清。"裁缝说："我们办事不能太偏了，要针过去，线也得过去才行。"赶车的接过话茬："嗨，咱原先也不是没管过这号事，前有车，后有辙，别太出格就行。"使船的听着听着不耐烦了："我看咱们别在家啰唆了，不如到那儿再见风使舵，怎么顺手就怎么给他们划拉得了。"

厨师的媳妇听他们说完，扑哧一声笑了："我说你们真是'三句话不离本行'，卖什么吆喝什么。"她的话刚说完，引得全屋的人大笑。原来，厨师的媳妇是做小买卖的。

（二）语言描写要能够表现人物的思想感情，反映人物的心理活动

语言是思想的直接体现，读者应能从人物独白中清楚地看到人物内心深处的真情实感、行为的动机、追求的目的、行将采取的措施等。而人物之间的对话，则应该随着情节的开展逐步表现不同性格的人物不同的感情，显示人物之间的内心交流。它虽然不如独白那样直接、袒露，却同样应该使人感受到人物的情感变化，触摸到人物的心灵深处。

例如：

陈涉少时，尝与人佣耕，辍耕之垄上，怅恨久之，曰："苟富贵，无相忘!"佣者

笑而应曰："若为佣耕,何富贵也?"陈涉太息曰："嗟乎!燕雀安知鸿鹄之志哉!"(司马迁《史记·陈涉世家》)

这里,通过和佣者的对话,寥寥几笔,就把中国历史上第一次农民起义的领袖陈涉的"鸿鹄之志"表达出来了。

再如:

（中举前）像你这尖嘴猴腮,也该撒抛尿自己照照!不三不四就想天鹅屁吃!趁早收了这心。

（中举后）我的这个贤婿,才学又高,品貌又好,就是城里头那张府、周府这些老爷,也没有我女婿这样一个体面的相貌。(吴敬梓《范进中举》)

小说通过范进中举前后胡屠户前倨后恭、反差极大的两处谈话（语言描写），活化出胡屠户这个势利小人的丑恶面目。

（三）语言描写要性格化，符合人物的身份

要在描摹语态、叙写对话过程中表现出"这一个"的个性特征来。诸如阿Q的精神胜利,孔乙己的迂腐,周朴园的虚伪冷酷,吴荪甫的狡诈恃强,觉新的委曲求全,虎妞的泼辣粗野,三仙姑的装神弄鬼,李双双的热情爽直等。做到从"有特色的谈话"中来"推见每个说话的人物"的具体性格。千万不能把街头乞丐的语气写得趾高气扬,又或是把老人的语言写得太过"儿童化"。

例如:

"糙米五块,谷三块。"米行里的先生有气无力地回答他们。

"什么!"旧毡帽朋友几乎不相信他们的耳朵,美满的希望突地一沉,大家都呆了。

"在六月里,你们不是卖十三块吗?"

"十五块也卖过,不要说十三块。"

"哪里有跌得这样厉害的?"

"现在是什么时候,你们不知道吗?各处的米像潮水一样涌来,过几天还要跌呢!"

……

"还是不要粜的好。我们摇回去放在家里吧!"从简单的心里喷出了这样激愤的话。

"嗤,"先生冷笑着,"你们不粜,人家就饿死了么?各地方多的是洋米洋面,头几批还没吃完,外洋大轮船又有几批运来"。(叶圣陶《多收了三五斗》)

这段人物对话，十分生动、传神、精练。农民大清早到河埠头急切询问米价。先生们冷笑着说，有气没力地回答，对农民的责问热讽，显得傲慢而有恃无恐，人物形象跃然纸上，人物特点形象鲜明。农民听到米价大跌，"几乎不相信他们的耳朵""都呆了"，只好喷出激愤的话，"我们摇回去放在家里吧"。他们询问米价、急不可耐；听到"大跌"消息，吃惊发呆；争议米价，显得焦急迫切而无可奈何，这些都通过语言描写得到了充分的体现。

（四）语言描写还应用来预示和推动故事情节的发展，交代事情的来龙去脉，或通过语言描写介绍环境或时代背景，或借人物之口做议论以深化主题，使语言描写成为作品的有机组成部分

例如：

玄德曰："备肉眼安识英雄？"操曰："休得过谦。"玄德曰："备叨恩庇，得仕于朝。天下英雄，实有未知。"操曰："既不识其面，亦闻其名。"玄德曰："淮南袁术，兵粮足备，可为英雄？"操笑曰："冢中枯骨，吾早晚必擒之！"玄德曰："河北袁绍，四世三公，门多故吏；今虎踞冀州之地，部下能事者极多，可为英雄？"操笑曰："袁绍色厉胆薄，好谋无断；干大事而惜身，见小利而忘命，非英雄也。"玄德曰："有一人名称八俊，威镇九州——刘景升可为英雄？"操曰："刘表虚名无实，非英雄也。"玄德曰："有一人血气方刚，江东领袖——孙伯符乃英雄也？"操曰："孙策藉父之名，非英雄也。"玄德曰："益州刘季玉可为英雄乎？"操曰："刘璋虽系宗室，乃守户之犬耳，何足为英雄！"玄德曰："如张绣、张鲁、韩遂等辈皆何如？"操鼓掌大笑曰："此等碌碌小人，何足挂齿！"玄德曰："舍此之外，备实不知。"操曰："夫英雄者，胸怀大志，腹有良谋，有包藏宇宙之机，吞吐天地之志者也。"玄德曰："谁能当之？"操以手指玄德，后自指，曰："今天下英雄，惟使君与操耳！"

玄德闻言，吃了一惊，手中所执匙箸，不觉落于地下。时正值天雨将至，雷声大作。玄德乃从容俯首拾箸曰："一震之威，乃至于此。"操笑曰："丈夫亦畏雷乎？"玄德曰："圣人迅雷风烈必变，安得不畏？"将闻言失箸缘故，轻轻掩饰过了。操遂不疑玄德。（罗贯中《三国演义》）

这一段对话（语言描写）写曹操和刘备"青梅煮酒论英雄"，曹操的胆略、刘备的小心掩饰，都能通过人物对话展现出来。曹操虽说不疑刘备，刘备竟吓得终于借故离开，推动了故事情节的发展。

（五）语言描写要生动、简洁，忌八股调、学生腔

四、动作描写

动作描写又叫行动描写，是对人物的行为和动作的描写。"能把个人的性格、思想和目的最清楚地表现出来的是动作，人的最深刻方面只有通过动作才能见诸现实"（黑格尔《美学》），可见行动描写是反映人物思想、性格、心理等的有效手段之一。成功的行动描写往往给人留下极为深刻的印象，孙悟空的抓耳挠腮、孔乙己的"排出九文大钱"都是行动描写的范例。

那么，怎样才能写好动作描写呢？

（一）要精心选择恰当的动词，描写人物富有个性的习惯性动作，以此表现人物的思想、性格

例如：

> ……黑的人便抢过灯笼，一把扯下纸罩，裹了馒头，塞与老栓；一手抓过洋钱，捏一捏，转身走了。（鲁迅《药》）

作者对康大叔取钱的动作描写，用了"抓""捏"等动词，准确地写出了他接钱、数钱的熟练程度，生动地刻画了康大叔凶狠、贪婪、惯于敲诈的丑恶嘴脸。

（二）观察要细致入微，要善于捕捉人物细微的动作，以此反映人物的心理

例如：

> 女人的手指震动了一下，想是叫苇眉子划破了手。她把一个手指放在嘴里吮了一下。（孙犁《荷花淀》）

作者用"震动""吮"两个动词准确、细致而生动地写出了水生嫂得知丈夫明天就要去大部队的消息之后，丰富、复杂、细腻的情感世界及微妙的心理变化，一个关心丈夫、体贴丈夫，但又深明大义、顾全大局的思想进步的青年妇女形象跃然纸上。

（三）要描写人物连续性的动作，使描写富有动感，以此传神

例如：

> 范进不看便罢，看了一遍，又念一遍，自己把两手拍了一下，笑了一声，道："噫！好了！我中了！"说着，往后一跤跌倒，牙关咬紧，不省人事。老太太慌了，慌将几口开水灌了过来。他爬将起来，又拍着手大笑道："噫！好！我中了！"笑着，不由分说，就往门外飞跑，把报录人和邻居都吓了一跳。走出大门不多路，一脚踹在塘里，挣起来，

头发都跌散了，两手黄泥，淋淋漓漓一身的水。众人拉他不住，拍着笑着，一直走到集上去了。（吴敬梓《范进中举》）

作者用"看""念""拍""笑""跌倒""咬""爬""跑""踹""挣"等动词，把范进中举后神魂颠倒、亦痴亦狂的腐儒形象描画出来了，活灵活现、入情入理，给读者留下了深刻的印象。

五、心理描写

心理描写是指对处在一定环境中的人物内心活动的描写。它是塑造人物形象、刻画人物性格的重要手段。通过对人物心理的描写，能够直接深入人物心灵，揭示人物的内心世界，表现人物丰富而复杂的思想感情。

如果说人物的肖像、语言、动作的描写侧重于展示人物形象的外部风貌，让读者通过这些描写窥见或感受人物内心的活动，那么，心理描写则直接披露人物的内在隐秘世界。它们互相结合，就能够使人物形象更为真实、完整、丰满而且深刻，因而也更加富有艺术感染力。在心理刻画时，要注意捕捉人物内心的变化，尤其是那些一闪即逝的心灵波动。在描述心理变化轨迹时，要做到波澜起伏、跌宕多姿。

（一）心理描写的作用

1. 它有助于突出作品的主题思想。

例如：

我几乎还不会作文呢！我再也不能学法语了！难道这样就算了吗？我从前没好好学习，旷了课去找鸟窝，到萨尔河上去溜冰……想起这些，我多么懊悔！我这些课本，语法啦，历史啦，刚才我还觉得那么讨厌，带着又那么重，现在都好像是我的老朋友，舍不得跟它们分手了。还有韩麦尔先生也一样。他就要离开了，我再也不能看见他了！想起这些，我忘了他给我的惩罚，忘了我挨的戒尺。（都德《最后一课》）

这段心理描写，深刻表现了小弗朗士对侵略者强烈的憎恨和对祖国的无比热爱之情，突出了作品的主题思想。

2. 它有助于刻画人物的性格特征和揭示人物的身份、境遇。

例如：

黛玉听了这话，不觉又喜又惊，又悲又叹。所喜者：果然自己眼力不错，素日认他是个知己，果然是个知己。所惊者：他在人前一片私心称扬于我，其亲热厚密，竟不避嫌疑。所叹者：你既为我的知己，自然我亦可为你的知己，既你我为知己，又何必有"金玉"之论，也该你我有之，又何必来一宝钗呢？所悲者：父母早逝，虽有铭心刻骨之言，无人为我主张；况近日每觉神思恍惚，病已渐成，医者更云："气弱血亏，恐致劳怯之症。"我虽为你的知己，但恐不能久待；你纵为我的知己，奈我薄命何！（曹雪芹《红楼梦》）

这段心理描写，将人物内心深处细微、曲折、复杂的感情表现了出来，极大地丰富了人物性格，同时，也深刻揭示了黛玉孤苦无依的身份以及父母早逝、婚姻无人做主的可怜境遇。

3. 它有助于展示情节的发展变化。

例如：

伯诺德夫人知道，万一蜡烛点燃到铁管处后就会自动熄灭，同时也意味着他们一家三口的生命将告结束。

……伯诺德夫人的心提到了嗓子眼上，她似乎感到德军那几双恶狼般的眼睛都盯在越来越短的蜡烛上。一旦这个情报中转站暴露，后果是不堪设想的。（《生死攸关的烛光》）

这是一个反映第二次世界大战期间的故事，故事描绘的是一场没有硝烟但又紧张激烈的战斗。这场战斗的紧张激烈，主要通过人物的心理活动反映出来。伯诺德夫人一家和敌军进行了几次周旋，他们一家人随着蜡烛越来越短而表现出越来越紧张的心理，心理的不断变化，映衬出故事情节的曲折复杂。

（二）心理描写，最常见的五种技法

1. 采用内心独白的形式。 内心独白是人物心灵中自我对话的过程，它能使人物酣畅淋漓地倾吐肺腑之言。果戈理在他的《狂人日记》中，写了一段狂人滔滔不绝的独白。

不，我再也没有力量忍受下去了。天哪！他们是怎样对待我的啊！他们往我头上浇冷水！他们不管我，不看我，也不听我说话。我做了什么得罪他们的事情？他们干吗要折磨我呀？他们要从我这个可怜虫那里取得些什么呢？我能给他们什么呢？我什么也没有啊。我已经精疲力竭了，我再也忍受不了他们的这些折磨，我的头在发烧，一切东西都在我眼前打转。救救我吧……

作者借狂人的内心独白对当时不平等的俄国社会发出愤怒的控诉。

2. 通过梦境幻觉来反映人物的心理。 梦，是现实生活的曲折反映，是形象化了的心理活动。它不仅可以反映人们的生活经历，也可以反映人们对未来生活的预测。《三国演义》第一百一十六回描写魏军将领钟会统率军队进攻汉中，正当胜利在望时，却梦见诸葛武侯进言告诫。

其人步入帐中，会起身迎之曰："公何人也？"其人曰："今早重承见顾，吾有片言相告：虽汉祚已衰，天命难违，然两川生灵，横罹兵革，诚可怜悯。汝入境之后，万勿妄杀生灵。"言讫，拂袖而去，会欲挽留之，忽然惊醒，乃是一梦。

这一梦境是作者精心安排的，它既反映钟会不忍残杀百姓的心理，也为后面表现钟会所以能胜而不骄及魏军军纪严明、秋毫无犯等情节埋下伏笔，同时也反映了诸葛亮在钟会心中的地位，是钟会白天瞻谒武侯心理活动的继续和延伸。

3.利用环境景物衬托人物心理。在茅盾的《春蚕》中，作者描写老通宝抬起他那焦黄的皱脸，苦恼地望着面前的那条"官河"、河里"来往的船也不多"、"倒影在水里的泥岸和岸边成排的桑树，都晃乱成灰暗的一片"、塘路边的茧厂"依旧空关在那里"。这些环境景物的描写，一方面暗示帝国主义的疯狂掠夺与国民党的残酷压榨给江南蚕业造成的破坏，另一方面衬托老通宝忧愁痛苦、迷惑不解的心情。

4.通过人物的神情、动作、语言的描写来表现人物心理。宋司马光在《资治通鉴》中描写了前秦与东晋的淝水之战。当战争宣告晋胜秦败后，作者对东晋统帅谢安闻讯后的神情做了惟妙惟肖的描写：

谢安得驿书，知秦兵已败，时方与客围棋，摄书置床上，了无喜色，围棋如故。客问之，徐答曰："小儿辈遂已破贼。"既罢，还内，过户限，不觉屐齿之折。

谢安作为晋军统帅，自然要为晋军的获胜高兴，然而他外表从容镇定、不露喜色，继续下着围棋，但终究抑制不住内心的喜悦，以致当他回内室过门槛时，竟不当心将屐齿给碰折了。这里写动作、神情、语言实际是在写人物的心理——折射出一种极不寻常的心理。

5.通过"意识流"的摹写直接剖析人物的心理。"意识流"是近代和当代西方文艺创作中经常使用的一种技巧。它导源于现代西方的动荡生活，也直接受到现代心理学的影响。如英国现代意识流代表作家维古尼亚·沃尔夫的《墙上的斑点》，写一个妇女看到墙上的一个斑点，引起了种种联想：由斑点想到了钉子，由钉子处想到悬挂过贵族的肖像画，又想到这家人的变迁离乱，又想到人生无常……最后又回到斑点本身。其实，那个斑点不过是爬在墙上的蜗牛，它本身无多大意义。只是作者要借此显示人物头脑中意识流动的状况，而那个斑点只作为人物心理复杂变化的一种引发物。

总之，在对人物进行描写的时候，可以根据需要以一种描写方法为主，综合运用其他描写方法，使人物形象丰满起来。

【思考与练习】

1. 人物描写的基本方法有哪些？

2. 写一位自己最崇拜的老师讲课时的肖像。

3. 今天早上，有多位同学因迟到而被老师责罚。假设你是其中的两位同学，试运用语言描写，写出他们的心情与感受。

同学甲：品行优良，对师长毕恭毕敬，知错能改。

同学乙：品行顽劣、自以为是，不听师长劝告。

（陈雪峰）

抓住人物的主要特征

◎学习提示

怎样在写作中抓住特征描写人物？怎样从不同方面抓住人物的主要特征？

世界上没有两片完全相同的树叶，当然更没有完全一样的人。作文的文体不同，写作方法也不一样。要写出有个性的人物形象，就必须抓住人物的主要特征来写。一人一个样。既然这样，为什么有的同学写人物却抓不住特点呢？

原因主要有两个：一是没有认真观察；二是观察不得法。如观察同学擦桌子，光看不行，不一定能抓住特点。假如用比较的方法进行观察，一下子就能抓住人物的特点。通过比较你就会发现有的动作快，有的动作慢；有的干活很细，有的干活却很粗，点到为止；有的干活的时候嘻嘻哈哈，有的却沉默寡言，如此等等。这样一对比，人物的特点不就很容易抓住了吗？

有位同学写我的同桌："她不高也不矮，不胖也不瘦，感觉一切都是刚刚好。满头的黑发梳得整整齐齐，弯弯的眉毛下面嵌着一双炯炯有神的眼睛，像是黑色的宝石，很好看。"老师说："这主要是外貌方面的，再从性格、爱好、工作方面比较比较。"这位同学又说出了同桌的不少特点，什么"性格开朗""工作负责"等。老师问："能举出例子来吗？让事实说话。"这名同学又举出几个生动的例子。老师高兴地说："看，你同桌的特点不是抓住了吗？一比就出来了，有什么难的？写！写下来就是好文章！"

他高大、帅气，脸上总是洋溢着笑容。炯炯有神的眼睛，闪烁着智慧的光芒。球场上的他，眼中只有篮球，带着运动的光芒，随着篮球而动。他也喜欢静坐在窗台旁，手捧一本书，这时候，无论你怎么叫他，他都是在聚精会神地阅读着，目光专注于书本。然而，如果你有问题需要他解答时，他便会向你投来鼓励的目光，告诉你，没关系，他能帮助你。这就是性格开朗、喜欢运动、博览群书、乐于助人的他，你猜到他是谁了吗？（朱新宇）

这就比较容易猜到具体人了。所以，"比较"是抓住事物主要特征最好的方法。人物描写有外貌、语言、动作、心理、神态、细节等方面，具体到每个人身上突出的方面有所不同，所以，在和其他人对比之后就需要挑选出人物最突出的地方进行描述。下面主要从外貌、动作、语言、心理四个方面进行分析。

一、抓住人物外貌的特征进行描写

为什么要描写人物的外貌呢？外貌描写：指对人物容貌（面容长相、五官等）、体态（高、矮、胖、瘦）、神情（喜、怒、哀、乐）、服饰（穿着打扮）等外貌特征的描写。虽然写的是人物的外表，但描写的目的不只是让读者了解人物的外在形象，更是要反映人物的思想性格。

成功的外貌描写，是勾画人物外在的"形"，以展示人物内在的"神"。如果描写群体特征，服饰（比如少数民族服饰等）是最好的切入点。如果描写单个人，根据外貌写背后的生存环境和性格特点是不错的方式，如茨威格笔下的托尔斯泰。

他有浓密的头发、眉毛和胡须。

技法点拨：仔细追问 + 想象延伸 + 局部细写。

他天生就有浓密的头发、眉毛和胡须。

（1）仔细追问："浓密"到什么程度？头发怎么个"浓密"法？那眉毛、胡须呢？
（2）想象延伸：运用比喻、夸张、拟人等修辞手法，增添其内涵。
（3）局部描写："浓密"头发成了什么模样？又像什么？眉毛、胡须呢？

他生就一副多毛的脸庞，植被多于空地，浓密的胡髭使人难以看清他的内心世界。长髯（rán）覆盖了两颊，遮住了嘴唇，遮住了皱似树皮的黝（yǒu）黑脸膛，一根根迎风飘动，颇有长者风度。宽约一指的眉毛像纠缠不清的树根，朝上倒竖。一绺绺灰白的鬈发像泡沫一样堆在额头上。

在《故乡》一文中，作者通过对少年闰土的外貌描写，表现了闰土的特点。"紫色的圆脸"说明闰土经常参加田间劳动，身体健壮；"小毡帽"说明闰土生长地的风俗乡情；"银项圈"说明他父亲对他的疼爱。由于作者抓住闰土的特点来写他的外貌，因此把一个活泼可爱、健壮朴实的南方海边农村孩子的形象呈现在我们眼前，给我们留下了深刻的印象。

多年后相见，"虽然我一见便知道是闰土，但又不是我这记忆上的闰土了。他身材增加了一倍；先前的紫色的圆脸，已经变作灰黄，而且加上了很深的皱纹；眼睛也像他父亲一样，周围都肿得通红，这我知道，在海边种地的人，终日吹着海风，大抵是这样的。他头上是一顶破毡帽，身上只一件极薄的棉衣，浑身瑟索着；手里提着一个纸包和一支长烟管，那手也不是我所记得的红活圆实的手，却又粗又笨而且开裂，像是松树皮了。"前后肖像的对比，把闰土的巨大变化和年龄特征表现出来。只有抓住人物外貌上的独特之处，才能写出有个性的人物形象来。

二、抓住人物动作的特征进行描写

动作描写是刻画人物的重要手段之一，人物的思想必须通过人物的行动来体现。所以我们要善于描写人物的行为动作，它能使人物有血有肉、栩栩如生。最好运用连续性的动词。如《背影》中描写的："他用两手攀着上面，两脚再向上缩；他肥胖的身子向左微倾，显出努力的样子。"

如"爸爸坐在沙发上吸着烟看电视"这句话，有同学细写动作后改为："爸爸斜倚在沙发上，跷着二郎腿，手里夹着烟，嘴里吐着白圈圈，眯缝着眼睛，看着电视。"将爸爸舒服放松的状态表现出来。

三、抓住人物语言的特征进行描写

人物的语言是人物内心世界的直接流露。通过对人物语言的描写，读者了解人物的思想、性格等方面的特点。在写人物语言的时候，首先要个性化。人物的语言一定要注意人物的性格、年龄特征，要符合人物的职业、身份等。这样才能显示人物的个性。其次要采用多种对话形式。为克服"千人一腔"的说话毛病，可以给学生提供多种对话公式，让学生把对话写活。

一是人+动作+话。这是最简单的一种，例如，小明跑过来说："老师，我去交听写本了。"

二是人+动作1+动作2+……+话。加了人物一连串的动作，例如，老师走进教室，扫视了全班一眼，冲同学微笑着，点了点头，说："同学们好，上课。"

三是人+表情+动作+话。例如，妈妈的目光紧紧地盯着我："我知道给你了，可是现在它在哪儿？"（《羚羊木雕》）

让学生经常根据这些公式在阅读中摘录人物语言，在写作中运用，就会使文章中的对话变得活起来。

语言描写：终于，你跟跟跄跄地站起来了，一声怒吼直震九霄！"想我西楚霸王，诛暴秦，封四方，怎能死于这些无名小卒之手？刘邦，我视你为手足，你却杀我兄弟，逼死我挚爱，使我无颜去见家乡父老，苍天无眼，苍天无眼啊！"你愤怒地斥责刘邦，那气势，连汉军也畏惧三分，鬼神也为之动容！

语言描写："哥儿，你牢牢记住！"她极其郑重地说。"明天是正月初一，清早一睁开眼睛，

第一句话就得对我说：'阿妈，恭喜恭喜！'记得吗？你要记着，这是一年的运气的事情。不许说别的话！说过之后，还得吃一点福橘。"

"怒吼、愤怒、有气势的语言描写"和"郑重、殷切的叮咛"两组描写中刻画了不同的形象，叱咤风云的将军和婆婆妈妈的女佣长妈妈语言风格得相差多少啊？！

四、抓住人物心理的特征进行描写

心理描写最能突出人物的思想品质，它能提升人物的精神境界，反映人物的精神面貌、思想活动等。成功的心理描写能使文章的思想内容更加深刻。心理描写要符合人物的个性特点，符合当时的实际情况。在《皇帝的新装》中，心理描写占了大量篇幅：

善良的大臣："愿上帝可怜我吧！"老大臣想，他把眼睛睁得特别大，"我什么东西也没有看见！"但是他没敢把这句话说出口来。……"我的老天爷！"他想，"难道我是愚蠢的吗？我从来没有怀疑过自己。这一点决不能让任何人知道。难道我是不称职的吗？不成！我决不能让人知道我看不见布料。"

皇帝："这是怎么一回事呢？"皇帝心里想，"我什么也没有看见！这可骇人听闻了。难道我是一个愚蠢的人吗？难道我不够资格当皇帝吗？这可是最可怕的事情。"……不过他心里却这样想："我必须把这游行大典举行完毕。"因此他摆出一副更骄傲的神气。

再看学生习作《我的表妹安妮》中的描写：

我带着疑问问她，她莫名其妙地看着我，耸耸肩膀，摊开双手，认真地说："哦，我的上帝！小孩也是人啊，我们难道不能自由地生活吗？我们难道一直需要依赖父母吗？我认为上飞机出国飞越太平洋，是一件非常美妙非常好玩的事情，它比'彼雅娜'钢琴好玩得多了。"天！上飞机这是冒险的事，她竟说是好玩！美国人的思想真是怪怪的。

心理描写和语言描写恰到好处地结合，把表妹的古灵精怪和"我"的疑惑很好地表达了出来。

要把人写"活"，写成"他自己"，就要把人放在事件中写，写他与别人的交往。可写的事情较多，要选择能够表现人物特征的事来写，可以是一件事，也可以是几件事。比如《再塑生命的人》，叙述了莎莉文老师通过激发"我"的求知欲，一步步重塑"我"生命的经过。文中的每一个事例，都围绕莎莉文老师的教学展开，代表了她教育"我"的不同阶段。井房的经历是全文的高潮，"我"的学习由量变到质变，表明莎莉文老师的教育取得了初步成功。

此外，神态描写和细节描写也是写人文章的一个重要部分，但是不可能所有描写都面面俱到，在描写人物主要特征的时候，能通过对比，抓住其中一两个方面进行细致描写，作文就不用再发愁"千人一面"。

【思考与练习】

1. 在我们学过的文章中，对于人物刻画细致生动的有很多，比较阅读后，总结各篇文章都是怎样抓住人物主要特征的？

2. 仔细对比观察周围的人，看看其最主要的特征是什么？如何来表现？

（杜薇）

用典型事例表现人物

◎学习提示

　　选择典型事例才能更好地表现人物，怎样才能更好地选择典型事例？如何才能利用典型事例更好地表现人物？

　　写人记事类作文，是初中阶段最重要的写作类型。那么，怎么才能写好这一类作文呢？文章中的人和事应该怎样紧密关联呢？这就需要用典型事例表现人物。

　　什么是典型呢？所谓典型，就是具有代表性的。用典型事例表现人物，就是用最具有代表性的事例来表现人物的特点。这是应该掌握的一种重要的写作技巧。我们周围总是有许许多多熟悉的人，如爸爸、妈妈、老师、同学等。在与这些熟悉的人物相处中，总会有一些最令你感动、让你印象最深刻且最能表现人物特点的典型事例。所以要善于选择一个或几个典型事例，去突出人物的性格特征，表现文章的主题。

　　那么，应该怎样选择典型事例呢？

一、选择的典型事例应该突出人物的性格特征

　　表现人物，就是要表现人物突出的性格特点，所选事例，当然也要为这一点服务。如《说和做——记闻一多先生言行片段》一文中，作者臧克家就善于选择典型事例来突出闻一多先生言与行的特点，从而让我们感受到闻一多先生的光辉形象。为了表现作为学者的闻一多先做再说、只做不说的特点，作者选取了闻一多进行学术研究的三件事，重点描写闻一多是如何做的，通过不吃少睡、足不下楼、如群蚁排衙的竹纸本子等事件的细节突出闻一多做学问的专注、投入与辛苦，而这三件事，正是表现闻一多作为学者的最典型事例。为表现作为革命者的闻一多，作者同样选取了三件事，通过闻一多的大声疾呼、拍案而起和示威游行的举动来表现其既说又做的特点，尤其是其中那拍案而起的最后一次演讲，正是表现闻一多革命精神最典型的事件。由此可见，要表现好人物，就要选择典型事例。

二、选择的典型事例必须能突出文章的主题

在选择典型事例时，要细心琢磨，只要能突出文章的主题，可以选择一个，也可以选择两个，还可以选择两个以上，但切忌写成流水账。

如鲁迅的《藤野先生》，这是作者创作的一篇回忆性散文。在这篇散文中，作者热烈赞颂了藤野先生辛勤治学、诲人不倦的精神以及严谨踏实的作风，特别是他对中国人民的诚挚友谊。为了表现藤野先生的这些特点，作者一共选取了四件事："为我添改讲义"表现其认真负责；"纠正解剖图"表现其严格要求；"关心我的解剖实习"表现其热情诚恳；"了解中国女人裹脚"表现其求实精神。这四件事虽然看起来数量较多，但角度不同，各有侧重，都很典型，共同表现了藤野先生的特点，共同为文章的主题服务，表达了作者对藤野先生的深切怀念之情。所以，事例的表现力不在于数量，而在于质量，在于是否具有典型性。不过，对于平时作文来说，一篇作文中典型事例以一两个为宜，最多不要超过三个。

总之，善于选择典型事例表现人物，是写好作文的重要技巧之一。那么，怎么才能更好地选择典型事例呢？

第一，要留心观察生活，注意从生活中积累。

生活是一切创作的源泉，作文也不例外。要想找到典型的事例，首先要有一双会发现的眼睛，既要发现人物的突出特点，更要发现能够表现人物这个特点的典型事例，尤其是与众不同的、新鲜的事例。这些与众不同的、新鲜的事例，常常就是典型性的事例。

第二，不要嫌弃生活，要从生活的常态化的事例中发现美点。

我们有不少同学在写作文的时候，常常提起笔、展开纸，却绞尽脑汁也觉得无事可写。虽然我们每天都在生活，但生活似乎是空洞的、不值一提的，即使是写爸爸、妈妈这样最亲近、最熟悉的人，也常常会唉声叹气，不知道该写什么。其实，我们大部分人的生活都是大同小异的，这就必然会使我们的作文在选材上出现相似。鲁迅写于1926年的《藤野先生》，其中写作为老师的藤野先生对作为学生的鲁迅的关心帮助，不也与现在老师对学生的听讲、作业、考试等的严格要求、细心询问相似吗？相似并不可怕，可怕的是对这些事没有感觉。其实，只要心有所触动，再平常的事，也可以拥有打动人心的力量。所以，从某种程度上来说，平常即典型，要用心去感受平凡的生活，发现平凡中的美。

但是，并不是有了典型事例，就一定能表现好人物。要想用典型事例表现好人物，还应该注意以下几点。

第一，要注意叙事的完整性。

完整地叙事，才能让读者了解清楚事情的来龙去脉，才能更好地感受事件中的人物特点。要做到叙事完整，就要交代清楚事件的时间、地点、人物、起因、经过、结果，也就是记叙的六要素。

第二，叙事过程中要着重注意能够表现人物特点的细节。

既然是用事件表现人物，那么在叙事过程中就必然要对人物进行外貌、语言、动作、心理、神态等各方面的描写。但是，叙事过程中应着重描写什么呢？那就是能够表现人物特点的细节。

以朱自清的《背影》为例。《背影》之所以打动人，是因为它淋漓尽致地表现了父爱子的深情。作者只是写了父亲到火车站送"我"这一件事，怎么才能把父亲疼爱儿子的情怀表现出来呢？朱自清在叙事过程中，着重刻画了父亲朴实却饱含感情的语言、蹒跚却不容分说地买橘子的动作等细节，使读者从父亲的一言一行中感受父亲似乎不善表达的爱。

再如杨绛的《老王》，其中很典型的能表现老王善良的一件事是他给"我"家送香油和鸡蛋。在这件事的叙述过程中，作者抓住老王重病缠身、濒临死亡的外貌的细节，用了一整段来进行描写，这么长的描写，并没有给我们留下偏题累赘的印象，就是因为这外貌的细节更好地突出了此时的老王虽虚弱、病入膏肓却还想着作者一家，要把最好的东西送给他们，读到这里，老王的善良也就不言而喻了，而我们怎能不被这样的老王所打动？

这就是细节的力量，它能够让事件中的人物的特点更突出，让人物给读者留下更鲜明、更深刻的印象。

三、叙事过程中可配合抒情、议论等表达方式的运用

抒情、议论等表达方式的恰当使用，可以更好地抒发作者对所写人物的感情，从而引起读者的共鸣或打动读者的心灵，增强文章的感染力。

比如鲁迅的《阿长与〈山海经〉》，当长妈妈为"我"买来《山海经》，"我"说这是"我最初得到，最为心爱的宝书"，这句小小的议论抒情，把长妈妈之于"我"的意义表现了出来，无论"我"之前如何讨厌她，她都为"我"做了那时最有意义的事，也让读者感受到了长妈妈善良、愿意帮助孩子的特点。

再如朱德《回忆我的母亲》中的最后四段：

> 我应该感谢母亲，她教给我与困难做斗争的经验。我在家庭中已经饱尝艰苦，这使我在三十多年的军事生活和革命生活中再没感到过困难，没被困难吓倒。母亲又给我一个强健的身体，一个勤劳的习惯，使我从来没感到过劳累。

> 我应该感谢母亲，她教给我生产的知识和革命的意志，鼓励我以后走上革命的道路。在这条路上，我一天比一天更加认识：只有这种知识，这种意志，才是世界上最可宝贵的财产。

> 母亲现在离我而去了，我将永不能再见她一面了，这个哀痛是无法补救的。母亲是一个平凡的人，她只是中国千百万劳动人民中的一员，但是，正是这千百万人创造了和

创造着中国的历史。我用什么方法来报答母亲的深恩呢? 我将继续尽忠于我们的民族和人民,尽忠于我们的民族和人民的希望——中国共产党,使和母亲同样生活着的人能够过快乐的生活。这是我能做到的,一定能做到的。

愿母亲在地下安息!

作者用前两个自然段表达对母亲的感谢,用后两个自然段抒写母亲离"我"而去所带来的哀痛和自己报答母亲深恩的决心。最后这四段的抒情议论,写作者感谢母亲以及由爱母亲到爱党和广大人民,是感情深化、主题深化的部分,不仅让我们感受到母亲对作者的巨大影响,作者对母亲深深的感激、怀念之情,还让我们深刻体会到作者对祖国、对人民、对党的无限深情。

因此,抒情、议论的巧妙点缀,常常可以起到画龙点睛的作用,对于表现人物、突出主旨来说是必不可少的。

总之,用典型事例表现人物,首先要把握人物特点,再围绕人物特点选取典型事例作为原料,提炼能表现人物特点的细节作为主料,配上议论、抒情这点作料,就可以把人物写得立体可感了。

【思考与练习】

1. 在你学过或读过的文章中,有哪一篇你认为是用典型事例表现了人物? 是怎样表现的? 从中你有什么写作上的收获吗?

2. 请观察你的某一位新老师或新同学的突出特点,并为此积累几个典型素材。

(范惠洁)

精工描绘，细处摄神

——细节描写例谈

　　细节描写是指抓住生活中细微而又具体的典型情节，加以生动细致的描绘，它具体渗透在对人物、景物或场面的描写之中。细节，指人物、景物、事件等表现对象的富有特色的细枝末节。它是小说、记叙文情节的基本构成单位。生动的细节描写言简意赅、以一当十，常常使描写的对象性格鲜明、形神毕肖、呼之欲出。李准说过："没有细节就不可能有艺术作品。真实的细节描写是塑造人物，达到典型化的重要手段。"一般来说，细节描写虽不是情节发展中的主要构件，只是"细胞"，但它却是突出形象、烘托气氛、连接情节、表达主题的重要艺术手段。真实的细节描写的艺术魅力是无穷的。

一、文学作品中的细节描写

（一）精工细笔，描摹刻画

　　抓住人和物的典型特征，运用美术笔法，精工细笔（肖像描写、神态描写、动作描写、心理描写、语言描写），描画出事物的细部相貌和事件的细微进程。这是细节描写最常用的方法。

肖像描写：

　　他身材很高大；青白脸色，皱纹间时常夹些伤痕；一部乱蓬蓬的花白的胡子。穿的虽然是长衫，可是又脏又破，似乎十多年没有补，也没有洗。（《孔乙己》）

　　这段描写，抓住了"长衫"这一典型细节，穿长衫是科举时代读书人的象征，而孔乙己的长衫却"又脏又破"，一个穷困潦倒的迂腐的封建社会知识分子形象出现在我们眼前，也由此可见封建科举制度对知识分子的愚弄和迫害。

老头子浑身没有多少肉，干瘦得像老了的鱼鹰。可是那晒得干黑的脸，短短的花白胡子却特别精神，那一对深陷的眼睛却特别明亮。很少见到这样尖利明亮的眼睛……（《芦花荡》）

这段肖像描写，抓住"眼睛"这一典型细节，刻画了一个充满活力、老当益壮的抗日老英雄形象。

父亲头发上像是飘了一层细雨，每一根细发都艰难地挑着一颗乃至数颗小水珠，随着父亲踏黄泥的节奏一起一伏。晃破了便滚到额头上，额头上一会儿就滚满了黄豆大的露珠。（《台阶》）

通过对父亲沾满露珠的"头发"的细节描写，刻画出为建造高台阶父亲的不辞辛劳。

神态描写：

孔乙己便涨红了脸，额上的青筋条条绽出，争辩道："窃书不能算偷……"（《孔乙己》）

孔乙己"额上的青筋"本在皮肤之下，不易被人看出，作者写其"条条绽出"，细腻入微，生动传神地写出了他内心的羞愧、善良、迂腐和无法摆脱廉耻的懊恼。

接着掏出表来看一看，他那一脸丰满的肌肉立刻紧张了起来。眉毛皱着，嘴唇使劲撮着，好像他在把全身的精力都要收敛到脸上似的。他立刻就走：他要到难民救济会去开会。（《华威先生》）

刻画了一个华而不实、只做表面工作的华威先生。

母亲一念完那首诗，眼睛亮亮地，兴奋地嚷着："巴迪，真是你写的吗？多美的诗啊！精彩极了！"她搂住了我，赞扬声雨点般落到我身上。（《"精彩极了"和"糟糕透了"》）

"眼睛亮亮地"尽显母亲对儿子的赞赏之情。

动作描写：

（他）蹒跚地走到铁道边，慢慢探身下去，尚不大难。可是他穿过铁道，要爬上那边月台，就不容易了。他用两手攀着上面，两脚再向上缩；他肥胖的身子向左微倾，显

出努力的样子。这时我看见他的背影，我的泪很快地流下来了。（《背影》）

通过"走""探身""穿""爬""攀""缩""倾"一系列动词，细致刻画了父亲艰难爬过月台为"我"买橘子的背影，父亲对儿子的爱跃然纸上。

在契诃夫《变色龙》中，奥楚蔑洛夫四次穿脱作为沙皇"警犬"标志的军大衣的细节描写，把主人公在市民公众面前装腔作势、耀武扬威，在上司面前惶恐惧怕、身价如狗刻画得活灵活现，表现得淋漓尽致，可恶又可笑，读罢令人拍案叫绝。

他立即明白了，就轻轻地关上灯，拉上门窗，随手拿起准备好的扫帚，小心地挂在窗台下面的钉子上。（《挺进报》）

通过"关""拉""拿""挂"等系列动词及前面的修饰语，描摹出陈然同志在得知即将被捕的紧急关头给革命同志发出暗号的细微过程，表现了他沉着、镇定、干练以及对革命事业高度负责的精神。

华大妈在枕头底下掏了半天，掏出一包洋钱，交给老栓，老栓接了，抖抖的装入衣袋，又在外面按了两下；便点上灯笼，吹熄灯盏，走向里屋子去了。（《药》）

这一连串动作的细节描写非常传神。华老栓开的是小茶馆，积攒一包洋钱不容易，因此收藏也就特别小心，以至于华大妈要"掏"上半天。老栓"接"，"抖抖"地"装"，不放心地"按"，生动地表现了在社会最底层的市民生活的艰辛。

心理描写：

她忐忑不安地想："他会说什么呢？这是闹着玩的吗？自己的五个孩子已经够他受的了……是他来啦？……不，还没来！……为什么把他们抱过来啊？……他会揍我的！那也活该，我自作自受……嗯，揍我一顿也好！"（《穷人》）

细微的心理活动描写把桑娜的善良，以及宁可自己受苦也要帮助别人的美好品质表现得淋漓尽致。

京京在座位上不安地扭动着身子，他真想站起来。可是，如果举了手，程老师会喊他吗？课后赵小桢会不会嘲笑他？他真想念。不是要出风头，是心里有种憋了很久的感情，想痛痛快快念出来，吐出来。（《心声》）

用第三人称对京京的心理进行了细致的描写，写出了京京非常想朗读却又怕老师不认可、同学嘲笑的矛盾心理。

几种描写手法的综合运用：

> 母亲扑哧一声笑了，筋脉突兀的手不停地抚摸着荔枝，然后用小拇指甲盖划破荔枝皮，小心翼翼地剥开皮又不让皮掉下，手心托着荔枝，像是托着一只刚刚啄破蛋壳的小鸡，那样爱怜地望着舍不得吞下，嘴里不住地对我说："你说它是怎么长的？怎么红皮里就长着这么白的肉？"（《荔枝》）

神态、动作、语言的描写充分体现了母亲第一次吃荔枝的欣喜与激动之情。

> 李中堂正要尝尝这津门名品，手指尖将碰碗边，目光一落碗中，眉头忽地一皱，面上顿起阴云，猛然甩手"啪"地将一碗茶汤打落在地，碎瓷乱飞，茶汤泼了一地，还冒着热气儿。（《俗世奇人》）

这段描写形象地刻画了李中堂误会茶汤里掉进了脏物的神态变化和一系列动作，细致入微。

（二）曲笔悬念，烘托映衬

在写作高手的笔下，对于典型细节，通常不肯用平铺直叙的方法简单化地一略而过，而是采用"曲笔"，不断设置悬念、映衬夸张，给人留下深刻的印象。如《两茎灯草》中对严监生临死前的描写：

> 严监生喉咙里痰响得一进一出，一声不倒一声的，总不得断气，还把手从被单里拿出来，伸着两个指头。大侄子赶上前问道："二叔，你莫不是还有两个人不曾见面？"他就把头摇了两三摇。二侄子走上前问道："二叔，莫不是还有两笔银子在哪里，不曾吩咐明白？"他把两眼睁得溜圆，把头又狠狠地摇了几摇，越发指得紧了，奶妈拖着哥子插口道："老爷想是两位舅爷不在眼前，故此记念。"他听了这话，把眼闭着摇头，那手只是指着不动。赵氏慌忙揩着眼泪，走上前道："老爷，别人都说的不相干，只有我晓得你的意思！你是为那灯盏里点的两茎灯草，不放心，恐费了油。我如今挑掉一茎就是了。"说罢，忙走去挑掉一茎。众人看严监生时，点一点头，把手垂下，顿时就没了气。

如果将这段写成"严监生伸出两个指头，妻子明白他的意思，挑出一茎灯草，他就断气了"，还有什么味道呢？作者通过精心的构思，首先设计出两个侄子和奶妈一而再，再而三地做出种种错误的猜测，以引起读者的好奇或猜测，直到妻子猜对了才"没了气"。这个细节留给读者的印象十分鲜明强烈，严监生这个守财奴形象就跃然纸上。

（三）浓墨重彩，绘形绘色

为了给读者留下深刻的印象，在细节描写中也常常采用浓墨重彩、绘形绘色的手法，以增强表达效果。作家采用较多的是夸张、比喻和反复等。例如：

> （成群结队的清国留学生）头顶上盘着大辫子，顶得学生制帽的顶上高高耸起，形成一座富士山。（《藤野先生》）

把"清国留学生"的辫子"高高耸起"，夸大比喻为"富士山"，形象突出，凸显了他们的庸俗丑态、腐朽糜烂，同时也流露出作者厌恶反感和鄙夷的神情。

> （掌柜）忽然说："孔乙己长久没有来了。还欠十九个钱呢！"……掌柜也伸出头去，一面说，"孔乙己么？你还欠十九个钱呢！"……到了年关，掌柜取下粉板说："孔乙己还欠十九个钱呢！"到第二年的端午，又说"孔乙己还欠十九个钱呢！"（《孔乙己》）

四次反复"还欠十九个钱"，极其鲜明地刻画出掌柜自私冷酷的嘴脸，反映了当时社会的世态炎凉，含蓄地说明了孔乙己悲惨命运的必然性，留给读者无限的思考和想象空间。

> 老栓也向那边看，却只见一堆人的后背；颈项都伸得很长，仿佛许多鸭，被无形的手捏住了的，向上提着。静了一会，似乎有点声音，便又动摇起来，轰的一声，都向后退，一直散到老栓立着的地方，几乎将他挤倒了。（《药》）

这段文字写的是革命者夏瑜被杀的情景，而那些无聊的人都伸长了颈项在欣赏着，就像一群"鸭"，一个比喻就展现了国民的麻木、不觉悟，生动形象。

（四）议论抒情，强化凸显

在细节描写中配合使用议论抒情等多种表达方式，是凸显某些细节的重要表达方式。

> 主席也举起手来，举起他那顶深灰色的盔式帽，举得很慢很慢，像是在举一件十分沉重的东西，一点一点的，一点一点的，等到举过头顶，忽然用力一挥，便停在空中，一动不动。（《挥手之间》）

方纪在描写毛主席的这个动作时，用五个"举"字、一个"挥"字，以及比喻、夸张、反复等多种修辞手法，给人留下深刻印象。紧接着作者又运用了大段的议论：

> 这像是表明了一种思索的过程，作出了断然的决定。主席完全明白当时人们的心情，而用自己的动作把这种心情表达出来。这是一个特定的历史性的动作，概括了历史转折时期领袖、同志、战友和广大革命群众之间的无间的亲密，他们的无比的决心和无上的英勇。

这段议论，充分揭示了文章的主题，使这一细节描写成为全文的聚光点之所在。

> 杜小康顺手抠了几根白嫩的芦苇根，在嘴里嚼着，望着异乡的天空，心中不免又想起母亲，想起许多在油麻地的孩子。但他没有哭。他觉得自己突然地长大了，坚强了。(《孤独之旅》)

在暴风雨过后，杜小康终于找到了自家的鸭子，用"顺手抠""嚼""望"这些动作，写出了杜小康在找到鸭子后平静的心态，引出下文"他觉得自己突然地长大了，坚强了"这句议论，深刻表现了这篇文章的主题。

二、进行细节描写的方法

除了平时要养成认真仔细地观察事物的习惯外，练就一双发现美的慧眼，向大家学习，向课本学习，运用一定的技巧也是非常重要的。

（一）罗列选优法（选择最佳的点进行细节描写）

选点的这个"点"应该是对中心有作用的"点"，只有"点"到位，才不至于跑题和偏题。比如以"母爱"为话题，我们选点可以是妈妈给自己加上一件外衣的动作点，可以是妈妈注视自己模样的状态点，可以是妈妈告诉自己如何做人的语言点等，其实，这个选点在某种意义上和选材相关，但不管选哪个点，都应该是表现"母爱"主题的。当然，不能正确选择"点"，我们将无法展开描述，当然也就有跑题和偏题的可能性了。

（二）细处放大法（细化动作、延长过程）

老舍说过："描写人物最难的地方是使人物能立得起来。我们都知道利用职业、阶级、民族等特色，帮助形成特有的人格；可是这些个东西并不一定能使人物活跃。……我们须随时用动作表现出他来。每一个动作中清楚地有力地表现出他一点来，他才越来越活泼，越实在。……这样，人物的感诉力才能深厚广大。"老舍这段话的意思是只有成功地描写人物的动作，才能使读者真切地感到作者笔下的是一个个栩栩如生的人物，他的精神世界才能得以充分地展示，形象才能真正站立起来。足见精彩的动作描写对于展示人物形象的重要作用。

动作描写是刻画人物的重要方法之一。人物的每一个行动都受到自己思想、性格的制约。对人物富有特征的动作进行成功的描写，可以交代人物的身份、地位，可以反映人物心理活动的进程，可以表现人物的性格特征，有时候还能推动情节的发展。选择事情发生过程中最重要的一个动作点去描写，辅以其他描写方法、其他角度，才能把语言的力量集中到一处，最大限度地展现出文字的功底。如果把动作发生以前、发生过程中、结束以后的情况等全都原原本本地记录下来，文章就没有了重点，我们只能知道人物每一步所做的内容；而且容易形成流水账，篇幅冗长，笔墨均分，乏味而平淡。这是同学们在记叙事情的时候，最容易出现的问题。动作进行的过程中必有精彩的亮点，把握住这个亮点进行具体描写，不仅能突出事情的重点部分，显示出人物的性格特点、内心活动、处世态度、思想品质等，还能给读者留下强烈而深刻的印象。

例文片段：

她属于爱告老师型的。她有一个经典动作，就是右胳膊伸直，指着前方，左手搭在肱二头肌上，大喊一声："我要告老师。"这个动作已经被多数人模仿，当她欺负她同位时，她同位（一名男生）就娘娘们们地学她，说："我要告老师。"（《我眼中的她》）

年二十四早晨，老爸要赶着去北京办事。走前要给水仙花施上肥。正当老爸将水仙花端上阳台时，本来就有腰椎间盘突出的老爸闪了一下腰，腰椎间盘再次突出……经过五天的休养、按摩，老爸才勉强起来。

就在此时，老爸的起床声打断了我的思绪，他艰难地扶着墙走了进来。我赶快去扶他。他对我说："趁着没事我给你听写一下单词。""行！"我想把他扶到床上坐着，他说要蹲着才舒服。我默默地坐回书桌前。前面的听写还很顺利，但一个很长的单词难倒了我。我便回头看他，想从他的眼神中得到半点启示。可是，回头的一刹那看到——爸爸不是蹲着，是——跪！严冬天气，老爸单腿跪在冰冷的地板上。他的花白的头发，肥胖的身躯，左手拿着我的英语课本，右手肘撑在床沿以保持身体的平衡，手扶在自己的腰上。不知是累还是疼，我分明看到了在严冬天气里他额上的汗珠。为了自己儿子的学习，当年走南闯北、从不屈服任何人的老爸，竟然就这样狼狈地跪在自己儿子的身后。我的泪汹涌而出。（《父亲》）

（三）神态配合法

神态配合法，是以语气、语调、神态配合对话的描写方法，常常能准确地反映出人物的喜怒哀乐，刻画出人物的真情实感。

例文片段：

　　好比我的同桌柯辰，一个留着西瓜太郎发型的女孩，就是一个相当有意思的人。如果你做出了她不会做的题，她定会冲你点头，学着魏学洢的口气一本正经地说："嘻，技艺灵怪矣哉！"如果在考前几分钟你突然向她询问一个生僻的问题，她定会像噎着了一样一伸脖子，微微张开嘴，露出鼹鼠似的两颗门牙，目光呆滞地说："怎么会考这么迂腐不堪的东西！"此外，她还是一个有原则而且本分的人，也就是所谓的"好孩子"。我时常为有这么一个同桌感到庆幸。

　　记得有一次老师布置的作业特别难，面对着满篇的难题，我几乎忍不住要"多愁善感"了。正好柯辰刚刚写完那份卷子，我趁她不注意拿来抄，没想到立刻就被她发现了。

　　"你小子，还想吃现成的？！"她一把夺过试卷，怒气冲冲地说。

　　"这不是……没工夫发扬风格了，那么难的题。"我讪笑着解释。

　　"哎，可不可以求点上进！有什么题不会我给你讲。"

　　她给我讲了整整一节自习课，最终我弄懂了所有的题。末了，她还学着物理老师的口气一脸严肃地说："别的答案——不对！"

　　我被逗笑了。这个冬天其实不是太冷。（《春暖花开》）

（四）侧面描写法

侧面描写往往比正面描写更机智，它能以较经济的笔墨表现所描写的对象，却能收到以少胜多的功效。侧面描写因激活了人们的想象力，从而可以收到强烈的艺术效果。

例文片段：

　　说他广结人缘，这点儿倒真不假。他创造了一款游戏，引得一些男生每天课下围在他身边谈论，一起乒乒乓乓地"打打杀杀"，他的脸上总是挂着满足喜悦的笑容。那些男生竟把我挤得没了"栖身之地"，我只好眼巴巴地看着他们在我的"岗位"上谈天论地，好不痛快，而我只能在上课铃响之际，抓紧时间抹干净桌子上的唾液。唉，他的人缘可真让我眼红！（《我的同桌》）

（五）运用修辞，画其神韵法

巧妙地运用修辞，即比喻、拟人、夸张、反复等修辞手法，可以增强语言的生动性，变抽象为具体，使无形变为有形。

例文片段：

　　陈老师有个习惯：生气、着急、思考时不光神态万千还会抓头发。早上整齐的头发没多久就乱了，像一丛草，好像爱因斯坦的头发。有一次，收作业。我们班人太多，有好几个人没带作业。老师眉头紧锁，两眉中间挤出一个"儿"字，对于头发自然不放过，边抓边气呼呼地"嗯"着，自然少不了对那些"家伙"进行惩罚。自从这次以后，类似的事越来越少，陈老师的头发正在一天一天整齐下去。（《我的老师》）

（六）综合细描法

在记叙类的文章中应选择最能表现主题的"动作点"，以动作细节描写为主，辅以肖像细节描写、语言细节描写、心理细节描写和环境细节描写等进行综合细描。

例文片段：

安哥模样甚伟，典型的后七十年代生人的帅哥。他度数颇高的眼镜不知压了什么颜色的膜，色彩多变：时白色，时茶色，时黑色，时红色。更奇妙的是，有时大家在老师监督下才鸦雀无声上自习的原因：一是老师的严厉，二是那副眼镜。无论你从哪个角度看安哥，好像总有一束目光瞄着你。所以我们经常性的动作是：抬头伺机说上两句话，却看到安哥说不清道不明的目光，继而略显惊恐地低头继续学习。

一日政治课，我与后座正笑呵呵地讨论政治材料中那个"因抢 8 毛钱被判刑一年加罚金八千"的事例时，忽然，敏锐的后座压低了声音说道："后门，安哥！"我未敢明目张胆地回头"认真"读书，而是装作揉眼打哈欠伸懒腰外加略向后门一瞥：一副白森森的眼镜正反着光窥视着教室。同样敏锐的其他同学发现此情况后便"收和颜而静志分"了，只有政治老师还一头雾水地奇怪我们纪律怎么突然好了，大家皆浅笑不语。事后，安哥班会点名批斗时，说道："上政治课不认真的，你像 GZ，LZS，TYT……（略去真实姓名，保护隐私）。"我正和后座仁兄暗自庆幸未被发现时，老师分明地瞪了我一眼，用笔杆轻轻指我下："还有你韩智和 HJX……"于是，我们便在安哥的批斗中，表情痛苦地低下了头。（《安哥和他的五班》）

（七）议论抒情，深其内涵

细节描写后的议论抒情，可起到妙不可言的画龙点睛的作用。

例文片段：

当本该色彩斑斓的黑板终于挂上挽联般的倒计时牌（各科老师均如此评价，只有老班不予置评）时，我突然意识到：同学们就像一条条水蛭，牢牢吸附在同一个目标上，而且个个都压不扁，折不弯，顶得住，吓不倒。

这个目标就是中考。

要用好细处摄神法，不光要靠描写能力，更要靠对事物的观察和认知，只有对一个细小的事物有了深刻的认识，才能具备细处摄神的笔力。

运用细节描写应注意以下几点：

一要真实，要符合生活实际；二要有选择，为表现中心服务；三要新颖，切忌一般化。

叶圣陶先生说："生活就如源泉，文章犹如溪水，泉源丰盈而不枯竭，溪水自然活泼地流个不停。"生活中，也许是那一次温暖的搀扶，也许是那一个甜蜜的微笑，也许是那一句鼓励的话语，总让我们念念不忘。是的，细节无处不在，它就像万顷波涛中的一朵浪花，万仞高山中的一粒石子，蝴蝶身上美丽的斑纹，虽然渺小，却能传神。文章缺少了细节，人物就失去了光彩和神韵，让我们通过对人物细节的捕捉和书写，去开启我们心灵的大门，去品尝自己的人生五味。

【学生例文】

那一次，我真自豪

2020年春节，一场疯狂的疫情席卷了中国。药店、商场，到处都挤满了惊慌的人们。面对病毒，一群身着白衣、如天使般的人横挡在肆虐的病毒与脆弱的人们之间。他们无畏、逆行、大爱，让每一个中国人自豪！

他们就是医生、护士。我的爸爸妈妈也是他们中的一员。

那是2020年春节，家家，也就是没有医护人员的家——都坐在电视机旁，观看着春节联欢晚会。可是，我的爸爸呢？他在哪？正在我准备上楼找爸爸时，门"吱呀"一声开了。随后，从门口走进了一位神情疲惫、散发着药水味的男人——我的爸爸。他刚值完发热门诊的班，脸上还带有口罩留下的红紫的压痕。他没有说话，用酒精做过全身消毒后便上楼了。他爬楼梯的步子很低，很慢……

时间嘀嘀嗒嗒地过去了，爸爸还没有下来，妹妹着急了，大声喊："爸爸，爸爸，你快下来呀！"可爸爸只是回答了一声"嗯"，便没了声音。渐渐地，我也着急了，就轻轻地爬上楼梯，推开门一看：爸爸正写着什么。他写得十分慢，一笔一画，脸上带着专注、坚定。不久，他写完了，随后打开了身边的一个小盒子，用手指蘸了以后又在纸上按压了一下，许久，才拿开。接着，他快速走了出去，并没有注意到我。

我悄悄地溜向书桌，拿起刚写好的纸张。"请战书"三个大字赫然跳进我的眼帘。请战书？我快速浏览了一遍，当看到"出征湖北"时，我差点把纸撕了。湖北，那个人人都想方设法远离的地方，我的爸爸，竟然想逆于人流，去往湖北？我心里翻江倒海，什么也想不起来，只剩下"出征湖北"四个大字，格外分明。

就在我几乎失控时，爸爸落下的手机上跳出了一个视频。我点开它，只有一句话："我们医护人员也是普通人，但当我们穿上白衣之时，我们便是人民与病魔之间最后一堵墙。"看完，泪下。再拿起那份请战书，只见那上面的字分外工整，一笔一画，犹如刀刻一般，力透纸背。末尾的一个红指印，虽不比郎红热烈，不比钧红温润，更不比橘红柔和，但却像一把不灭的火炬，冲破内心的黑暗，直达灵魂深处。爸爸，他不仅是我的爸爸，更是一名医护人员，当他身着白衣时，他就是一堵坚实的墙，保护人民免受病魔侵扰。作为一名儿科医生，他见证了无数生命的诞生，无数次抢救的奇迹。请战书，不只是一纸书文，更是一份信念，一份信仰。我为拥有这样一位父亲而自豪！爸爸的无畏、坚强，足以让我把他视为英雄，为他自豪！

疫情渐止，春光又回。望着每天下降的病例数量，爸爸的眉头也渐渐舒展。他不知道我为拥有这样的父亲自豪，也不知道那年除夕我内心的波澜。他虽未去武汉赏樱，但在发热门诊上绽放了光彩。爸爸，我为您，和像您一样的工作人员感到自豪！（2021级学生　张琳夏）

【思考与练习】

1. 回忆你学过的课文或读过的文学作品中，哪些细节描写给你留下了深刻的印象？想想它精彩在何处？

2. 用一段话写一写考试结束后在学校或者家里的一个场景。

（单莉莉）

第5单元

作文段落层次的布局

◎学习提示

文章段落层次布局的含义；文章段落层次布局的原则；文章段落层次布局的常用形式。

好的文章应该是内容与形式的完美结合。一篇好文章言之有物是前提，而要表达好想要表达的内容，还需要恰当的段落层次布局来清晰地呈现思想的层次和逻辑关系。这里所说的段落层次的布局有两层含义：一是指言之有序，即文章在结构安排上服务于表情达意的需要，要合理安排表达的顺序，不能杂乱无章；二是指文章整体的结构要做到和谐匀称，具有美感。下面就以记叙文为例谈一谈文章段落层次布局的要求及中学生在写作时适用的一些方法。

一、文章段落层次布局的原则

（一）服务中心原则

中心是一篇文章的灵魂和统帅，文章写什么、怎么表达、表达的顺序、详略的安排都要根据中心表达的需要而定。因此，涉及文章段落层次，比如分层意思、先后顺序的安排、上下文的逻辑关系，也都要根据中心表达的需要而定，能够很好地服务于中心表达的段落层次布局才是合理的。比如《曹刿论战》一文，重点要表现曹刿的军事思想，作者按照"战前—战中—战后"的时间顺序来描写齐鲁长勺之战的整个过程，战前的战略准备和战后论取胜的原因这两部分最能表现曹刿的军事思想，所以文章清晰地呈现出"战前"、"战中"和"战后"这三部分内容，又重点突出了"战前"和"战后"，整篇文章围绕中心布局，层次井然，又取舍分明，详略得当。

（二）条理清晰原则

要使文章条理清晰，首先，要安排好文章的线索。线索就是贯穿在整篇文章中情节发展和思想感情发展的路线。线索像链条一样，无形地牵着文章里全部的人物、事件和景物，可以使文章结构严密，条理清晰，流畅贯通。比如，故事情节较强的可以以"事"为线索，时间推移明显的可以以"时"为线索，感情波动较大的可以以"情"为线索。例如《藤野先生》的双线结构（"我"在日本求学时的见闻和感受、"我"的爱国主义思想情感的变化）串起了作者在日本留学时所经历的众多事件，却杂而不乱。

其次，要合理地使用过渡性段落或语句。比如《从百草园到三味书屋》一文的第九自然段，表达了作者对百草园生活的恋恋不舍及对去三味书屋读书的不情愿，这一段承上启下，自然地引出下文对三味书屋读书生活的描写。这个过渡段使文章自然地分为两大部分，增强了文章结构层次的条理性、清晰性。

最后，要注意文章所表达思想感情的由浅入深、层层递进。例如《阿长与〈山海经〉》一文采用欲扬先抑的手法，先写阿长的粗俗、好事、无知、迷信，表现"我"对阿长的厌恶、反感，再写阿长费尽周折给"我"买来心爱的宝书《山海经》，突出她的热心、善良、关心孩子，表现"我"对阿长的感激、怀念之情。这样就使文章在结构层次上清晰地分为两部分，全方位、立体地呈现出一个优缺点并存的旧社会劳动妇女的鲜活形象，"我"对阿长的感情和命运的认识层层深入、分外动人。

（三）和谐匀称原则

文章的整体结构也就是指文面，文面如同人的身材一样，应和谐匀称，某一部分过大或过小，都会影响文章的整体审美效果。从平时的写作实践来看，三段式的文章太呆板，头重脚轻腰臃肿的文章很难看，头大尾大腹中空的文章如同畸形儿。所以，在充分考虑内容的前提下，要做到段落形式和谐匀称：开头要小巧精美，结尾要灵动有力，主体要丰盈而富于变化，即古人写作时所倡导的"凤头""猪肚""豹尾"形式。

二、文章段落层次布局的常用形式

（一）镜头式结构（又叫片段式）

这种结构的文章是由一系列有关联的独立画面并列连接而成，有一条主题线索贯穿其中。使用这种结构有许多好处：一能快速成文；二能使结构清晰；三能使内容明晰，从而出奇制胜。

常用的拟小标题的方法有以下几种。

1. 时间串联法。

（1）将几则材料浓缩于一段时间之中。

如表现师生情的小标题"晨练""午睡""晚自习"，通过清晨、中午、晚上三个特定时间段来表现师生间的关爱。

（2）将材料分布在四季之中。

如《感受四季，感悟芳香》采用"春之颂""夏之恋""秋之思""冬之盼"作为小标题，文思清晰，由题入文，给人以清新、优雅之感。

（3）按事件发生发展的顺序来安排材料。

如写交朋友话题的小标题"相识""相知""分别"就属此类。

2. 空间排列法。

即按不同的空间安排材料。材料可按由主到次、由近到远、由实到虚等方式排列。

如有考生写话题作文"压力"，用了"教室""寝室""办公室"三个小标题，反映学生繁重的学习负担、沉重的精神压力。

3. 层层递进法。

即作者叙述事情或由轻到重，或由浅入深，层层递进地安排材料。

如习作《青春物语》的小标题"感悟人生""学会放弃""追求理想"就有很强的层递性。

4. 镜头组接法。

就是把材料用分镜头（几个相互关联的画面）的方式组接起来，共同表现一个主题的方法，画面感很强，结构呈现内在的严谨性。

如有一位同学写《秋》，用了三个小标题："蔚蓝的天空""高飞的小鸟""金黄的树叶"，抓住最具代表性的特征，描绘出绚烂多彩的秋之美景。

又如写《老师来了》这篇文章，采用这样三个小标题"静的是口""忙的是手""乱的是心"，如电影镜头，画面感极强。

5. 情感串联法。

如《读〈唐宋诗词选〉我真痴迷》一文，以"喜""怒""哀""乐"为小标题，分别描述吟读"水光潋滟晴方好……"（苏轼）、"怒发冲冠，凭栏处……"（岳飞）、"寻寻觅觅……"（李清照）、"爆竹声中一岁除……"（王安石）四首诗词后的情感起伏，揭示了自己痴迷唐宋诗词的内在动因。

6. 物象串联法。

如写作文《追梦的日子》，分拟小标题："萌芽""新叶""花蕾""青果"，撷取物象，运用比喻，描绘出自己"追求"的种种画面，体现出作者对生活、人生的理解和感悟。

总之，拟写小标题要做到提纲挈领、言简意赅、体现内在联系、语句工整、形式统一。

例文：

这一程，诗歌相伴

"我们守望星空，我们守望瀚海，我们守望土地"，黑暗之下，当我们苦苦期待的破晓迟迟不来之时，你教给我爱与希望；沐浴在纷纷洒落的阳光之下，你带我走出苦难滋生的摇篮，这一程，有诗歌与我相伴。

清晨启程，风过林梢

"落霞与孤鹜齐飞，秋水共长天一色。"犹记得，还在牙牙学语的我，被父亲带着来到了彭蠡大滨之旁，见证滕王阁的千年历史，当时不理解这些，只是牵着父亲的手，指着天上的野鸭，"爸爸，那是什么？"父亲只是慈祥地抱起我，指向滕王阁前的石碑，教我念上面的每一个字，我想起来远方静谧的村庄，我想起来天边的火色夕阳，我想起来他告诉我历史与今日的距离，我想起来他告诉我眼泪与家乡的味道，从小，我的心中，便与诗词结下了不解之缘。

流云歇脚，骄阳正好

"仰天大笑出门去，我辈岂是蓬蒿人。"曾经大声吼出这首诗的我此时已经失去了往日的神气，接连的考试失利让我无处可逃。"或许，我真的就这样了吧"，颓丧的念头充斥着脑海，漫无目的翻看着诗词选，柳永柳三变压抑凄婉的思绪感染着我。突然，一张明信片从书页中跌落，"屈贾谊于长沙，非无圣主，窜梁鸿于海曲，岂乏明时"，曾经也数次经历困难挫折，每一次认为自己坚持不下去的时候，最终，不还是坚持下去了吗？没有人可以一路高昂着头高歌猛进，生活的苦难永远不会消失，低下头，只是为了看清脚下的道路，灵魂的高贵永远不可摧毁。诗词，教会我脚踏实地、厚积薄发。

苦难已过，黎明破晓

"醉后不知天在水，满船清梦压星河。"我自信地吼出，掌声雷动，飞花令的"星"字曾让我冷汗淋漓，对手的自信与我的紧张形成了鲜明的对比，但此诗一出，对手却冷汗渗出，在十秒钟的答题时间结束后，我兴奋地站起来，主持人微笑着对我说："同学，恭喜你晋级了！"是的，我赢了，我战胜了强大的对手，诗词，让我走出困境，见证结局后的风景。

诗词正是亘古以来人类骨子里作为浪漫主义者的骄傲和作为现实主义者的思考。这一路，即使黑暗曾经播撒，即使黎明迟迟不来，即使头颅低垂，即使苦难滋生，但我从未放弃过，因为诗词给我带来爱与希望，为我照亮前路，这一程，有诗词与我相伴，我义无反顾地奔跑着，迎着风，迎着雨，迎着阳光。（学生 龙霄）

（二）一线贯穿式结构

面对复杂的事情、繁多的内容，最有效的莫过于用一条线索把有关材料贯穿起来，使之浑然一体。

例文：

这一程，温暖相随

人生的旅程漫长而艰险，我一路奔跑，追寻远方。曾以为是自己以孑然一身的傲气战胜了种种困难，可却忘了，身后默默的支持与陪伴。这一程，不再孤独，温暖相随。

九年级的来临，在一个漫长而混沌的暑假过后，将我打了个措手不及。日益繁重的课业、铺天盖地的习题、晦涩难懂的知识……我每日陷入了一种令人窒息的死循环，周而复始，日子仿佛总也看不到头。长期的晚睡导致我白天什么也听不进去，而很快就到来的月考，更让我无力应对。成绩单上科科退步的名次惨不忍睹，那一刻，强烈的恐惧与迷茫席卷而来，我再也控制不住压抑的情绪，眼泪夺眶而出。这时，母亲轻轻敲了敲门，推门而入。她看着桌面上满是红叉的试卷，什么也没说，只是轻拥我入怀，拍着我的背。就像小时候那样，一下又一下轻轻拍着，一点点为我注入了温暖与镇定。我失控的情绪渐渐安定下来，随着这温柔的举动，我不住地诉说着这些天的疲惫，我说，她听。母亲没有多说什么，只是告诉我："你要一直记得，我永远在你身后支持你。我相信你可以。"这简短有力的话语抚平了我心灵上最后的一点褶皱，心中已是温暖充盈，驱除了孤独与黑暗。我用心感受爱的温度，我明白我要继续走下去。

后来的日子里，不再沉湎于月考的失利，我安下心来好好学习，认真分析着自己的不足之处。清晨，在阳光下诵读时，厨房里噼里啪啦响起做饭的声音，给寒冷的房间带来温暖；深夜，在一盏孤灯下奋笔疾书时，一推开房门，看到母亲的房间也通亮，母亲正坐在里面看书，给漆黑的夜带来温暖。每每这时，我飘忽不定的心便稳稳地落了根，深植于眼前的书本，用心研读。因为我知道，这一程，不只是我自己风雨兼程，背后还有一个温暖的港湾，给予我再度出发的力量。

当再次步入考场时，早已没有了迷茫与不确信，多的是一份成功将至的自信。每一次落笔，都伴着温暖。终于，我获得了小小的成功。

未来，还有许多日子等着我去面对，一程又一程，或困难重重，或百转千回。放眼远方，我披荆斩棘，努力奔跑。每当挫折降临时，我都会带着满心的温暖与之对抗。回想这一程，心中便充满了力量，因为母亲的爱一直都在。这一程，温暖相随，我知道，那就是爱的温度。

（学生　王若亭）

（三）总分式结构

顾名思义，先总说后分说来安排文章结构的方法，即总分式结构。"总"，是对"分"或者对文章内容的总体概括，往往出现在文章开头或结尾；而"分"，则是对"总"的扩展，是文章内容的具体展开。这种结构的最大好处是总题明确，分述到位，各得其所。在记叙文的写作中这种结构方式往往和镜头式结构等综合使用。

例文：

珍　宝

我脑海中的珍宝是随时随地给予我鼓励、信心以及从失败的泪水中重新抬起头来的执着信仰。而骆驼正是不屈不挠、不温不火的动物，它们在大沙漠留下的脚印，值得追随。

我的书桌上有一只仿制的骆驼，它始终沿着笔直的路线向前迈进，驼铃响得清脆，在我心中，无比的悠扬。

在我艰难的时刻，它硬朗幽黑的眸子照耀着我沮丧的面庞，给我执着向前的力量。我从小便练习钢琴，因为枯燥的五线谱和陌生的乐曲，我从未对钢琴产生真正的兴趣，换来的则是一次又一次作业检测卡上的 B 和 C。每当我演奏完毕，再次因为过多的卡壳、停顿换来老师的训斥和无奈的叹气，捕捉到老师教我新曲目时暗淡无光的眼神、训斥时尖刻上扬的嘴角，我就很想就此放弃，而这时，是骆驼给了我动力。每当我看到骆驼那从容镇静的步伐和背上繁杂的包袱，我便重拾厚重的钢琴梦想，而我也可以将被迫学习的东西变成主动接受、迫切喜爱的，而钢琴家坐在黑白键前表现谱曲者高尚的思想、灵魂、感情，总能够让我感动。于是在骆驼漆黑沉静的目光中，我再次翻开谱子，尽力去完成每一场演奏。当我体会到用自己的情感表现作曲家思想的美感时，我明白钢琴已经嵌入了我的生活。骆驼的眼中，亦有欢欣的光芒。

骆驼沉静的气质影响着我的人生。它总是能够忍辱负重，但永远温和沉静地向前，它在不知不觉中成为中流砥柱，任何时候都给予我精神依靠。十多岁的少年总是张扬开放，他们想有最好的环境，却没有最艰苦的努力；想成为最特别的那一个，却没有足够的勇气和信心。当各种各样的朋友同时间一样从我身边离开时，我也渐渐学会不张扬、温和、沉静。追求自己内心的独立、平和，拥有不温不火、若即若离的气场，是骆驼宝贵的品质，也是我最想要成为的样子。骆驼的身影印在蓝色天幕上，给荒凉沙漠留下灵动的色彩，在天幕上绣出沉静的影像，给人以安心的美感。

骆驼是我的珍宝，也是我最爱的动物，艰难的环境衬托了它的可敬。它的温和理智、坚韧隐忍将陪伴我的一生。（学生　赵培凝）

【思考与练习】

1. 在你的写作实践中，常使用哪一种段落层次布局的形式？你认为它有什么好处？

2. 在你的写作过程中，在结构布局方面常犯的最突出的错误是什么？请以最近写的作文为例进行修改。

（肖敏敏）

作文段落层次的过渡

◎**学习提示**

段落层次过渡的失误及成因；需要安排过渡的地方；常用的过渡方法。

一、常见失误及成因

段落层次的过渡指的是文章中的段落、层次之间连接或转折的方式。恰当的过渡，可以使文章层次分明，结构完整严谨，浑然一体。它就像人的关节和筋脉，可以使各个器官循环畅通，各尽其能，互相支撑，相得益彰，使人体成为一个统一的有机整体。但是在平时的写作中，学生却很少能够合理地使用衔接过渡，导致文章的意脉和逻辑出现断层，影响读者的理解。概括起来，学生在段落层次的过渡方面常犯的错误有以下两种。

一是无过渡，俗称拼盘式，即写作时想到哪里写到哪里，不分详略，不分主次，把素材堆积到一起。

二是过渡不合理，顺序颠倒，也就是下笔之前没有理出文章各段落层次间的关系，即所谓因果、递进、并列等关系，遇到需要过渡衔接的地方强行或随意过渡，出现逻辑混乱或语意断层。

这两种错误往往是写作陋习所致，即缺乏构思意识，下笔之前写什么，写几件事，立什么意，这几件事之间有什么关系，从什么角度表现中心，按照什么顺序来写，学生都没有在心中梳理好，安排好。没有构思好，写作时就谈不上合理的衔接过渡了。

二、需要过渡的地方

一般地说，下面几种情况需要过渡。

（一）由一件事转到另一件事或由一部分转到另一部分时需要过渡

例如郑振铎的《猫》："我心里也感着一缕的酸辛，可怜这两月来相伴的小侣！当时只得安慰着三妹道：'不要紧，我再向别处要一只来给你。'"这是写第一只猫和第二只猫之间的一个过渡段，自然引出下文对第二只猫的描写，使得文章前后衔接紧密、层次清晰。

（二）记叙的时间或空间发生变化时需要过渡

例如《从百草园到三味书屋》一文中，第一部分百草园生活到第二部分三味书屋生活（空间转换）

之间就使用了一个过渡段："我不知道为什么家里的人要将我送进书塾里去了，而且还是全城中称为最严厉的书塾。也许是因为拔何首乌毁了泥墙吧，也许是因为将砖头抛到间壁的梁家去了吧，也许是因为站在石井栏上跳了下来吧……都无从知道。总而言之，我将不能常到百草园了。Ade，我的蟋蟀们！ Ade，我的覆盆子们和木莲们！"这段文字既从内容上表达了作者深刻眷恋百草园和被迫离开时无奈与依依惜别的深情，也从结构上承上启下，衔接文章的两个部分，使文章过渡自然、浑然一体。

（三）运用插叙时的起止处需要过渡

例如，林海音《爸爸的花儿落了》一文中有多处插叙，时而写眼前的毕业典礼，时而回忆爸爸对自己的教育和培养，都是由毕业典礼的相关情节引出回忆，而读者丝毫没有突兀之感，得益于过渡性情节的运用。再如，《故乡》中对少年闰土的描写也属于插叙，是由前文回故乡母亲提及闰土自然引发出来的，所以母亲的语言就起到了过渡衔接的作用。由此来看，文章的过渡衔接的方法是非常灵活的，可以是故事情节自然引发出来的，也可以是作者情感自然生发出来的。

（四）两个层次的表意之间存在递进、转折、并列、承接、因果等关系时需要过渡

例如，《说和做——记闻一多先生言行片段》："做了再说，做了不说，这仅是闻一多先生的一个方面——作为学者的方面。""闻一多先生还有另外一个方面——作为革命家的方面。"前一段用一句话高度概括总结上文闻一多先生"做了再说，做了不说"的学者风范，后一段自然过渡到下文重点写"作为革命家的方面"的内容。作者一线穿珠，将一个问题的两个方面，以过渡贯之，结构严谨、层次分明。

三、常用的过渡的方法

（一）用词语过渡

一般由关联词或总结性词语充当，如"但是""然而""不过""不仅""也""相反地""如此说来""所以""上述表明""由此可知""综上所述""正因为如此"，等等；有方位词，如"以上""以下""此外"等；有序数词，如"首先""其次""再次""第一""第二"等。这些词语一般出现在下个层次或段落的开头。

例如：

13岁，刚出土的嫩芽，刚展翅的雏鸟。似乎你的天空无限宽广，你的道路无限开阔。

然而，正因为你是刚出壳的新生命，谁都要来保护你，指教你，训斥你——

这里的"然而"，引导文章的思路转向另一个方面，它就像一个钩子，钩住前面的思路并转向后文，在文章中起到了承上启下的过渡作用，因此就称它为"过渡词"。

（二）用句子过渡

过渡句用在段末或下段的段首，起承上启下的作用。

如下面两段话，每一段开头一句都是承上启下的过渡句。

不仅在国内，在国外我们也可以看到很多关于看似意料之外实则尽在情理之中的例子。（过渡句）马克思在穷困潦倒的时候仍能著成《资本论》；居里夫人能成为全世界唯一一位两次获得诺贝尔奖的女科学家；牛顿发现能量守恒与转化定律；玻尔组建了世界上一流的量子物理学派；贝尔发明了电话……这些出人意料的累累硕果与勇于质疑、敢于创新的科学精神是分不开的，与他们坚持不懈的努力奋斗是分不开的。

大到伟大的科学家和历史人物，小到我们身边的亲人和同学，我们都可以发现"出人意料和情理之中"的事情。（过渡句）看着成绩单上"黑马"们的成绩，在美慕的同时你可曾想到成绩背后那挑灯苦读的夜晚，课堂上那全神贯注的表情，机遇只属于那些有准备的头脑。

（三）用语段过渡

过渡段，用于内容转换、跳跃较大的段落间的衔接搭桥，往往独立成段，过渡段常常用于部分与部分之间的过渡。如鲁迅先生的回忆性散文《藤野先生》，在描写了"东京"清朝留学生的丑行丑态之后，文章用了这样一句作为下文的过渡段：

到别的地方去看看，如何呢？

这句话独成一段，将东京的景况巧妙地与仙台的情景衔接起来，非常自然顺畅。

还有上文提到的《从百草园到三味书屋》一文中，在空间转换时使用了一个过渡段，自然引出了三味书屋的生活。

（四）用设问句过渡（包括单个句子的设问和连续提问）

如魏巍的《谁是最可爱的人》：

在朝鲜的每一天，我都被一些东西感动着；我的思想感情的潮水，在放纵奔流着；我想把一切东西都告诉给我祖国的朋友们。但我最急于告诉你们的，是我思想感情的一段重要经历，这就是：我越来越深刻地感觉到谁是我们最可爱的人！

谁是我们最可爱的人呢？我们的战士，我感到他们是最可爱的人。（过渡，由"我"换为战士）

也许还有人心里隐隐约约地说：你说的就是那些"兵"吗？他们看来是很平凡、很简单的哩，既看不出他们有什么高深的知识，又看不出他们有什么丰富的感情。可是，我要说，这是由于他跟我们的战士接触太少，还没有了解我们的战士：他们的品质是那样的纯洁和高尚，他们的意志是那样的坚韧和刚强，他们的气质是那样的淳朴和谦逊，他们的胸怀是那样的美丽和宽广！

【思考与练习】

1. 你常用的过渡方法有哪几种？
2. 写一篇叙事类的文章，尝试使用两处到三处过渡性语句并体会其好处。

（肖敏敏）

记叙文中叙述线索的安排

◎**学习提示**

　　线索主要是指贯穿在整篇文章中的情节脉络以及作者表现在文章中的思想感情的起伏变化。选择线索要与主题密切相关，与文章中的材料密切相关，要以人物、事件、事物、情感、时间、地点来安排线索的效果。

　　线索主要是指贯穿在整篇文章中的情节脉络，以及作者表现在文章中的思想感情的起伏变化。它像链条一样，串联起文章中的全部人、事、景、物，如果线索不清，文章必然杂乱无章。所以刘白羽说："生活五花八门，色彩斑斓，可是你要从中理不出个清晰的线索，得不出个明确的概念，也就无法概括，无法结构，也就不能用具体的形象把生活中真正深刻的东西表现出来。""唯线索在手，则错综变化，为吾所施。"刘白羽的话精要地概括了线索的作用。

一、选择线索

　　在一篇文章中应以什么为标准来选择线索呢？一般在确定文章线索时应考虑以下两点。

（一）与主题密切相关

　　写文章是为了表达中心，因此文章的线索要能为中心服务，有利于中心的表达，能够利于表达中心的事物适宜作为文章的线索。

（二）与文章中的材料密切相关

　　文章中的材料可以是天南海北、古今中外，如何把这些材料联系起来，组成有机整体，就需要线索必须与这些材料都有关系，能把它们收拢约束、连缀成文。

　　确定好文章的线索后，还应注意在布置线索时，既要考虑到线索要蕴含于文章内容之中，又要考虑到借助一些文字在适当的时候将其显露出来，要让线索或隐或显，若断若续，草蛇灰线，伏脉千里。因为线索是渗透于文章内容之中的，如果线索一直浮于内容表面，就显得太直、太露，文章势必一览无余；而且，这样写貌似线索明晰，实则形同虚设，并不能真正起到连缀材料的作用。但是如果线索一直隐藏于材料之中，不露踪迹，使人看都看不出，那么就会找不到头绪，不得要领。

二、安排线索

记叙文中的线索该如何安排呢？常见的方法可以简要归纳为如下几种。

（一）以人物为眼线，连缀故事情节

这是一种比较常见的线索安排模式。在鲁迅的小说《孔乙己》中，"我"是孔乙己悲惨遭遇的见证人。作者写断腿之前的孔乙己在酒店被酒客揭短奚落，孔乙己教小孩识字，分茴香豆给小孩吃，人们背地议论孔乙己和他断腿的原因，断腿之后的末次喝酒等。这些都是"我"的所见所闻，"我"始终在咸亨酒店这个"舞台"上活动，是主人公的重要配角，无"我"难以成篇。

故事中"我"基本上是一个旁观者，只是偶然地介入事件里面，然而作品中"我"却不是可有可无的人物，这是因为"我"在整个作品中起到了"穿针引线"的作用，是作品的一条线索，通过"我"，作品的各个环节才得以成为一个有机的整体。

用这种线索写出的作品往往真实感较强，给人身临其境的感觉。当然在故事中，线索人物可以是事件的直接参与人，也可以是毫无关系的人，但必须是见证人，因为他是作者特意安排的一条眼线，是连缀故事情节的必要人物。

（二）以事物为引子，串联事件内容

这是一种学生较容易把握的线索安排模式。在这类记叙文中，"事物"是组织情节、串联事件的重要凭借。也就是说，"物"是文章的主轴，它左右着故事内容，连缀着情节。如安徒生的《皇帝的新装》就是以新装为线索展开故事的。课文是按照皇帝爱新装、骗子做新装、两大臣和皇帝看新装、游行穿新装、揭穿伪新装的思路安排情节的。"皇帝的新装"在情节结构上起到了线索作用，而贯穿这个离奇而生动故事始终的主线则是"新装"的奇怪特性，作者展开情节、安排材料、刻画人物都是围绕主线进行的。

事物在文中有时起象征或点明中心思想的作用，用事物作为线索安排事件内容，在易学的同时也要注意一点，就是该物应与人的情感具有密切的关系，是一种能引起人强烈情感体验的事物，而非一般的物品，起到了"一线穿珍珠"的良好效果，值得中学生学习写作时借鉴。

扇子里的爱

头顶的蝉叫着，扇子缓缓地左右摇摆着，我紧紧拉住那只拿扇子的手，久久没有松开……

——题记

小时候的暑假，我总是待在姥姥家。炎热的天气里，我常坐在床上摆弄着自己的玩

具，而姥姥则不厌其烦地坐在一旁陪着。她注视着我，那布满皱纹的脸上满是幸福，她手中的芭蕉扇朝我这儿扇着，轻轻地，慢慢地，稳稳地，凉风儿顺着扇子飘到了我这儿，在我童年的记忆中，夏天总是如此的凉爽。

姥姥做的饭菜总是那么可口，每次饭菜刚一盛好，我就迫不及待地先吃一大口，烫烫的饭菜刚进口中，我就不得不把它吐出来。"好烫！"我叫道。姥姥心疼地看着我，说："慢点，慢点，别吃那么快。"

姥姥害怕我再烫着，她做好了饭，就不再那么急地叫我来吃了。她小心翼翼地将饭菜端到厨房的窗台上，然后慢慢地蹲下，从抽屉里拿出扇子，扇着饭菜上的热气。她的手腕左右摆着，脸上的表情看起来那么平静，但一个个不经意察觉的"爱"藏在那深深的皱纹里。我在厨房门口看着她，可她没有察觉我的到来，我就一直站着，看着她那摇扇子的侧影，心中颇有触动。那时小，只觉得心被一股暖流包围着，并不知道如何去表达这种感情，后来才知道，这就是爱。

总觉得爱是神圣的，不易得的，而姥姥的爱是如此的普通，如此的平凡。她那藏在扇子里的爱，满是对儿孙的疼爱，沉沉的，深深的，像海一样。

后来，我长大了，暑假不再去姥姥家，只是偶尔周末去陪陪她。我打开抽屉，拿出她的扇子，轻轻地给她扇风，就像以前一样。

（三）以事件为轴心，展露故事情节

以事件为轴心，来展露事件的全貌，这是一种具有完整故事情节的记叙文常用的线索安排方法。

如俄国作家契诃夫的《变色龙》以警官奥楚蔑洛夫处理"狗咬人事件"为中心来展开故事情节，通过处理态度的五次变化，生动地刻画了一个溜须拍马、谄上欺下、见风使舵、趋炎附势的小人形象。施耐庵的《水浒传》以官逼民反、108 名好汉分别被逼上梁山举行农民起义的事件为轴心，来展露整个事件全貌。吴承恩的《西游记》则以唐僧师徒去西天取经事件为线索，来展开故事情节。这些作品构思别具匠心，富有艺术魅力，其中线索的安排起到了事半功倍的效果。

需要指出的是，采用此种方法写作，作者要具有较强的编故事能力，否则不易写好。

（四）以情感为动力，推进情节发展

此类记叙文往往以作者的意念流动、情感转变为贯穿全文的线索，非常适合抒情性强的文章。例如《我的叔叔于勒》，小说双线交织，以菲利普夫妇对于勒的态度变化为明线，以于勒的命运变化为暗线。通过描述菲利普夫妇对待于勒兄弟前后不同的态度，揭示了资本主义社会中异化的人和人的关系，以及金钱至上的社会现实。

如果没有中心事件和具体的故事情节写入文章，就要以作者的思想感情为记叙的线索。如宗璞的《紫藤萝瀑布》，先是看到"一片辉煌的淡紫色"感到由衷的喜悦，继而由紫藤萝引起回忆，升起曾一度压抑在心中的焦虑、惆怅之情，末尾看到紫藤萝花开得这样盛、这样密，情绪又振奋、

激昂起来。文章按照喜悦—焦虑、惆怅—振奋、激昂的感情变化结构成篇，层层深入地揭示了文章的中心。

作品生动感人，文中表露的思想都能深深地烙在读者心里，这就是以情感为线索的作品较能煽情的一大特色。以情感作为动力，推进情节的发展，可以真实地表露作者的思想，使文章充满整体感。但为了能使作品脉络清晰、不生枝蔓，写作时就要注意对情感进行合理把握，绝不能让情感肆意蔓延。

（五）以时间为经线，贯穿故事情节

有些文章以时间为序组织材料，于是时间就成为贯穿全文的一条线索。如鲁迅的《故乡》，小说以时间为序，以"我"在故乡的见闻和感受为线索，依据这个线索可以分为"回故乡—在故乡—离故乡"三个部分。"我"二十多年前远离故乡，过着辛苦辗转的生活。回到故乡，看到故乡的衰败萧索，看到故乡人的生活穷困悲苦，看到故乡人纯真人性的扭曲感到痛苦悲哀。但"我"不失望，"我"憧憬着美好的故乡，"我"希望故乡人过上新的生活。线索使得文章条理分明、脉络清晰。

（六）以地点为容器，转换故事内容

以地点的转换为线索，是作者结构全篇常用的方法。如鲁迅的散文《从百草园到三味书屋》，分别记述了他在"百草园"所收获的童年乐趣以及"三味书屋"生活的枯燥乏味，地点的转换暗示着内容的变化，给读者留下鲜明的印象。

总体而言，凡是优秀的记叙文，它们的线索设置必定要经过仔细的推敲，否则是很难写好的。这正如董兆杰先生在《线索浅见》中所言："写作时，面对众多的人物，纷繁的头绪，复杂的人物关系，如果找不到一个可以统领一切的线索，就会无从下笔。就像一名技艺高超的工匠，面对零散的粒粒珍珠，只要有一条合适的线，就有可能穿缀成闪光的项链。"

【思考与练习】

1. 记叙文写作中选择线索的标准是什么？

2. 在记叙文写作中应怎样安排线索？

（张丽丽）

文章详略布局的技巧

◎学习提示

如何安排、落实详写、略写，既是一个写作理论问题，也是一个实际操作问题；既是一个选材、组材问题，也是一个表达的问题。文章只有详略得当，才能突出重点，增强表达效果。

一、关于"详写"与"略写"

作文时，都会遇到如何安排文章详略的问题。在写人、记事的文章里，叙事时，就有个详略的安排问题。不能想到哪，写到哪。不做详略安排，就会造成详略不当。

从选择题材、安排结构，到刻画人物、运用语言……处理得当，方能使文章匀称和谐，错落有致，结构严谨，主题突出。相反，文章就难免主体不显，失去平衡，非但不能感染读者，甚至令人难以卒读。

在一篇文章中，详写和略写是对立统一、相辅相成的。没有"详"，就无所谓"略"；没有"略"，就无所谓"详"。详写的内容必须是主要的，次要的不能详写，否则文章就啰唆，淹没了中心意思；但详写必须有略写配合，略写补充详写，使文章繁简适当，重点突出。可见，详写和略写是两种互为补充的表达方法，二者是红花与绿叶的关系。

可见，处理好文章详和略的关系，是何等之重要。古人对此就有两个生动、形象的比喻："用墨如泼""惜墨如金"。

二、详略与中心的关系

（一）要根据中心定详略

如何正确理解详略与中心（文章主题）的关系，如何具体落实详写和略写，这是一个难以解决好的大问题。总的原则是：要根据表达中心的需要，来决定材料的详略。

在一篇文章里，详略得当，就能重点突出，更好地表现中心，增强表达效果。所以，不论写人、叙事，均应详略适度，衡量的尺子，就看是否有利于中心思想的表达。

（二）选用详略有"三爱"

一是对表现中心起重要作用的典型材料，要"偏爱"，当详写；二是对表现中心起辅助作用的一般材料，要"关爱"，当略写；三是与表现中心无关的材料，要"割爱"，舍掉不写。

三、详写与略写的关系

（一）相同之处

详写：就是把主要内容（重点内容）细致地描写出来，详写必须写得具体、生动、形象、完整。

略写：就是对次要内容，用一两句话，或较简单的一段话，简明地叙述一下。

（二）不同之处

详写：是为了更好地表达中心思想，更好地反映主要内容。

略写：是简要地介绍次要内容，补充说明主要内容。

二者是红花与绿叶的关系："红花还要绿叶扶"，详写必须有略写来配合。需要详写的地方——要用墨如泼；该略写的地方——要惜墨如金。

例文：杨绛的《老王》

全文写了四件事，其中代送冰块车费减半、载"我"丈夫看病坚决不要钱、为客人改装三轮装护栏三件事略写，老王临死前给"我"送香油和鸡蛋这一件事详写。之所以详写，主要在于从最后一件事中，更可见老王的善良和他身上知恩图报的高尚品质。

例文：朱自清《背影》

大家思考一下，文中第2段、第3段和第6段，一共写了多少件事？这两个部分最明显的区别是什么？

是的，第3段写了奔丧、失业、典卖、借钱、谋事、回京六件事，第6段只写了买橘子一件事。所以，第2段和第3段是略写，第6段是详写。

再思考，作者为什么要这么安排呢？因为与主题有密切关系——父亲买橘子时的背影最能表现父爱，触动了"我"的心灵，要详写；其他的事情与父爱有关，但不是重点，所以略写。

四、详略布局的技巧

如何剪裁材料才能达到目的？

在布局时，应注意详略得当，主次分明，疏密相间，这样才能达到布局的和谐统一。

（一）详略得当

1.何谓"详略得当"。

详略得当，指应当详细和应当简略的地方都处理得很妥当。

2.例文：高尔基的《海燕》。

从布局上来说，本文突出描写海燕英勇无畏的斗争精神，而对海鸥等，则是一笔带过，作为陪衬。

全文共分三节：

第一节，暴风雨到来之前，表现了海燕对暴风雨的渴望；第二节，暴风雨即将来临，表现了海燕穿云击浪，享受着战士的欢乐；第三节，暴风雨终于来临，海燕欢叫让暴风雨来得更猛烈些。

《海燕》的结构在详略配置上恰当、有序，显示出结构的严谨。

（二）主次分明

1. 何谓"主次分明"。

主次分明，是说在布局时，主要内容和次要内容分明，重点突出，有利于主题思想的表达。

2. 例文：屠格涅夫的《玛莎》

本文是以"我"和车夫的对话形式展开的。"我"的发问，都是为了陪衬车夫年轻丧妻后痛不欲生的感情的。

作品首先描写了车夫忧郁、沮丧的神情。紧接着，就以车夫的口吻，集中、突出地描写了车夫得知爱妻突然病故，回到家中，呼唤着，哭泣着，用拳头打着地面的场景。此时，"我"完全沉浸在同情的悲哀之中。

《玛莎》在布局上，主次分明，重点突出，无游离枝蔓。

（三）疏密相间

1. 何谓"疏密相间"。

"疏密相间"是指文章各部分的布局不平均用力，要区别处理，分清主次。

2. 例文：鲁迅的《社戏》。

本文情节发展跌宕起伏，引人入胜。先打埋伏，并不急于说"社戏"的故事，而是介绍外祖母家平桥村的状况，讲述"我"与村里小伙伴一起钓虾、放牛的情景。后来转入写"我"盼望看社戏，可是偏不凑巧，没船。"我"一下陷入失望情绪之中，这是情节波澜之"伏"。情节由和缓到紧张，在结构上，由疏到密，出现了第一个跌宕。

接下来双喜提议小伙伴们自己夜间开船，大家附议，似乎柳暗花明，这是情节波澜之"起"。可是外祖母和母亲不同意，又是情节波澜之"伏"。最后经小伙伴集体争取，还是成行出发了，于是"社戏"故事才正式展开。这又是情节波澜之"起"。没想到真看到"社戏"了，出于各种原因又不甚满意，于是败兴而返，这又是情节波澜之"伏"。后来在水路上，小伙伴们"偷"罗汉豆煮了吃，则又是情节波澜之"起"，也是全篇情节的高潮所在。

总之，开篇铺叙，情节较缓，后来才直叙而下地展开情节，到最后补叙余事，可以说起伏跌宕、引人入胜。作品的情节始终在波澜起伏中跌宕。于是在结构上体现为：紧张处——细密周详；和缓处——疏而不漏。疏密之间，反复变化，相辅相成，跌宕自如，确是高超。

（四）细节描写

1. 何谓"细节描写"。

细节描写是指文学作品中对人物动作、语言、神态、心理、外貌以及自然景观、场面气氛等细小环节或情节的描写。通俗来说，就是慢镜头特写的详写方法。

2.例文：朱自清《背影》。

作者如何详写买橘子部分？详写买橘子部分，用动作描写重点表现父亲的背影，显得生动而又具体，特别是父亲"爬月台"过程的艰难，分别写出他的手"攀"、脚"缩"、身体"倾"的情景，显得真实而富有深情，从而让"我"真正体会到父亲的用心良苦，情不自禁地流下泪来，深刻表现了父爱的深沉、细腻和伟大，我们把这种详写的方法称为"慢镜头特写展示法"。

作者用细腻的动作描写表达父亲买橘子的动作艰难，表现父爱的深沉。

五、"材料"与"中心"：同一材料，不同中心的写法

（一）"材料"与"中心"的关系

材料与中心思想的关系是血肉与灵魂的关系，材料是为中心思想的表达服务的。

但它们之间的关系不是单一的：并非一个中心思想只能选用一个材料、一个中心思想，它有多种材料可以选择。也并非一个材料只能表达一个中心思想，而是一个材料可以表现不同的中心思想。

由于中心思想不同，同一材料对表现中心思想的作用也不一样。那么，详略的安排也就有所区别。因此，写作时，要根据材料在文章中所起的不同作用来剪裁。

（二）同一材料，两种用法

材料：国民党士兵在方志敏身上搜索钱财。

在方志敏的《清贫》中详写；在唐弢的《同志的信任》中略写。

作者这样剪裁材料的原因——此材料，在两文中所起的作用不同。

方志敏的《清贫》是用这个"趣事"来表明一个共产党员具有矜持不拘、廉洁奉公的品质，因而做了有声有色的详尽描述；在《同志的信任》中，只用几十个字来记叙这件"趣事"，是因为它在本文中并不是突出中心思想的重点材料，而是作为交代方志敏被捕经过的次要材料。

（三）材料的作用是多样性的

一个材料，对突出中心思想的作用大，就应该详写；反之，就应该略写或不写。

【思考与练习】

1.选用详略的"三爱"是哪"三爱"？

2.如何剪裁材料才能达到布局的和谐统一？

（许俊英）

欲进先退巧构思

◎**学习提示**

　　欲扬先抑，也叫先抑后扬，是一种写作手法。欲扬先抑的"扬"，是指褒扬、抬高；"抑"，是指按下、贬低。作者想褒扬某个人或物，却不从褒扬处着笔，而是先从贬低处着手，突出对所写人或事物前后认识的对比和转变过程，重在从中顿悟，揭示其内在的精神品质，予以褒扬。欲扬先抑需做好：认真观察，明确抑扬；对应事件，列好提纲；详略安排，有粗有细；情感转变，巧妙过渡。

　　清代袁枚《随园诗话》曾言"文似看山不喜平"，意思是写文章好比观赏山峰，喜欢奇势迭出，最忌平坦。写作的时候平铺直叙就好似在一马平川上看风景，这样的文章读来让人感觉索然无味。而波澜四起、张弛有度的作文，则更容易让人读时津津有味，读后回味无穷。如何才能让文章曲折变化、跌宕起伏呢？"欲扬先抑"便是一种不错的写作手法。

一、何谓欲扬先抑

　　欲扬先抑，也叫先抑后扬，是一种写作手法。欲扬先抑的"扬"，是指褒扬、抬高；"抑"，是指按下、贬低。作者想褒扬某个人或物，却不先从褒扬处着笔，而是先从贬低处着手，突出对所写人或事物前后认识的对比和转变过程，重在从中顿悟，揭示其内在的精神品质，予以褒扬。这是一种以退为进的写作手法。这样写，以贬低做衬垫，褒扬为目的。笔锋陡转，情节起伏多姿，前后形成鲜明对比，使读者在阅读过程中，产生恍然大悟的欣喜感。

二、如何欲扬先抑

　　欲扬先抑的运用可以让文章的情节更曲折动人，人物形象更真实饱满，情感更充沛。那么，我们在写作中应该如何正确运用这一手法呢？

（一）认真观察，明确抑扬

　　在动笔之前，首先要认真观察所写人或事物的特点，然后明确人或事物的优点是什么，缺点又是什么，以此确定写作时"抑"在何处，"扬"在哪里。

例如，鲁迅的《阿长与〈山海经〉》一文，作者在塑造阿长这一人物时，明确并筛选了这一人物身上的优点与缺点。文中阿长有很多缺点：她长相丑陋，动作粗鲁；她规矩烦琐，愚昧可笑；她饶舌多事，粗俗鄙陋。作者在写这一部分时便采用了抑笔。虽然阿长有这么多的缺点，同时，她也善良纯朴；她为人真诚，无时无刻不关心着孩子。可谓愚笨中有率真，粗犷中又不失柔情。作者在描写这些优点时采用扬笔，结尾处鲁迅先生更是用饱含深情的笔触将扬笔达到极点，表达对长妈妈的敬重和怀念。

人或物身上的优点和缺点有很多，我们应如何取舍呢？

（1）恰到好处的"抑"。我们在选择抑处的时候，一般选的是人、物的外形特点，个人行为习惯或性格的小问题，不涉及人或物的品德或内蕴，是细枝末节的问题。比如，鲁迅《阿长与〈山海经〉》中阿长睡相不好，迷信，爱"切切察察"……

（2）浓墨重彩的"扬"。欲扬先抑中扬是重点，需精心选择，重点着笔。我们在选择褒扬处时，往往要选择人或物身上正面的本质特点，一般是关乎人或物的优秀的内在精神品质。比如，茅盾的《白杨礼赞》中："但它却是伟岸，正直，朴质，严肃，也不缺乏温和，更不用提它的坚强不屈与挺拔，它是树中的伟丈夫！"这里便是扬笔，作者抓住了白杨树伟岸、正直、质朴、坚强不屈这些内在的精神品质，着重描写，大力赞扬。

（二）对应事件，列好提纲

筛选好所写人、物的优缺点后，如何把它们表达出来？这里就离不开具体的事件。因此，我们要为罗列出的优缺点找好对应事件，并列好提纲。

例如，鲁迅先生写阿长，先写缺点再写优点，这些优缺点是通过下列几件事来表现的。

喜欢"切切察察"——写阿长饶舌多事（缺点）；

摆成"大"字的睡相——写阿长粗鲁（缺点）；

教许多令"我"讨厌的规矩、讲长毛的故事——写阿长愚昧迷信（缺点）；

为"我"买《山海经》——写阿长善良纯朴，关心孩子（优点）。

前面几件事对应的都是阿长的缺点，是"抑"；后面一件"买《山海经》"对应的是阿长的优点，是"扬"。这样有抑有扬，刻画出了一个真实的底层妇女形象，虽然愚钝粗鲁，但真诚善良，形象真实，饱满生动，令人动容。

当我们找到表现人物特点的事件后，再将事件与所对应的优缺点一一对应好，文章的大体提纲也就出来了，这样写起文章来思路就清晰了。

（三）详略安排，有粗有细

鲁迅先生写《阿长与〈山海经〉》，前面"抑"的部分表现的是阿长身上的缺点，不是文章的重点，作者选取的都是一些琐碎的小事，没有进行细致描写，是略写；后面"扬"的部分表现的是阿长身上的优点，是作者想着力赞扬的，作者只选择了阿长为"我"买《山海经》一件事，这一部分作者进行了浓墨重彩的描写，是详写。前面的略写都是为后面的详写陪衬，这样才能更好地塑造人物形象。因此，我们在选择好事件后，还要根据写作需求安排好详略，哪些需要粗略地写，哪些需要细致地写，都要心中有数。

（四）情感转变，巧妙过渡

欲扬先抑，要从抑走向扬，那么如何才能从抑顺势走向扬呢？这就需要我们在两者之间构建一些联系。

（1）做好铺垫。《阿长与〈山海经〉》中鲁迅先生便运用了这一方式在情感转变之间实现巧妙过渡。例如，讲长毛的故事，虽然写出了阿长的愚昧无知，但在这一部分，作者却选择了以儿童的视角来呈现，让那时的"我"对她产生了空前的敬意，阿长为"我"买《山海经》这件事就使"我"产生了新的敬意。这就在无形之中为情感的转变做好了铺垫，使得最后对她产生新的敬意这种情感不会特别突兀。一个人对某事、某人的情感、态度的转变总有一个过程，不可能刚才两人视同仇敌，转眼就亲如手足。因此，我们在运用欲扬先抑时，务必要做到情感转变自然，有铺垫。

（2）巧用过渡句（段）。"抑扬"之间，注意运用过渡句（段）进行衔接，使过渡更自然。例如，老舍的《母鸡》也是一篇前抑后扬的佳作。文中的过渡段："可是，现在我改变了心思，我看见一只孵出一群小雏鸡的母鸡。"作者通过这一过渡语段，将前半部分对母鸡的"讨厌"，自然转变到后半部分对"伟大的鸡母亲"的赞颂。

三、欲扬先抑注意事项

欲扬先抑，常从贬抑处落笔，在颂扬中走高，使文章情节多变、波澜起伏，取得既在意料之外却又在情理之中的表达效果。但在具体运用过程中，要处理好以下问题。

（一）抑与扬要有对照性

抑与扬要有对照性，要形成鲜明的对比。抑的部分方能在内容上以退为进，为扬的部分蓄势，起到一种衬托的作用。抑和扬不是互相割裂，而是相辅相成的。

例如：

> 我常常遗憾我家门前那块丑石：它黑黝黝地卧在那里，牛似的模样；谁也不知道是什么时候留在这里的，谁也不去理会它。只是麦收时节，门前摊了麦子，奶奶总是要说：这块丑石，多碍地面哟，多时把它搬走吧。
>
> ……
>
> 这使我们都很惊奇，这又怪又丑的石头，原来是天上的啊！它补过天，在天上发过热、闪过光，我们的先祖或许仰望过它，它给了他们光明、向往、憧憬；而它落下来了，在污土里，荒草里，一躺就是几百年了！（贾平凹《丑石》）

文章先写了丑石外表丑陋，麦收时节碍事，是抑笔。后面赞美了丑石的高尚品格：默默无闻，甘于寂寞的生存的伟大，是扬笔。前后形成明显的对照，使后面扬的部分更突出。

（二）抑与扬要有度

我们在使用欲扬先抑这一手法时，要做到抑扬有度、笔下有数，既要把握好贬抑的度，不可突破底线，又要充分地铺叙好抑，蓄满待引之弓，同时还要注意扬是重点。

学生习作升格前：

我们的班主任是一位青春洋溢的年轻女老师，然而她在我们班却以"严厉"著称。刚开学的第一节课，老师就给我们制定了"入座即静，入室即学"的班风，如果违反纪律还会有一系列惩罚措施，让平日里纪律松散的同学望而生畏。开学一个月，有几个调皮的学生为此吃了不少苦头。时间一久，同学们仿佛自动生出了雷达，总能在楼道很远的地方就发现班主任，然后立刻作鸟兽散。然而，有一次单元检测我没有考好，班主任把我叫到办公室，我以为她会严厉地批评我，没想到她只是很温柔地安慰开导我。这让我发现，班主任在严厉的外表下其实有一颗温柔的心。（姜星羽《你好，我的新老师》）

学生习作升格后：

说起我们的班主任，初见她的人总会被那一双水汪汪的大眼睛、甜美的笑容所迷惑，然而稍加了解，无人不叹息一句"真严厉啊"。相处一个月后，后门的同学只要瞥见她的身影马上会给大家"通风报信"，在教室各处玩闹的同学，则会立刻冲回座位正襟危坐。记得一次单元测验，我的成绩很不理想，这对平常成绩很好的我是一个很大的打击，一整天抬不起头来。班主任把我叫到办公室，我心想："完了！少不了一顿臭骂。"我内心忐忑，垂头丧气，磨磨蹭蹭地挪进了办公室，鼓足勇气抬头看向班主任，不料撞见了一双满含笑意和温情的眼睛。老师嫣然一笑，温柔地说道："别再对自己的成绩耿耿于怀了，谁还没有失手的时候呀？寻找失败的原因，下一次才能攻城略地呀……"泪眼中，我的心得到一次温暖的洗礼，原来班主任在严厉的外表下，其实有一颗温柔的心。（姜星羽《你好，我的新老师》）

欲扬先抑中抑固然要尽意，但也要有度。因为抑只是陪衬，扬才是目的。升格前的文段抑的部分写得偏多，扬的部分又没有细致描绘。升格之后，扬的部分更加突出了，班主任形象的"反转"也才更加合理。

综上所述，学会欲扬先抑的写法，平时写作时再多加实践，一定能写出"一波三折"的动人文章。

学生习作：

在那个夏天，我步入了初中，光阴流转，初中已然走过了三年。这三年，离我最近的人是他，那个人陪伴我经历风风雨雨。

数学张老师看上去是个稚气未脱的年轻小伙子，刚开始谁都没对这个年轻老师产生敬畏之心。一次数学课，班上几个调皮的同学想要在课上"兴风作浪"，张老师只是停下手中的粉笔，微微向后扭头，眉头一蹙，眼睛静静地盯着带头作乱的同学。张老师的眼睛好像有股慑人的魔力，盯得那位同学老老实实缩在座位上，不一会儿班里便静悄悄的。张老师时间观念也特别强，打上课铃全班同学必须端正坐在教室里，刚开始有几个刺头想要挑战权威，故意打完上课铃才姗姗来迟，被张老师狠狠"修理"了一顿，从此再没有同学敢在数学课上迟到。张老师对课代表的要求比一般同学还严格，课代表的工作要做好，自己的本职学习更要学好，否则就丢了"代表"的脸面。作为数学课代表，我对张老师是有些惧怕的。但是，一次考试让我明白，张老师的严厉里其实透着温柔，充满对我的信心和期待。

乌云密布，细雨绵绵，天空仿佛诉说着无尽的痛苦。一张被揉皱了的数学试卷，上面的成绩如钢针一般，不断刺痛着我的自信心。想起平日里张老师严厉的面孔，我的内心忐忑不安：张老师会怎么教训我呢？

我正失神地望着前方，忽然，一只手搭在了我的肩上，抬起头，看见张老师严肃的面孔。我赶紧垂下了头，等待着想象中的狂风骤雨。"跟我出来一下。"张老师轻声说道。我从座位上迟疑地站起，慢吞吞地来到门外。张老师一脸严肃地看着我，开口道："你觉得这个成绩怎么样？"我支支吾吾，不敢面对张老师的问题。"你要知道，"出乎意料的是，张老师的语气缓和了下来，"考试失利不是世界末日，鸡蛋在适宜的条件下可以孵出小鸡，而石头却不能。我相信，只要你努力，不做一块顽固的石头，成绩会有很大提升的。"老师的教诲一字一句，真真切切地传入耳朵，也刻在了我的心上。我望向张老师，发现他的眼神里不再是平时的严厉，而是充满了鼓励和信任。雨滴落在地上，沙沙作响，却十分悦耳。我的目光再次聚集在了数学成绩上，我要改变自己，改变现状！

"唰！唰！唰！"一页页课本被翻过，一支支笔芯被用空，笔尖在纸上摩擦，一道道试题印在纸面。数学课上，老师向我们抛出一个又一个问题，原来的我总是逃避它们，畏惧它们，现在，一只只举起的手中，又多了一只。"宝剑锋从磨砺出，梅花香自苦寒来"，多少次失败都是成功的前兆。虽然有时会答错，但我相信，只要肯努力，一切皆有可能！我心中不忘张老师的教诲，不做一块顽石。又是一道晦涩难懂的题目，办公室中，我和张老师共同探寻它的答案。张老师耐心地点拨，迷雾逐渐被拨开，我豁然开朗。

走在回教室的路上，温暖的阳光洒在身上，柔和的春风抚摸着面颊。因为有张老师的帮助，我的数学能力日见提升，现在，我的数学成绩蒸蒸日上，已经两次突破极限，取得满分！

初中三年，张老师的鼓励和信任带给我无穷的动力。这三年，离我最近的人是他，长路漫漫，奋斗不息。初中三年，有他陪伴，我缓步前行，行走在充满坎坷的奋斗之路上。

（秦靖轩《这三年，离我最近的那个人》）

【思考与练习】

1. 写作中如何运用欲扬先抑这一手法？

2. 运用欲扬先抑写作手法应该注意什么？

3. 请结合自己的生活经历，从老师、同学或亲人中选取一个对象，运用欲扬先抑的手法，写一篇文章。

（贾金凤）

第6单元

写出景物的特点

◎学习提示

　　通过视觉、听觉、触觉、嗅觉等多种感官写出景物的特点；展开想象联想，虚实相间，动静结合；通过时间和地点的不同写出景物的特点；描写景物要注意炼字炼句，把握语言的准确性，还要运用多种修辞手法；用比较的方法描写景物；融情于景，情景交融。

　　描写是指用准确、鲜明、生动的语言，对人、事、景、物进行具体描绘和刻画的一种表达方式。从描写对象上分，可以把描写分为两类：一是人物描写：外貌、语言、动作、神态、心理。二是环境描写：自然环境、社会环境。《义务教育语文课程标准（2022年版）》指出："多角度地观察生活，发现生活的丰富多彩，捕捉事物的特征，力求有创意地表达。"

　　世界上没有两片完全相同的叶子，造物主的神奇在于孕育万物却各不相同：同样是山，泰山雄，华山险，黄山奇，峨眉秀；同样是花，牡丹雍容，菊花傲骨，莲花冰清，兰花素雅……你也许曾无数次为之驻足流连，却遗憾不能拥有一支生花妙笔将它们尽情抒写。那么，怎样写出景物的特点呢？

一、什么是景物的特点

　　特点即特征，就是一事物与另一事物相区别的地方。景物的特征主要表现在形状、颜色、质地以及音响、气味等方面，具体理解为：它是一处景物所独有，他处景物不会有或者不会跟它全然相同。春、夏、秋、冬不同时间的景物不同，高山、平野、沙漠、海洋等不同地域的景物也不同。同一景观早、中、晚的景物特征也不同。

二、写出景物特点的方法

（一）通过视觉、听觉、触觉、嗅觉等多种感官写出景物的特点

余光中说过："我们期待的散文，应该有声、有色、有味、有光。"

朱自清的《春》一文，通过视觉写春草"嫩嫩的，绿绿的"，写春花"红的像火，粉的像霞，白的像雪"，写春雨"像牛毛，像花针，像细丝"；通过听觉写蜜蜂"嗡嗡地闹着"，写鸟儿"卖弄清脆的喉咙，唱出宛转的曲子"；通过触觉写春草"软绵绵的"，写春风"吹面不寒"，"像母亲的手抚摸着你"；通过嗅觉写"花里带着甜味儿""风里带来些新翻的泥土的气息，混着青草味儿"。朱自清调动多种感官去感知春景，敏锐地抓住春景的特点进行细腻的描摹，给人以具体可感的形象，给人以美的享受。

学生作文片段：

（1）抬头仰望，整个天空如同画家手下的一幅画作，它有闪耀着淡金光芒的夕阳，飘浮着轻盈的云朵，还有被染红了的天空，在画笔和色彩的合作之下，竟有种淡淡的朦胧感，好似隔着大雾去看风景，给人一种神秘的美感，抑或是它应带着油画从未有过的墨香和几缕特殊的清香，使人更加沉迷于它醉人的美丽。渐渐地，夕阳变了，变成了一个勇敢的青年，光芒万丈，它劈开云层，在空中尽情绽放；夕阳又变了，变成了一个小姑娘，在天边曼舞，脚尖轻转，任由来往的风吹起它轻扬的衣角和裙摆，她微笑着等待着黑夜的降临。终于，最后一抹夕阳也收敛了它的光芒，完全隐没在远处的建筑物后，黑夜之神快速来临，不久就笼罩了大地。我也怀揣着不舍走在回家的路上。（2020级2班 何雨桐《夕阳落下的那一刻》）

（2）大约在六点半的时候，升旗仪式开始了，护旗的方队从广场上走过，带着神圣的气息，走到国旗杆下。从国旗挂到旗杆上的那一刻开始，周围的一切都仿佛安静下来，都在注视着神圣的一幕。随着音乐，国旗缓缓升起，在风中飘荡着，展示着它特有的姿态。阳光拨开云雾，穿过厚厚的云层，照在五星红旗上，照在每个人的身上，照进每个人的心里。国旗在阳光的照耀下，发出熠熠的光芒，五颗星星在光芒的映衬下，显得更加耀眼。在最后的时刻，国旗随着音乐的结束，完成神圣的使命。（2020级2班 程奕中《神圣的那一刻》）

（二）展开想象联想，虚实相间

在现实形象的基础上，通过大脑的回忆、加工和新的综合，创造出新的形象。在描写静态的

景物时，展开联想和想象，将景物写活，达到虚实相间、动静结合的效果。

散文《春》中描写春花有这样的句子："闭了眼，树上仿佛已经满是桃儿、杏儿、梨儿。花下成千成百的蜜蜂嗡嗡地闹着，大小的蝴蝶飞来飞去。"虚与实、动与静，勾连映衬，烘托渲染，画面五彩缤纷，立体感很强，写出了春花繁多、艳丽、香甜的特征。

学生作文片段：

（1）在自然界，有一种生物，它似乎不受时间的约束，没有时间的"锁"束缚。这种生物便是灯塔水母，可以实现真正意义上的"永生"。灯塔水母，能够从体内分化出很多水螅体，水螅体可以发育成成熟个体，并且可以回到幼年阶段，再次进行分化转移，并以此来达到永生的境界，就像返老还童，经历一次次生命的轮回。（2020级1班　石宇皓《永生》）

（2）"五、四、三、二、一"点火，随着一声口令，"落日九号"地航飞船出发了。我和许多工作者在航空中心等待奇迹的发生。36小时15分钟后，飞船成功返回地面，和飞船一起返回的，还有"落日六号"航空中心的核心舱。航空中心内爆发出雷鸣般的掌声，人们互相庆贺、相拥而泣。三十二年的努力，在这一刻画上一个圆满句号。这一刻，我的双眼蒙上了一层雾，泪水滚落下来，开出一朵朵灿烂的花。（2020级1班　杨文皓《落日·重生》）

（三）通过时间和地点的不同写出景物的特点

1. 不同时间，不同地点，景物不同。

朱自清的《春》，梁衡的《夏感》，何其芳的《秋天》，老舍的《济南的冬天》，分别写出了一年四季的不同特点。春天，桃花、杏花、梨花"红的像火，粉的像霞，白的像雪"；夏天，"金色主宰了世界上一切，热风浮动着，飘过田野，吹送着已熟透了的麦子的香味"；秋天，"芦篷上满载着白霜"；冬天，"最妙的是下点小雪"，矮松"树尖上顶着一髻儿白花"。而同是冬天，济南与其他地方又不同，无风声、无重雾、无毒日，温晴，山秀、水清，"真得算个宝地"。

2. 同一景物因时间、地点、时代不同，在作者的眼中有各自不同的特征。

如在《晓出净慈寺送林子方》中，杨万里写道："毕竟西湖六月中，风光不与四时同。接天莲叶无穷碧，映日荷花别样红。"而在他的另一首诗《小池》里，杨万里写道："小荷才露尖尖角，早有蜻蜓立上头。"时令还未到盛夏，荷叶刚刚从水面露出一个尖尖角。

3. 有时我们描写景物需要时间上连续观察或者在不同地点、从不同角度来反复观察，以便更好地把握住不同时间和地点的景物特点。

如朱自清的《春》描绘的五幅画面："春草""春花""春风""春雨""迎春"，依次反映的是雨水、惊蛰、春分、清明、谷雨的春景。正因为朱自清从不同时间和地点观察描写春的特点，才把春天的景象写得充满生机与活力。再如老舍写《济南的冬天》，从高处俯视，观察并描写济南城阳光朗照下的小山，突出了小山"慈善"的特点；在山脚由上至下，观察和描写济南城薄雪覆盖下的小山，突出了小山"秀气"的特点；写济南的水色，由下而上仰望，又自上而下纵览，写出了济南水色明亮与温暖的特点。老舍以全面独到的观察与发现，绘画般地展示了济南冬天的温情与可爱。

4. 观察和描写景物，要注意选择好观察点。

观察景物的方法大致有三种：①定点观景。观察点固定，观察的景物固定。②动点定景。从不同的位置和角度观察某一种景物，正如苏轼所说"横看成岭侧成峰，远近高低各不同"。③移步换景。指随着立足点的移动，观察的对象的角度也不断变化，这是游记散文常见的写法。

学生作文片段：

（1）我漫步在公园湖岸，望着湖面上虚无缥缈的水雾，不知自己该何去何从。突然，我看见一块儿岩石缝中有一抹翠绿，我行至岩石旁，仔细一看，哦，是一株顽强的小草。它柔软的身体，竟钻破岩石，冲出石缝，探出头来注视着这个世界。它不畏艰苦的环境拼命地生长着，它的精神使我内心掀起了波澜。我又何尝不是一株小草，一株生长在岩石缝中的小草。那些考试成绩就如岩石一样，阻挡着我，可我却放弃了挣扎，自甘堕落。我面前的这株小草随春风起舞，吸收着水露。我应该向小草学习，不能屈服于困难，勇往直前。与小草的美好相遇，使我坚强。（2020级2班　刘奕彤《美好的相遇·小草》）

（2）室内，雪白的百叶窗虚掩着，老师被光影软软拥抱。有一朵花格外的艳丽，我低着头站在老师身旁看着那嫣红，犹如细丝在我的书上飘扬。（2020级3班　梁乐萱《会心之乐》）

（四）描写景物要注意炼字炼句，把握语言的准确性，还要运用多种修辞方法

1. 语言的准确性。

如"天街小雨润如酥，草色遥看近却无。最是一年春好处，绝胜烟柳满皇都。"诗人韩愈对早春的草色观察得十分细致；草因雨而绿，遥看时，地面上浮起一层浅浅的绿色；近观时，绿色并不惹眼，而是若隐若现，似有似无。这早春景物的特征，诗人捕捉得多么准确。

2. 写好景物，要学会运用多种修辞方法。

比如，朱自清在《春》中用"像牛毛，像花针，像细丝"的排比、比喻写出了春雨的细密、闪亮、绵长的特点；最后三段，作者一口气连用排比、比喻、拟人的修辞方法，描写了春天的"新、美、力"。老舍在《济南的冬天》中这样来描绘雪后美景："看吧，山上的矮松越发的青黑，树尖上顶着一髻儿白花，好像日本看护妇。"贴切的比喻，生动的拟人，形象地绘出了薄雪覆盖下的山的美妙。

（五）用比较的方法描写景物

老舍在描写济南的冬天时，就把济南和北平、伦敦进行比较，突出了济南冬天温晴的特点。

（六）融情于景，情景交融

景物还具有感情特征，这是因为景物因人的主观感情色彩而异。同样的景物，在不同人眼里，会有不同的反应。即使在同一个人眼里，心情不同，反应也截然不同。

景物描写分为两重境界。

第一重境界：见山只是山，见水只是水。这第一重境界就是要将客观景物真实地再现出来。如果做到这一点，景物本身的特征就自然显现。

第二重境界：见山不是山，见水不是水。王国维在《人间词话》中说"一切景语皆情语"，"以我观物，物皆著我之色彩"。说的是古典诗歌在创作过程中，常采用借景抒情的手法。赋景物以人的感情，或喜，或悲，或爱，或憎，或乐，或愁，景中有情，情景俱出。

那么，我们平时在写作过程中又该如何做到融情于景、情景交融呢？

　　文段一：看万山红遍，层林尽染；漫江碧透，百舸争流。鹰击长空，鱼翔浅底，万类霜天竞自由。（毛泽东《沁园春·长沙》）

　　文段二：四顾廓然，湖光满眼。环湖的山踏青着，湖水也翠得很凄然。水底看见黑云浮动，湖岸上的秋叶，一丛丛的红意迎人，几座楼台在远处。旋转的次第入望。〔冰心《往事（二）之六》〕

两段文字同是写秋，却各有不同，文段一中生机勃勃，文段二中愁云惨淡，为什么会有这种差异？因为两位作者的心境不同。毛泽东写作《沁园春·长沙》时是一个指点江山，激扬文字，粪土当年万户侯的热血青年，词中壮丽绚烂、富有生机的秋景正是他豪情壮志的体现；冰心写文段二时正在美国留学，远在异国他乡又适逢中秋前夕，孤独的她乡愁更甚，所以，在她的笔下，山是"踏青着"，而"湖水也翠得很凄然"。

品味自然美景，领略大好河山，登山则情满于山，观海则意溢于海。

由此可见，以不同的心情面对自然山水时会有截然不同的反应，我们在描写景物时绝不能只是单纯地描形摹态，而应该在其中渗透自己的情感。只有注入了"情的活水"，我们笔下的山水才会有一种"动人心魄"的力量。这才是写景的最高境界。

综上所述，写出景物的特点，不是单一地使用一种方法，也不是一蹴而就的短期工程，而是综合运用多种方法，并且需要长期积累，反复创作，用身、用心、用情酝酿的文学素质。

【思考与练习】

1. 什么是景物的特点?

2. 描写景物特点常用的方法有哪些?

（张国梁）

景物描写的常用方法

◎学习提示

景物描写的常用方法有：①调动多种感官；②动静结合；③写出内心情感；④展开联想想象。

茅盾先生说过："作品中的景物描写，不论是社会环境还是自然环境，都不是可有可无的装饰品，而是与人物的思想和活动有着密切的联系，为文章的中心服务。"可见，景物描写是文学创作中不可或缺的重要元素。那么，我们怎样才能做到让读者仿佛身临其境呢？以下将便于学生操作的几种写景的方法做简单的介绍。

一、调动多种感官

描写景物，首先就要观察这一景物。对于观察，我们都知道"观察要仔细""景物观察要抓特点"等，但如何把景物写具体、写生动，学生们心中依然没底。其实，我们在观察时除了要注意抓住景物的特点以外，还要把自己融进去，让多种感官参与，写出自己身处这一情境时的触觉、视觉、味觉、听觉、嗅觉等方面的感受，使所描写的景物更为逼真，更为细腻，更为丰满，使读者身临其境。

例如，《从百草园到三味书屋》第二段的景物描写，春、夏、秋景皆备，形、声、色、味俱全。菜畦的"碧绿"、桑葚的"紫红"、菜花和蜂的"黄"是写颜色，"肥胖""高大""臃肿""像小珊瑚珠攒成的小球"是写形状，这两者都从视觉上写；鸣蝉的"长吟"，蟋蟀的"弹琴"，是从听觉上写；覆盆子"又酸又甜"写的是味觉。

因此，在指导学生写景的时候，我就特别强调要把"景"写得有声、有色、可感、可闻，要多种感官并用。

下面是一篇学生习作：

再细看，是茉莉开了。茉莉懒懒地卧在枝头，洁白的花瓣一瓣瓣地舒展开，露出其中淡黄的细小花蕊。娇俏的花被绿叶举托着，离得近了，我忍不住轻轻地抚上它的花萼，绒绒的。一呼一吸间满是馥郁的香气，闪耀着白光的香气混杂着月光，轻轻笼罩着我。

这个片段，通过对视觉、嗅觉、触觉的描写，突出了茉莉娇俏、香气浓郁的特点。

二、动静结合

最妙的是下点小雪呀。看吧，山上的矮松越发的青黑，树尖上顶着一髻儿白花，好像日本看护妇。山尖全白了，给蓝天镶上一道银边。山坡上，有的地方雪厚点儿，有的地方草色还露着；这样，一道儿白，一道儿暗黄，给山们穿上一件带水纹的花衣；看着看着，这件花衣好像被风儿吹动，叫你希望看见一点更美的山的肌肤。等到快日落的时候，微黄的阳光斜射在山腰上，那点薄雪好像忽然害了羞，微微露出点粉色。

课文《济南的冬天》中的这个片段告诉我们，只有"栩栩如生"的景物才能给读者留下深刻的印象。如果只写静景，景物的呈现会显得十分单调，很容易使文章呆滞，缺乏感染力。所以，在观察时特别要注意眼中的景物动起来时的状态，将景物的静态描写、动态描写有机地结合起来，这样才能使所描绘的景物形象更加丰满。

如下面这篇学生习作中对落叶的描写就体现了静态描写与动态描写的有机结合：

但在这个季节它已经枯成黄色了，也不再像以前那么厚实了。仔细瞧那叶脉，从背面看多像一把把叉子。微风一吹，叶纷纷飘落，犹如一只只黄蝴蝶在空中打着旋儿，依依不舍地离开了大树母亲，飘向大地……叶子着地，远望金黄一片，它们也为秋天亮出了一幕独特的风景。

这是仔细地观察了秋天的落叶后的描写。在描写叶的外形时，不仅抓住了静止状态下的叶的形状、颜色、质感等外形特征，又注意了微风吹拂下，叶纷纷飘落的动态美景。这样动静结合，勾勒了一幅动感的秋意图，自然而然地使读者感受到秋的气息。

三、写出内心情感

景物描写能承载人的思想感情。没有思想感情的景物描写，只能呈现出景物苍白的外壳。现实生活中同样的景物，在不同心情的人眼里会有不同的"情绪"。当人快乐高兴时，其眼中的一切景物也在欢笑；当人悲观郁闷时，其眼中的景物也在流泪。恰当的景物描写对刻画人物性格、抒发人物情感起着重要作用。

如课文《秋天的怀念》中对菊花的描写："黄色的花淡雅，白色的花高洁，紫红色的花热烈而深沉，泼泼洒洒，秋风中正开得烂漫。"各种颜色的菊花象征着母亲各种优秀的品格，生机勃勃的菊花让作者有了活下去的勇气，也懂得了母亲未尽的话。

在这里，我举出的是"走过泥泞"这个作文题目学生的一个修改片段。

先看学生在记叙自己郁闷时缺少景物描写的原文片段：

今天放学时，语文测验的成绩公布了。"76……"我简直不敢相信自己的耳朵，偏偏老师还把试卷发给我们，要求我们回家让父母签字。走在放学路上，我开始为今天晚上担心……

让我们再看看被指导后插入景物描写的片段：

走在放学路上，我开始为今天晚上担心。我看见天上的夕阳红着脸，好像为做错了什么事而害羞；一排排的树木耷拉着脑袋，在风中无力地叹着气，似乎为遇到了烦恼事而闷闷不乐；街上不时传来小贩的吆喝声，那么嘈杂，像同学的议论，又像妈妈的唠叨，搅得人心烦……

通过比较可以发现，没有景物描写的片段缺乏感染力，而插入了景物描写的片段情景交融，它不仅充实了内容，而且增强了表达的效果。后者把因考试成绩不理想而苦恼的烦乱心情渲染得淋漓尽致，让人不禁对作者深感同情。

四、展开联想想象

我们在描写比较简单的景物时，可合理地展开联想想象，巧妙地运用比喻、拟人等修辞，使描写的景物带有人的特点，富有人的情感，使景物形象鲜活起来。这样一来，就能增强文字的表现力，使静止的景物具有感染力，从而引起读者的共鸣。

如课文《社戏》中的一处景物描写："淡黑的起伏的连山，仿佛是踊跃的铁的兽脊似的，都远远地向船尾跑去了，但我却还以为船慢。"就是展开联想，运用比喻、拟人的修辞手法，反映了"我"希望尽快抵达赵庄的急切而愉快的心情。

下面举出的学生习作片段是我非常喜欢的：

我想着，拿起桌子上的竹蜻蜓，此时的竹蜻蜓已经没有了那时的芬芳，有的地方还有因潮湿而生出的霉菌，不过上面的波纹依然清晰可见。我用掌心夹着它的"小尾巴"

一转，它又飞上了湛蓝的天空。我情不自禁又大声喊着："爸，你看它又飞起来了啊！"仿佛又看见爸爸看着我和那高高飞起的竹蜻蜓，脸上满是慈爱的笑容……

这个片段，通过形象的比喻、丰富的联想，不但写出了竹蜻蜓的特征，也写出了其中蕴含的感情。

总之，调动多种感官、动静结合、展开联想想象以及写出内心感受等这些写景方法恰当地运用，能够使我们的描写更加丰富多彩、引人入胜。

【思考与练习】

1. 怎样才能写好景物？

2. 在下面设定的情境中，按要求进行景物描写。

第二天，我背着新书包，迈着轻快的脚步走进校园。＿＿＿（50字左右）"我有新书包了，我有新书包了。"我在心里呼喊着，挺起胸膛，脚步更轻快了。

（展莉丽）

借景抒情，情景交融

◎**学习提示**

所谓借景抒情，是指作者把自己内心要表达的某种情感蕴含在对景物的描写之中，借景物来抒发感情的一种抒情方式；借景抒情，情景交融的分类；借景抒情，情景交融的写作方法。

一、什么是借景抒情，情景交融

所谓的借景抒情，是指作者把自己内心要表达的某种情感蕴含在对景物的描写之中，借景物来抒发感情的一种抒情方式。在其中，情是灵魂，景是载体。

二、借景抒情，情景交融的分类

借景抒情可以景由人生，以人带景；也可以情随景生，触景生情；还可以移情于景，借景抒情。

（一）景由人生，以人带景

为了把景物写活，常常采取以人带景的方式由人物把景物带出来。如朱自清的《春》一文，通过视觉写春花"红的像火，粉的像霞，白的像雪"，写春雨"像牛毛，像花针，像细丝"；通过听觉写鸟儿"卖弄清脆的喉咙，唱出宛转的曲子"；通过触觉写春风"像母亲的手抚摸着你"；通过嗅觉写"花里带着甜味儿"。朱自清调动多种感官去感知春景，人是风景的构成者，人在图画中，以景烘托人物愉快的心情。

（二）情随景生，触景生情

杜甫诗云："感时花溅泪，恨别鸟惊心。"生活中，我们常常看到某种景物，忽有所感，思绪满怀，进而借着对景物的描写，把自己的感情表达出来，这就叫"情随景生，触景生情"。

（三）移情于景，借景抒情

王国维说："一切景语皆情语。"作者带着强烈的感情来描绘客观景物，把自己的感情注入客观景物中去，所写之景被作者赋予了浓厚的主观色彩，这就是"移情于景，借景抒情"。如《荷塘月色》是朱自清先生写于 1927 年 7 月的散文名篇。当时由于蒋介石叛变革命，中国处于一片黑暗之中，作者"心里是一团乱麻，也可以说是一团火"。作者在文章中描述了一幅清幽美妙的图画。

"曲曲折折的荷塘，密密田田的荷叶，星星点点的荷花，淡淡的月色，脉脉的荷香"，都交融着作者那隐隐的却又深沉的孤独与苦闷的心绪，这正是那个黑暗的时代在作者心灵上的折射，表现出淡淡的哀愁、淡淡的喜悦。

三、借景抒情，情景交融的写作方法

（一）必须有真情实感

一段文字在篇幅不长的情况下，要把作者内心的感受充分地表达出来，用情来感染读者，这种情感必须是真实的。如果虚情假意、矫揉造作，想单纯靠几个表现喜怒哀乐的词语和几个标点符号去体现，文章必然显得枯涩空洞，会让读者一眼就看透文章华丽的外表，也会使文章失去光泽，变得黯淡无光。

学生作文片段：

> 早春的气息，不像法国香水那样浓烈；不像玫瑰似的让人感到甜蜜；也不像梅花似的具有那种冷香。而是带有泥土淡淡的芳香，还有空气中太阳光的味道。（黄显然）

作者准确地写出了早春的特点，抒发了自己对早春真实的感受。

（二）恰当地选择景物

挑选景物时，所选取的景物具有的特点必须与作者抒发感情的主旨有某些相似或相通之处，景物的这些特点不仅体现在外观形象上，还应蕴含在精神实质中，特别是片段描写，字少意丰，更应该注意做到惜字如金，字字点题，句句显意。

学生作文片段：

> 偶然看到窗外长在石缝里的小草在风中"舞蹈"，却没有一丝一毫的畏惧。它高昂着头，迎接着暴风雨的洗礼，就像一只勇往直前的海燕。多么顽强的生命力啊，我不禁感叹。在那革命的道路上，有多少默默无闻、勇于献身的烈士啊？（王陈翌）

作者用顽强的小草象征为革命抛头颅洒热血的先烈，抒发了清明时节对烈士的深情缅怀。

（三）把握住抒发感情的基调

一般情况下，景物描写的文字只有一个感情基调，抒发的感情必须统一在这个基调中。在描绘景物时，无论是选择的角度、确立的侧重点，还是文章的遣词造句，其倾注的情感必须始终一致，否则就会出现不协调的"杂音"，破坏文章的整体表达效果。

（四）能够灵活运用多种表达技巧

为了把感情抒发得淋漓尽致，我们可以在观察景物时，注意观察的角度和顺序，充分调动起各种器官的感知能力。在具体描摹景物时，利用对比衬托、象征、联想、以小见大等表现手法。这样一方面丰富景物的刻画点，另一方面进一步拓宽景与情的沟通，加深景与情的融合。

总之，所抒发的感情，一头要紧扣景物的特点，一头要合乎生活实际。切记写景与抒情不是两个独立存在的部分，而是融情于景，借景抒情，情景交融。

【思考与练习】

1. 借景抒情，情景交融有哪些分类？

2. 借景抒情，情景交融的写作方法有哪些？

（张国梁）

景物描写在记叙文写作中的运用

◎学习提示

了解景物描写的概念；明晰记叙文中景物描写的作用；掌握记叙文景物描写的方法，并能够合理运用。

路遥说："大地的胸怀是无比宽阔的，它能容纳人世间的所有痛苦。"或许就是找准了稀释苦难的源头，路遥在《平凡的世界》中为了与广阔的时代连接得更紧密，也为了更好地展示人物命运，他用了大量的笔墨来写四季的轮回、时令节气、自然风物。由此可见，在记叙文写作中，适当地运用景物描写可以起到意想不到的效果，既可以渲染气氛，给人物形象创设一个合理的环境，便于人物形象抒发自己的情感，又可以推动记叙文情节的发展，有时还会给人"景有尽而意无穷"的意境，使人回味无穷。如果学生能在记叙文写作中增强写景意识，能够灵活运用适当的景物描写，那么，一定会给文章增添无限的亮色，富有文学意蕴，从而在中考中脱颖而出，赢得阅卷者的青睐。

一、景物描写的概念

景物描写，是指对自然环境和社会环境中的风景、物体的描写。景物描写主要是为了显示人物活动的环境，使读者身临其境。

二、景物描写的作用

（一）交代故事发生的时间、地点，揭示作品的时代背景

例如，《孔乙己》中开头对鲁镇酒店格局的描写："鲁镇的酒店的格局，是和别处不同的：都是当街一个曲尺形的大柜台，柜里面预备着热水，可以随时温酒。做工的人，傍午傍晚散了工，每每花四文铜钱，买一碗酒。"交代了当时的社会背景和具体的人文特点。

再如，《散步》中关于景物描写的片段：

这南方初春的田野，大块小块的新绿随意地铺着，有的浓，有的淡；树上的绿芽也密了；田野里的冬水也咕咕地起着水泡。这一切使人想起一样东西——生命。

这段文字用景物描写——"初春"交代了事情发生的时间，"田野"点明了地点——写出了南方早春万物复苏、生机盎然的景象，让人感受到春天生命新生的活力。这也正是一家人出来散步的目的。

（二）渲染气氛，烘托人物心情

例如，《驿路梨花》中的景物描写片段：

> 山，好大的山啊！起伏的青山一座挨一座，延伸向远方，消失在迷茫的暮色中。

这段景物描写写出了山的高大和连绵不断，渲染了哀牢山中深远迷茫的气氛，反映出当时人物焦急的心情。

再如，《故乡》开头部分的景物描写片段：

> 时候既然是深冬；渐近故乡时，天气又阴晦了，冷风吹进船舱中，呜呜的响，从篷隙向外一望，苍黄的天底下，远近横着几个萧索的荒村，没有一些活气。我的心禁不住悲凉起来了。

"阴晦"的天气、"呜呜"的冷风、"苍黄"的天色、"萧索"的荒村，荒凉冷寂无生气的景物中透露出"我"悲凉、失落的心绪。

（三）展示人物性格

例如，《驿路梨花》中对小茅屋的描写：

> 白木门板上用黑炭写着两个字："请进！"
>
> 火塘里的灰是冷的，显然好多天没人住过了。一张简陋的大竹床铺着厚厚的稻草。倚在墙边的大竹筒里装满了水。
>
> 又发现墙上写着几行粗大的字："屋后边有干柴，梁上竹筒里有米，有盐巴，有辣子。"

这些关于景物的描写都反映出主人热情、好客、细心的性格。

（四）烘托文章（作品）的主题，突出文章的中心

> 又是秋天，妹妹推着我去北海看了菊花。黄色的花淡雅，白色的花高洁，紫红色的花热烈而深沉，泼泼洒洒，秋风中正开得烂漫。我懂得母亲没有说完的话。妹妹也懂。我俩在一块儿，要好好儿活……

《秋天的怀念》一课的结尾部分，通过对"菊花在秋风中正开得烂漫"的景物描写，烘托了文章的主题。

作者史铁生在这里既是真诚地看菊花，以了却母亲的心愿，是母亲教他爱这眼前的生活，他要和妹妹好好儿活，又是在怀念母亲，怀念那浩荡的、与生命俱在的爱。

三、景物描写在记叙文中的几种类型

（一）情景式描写

揭示人物的情感，把内心的"情"自然地渗透到外物之中，这就是"情积于内而发之于景"。

例如，作文《风景这边独好》中，面对生机盎然的郁金香，作者不直接写自己受到鼓舞，只是写道："再没有比这一片丰饶的郁金香更能表现生命的繁茂了。明灭的阳光交织得正好，形成一道道动人的弧度。郁金香如飞扬的流苏，如动人的夕岚，又像一道铺开的锦缎，滤过了人心的喧闹，惊艳了这方的天地，温柔了此刻的时光。"（刘靖涵）

这样的景物描写含蓄有情，将郁金香盎然的生命力展现在读者面前，不仅作者受到了精神的鼓舞，读者亦然。

（二）对比式描写

对比式的描写，可以让主题更加深刻，让人物在不同场景下的不同感受充分体现出来。例如，杜甫的诗歌《自京赴奉先县咏怀五百字》中，"朱门酒肉臭，路有冻死骨"历来为人们所传诵，就是因为两者之间形成了强烈而鲜明的对比。

例如，《跨越》一文中，有两段关于秋天景色的描写：

首段便是作者因为练习跆拳道遇到挫折而不情愿去上跆拳道课的路上："夕阳的余晖染红了天的一角，枯黄的落叶随风飘散而下，地上很快便铺了厚厚的一层，我慢吞吞地走在满是落叶的路上，拖延着时间不愿去面对跆拳道教练的'折磨'。伸手抓起一把落叶，用力扔向空中，沉浸其中的我，脚步越发地慵懒。"

尾段则是作者在教练的开导之下，找回了自我，重燃对跆拳道的热爱之后，描写的景物："火红般璀璨的夕阳下，秋叶依旧飘飘落落，如精灵般散落在我的身上，我和妈妈牵手走在满是黄叶的路上，跨过一道道隔离带，再次走在去训练的路上……"（刘靖涵）

文章首段通过对落叶和残阳的描写，写出秋天的孤寂和萧条。尾段则是通过对落叶和夕阳的描写，写出秋天的浪漫和美好。同一景物的不同描写，鲜明地揭示出作者心境发生的巨大变化，深刻地揭示了文章的主题。

（三）连串式描写

在文章中多次使用景物描写，不仅可以使情节显得更加真实、更加引人入胜，还能自然地展开情节。在一篇以"关心"为题的中考满分作文中就三次出现了景物描写。开头是这样描写的："细雨绵绵，如同那扯不断剪不断的缕，我的烦恼就像这绵绵的雨丝，没有尽头。"中间接着说："放眼望去，那一片片的竹林在雨中显得更加娇美，那一簇簇的绿叶，经过雨水的洗刷之后，更加绿了，更加亮了。"结尾的时候，作者再次写到了景物："我呆呆地伫立在雨中，望着父女俩消失在茫茫的雨雾中。心中忽然静静地淌过一阵热流。""雨依旧飘洒，不过，雨丝却成了母亲的双手，在轻抚着奔跑的我。"

同样是写雨，作者却用了三段情感不同的文字，情节自然。用这种方法写出来的文章，脉络分明、极富情感。

四、在记叙文中运用景物描写应注意的问题

（1）要仔细观察，抓住不同季节里景物的不同特点进行描写，切忌胡编乱造，凭自己的想象来写。

（2）写景要按方位顺序，由近及远、由远及近、由上而下、由下而上、由里到外、由外到里，或由中间到四周等有次序地描写。

（3）写景时可恰当运用一些写景的方法——多感官描写、修辞手法等，使内容更生动。

（4）写景物时最重要的是要注意自我与景物之间的关系，要有意识地把自己的情感、感受写进去，将自己的感受和景物融为一体，这样读者读来会有身临其境之感。

清代著名的画家和诗人郑板桥写过这样的诗句："一枝一叶总关情"，强调的就是以情带景。王国维语："一切景语皆情语。"写景，不仅是作者对自然界景物的肉眼所见，更主要的是作者心灵的感受。流动着情感的文章才富有感染力。

附学生作文：

跨　越

命运对勇士低语：你无法抵御风暴。勇士低声回应：我就是风暴。

——题记

夕阳的余晖染红了天的一角，枯黄的落叶随风飘散而下，地上很快便铺了厚厚的一层，我慢吞吞地走在满是落叶的路上，拖延着时间不愿去面对跆拳道教练的"折磨"。伸手抓起一把落叶，用力扔向空中，沉浸其中的我，脚步越发地慵懒。

　　"嘿，今天怎么又晚了呢？"教练站在跆拳道馆的门口，笑嘻嘻地问我。面对平日里还算和颜悦色的教练，我嬉皮笑脸地回应："老妈做饭晚了，我已经很快赶过来了……"也许是因为心虚，没等教练回应，我便一溜小跑地溜进了道馆，插入正在跑圈的队伍中。即使如此，我的脑海中还是不断浮现出秋天落叶满地的景色，听到的也是秋叶簌簌落地的声音，心思早就不在训练上了……

　　"同学们，我今天突然找到了几个你们第一次参加训练的视频，大家先坐在地上，一起看看。"正在跑圈的队伍瞬间停了下来，大家都赶紧跑到自己的位置，盘腿坐下，等待着视频的播放。我犹犹豫豫地走过去，盘腿坐下，百无聊赖地望向窗外，秋叶飘飘落落，甚是好看。

　　"这不是小涵吗？看起来也就几岁吧……"听到我名字的刹那，我立刻转过头来，视频里的小男孩虽然满头大汗，但是依然竭尽全力地做好每一个动作，眼神坚定且有力。过了好几秒我才将现实与记忆串联起来，那是刚到跆拳道馆参加训练时的场景，稚嫩的脸庞和略显生涩的动作让我忍俊不禁，慢慢看下去，才记起当时的情景。那时，妈妈刚给我报跆拳道，我十分欢喜，练习起来也充满了力量，每一次上课我都是第一个到，教练的每一个动作，我都努力去学习，尽量做到最好。那时，教练看到满头大汗仍坚持训练的我，略有些心疼，劝我休息后再继续。而我却倔强地不肯停下，一遍一遍练习着课堂上的动作。后来，妈妈告诉我，教练告诉她我就像一个勇士，即便遇到再多的磨炼，也会坚持不懈，因为我的心中有着一股子力量，一股子单纯且执着的力量……

　　时隔好些年，此刻的教练坐在我的身边，指着视频中的我说："你说过，学习跆拳道的魅力在于用自己的力量保护所爱之人，你能坚持是因为你对妈妈的爱胜过了一切苦累……"他顿了顿，"现在，那个充满力量的小勇士去哪了呢？"此时，我那双布满汗珠的手不自觉地收紧，低着头不知道该如何回应。

　　过了很久，训练再次开始，我重新站了起来，耳边不再是树叶簌簌落下的声音，而是教练铿锵有力的训练节拍。也许窗外的落叶仍旧在不知疲倦地飘落，也许秋风吹过之处，依旧是一层厚厚的枯黄色地毯，但这些于我已经不再有任何意义。我似乎又有勇气站在踏板上跃向更高的方向，也更有力量面对更重的沙包和更强有力的对手。我抬头，和对手握手，对教练微笑。我挺胸，和黑带邂逅，给妈妈温暖。

　　"命运对勇士低语：你无法抵御风暴。勇士低声回应：我就是风暴。"我曾于望不到尽头的长路中迷失了方向，但幸运的是，我找回了自我，未来的路上也许仍旧荆棘密布，但我不再害怕恐惧，因为我已经跨越了内心的软弱，找回了自己的赤诚和热爱。

　　火红般璀璨的夕阳下，秋叶依旧飘飘落落，如精灵般散落在我的身上，我和妈妈牵手走在满是黄叶的路上，跨过一道道隔离带，再次走在去训练的路上……（刘靖涵）

【思考与练习】

1. 试着为下面两段话加上适当的景物描写。

练笔一：

　　"临近考级了，天气还这么闷，"我暗想，"考级也就在大人眼中重要吧。"被老师抽出来检查，弹得一塌糊涂，挨了不少板子，后来老师索性发了狠，扔了书，"弹的什么鬼"。

我的思路：＿＿＿＿＿＿＿＿＿＿＿＿＿＿＿＿＿＿＿＿＿＿＿＿＿＿＿＿＿

练笔二：

　　流畅的英文在展厅里回荡，台上的女孩一脸自信地微笑，目视前方，四周是比灯光还要闪耀的光芒。演讲完毕，她环视前方，迎来了满堂喝彩。因为，在她心中，一株紫罗兰已绽放，惊艳四方……

我的思路：＿＿＿＿＿＿＿＿＿＿＿＿＿＿＿＿＿＿＿＿＿＿＿＿＿＿＿＿＿

2. 你能给自己的作文加上适当的景物描写吗？

（刘召宁）

四季写景作文指导

　　写景，就是用语言文字把人们看到的、听到的和接触到的各种自然景物具体生动地描绘出来，以此来烘托环境气氛，突出文章的中心或者衬托人物的心情，抒发作者的思想感情。

　　写景之于中学生，是日常写作的重要部分，但相较于叙事作文而言，写景作文具有一定的写作难度和技巧要求。但是，这并非说写景作文"难于登天"，下面将以四季写景为例，略谈写景作文的相关技法。

一、细心观察，抓住景物的特点

　　世间景物林林总总、千姿百态，各以其独特的面貌相区别。若想以文字刻画四季之景，我们首当细心观察，把握四季景物的典型特征。例如就景物颜色而言，我们可以将其区分为春天、夏天的绿，秋天的黄，冬天的雪白。

　　所以在写景作文中，抓住景物特点尤为重要。把握典型，才能将景物的特点细致生动地描述出来，使之跃然纸上，富有形象逼真之色彩，亦使读者身临其境、徜徉其中。把握景物的特点，既要善于比较，突出特征，又要关注变化，静中有动。

　　如老舍先生在《在烈日和暴雨下》中对柳树的描写：一点风也没有时，"枝条一动也懒得动"；有一点凉风时，枝条"微微动了两下"；风大起来时，"柳枝横着飞"。老舍通过细心观察不同风力时柳树的细微变化，抓住特征，形象地表现出了天气变化的过程。

　　学生习作：

　　　　夏天最显而易见的声音便是蝉叫声了。在家中、在窗外、在郊外，只要有树，蝉都会三五成群地叫起来"知了——知了——"。蝉一叫起来，煞是好听，错落有序，独成一道旋律。如果你仔细听，便可听出多种多样的蝉鸣，有老蝉的嘶叫；有新蝉的欢笑；有长长的哀鸣；也有短暂的歌唱。这些交织在一起，成了一曲生命的歌。虽然没有贝多芬的《命运交响曲》那样震撼，但也能给人大自然的韵律。

雨在夏天是必不可少的。夏天的雨来得快，去得匆，声音也别有情趣。开始，雨下了几滴，不仔细察觉是感觉不到的。突然，雨倾盆泻下，让人猝不及防。"滴答滴答"雨拍在伞上，就像秒钟发出的响声；"噼里啪啦"雨打在地上，就像瓷片打碎的声音；"噼啪噼啪"雨落在窗上，就像斧头砍柴的声音。这些声音并不那么微小。只不过人们容易忽略它们，无视它们的存在。其实，雨的声音也很美妙，是大自然这个音乐家的结晶，只不过人们不注意就是了。

夏天还少不了这种声音：虫鸣。夏日里，除去蝉鸣外，还有一种爱唱的昆虫——蟋蟀。晚上，没有蝉叫，世界似乎变得极其安静。这时，蟋蟀便站在小土坡上，开始了它的演唱："嗯——嗯——"像是小提琴发出的美妙的声音。这种声音在寂静的夜晚似乎非常的大，尽管它很微弱。蟋蟀的声音没蝉的强烈，却能给人美的享受，使人仿佛置身于夏天的天堂中，感觉无比的寂静，这微小的声音划破寂静，伴以小提琴的声音，也会给人美的韵律。

雷声，蝉鸣，雨响，虫叫……这些都是夏之韵，编织在一起，就是一种美妙的声音，是大自然之声！比任何歌曲都要好上几分。这夏之韵比春之响、秋之歌、冬之声都要充满生机。春没有夏的激情，秋没有夏的火热，冬没有夏的生机，这就是夏之韵的独到之处。夏之韵，让人听得不烦躁，不腻味，不冷淡，不凄凉。夏给人的是火热的享受，是对激情的向往。

品味夏之韵，喝上一杯淡淡的茶，看着窗外的阳光，听着门外的蝉鸣，闻着泥土的芳香，是那么的美好！

夏天的景物很多，可描写的也有很多，然而作者抓住了自己所熟悉的典型事物，细致地写出了他眼中的夏天，字里行间流露出对于夏天的喜爱之情，这就是一篇成功的作文。

二、理出层次，把握写景顺序

一篇好的写景作文，总是可于其中窥见作者有意构建的层次图示。理出层次，把握写景顺序，描摹的景物才能层次分明、清晰自然。景物描写通常包含两种顺序：一为时间顺序；二为空间顺序。当我们在描绘四季之景时，既可依照时间顺序，如可以按照万物复苏的自然顺序描写春天的生机之景；同时，也可以按照空间顺序，如在某个季节里特定的地点，由远及近或者由近及远地进行景物描写。

最妙的是下点小雪呀。看吧，山上的矮松越发的青黑，树尖上顶着一髻儿白花，好像日本看护妇。山尖全白了，给蓝天镶上一道银边。山坡上，有的地方雪厚点儿，有的地方草色还露着；这样，一道儿白，一道儿暗黄，给山们穿上一件带水纹的花衣；看看看着，这件花衣好像被风儿吹动，叫你希望看见一点更美的山的肌肤。等到快日落的时候，微黄的阳光斜射在山腰上，那点薄雪好像忽然害了羞，微微露出点粉色。就是下小雪吧，济南是受不住大雪的，那些小山太秀气！（老舍《济南的冬天》）

在这里作者按照空间顺序，从山上、山尖到山坡、山腰，有层次地写出了薄雪覆盖下秀美的山景。

三、展开想象，灵活运用修辞及多觉描写

在对景物细致观察的基础上，张开想象的翅膀，灵活运用修辞手法及多觉描写亦是可以采取的写景技法。依据所见所感展开合理的想象，再把景物状态、颜色、声音、气味灵巧生动地描绘出来，会给人以深刻的阅读印象。在有关景物描写的作文中，最常使用的修辞手法是比喻和比拟。恰当运用比喻可以把复杂的事情和深奥的道理说得浅显易懂，把事物形象生动地描绘出来。比喻这一修辞，对于描摹四季景物，具有广阔可行的艺术空间，虫鸣与歌唱、白云与棉絮、飞雪与柳絮、动物与人物、潮水与思绪等。运用比拟的修辞方法表现事物，不仅可以把事物写生动，还能发展自己的想象能力，充分发挥内心的感情，使文章更亲切、更感人。

"吹面不寒杨柳风"，不错的，像母亲的手抚摸着你。风里带来些新翻的泥土的气息，混着青草味儿，还有各种花的香，都在微微润湿的空气里酝酿。鸟儿将巢安在繁花嫩叶当中，高兴起来了，呼朋引伴地卖弄清脆的喉咙，唱出宛转的曲子，跟轻风流水应和着。牛背上牧童的短笛，这时候也成天嘹亮地响着。（朱自清《春》）

作者在这一段中，巧妙运用多感官描写，从触觉、嗅觉、听觉等方面，把无形、无味、无声的春风写得有形、有味、有声、有情、有感。在运用多感官描写时，修辞手法也就自然而然地加了进去。这样描写使得景物内容更加丰富、生动、形象。

四、融入真情，巧妙使用点染法

情感是文章的灵魂，只有运用真情实感，才能妙笔生花。把握四季写景作文，要融情于景，巧用点染。所谓点染，就是以想象融入情感，辅之描绘，以达到点染情感或突出对象的写作效果。用现实之景点，以想象之景与真实的情感去渲染。

我们在观赏景物时内心所泛起的感受并非泛泛而同，而是有乐景与哀景之分。一般来说，春天，万物复苏，草长莺飞，我们会感受到内心的希望与喜悦之情；夏天，阳光明媚、绿意盎然，总是

予我们昂扬之意；秋天，天高气爽，落叶归根，给人带来梦幻悲伤之意；冬天，万物零落，天地同悲，令人多有萧条、冷清之感，人们总会期盼春天的到来。但无论哪一个季节，我们所见之景均是客观的，由景即情，寓情于景，由客观之景生发自我之情，这与我们的主观内心是相同互生的。心情的好坏决定了我们在观赏景色时所融入的内心感情，这个时候就需要我们运用点染之法把此情和此景抒发得淋漓尽致。

梅雨潭闪闪的绿色招引着我们；我们开始追捉她那离合的神光了。揪着草，攀着乱石，小心探身下去，又鞠躬过了一个石穹门，便到了汪汪一碧的潭边了。瀑布在襟袖之间；但我的心中已没有瀑布了。我的心随潭水的绿而摇荡。那醉人的绿呀，仿佛一张极大极大的荷叶铺着，满是奇异的绿呀。我想张开两臂抱住她；但这是怎样一个妄想呀。站在水边，望到那面，居然觉着有些远呢！这平铺着，厚积着的绿，着实可爱。她松松的皱缬着，像少妇拖着的裙幅；她轻轻的摆弄着，像跳动的初恋的处女的心；她滑滑的明亮着，像涂了"明油"一般，有鸡蛋清那样软，那样嫩，令人想着所曾触过的最嫩的皮肤；她又不杂些儿尘滓，宛然一块温润的碧玉，只清清的一色——但你却看不透她！我曾见过北京什刹海拂地的绿杨，脱不了鹅黄的底子，似乎太淡了。我又曾见过杭州虎跑寺近旁高峻而深密的"绿壁"，重叠着无穷的碧草与绿叶的，那又似乎太浓了。其余呢，西湖的波太明了，秦淮河的又太暗了。可爱的，我将什么来比拟你呢？我怎么比拟得出呢？大约潭是很深的，故能蕴蓄着这样奇异的绿；仿佛蔚蓝的天融了一块在里面似的，这才这般的鲜润呀。——那醉人的绿呀！我若能裁你以为带，我将赠给那轻盈的舞女；她必能临风飘举了。我若能挹你以为眼，我将赠给那善歌的盲妹；她必明眸善睐了。（朱自清《绿》）

"绿"字不仅在文章的结构上起关联作用，更是全文情景交融的焦点。作者像一个善调丹青的能手，调动了比喻、拟人、联想等多种手法，从各个角度，波澜起伏地描绘了奇异、可爱、温润、柔和的梅雨潭水，把自己倾慕、欢愉、神往的感情融会在这一片绿色之中。随着作者的笔触，随着作者感情的波澜，不仅我们的眼前出现了那微微泛起的绿色涟漪，而且我们的肌肤间仿佛还能感触到那闪着光亮的绿波的跳动，一种柔和、明快、亲切的感情也会从心头漾起。作者甚至把"绿"想象为"如同一个十二三岁的小姑娘"，想拍她、抚她、亲她，别致地把她叫作"女儿绿"，感情柔美到了极点。那明艳多姿的画面，那逸趣横生的情怀，和谐地统一在一起。在这饱含诗情、充满生趣的绿意中，透露出作者对生活的爱，升腾着作者向上的激情。无论是写景还是叙事的文章，"情"均在其中扮演重要的角色。

写景的目的还是抒情，所以好的写景作文应是作者主观感情的生动写照，所绘之景与所蕴之情相融相生、相映成趣。在这一点上，老舍的《济南的冬天》是典型的范例。把感情渗透在景物之中，就是在写景时要抒发作者的真情实感。如对自然风光的赞美之情，对奇丽景观的陶醉之情，对故乡山水的热爱之情。只有把自己的感情渗透进所描写的景物之中，文章才会更具有感染力，才能使读者也随之动情。

最后，还是要强调我们写景一定要遵循"情为主，景为从"的原则。徒自描摹，为写景而写景，纵使声、光、色、态俱全，日月叠璧、山川焕绮，也不会产生感人的力量。只有情景交融的文章，景实而情虚，虚实结合，"妙在虚实之间"；景有限而情无限，有限与无限相统一，好在"近而不浮，远而不尽"。

【思考与练习】

1. 结合本文，找一找四季典型的景物及其特点。
2. 以朱自清的《春》为例，选择你喜欢的一个季节，写一写。

（杨丽）

第7单元

记叙中穿插描写

◎学习提示

记叙中穿插描写可以使文章更生动形象、富有感染力。记叙中穿插的描写内容主要是对人、景、物的描写。需要注意的问题是描写必须以记叙为依托，服务于文章的主旨和内容；不论是描写人物，还是描写景、物，都要抓住特点，突出重点，给人鲜明的印象。

一、记叙中穿插描写的含义和作用

写作讲究综合运用多种表达方式。在记叙文的写作中，除了最基本的记叙以外，还经常用到描写、议论、抒情等表达方式，其中用到最多的是描写。记叙是直言其事，着重于交代和说明；描写，就是用生动形象的语言，对人、景、物存在与变化的具体状态做绘声绘色、细致入微的描绘与刻画，其作用是再现自然景色、事物情状，描绘人物的形貌及内心世界，使人物活动的环境具体化。记叙文写作，只有通过具体的描写，才能把客观对象写得有声、有色、有味、有形，使人如临其境、如睹其人、如闻其声、如嗅其味、如见其色、如历其事。所以我们在写作记叙文时，必须特别重视描写，要在记叙中适当穿插描写。

所谓"穿插"，即在叙述过程中暂时中断叙述，有目的地插进抒情、议论、说明、描写等内容。所谓"记叙中穿插描写"，就是在记叙的过程中暂时中断叙述，有目的且比较细腻地对其中的某个镜头、某个场面、某个形象进行描写。事实上，在记叙文中，记叙和描写往往是相辅相成、有机交融的，两种手段缺一不可。如果说，记叙是主干，描写就是枝叶；记叙是骨架，描写就是血肉。描写比记叙更具体形象，更能使人物、事件和景物再现得栩栩如生，富有感染。

二、记叙中穿插的描写内容及方法

记叙中穿插的描写内容主要是对人、景、物的描写，我们称为人物描写、景物描写（环境描写）、事物描写（对具体生物、物品的描写）。记叙文一般以叙事为主，但在叙事过程中，描写人、景、物也应是浓墨重彩的一笔，因为这些描写不仅可以充实丰富文章内涵，表现人物形象、表达人物情感思想、深化文章主旨，还可以使文章语言生动形象、富有感染力。

（一）人物描写

记叙文中，不论是写人还是叙事，都离不开对人物的生动描写。要塑造形象可感的人物，至少要有一两处对人物的具体描写，尤其是生动典型的细节描写，才能给读者留下鲜明的印象；要叙述清楚事情的过程，发掘事情的意义，也需要有对人物的生动描写，因为事情是人做的，离不开人的活动。

人物描写主要指对人物的外貌、动作、语言、神态、心理活动和感受等的描写。成功的作品都能在记叙中灵活巧妙地穿插一番对人物的生动细致描写，来表现人物的精神风貌，表达文章的主旨。

比如鲁迅的小说《故乡》，在叙述"我"回乡经历的过程中，穿插了对记忆中少年闰土和眼前中年闰土的外貌、语言、动作、神态等的细致描写，前后对比鲜明，突出中年闰土生活困苦，劳动艰辛，变化显著，促使读者去思考造成闰土变化的社会根源，自然而然地延伸到小说的主旨。

再如朱自清的散文《背影》：

> 他往车外看了看说："我买几个橘子去。你就在此地，不要走动。"我看那边月台的栅栏外有几个卖东西的等着顾客。走到那边月台，须穿过铁道，须跳下去又爬上去。父亲是一个胖子，走过去自然要费事些。我本来要去的，他不肯，只好让他去。我看见他戴着黑布小帽，穿着黑布大马褂，深青布棉袍，蹒跚地走到铁道边，慢慢探身下去，尚不大难。可是他穿过铁道，要爬上那边月台，就不容易了。他用两手攀着上面，两脚再向上缩；他肥胖的身子向左微倾，显出努力的样子。这时我看见他的背影，我的泪很快地流下来了。我赶紧拭干了泪，怕他看见，也怕别人看见。我再向外看时，他已抱了朱红的橘子往回走了。

作者在叙写父亲爬月台买橘子的过程时，穿插描写了父亲的外貌衣着，突出其朴素节俭；穿插描写了父亲的动作，"走""探""攀""缩""微倾"等一系列动词，细致地展示了年迈肥胖的父亲动作缓慢、吃力、笨拙的特点，突出父亲爬月台买橘子的艰难，表现了父爱的深沉；叙写"我"看到父亲的背影后，接着描写"我"的情感反应，尤其"我赶紧拭干了泪，怕他看见，也怕别人看见"这一细节，很好地烘托了父亲的背影，烘托了父爱的感人。

在记叙中穿插人物描写时，我们可以使用修辞手法、白描、对比、细节描写等方法，根据文章内容和表达主题的需要，对人物的外貌、语言、动作、神态、心理活动或感受等的某一方面或几方面进行细致描写。

（二）景物描写

景物描写也叫环境描写，包括对自然界的景物，如季节变化、风霜雨雪、山川河流、花鸟虫鱼、森林原野等的描写，以及对能反映社会、时代特征的建筑、场所、陈设等景物以及民风民俗等的描写。如果能恰当地在事件的记叙中穿插景物描写，不仅可以交代故事背景，缓和叙述节奏，营造环境氛围，推动情节发展，还可以烘托人物心情，表现人物形象，丰富文章内涵，增强文章的艺术感染力，甚至可以起到升华情感、深化主题的作用。可以说，在以写人叙事为主的记叙文当中，往往不被重视甚至完全忽略的景物描写，有着单纯的叙事文字所不可替代的魅力。众多优秀的文学作品中都恰当穿插了精彩的景物描写。

比如莫怀戚的散文《散步》：

> 天气很好。今年的春天来得太迟，太迟了。有一些老人挺不住，在清明将到的时候死去了。但是春天总算来了。我的母亲又熬过了一个严冬。
>
> 这南方的初春的田野！大块儿小块儿的新绿随意地铺着，有的浓，有的淡；树枝上的绿芽也密了；田野里的冬水也咕咕地起着水泡。这一切都使人想着一样东西——生命。
>
> 我和母亲走在前面，我的妻子和儿子走在后面。小家伙突然叫起来："前面也是妈妈和儿子，后面也是妈妈和儿子！"我们都笑了。

文中穿插的景物描写，点染了春天的美丽和生机，传达出万物复苏的生命感慨，展现了一家人散步的美好情景和幸福心情。

再如莫泊桑的小说《我的叔叔于勒》：

> 哲尔赛的旅行成了我们的心事，成了我们时时刻刻的渴望和梦想。后来我们终于动身了。我们上了轮船，离开栈桥，在一片平静得好似绿色大理石桌面的海上驶向远处。正如那些不常旅行的人们一样，我们感到快活而骄傲。
>
> ……
>
> 我的母亲吓了一跳，直望着我说："你简直是疯了！拿十个铜子给这个人，给这个流氓！"她没有再往下说，因为父亲指着女婿对她使了个眼色。后来大家都不再说话。
>
> 在我们面前，天边远远地仿佛有一片紫色的阴影从海里钻出来。那就是哲尔赛岛了。
>
> 我们回来的时候改乘圣玛洛船，以免再遇到他。

文章穿插了两处景物描写：我们出发去旅行时，海面平静得像绿色大理石，景物描写烘托了我们一家欢快愉悦的心情；发现贫穷的老水手就是叔叔于勒，发财梦想破灭时，"天边远远地仿佛有一片紫色的阴影从海里钻出来"，景物描写则烘托出了人物沮丧难过的心情。

作文时，我们如何在记叙中穿插景物描写呢？

契诃夫曾说："景物描写只有在适当的时候，在它能像音乐或者由音乐伴奏的朗诵，向读者传达这样那样心情的时候，才合适，才不至于把局面弄糟。"

1. 开篇入景，营造氛围，凸显主题。

比如鲁迅的小说《故乡》开篇即穿插了景物描写：

> 我冒了严寒，回到相隔二千余里，别了二十余年的故乡去。
>
> 时候既然是深冬；渐近故乡时，天气又阴晦了，冷风吹进船舱中，呜呜的响，从篷隙向外一望，苍黄的天底下，远近横着几个萧索的荒村，没有一些活气。我的心禁不住悲凉起来了。

作者通过季节、天气、风声以及天色的描写，勾勒出故乡萧条荒寂的深冬图景，营造了凄凉冷寂的氛围，展现出当时旧中国农村在帝国主义和封建主义的压迫下人们的悲惨命运和自己内心的悲凉。

2. 景随情移，情景交融。

比如孙犁的小说《芦花荡》，穿插了大量的景物描写，且处处与战争环境和人物的心境相谐，不仅渲染了故事的气氛，也给作品增添了一种战斗的诗情画意，构成情景交融的艺术境界，增强作品的感染力。

小说开头的景物描写："夜晚，敌人从炮楼的小窗里，呆望着这阴森黑暗的大苇塘，天空的星星也像浸在水里，而且要滴落下来的样子。到这样的深夜，苇塘里才有水鸟飞动和唱歌的声音，白天它们是紧紧藏到窝里躲避炮火去了。苇子还是那么狠狠地往上钻，目标好像就是天上。"

这段景物描写富有生活实感，优美宜人的环境却为敌人封锁、监视，很自然地把读者引到一个特定的环境和气氛之中，作者的爱憎情感便鲜明流露，艺术上融情入景、情景交融。

中间写两个小女孩在革命队伍里逐渐成长的过程，也穿插了不少景物描写："这是冀中区的女孩子们，大的不过十五，小的才十三。她们在家乡的道路上行军，眼望着天边的北斗。她们看着初夏的小麦黄梢，看着中秋的高粱晒米。雁在她们的头顶往南飞去，不久又向北飞来。她们长大成人了。"

作者把两个小女孩的逐渐成长描述得非常富有生活韵味。庄稼的自然成熟，雁群的南飞北回，诗意盎然地暗喻着时光的流逝。在生活的道路上，由于"眼望着天边的北斗"，所以永远不会迷失方向。"北斗"，既是实在的景物，又是一种暗喻：党的光辉的指引。

3. 篇末展景，余韵悠长。

比如孙犁的小说《芦花荡》结尾的景物描写：

> 他狠狠地敲打，向着苇塘望了一眼。在那里，鲜嫩的芦花，一片展开的紫色的丝绒，正在迎风飘撒。

这是老头子痛打鬼子后看到的美景，烘托了老头子为大菱报仇后轻松、愉快的心情，使老头子的英雄形象更加突出，使其具有一种传奇色彩，更加引人入胜。也表明美丽的芦花荡是不容侵犯的，如果有人来犯，必然没有好下场，以景结篇，韵味悠长。

（三）事物描写

这里说的事物描写，是指文章中特定语境下对某些具体生物、物品的描写，它与景物描写有共同的内容，但又不属于景物描写的范畴，比如对某些动植物、食物、衣物、文具、器皿以及其他物品的描写。作文中，有时为了表达中心的需要，很有必要在记叙中穿插对某些事物的生动描写。

比如，谷子萱同学的作文《物微情深》中有一段文字：

> 一个冬天接着一个冬天，羊肉汤渐渐融入了我的生活，可是爷爷却要和我分别了。离别的那个冬日，爷爷依旧给我做了一碗羊肉汤。大块大块鲜羊肉浸在滚热的汤中，从汤面上探出半个头，下半身沉在汤里，模样可爱极了。一片片葱花漂浮在汤上，用自己翡翠的身子给汤做了完美的点缀。爷爷坐在我对面，静静地看着我大快朵颐，一脸的满足与幸福。

作者叙写分别之际，爷爷为"我"做羊肉汤的事件，穿插了对羊肉汤的生动描写，羊肉分量足，羊汤颜值高，从中可见爷爷的用心及对"我"爱的深沉。如果缺少对羊肉汤的生动描写，便难有这种表达效果。

再如，李宜辰同学的作文《有一种味道叫幸福》中的一段文字：

> 正当我打算放弃时，妈妈的话及时响起："既然决定要做，就不要打退堂鼓，遇到困难一味退缩，怎么能成功？要静下心来找原因，相信自己！"说完，妈妈又耐心地演示了几遍。"失败乃成功之母"，我暗暗鼓励自己。吸取前几次经验教训，放入的馅料不多不少，仔细将两边对折、收边，再用虎口压实，增加立体度。这次饺子没有破皮，堂堂正正地立了起来，像一个圆滚滚的金元宝，卖相喜人。我士气大增，包了一个又一个，面板上很快站满了一排排神气活现的"士兵"。望着自己的劳动果实，我的心里涌动着难以言说的喜悦和幸福。

文中对饺子的生动描写，写出作者学习包饺子时反复练习、及时调整方法后的进步，很好地突出了劳动收获的成就感、幸福感，水到渠成地揭示文章的主旨。

再如张嘉轩同学的一则观察日记：

我端起小碗，惊喜地发现，大蒜长出了较长的根！它们在水波的荡漾下，轻轻摇曳着，像一只只细嫩的小脚丫从根部伸出来。芽也长了许多，最高的有两厘米，最短的约长一厘米。有的粗，有的细，颇似一个个白胖胖的小娃娃，争先恐后地生长着。

另一碗种植偏晚的大蒜也不甘示弱，撑破了昨日的衬衫，露出了白肚皮，长出了很多小根，摸起来有些扎手。我小心地为它们更换了干净的营养水，期待它们继续苗壮成长。

文中若无对大蒜的生动细致描写，则很难体现作者观察的细心、用心，以及其可爱的童心。

作文时，穿插对事物的描写，应注意根据事物的特点和表达中心的需要采取恰当的方法。

穿插描写食物时，可以从食物的色、香、味、形等方面入手，运用修辞手法、对比、富有表现力的词语（动词、形容词、色彩词、拟声词等）、多角度多感官描写、着重细化人的感受等方法，来再现食物的特点。

穿插描写衣物时，可以从衣物的颜色、质地、形状、上身效果等方面入手，同样运用修辞手法、对比、富有表现力的词语（动词、形容词、色彩词、拟声词等）、多角度多感官描写、着重人的感受等方法，来表现衣物的特点。

穿插描写动物时，可以参照描写人物的方法。

穿插描写植物时，可以从植物的颜色、形状、气味等角度入手，运用修辞、对比、多角度多感官描写相结合、白描、动静结合、虚实结合等方法，来突出植物的特点。

三、记叙中穿插描写需注意的问题

（1）描写必须以叙述为依托。描写必须服务于文章的主题和内容，居于次要位置，而叙述要介绍事件的起因、过程、结果等，居于主要地位。

（2）不论是写人还是写景，都要抓住特点，突出重点，给人以鲜明的印象。

（3）描写要有明确的目的性，明白为什么要进行描写，有什么表达作用，且要把握适度原则，做到恰如其分。

（4）描写的内容应该和文章整体基调保持一致。

（5）叙述和描写都必须以观察为基础，特别是描写，观察更要具体细致。

四、例文展示

　　伴随着沉重的上课铃声，班主任李老师走进了教室，顿时，气氛就明显不对劲了。李老师右手拎着一大沓数学试卷，面色凝重，眉头紧皱，静静地看着我们（穿插描写李老师的动作、神态）。平时她那嘴角的那一抹平易近人的微笑，今天不知被藏到了哪里，任凭我们怎么也找寻不到。教室里的空气仿佛凝固了一样，所有同学大气都不敢出。我们忐忑不安地等待着！（穿插描写同学们的表现和教室里的环境）我握紧拳头，心里默念着："老天保佑，这次让我及格吧！"（穿插描写"我"的动作和心理活动）终于，李老师走上了讲台。她重重地放下试卷，像往常一样推了一下眼镜，目光扫射了一圈，之后，拿起面前的粉笔，转过身去（穿插描写李老师的动作）。我们继续静静地等待着。此时，教室里安静得只听见李老师手中的粉笔与黑板之间激烈斗争发出的摩擦声（穿插描写教室里的环境）。只见李老师用尽全身的力气在黑板上重重写下了四个大字——"粗心大意"。（范仕铂《课堂剪影》）

　　这段文字叙写了我们考试成绩不理想致使李老师生气的事情，记叙中穿插了对李老师的动作、神态描写，对教室里的环境描写（景物描写），对"我"的动作、心理描写，对同学们表现的描写，将李老师的"生气"表现得具体而生动，给读者以身临其境之感。

【思考与练习】

1. 记叙中穿插的描写内容和方法有哪些？
2. 记叙中穿插描写需要注意哪些问题？
3. 请在习作"有一种味道叫幸福"中穿插一两处生动形象的描写。

（江静）

记叙中穿插议论

> ◎**学习提示**
>
> 　　记叙中恰当地穿插议论，会使文章锦上添花，能引起读者的联想，激起读者的共鸣，起到画龙点睛、承上启下的作用。
>
> 　　记叙文中议论的目的都是直接点明和加深所写事物的意义，有的议论就是文章的中心，起到统领全文的作用。

　　训练"在记叙中穿插议论"，必须先了解为什么要在记叙中穿插议论，记叙文中记叙与议论的关系是什么，在记叙中穿插议论必须注意哪些问题。

一、什么叫"记叙中的议论"

　　所谓记叙文中的议论，就是作者在写人记事的同时，根据表达中心思想的需要，穿插一些精要的议论，揭示所记写的人或事的本质意义，以表明作者对所记写的人或事的认识或态度。

　　如《孔乙己》，在记叙了孔乙己遭到酒客嘲笑之后，用了一段议论："孔乙己是这样的使人快活，可是没有他，别人也便这么过。"这寥寥二十三个字，点出了孔乙己迂腐无能的性格特征，又暗示了孔乙己的悲剧性结局。这样的议论精辟深刻，帮助读者对文中人和事进行理解，起到点明主题、突出中心的作用。

　　有些同学不了解在记叙中穿插议论的作用，因而在作文中往往只是单纯地记叙，缺少必要的议论，只列现象，不做本质分析。这样的文章往往不能引发读者做深入的思考，也缺少感人的力量。我们要学习在记叙中穿插议论的写法，写出比较复杂的记叙文来。

二、"记叙中的议论"的作用

　　一般来讲，记叙中的议论主要有如下作用：第一，表达作者的观点；第二，抒发作者的情感；第三，表现人物形象；第四，深化文章的主题；第五，严密文章的结构；第六，增强文章的艺术感染力。

　　有的时候议论用得好，可以对上述这几种作用进行综合的表现。

例如，用在文末，揭示主旨。这是记叙文中运用议论最常见的一种，形式往往是写一个事件，然后在文章结尾运用议论，揭示这一事件所包含的意义、道理以及对生活的启示等。美国作家莫顿·亨特的《走一步，再走一步》就是这样：

此后，我生命中有很多时刻，面对一个遥不可及的目标，或者一个令人畏惧的情境，当我感到惊慌失措时，我都能够轻松应对——因为我回想起了很久以前悬崖上的那一课。我提醒自己不要看下面遥远的岩石，而是注意相对轻松、容易的第一小步，迈出一小步，再一小步，就这样体会每一步带来的成就感，直到达成了自己的目标。这个时候，再回头看，就会对自己走过的这段漫漫长路感到惊讶和骄傲。

再如魏巍的《谁是最可爱的人》的开篇部分：

在朝鲜的每一天，我都被一些东西感动着；我的思想感情的潮水，在放纵奔流着；它使我想把一切东西都告诉给我祖国的朋友们。但我最急于告诉你们的，是我思想感情的一段重要经历，这就是：我越来越深刻地感觉到谁是我们最可爱的人！

在结构上，总领全文，点明中心，引出下文。

三、"在记叙中穿插议论"应掌握的方法

（一）泼墨法

这是最常用的一种方法，是在文章开头或结尾处集中一大段语言文字进行议论，给人以"泼墨如雨"的感觉。

如《藤野先生》：

东京也无非是这样。上野的樱花烂熳的时节，望去确也像绯红的轻云，但花下也缺不了成群结队的"清国留学生"的速成班，头顶上盘着大辫子，顶得学生制帽的顶上高高耸起，形成一座富士山。也有解散辫子，盘得平的，除下帽来，油光可鉴，宛如小姑娘的发髻一般，还要将脖子扭几扭。实在标致极了。

段落中首句引起下文，表达了作者对"清国留学生"的厌恶和无奈之情；末句总结上文，表达讽刺之情。大段的议论，可以揭示客观事物的本质，使感性的知识上升到理性，表达作者浓烈的情感，使文章的主题更加鲜明、深刻。

（二）点示法

即用很少、很精粹、很关键的文句，或在文章的开头，或在文章的结尾，或在文章的中间（主要是在文章的结尾）"点"一下，人们往往称这一"点"为"画龙点睛之笔"。如《回忆我的母亲》的结尾是："母亲是一个平凡的人，她只是中国千百万劳动人民中的一员，但是，正是这千百万人创造了和创造着中国的历史。"又如《狼》的结句是："狼亦黠矣，而顷刻两毙，禽兽之变诈几何哉？止增笑耳。"前者表现了一种评价和赞美，后者表现一种嘲讽，显示了一种哲理。

（三）呼应法

主要表现为首尾呼应，指在记叙中穿插的议论或抒情，在文首和文末以相同或相近的内容出现，形成首尾呼应。这种方法使用熟了，也可以用于段与段之间的呼应。如朱自清先生的《背影》就是这种写法的代表：

文首：我与父亲不相见已二年余了，我最不能忘记的是他的背影。

文末：我读到此处，在晶莹的泪光中，又看见那肥胖的、青布棉袍黑布马褂的背影。唉！我不知何时再能与他相见！

儿子对父亲的感念之情，在文章前后反复强化，让人动容。这段议论与文题遥相呼应，既点了题，又表现出一种结构之美。

（四）穿插法

是以叙为主、边叙边议的方法，其笔法是在文章的一个一个的层次之中安排议论的内容。例如《白杨礼赞》《谁是最可爱的人》就是这样。《白杨礼赞》的开头、中间、结尾，反复出现对白杨树进行抒情、议论的句子，不仅使全文的结构分外严密，也不断地强化了对主题的渲染。《谁是最可爱的人》开篇便以抒情、议论表达感受，揭示中心；然后每叙述一个故事，就用抒情议论之笔，穿插一段文字；结尾安排了大段的文字，进行抒情和议论，进一步深化文章主题，激发人们的情感。

四、"在记叙中穿插议论"的具体要求

（一）议论要适当

如魏巍《我的老师》中，"今天想来，她对我的接近文学和爱好文学，是有着多么有益的影响"这一句议论，既点示了事情的意义，抒发了作者的情感，又表示一个内容层次的结束，真可谓恰到好处。

（二）议论要简洁

如梁衡《青山不老》中结尾处议论："他已经将自己的生命转化为另一种东西。他是真正与山川共存，与日月同辉了。"简洁的议论，寥寥数语即表达出世人眼中的普通农民实现了自己价值的厚实深刻的思想内容。

（三）议论要精美

如杨朔《荔枝蜜》中"我不禁一颤"这一段，语言精美，结构也精美，"对人无所求"与"给人的却是极好的东西"，"不是为自己"与"而是为人类"，"是渺小的"与"却又多么高尚"三处对比，层层深入、有情有理，对蜜蜂的奉献精神做了高度的赞美。

（四）议论要动情

如杨旭《金色的鱼钩》一文末段的议论："擦干了眼泪，我把老班长留下的鱼钩小心地包起来，放在贴身的衣兜里。我想，等革命胜利以后，一定要把它送到革命烈士纪念馆去，让我们的子子孙孙都来瞻仰它。"这一段话语重心长、情真意切，既点示了文章的主题，又抒发了"我"对忠于革命、舍己为人的老班长的崇敬与怀念之情。

五、"在记叙中穿插议论"的表达作用

记叙文中的议论，不是能够随意地、凭空地进行的，它必须切合全文的主题，服务于作者的表达意图，因而有不同的表达手法和不同的表达角度。下面列举"在记叙中穿插议论"的一些例子，以说明这些基本的表达角度。我们可以由此举一反三，进行体味、借鉴、学习，使自己能够准确、熟练地运用不同的表达角度。

（一）点示主旨

如高尔基在他的散文名篇《海燕》中满腔热情地写道："这是勇敢的海燕，在怒吼的大海上，在闪电中间，高傲地飞翔；这是胜利的预言家在叫喊：——让暴风雨来得更猛烈些吧！"这是时代的战斗的宣言，它预示着革命风暴即将来临，鼓舞人们积极行动起来，去迎接伟大的战斗，表现了一种坚强无畏的革命理想主义精神，豪情万丈、激荡人心。画龙点睛、发人深思，点明了全文的题旨。

（二）进行评价

如女儿李星华在《十六年前的回忆》中，写到法庭上看见父亲的神情"非常安定，非常沉着"时，这样评价道："他的心被一种伟大的力量占据着。这个力量就是他平日对我们讲的——他对于革命事业的信心。"这是对人物的思想境界进行评价、颂扬。

（三）突出意义

大凡高明的作者总喜欢在记叙进入高潮之后来一段精辟的议论，点明事理，突出意义，引人回味，让人慨叹。就如鲁迅在《故乡》的结尾写道："希望是本无所谓有，无所谓无的。这正如地上的路；其实地上本没有路，走的人多了，也便成了路。"这句话告诉读者，"走"是行动的象征，要追求新的生活，仅仅具有美好的意愿、崇高的理想是不够的，需要创造新的社会现实，需要无所畏惧的行动；"走的人多了"，更表明要打破旧社会、创造新社会，仅靠个别的少数人是不够的，需要许许多多人共同的努力。可谓妙笔生花。

（四）抒发情感

如鲁迅先生的《阿长与〈山海经〉》中写了阿长很多件事，也只在文末抒情道："仁厚黑暗的地母呵，愿在你怀里永安她的魂灵！"用语虽简而情甚浓，堪称画龙点睛的典范，具有动人心弦的表达效果。

（五）渲染气氛

如《最后一课》，作者都德"看见韩麦尔先生坐在椅子里，一动也不动……"时，有这样成段的议论："只要想想：四十年来，他一直在这里……可怜的人啊，现在要他跟这一切分手，叫他怎么不伤心呢？……他们明天就要永远离开这个地方了。"这段议论，渲染出一种浓浓的悲剧气氛，深情地表现了小弗郎士对老师告别家园时那种依依不舍的心情的理解和同情，有力地强化了小说的感染力量。

（六）蕴含哲理

如作家宗璞在《紫藤萝瀑布》的结尾写道："花和人都会遇到各种各样的不幸，但是生命的长河是无止境的。"这一个议论句，既点明了全文的主旨，也道出了深刻的哲理：花和人都会遇到各种各样的不幸，但是不幸终究是有限的、暂时的，而生命的长河是无止境的，我们不能被昨天的不幸压垮，应该像紫藤萝一样，以饱满的生命力和乐观积极的态度投身到生命的长河中去实现自己人生的价值。"生命的长河是无止境的"一句，闪现着理性的色彩，给人以深刻的启迪。

我们要善于联系、善于积累，在未来的学习中使我们对这方面的写作知识有更深刻、更全面的认识。

六、"在记叙中穿插议论"的几点注意

（一）在记叙中穿插议论要以记叙为基础

记叙中穿插议论，必须处理好记叙与议论的关系。议论作为一种表达方式，要与议论文中的议论区别开来。记叙文中以记叙为基础，议论是在记叙基础上的深化。以记叙为基础，把人和事写好，写得具体、生动、充分，议论才有基础，否则议论就会落空。

有学生在写《我的妈妈》一文时，简单介绍了妈妈的事例，其间穿插议论说："我的妈妈多么伟大啊！我喜欢我的妈妈！"这样的议论比较空泛，使人"倒胃"。这是因为他没有画好"龙"，叙事过于简单、平淡。妈妈"伟大"在何处？有什么值得"喜欢"的地方？这些是要通过具体的记叙来充分体现的，这样才能使人认识到文中记叙所体现的道理，才能使人觉得议论的自然贴切。

如冰心的《观舞记》，在细腻传神地记叙了卡拉玛姐妹舞蹈的全过程后写道："看了卡拉玛姐妹的舞蹈，使人深深地体会到印度的优美悠久的文化艺术：舞蹈、音乐、雕刻、图画……都如同一条条的大榕树上的树枝，枝枝下垂，入地生根。这么多树枝在大地里面息息相通，吸收着大地母亲给予它的食粮的供养，而这大地就是印度的广大人民群众。"这段穿插在文中的议论就显得有根有源，既赞美了印度悠久的历史，又告诉人们，欣赏舞蹈要结合文化背景才能领悟深层的美。

通过以上两例比较可见：记叙文中的记叙是主体，要有大量材料，议论是缘事而发的，要从具体材料中分析提炼出来。记叙文中，"叙"是"议"的基础，"议"是"叙"的深化。所以，首先要把记叙材料写好，而后再考虑穿插议论，把所记人物和事件的本质意义准确揭示出来，切忌脱离记叙而空发议论。

（二）记叙文中的议论要精练概括

在记叙中穿插的议论，要精练概括，最好是一语道破，简洁、明确，给人以鲜明印象。如西蒙诺夫的《蜡烛》末尾："这一点火焰是不会熄灭的。它将永远燃着，正像一个母亲的眼泪，正像一个儿子的英勇，那样永垂不朽。"这两句话很精练，讴歌了南斯拉夫母亲对苏联红军烈士最崇敬、热烈、诚挚的感情。

又如，吴伯箫《记一辆纺车》文末的议论："跟困难作斗争，其乐无穷。"虽然只有一句，但全文所记纺线劳动的普遍意义都集中于这十个字之中，真是言简意赅。

上述例子说明，在记叙中穿插议论，应避免滥发议论。在记叙中穿插适当的议论，往往可以使文章锦上添花，但如果使用不当，不知道记叙文是以记叙这种表达方式为主的，不知道文中的议论应是在充分记叙的基础之上有感而发的，于是随意点缀、勉强凑合，或者大发议论而又空洞无物，就是滥发议论。我们要避免滥发议论，就要注意在穿插上下功夫，做到紧扣内容、衔接自然、灵活、简洁、适度地进行记叙中的议论。

（三）记叙文中议论的穿插要灵活适当

记叙文中的议论如何安排，要根据文章内容和表达需要而定。一般有以下几种情况。

1. 先议后叙。

在文章或段落的开头议论，用以表达观点，统率要写的人、物或事件。这种写法带有抒情、叙述的意味。

例如《云南的歌会》的开头写道："云南本是个诗歌的家乡，路南和迤西歌舞早著名全国。这一回却更加丰富了我的见闻。"文章开篇议论，既点出了云南民歌的悠久传统和繁荣景象，又突出了云南民歌的精彩，还体现了全文的脉络和作者的情感。

再如，《白杨礼赞》的开头："白杨树实在是不平凡的，我赞美白杨树！"这既是议论，也是抒情。再如，《济南的冬天》的开头也是议论，但带有叙述的意味。如果一味议论，就不像记叙文的开头了。

2. 先叙后议。

先记叙人物或事件，最后议论。这样在结构上总结全文，在内容上揭示或深化主题。

《故乡》中作者在充分叙述了"我""回故乡—在故乡—离故乡"的所见所闻所感之后，末尾写道："希望是本无所谓有，无所谓无的。这正如地上的路；其实地上本没有路，走的人多了，也便成了路。"作者把希望比作路，只空有希望而不去奋斗和追求，希望便"无所谓有"，有了希望并始终不渝地去斗争和实践，希望便"无所谓无"。人们都满怀希望奋斗，就会迎来新生活。这种富有哲理的议论，使文章的主题升华到一个新的境界，增加了文章的亮色，起到鼓舞人们要有创造新生活的勇气与信心的作用。

如《一件珍贵的衬衫》，作者叙述完一件珍贵衬衫的来历后，在文末议论道："这件事已经过去四年多了……从这件小事上，我们看到的是周总理那平易近人的高贵品质，对劳动人民的深切关怀，一个伟大的无产阶级革命家的本色。"这段议论揭示了"一件珍贵的衬衫"的深刻含义，对周总理的伟大品格做了赞颂，直接点明了文章的中心。

3. 夹叙夹议。

在文章中一边叙述人和事，一边发表议论。这种情况常借助议论来组织记叙的材料，其作用是，既有助于揭示记叙内容的含义，又可以使文章脉络更清楚，结构更严谨。

《说和做——记闻一多先生言行片段》全文叙议结合，引人入胜。第一部分，开头就引用闻一多自己的话做了概述，"做了再说""做了也不一定说"。接着记叙闻一多作为学者在学术研究方面的事例。夹叙夹议，叙为全文的"血肉"，记叙人物事件，使形象丰满感人；议为全文的"骨架"，将一个个鲜明的印象连缀为有机整体。全文脉络清晰、中心突出。

再如《谁是最可爱的人》，每举一个事例后就有一段议论抒情。

4. 与抒情相结合。

记叙中的议论常与抒情结合在一起，使文章具有强烈的感染力。与抒情相结合的议论，往往不受严密的逻辑论证所约束，而是以表现作者的情怀、感染读者为宗旨。

例如，《藤野先生》中"他是最使我感激，给我鼓舞的一个"，真挚地表达了作者对藤野先生的尊敬和深切的怀念之情。文中紧接着展开议论："他的对于我的热心的希望，不倦的教诲，小而言之，是为中国，就是希望中国有新的医学；大而言之，是为学术，就是希望新的医学传到中国去。他的性格，在我的眼里和心里是伟大的，虽然他的姓名并不为许多人所知道。"这段精彩的议论是全篇的画龙点睛之笔，用抒情与议论相结合的方法，将上文对藤野先生品德的赞颂做了深入的开掘，使主题得到了升华。

再如《谁是最可爱的人》以记叙三个小故事为主，其间过渡和文章结尾运用了议论与抒情的语言。第 14 段，三个故事叙述完后，文中写道：

朋友们，用不着多举例，你已经可以了解我们的战士是怎样一种人，这种人有一种什么品质，他们的灵魂多么的美丽和宽广。他们是历史上、世界上第一流的战士，第一流的人！他们是世界上一切伟大人民的优秀之花！是我们值得骄傲的祖国之花！

这里就中国人民志愿军的品质、灵魂集中进行了议论抒情，既突出了中心，又强烈抒发了对中国人民志愿军的热爱敬仰之情，激起了读者的共鸣。

七、叙议结合美文欣赏

（一）帝王蛾的故事

佚　名

在蛾子的世界里，有一种蛾子名叫"帝王蛾"。以"帝王"来命名一只蛾子，你也许会说，这未免太夸张了吧？不错，如若它仅仅是以其长达几十厘米的双翼赢得了这样的名号，那的确是有夸张之嫌；但是，当你知道了它是怎样冲破命运的苛刻设定，艰难地走出恒久的死寂，从而拥有飞翔的快乐时，你就一定会觉得那一顶"帝王"的冠冕真的是非它莫属。

帝王蛾的幼虫时期是在一个洞口极其狭小的茧中度过的。当它的生命要发生质的飞跃时，这天定的狭小通道对它来讲无疑成了鬼门关。那娇嫩的身躯必须拼尽全力才可以破茧而出。太多太多的幼虫在往外冲杀的时候力竭身亡，不幸成了"飞翔"这个词的悲壮祭品。

有人怀了悲悯恻隐之心，企图将那幼虫的生命通道修得宽阔一些。他们拿来剪刀，把茧子的洞口剪大。这样一来，茧中的幼虫不必费多大的力气，轻易就从那个牢笼里钻了出来。但是，所有因得到了救助而见到天日的蛾子都不是真正的"帝王蛾"——它们无论如何也飞不起来，只能拖着丧失了飞翔功能的累赘的双翅在地上笨拙地爬行！原来，那"鬼门关"般的狭小茧洞恰是帮助帝王蛾幼虫两翼成长的关键所在，穿越的时候，通过用力挤压，血液才能顺利送到蛾翼的组织中去；唯有两翼充血，帝王蛾才能振翅飞翔。人为地将茧洞剪大，蛾子的翼翅就失去充血的机会，生出来的帝王蛾便永远与飞翔绝缘。没有谁能够施舍给帝王蛾一双奋飞的翅膀。

成功人士的人生际遇，如同帝王蛾一般。我们不指望能成为统辖他人的帝王，但是我们完全可以做自己的帝王！古往今来，有多少仁人志士，不惧怕独自穿越狭长的隧道，不指望怜悯的双手送来廉价的资助，将血肉之躯铸成一支英勇无畏的箭镞，带着呼啸的风声，携着永不坠落的梦想，拼尽全力去穿越那命运设置的重重险阻，义无反顾地射向寥廓美丽的长天，从而成就了自己的"帝王"梦想，成为世人景仰的楷模，千古传颂的佳话。

我们不能成为统辖他人的帝王，但我们完全可以做自己的帝王！我们每个人的一生不都是这样吗？当我们遇到环境恶劣的时候，当我们感叹没有遇到好的机遇的时候，事实上不就是在困难面前、在狭窄的隧道里艰难地穿行吗？假如能够战胜困难，假如能够勇敢面对，不就可以胜利穿越它而享受到那美丽的飞行吗？但是，现实中，我们常常听到很多抱怨，抱怨没有个好环境，抱怨没有遇到明君，抱怨"千里马常有，而伯乐不常有"，抱怨为什么机会总是降临在他人头上，抱怨生活的条件差。当我们满腹怨言时，我们自己在做什么？谁会给我们一双高飞的翅膀？谁也不会，只有我们自己！

【阅读手记】

这是一篇典型的叙议结合的美文。文章记叙了帝王蛾生命成长的历程，描绘了它们通过鬼门关的艰难情景，清楚地揭示了帝王蛾能够成为蛾之帝王的真正原因，并由此展开联想，想到了成功人士的人生际遇，同样要经过许许多多的磨难，"劳其筋骨，饿其体肤，空乏其身"，最后方能成就自己的"帝王"梦想，成为世人景仰的楷模、千古传颂的佳话。在此基础上，作者再展开议论，告诉了我们一个人生的哲理：每个人在人生的路途上都会遇到许多的困难和挫折，遭受许多的不幸与痛苦，唯有靠自己，方能做自己的帝王，去拥有一个灿烂辉煌的人生！

（二）常想一二
林清玄

朋友买来纸笔砚台，请我题几个字让它挂在新居客厅补壁。

这使我感到有些为难，因为我自知字写得不好看，何况已经有很多年没写书法了。

朋友说："怕什么？挂你的字我感到很光荣，我都不怕了，你怕什么？"

我便在朋友面前展纸、磨墨，写了四个字："常想一二。"

朋友说："这是什么意思？"

我说："意思是说我字写得不好，你看到这幅字，请多多包涵，多想一二件我的好处，就原谅我了。"

看到我玩笑的态度，朋友说："讲正经的，到底是什么意思？"

"俗语说：'人生不如意事十常八九。'我们生命里面不如意的事占了绝大部分，因此，活着本身是痛苦的。但扣除八九成的不如意，至少还有一二成是如意的、快乐的、欣慰的事情，我们如果要过快乐人生，就要常想那一二成好事，这样就会感到庆幸、懂得珍惜，不致被八九成的不如意所打倒了。"

朋友听了，非常欢喜，抱着"常想一二"回家了。

几个月之后，他来探视我，又来向我求字，说是："每天在办公室里劳累受气，一回家之后看见那幅'常想一二'就很开心，但是墙壁太大，字显得太小，你再写几个字吧！"

对于好朋友，我一向有求必应，于是为"常想一二"写了下联"不思八九"，上面又写了"如意"的横批，中间随手画一幅写意的莲花。

没想到过了几个月，我再婚的消息披露报端，引起许多离奇的传说与流言的困扰，朋友有一天打电话来，说他正坐在客厅我写的字前面，他说："想不出什么话来安慰你，念你自己写的字给你听：常想一二、不思八九，事事如意。"

接到朋友的电话使我很感动，我常觉得在别人的喜庆锦上添花容易，在别人的苦难里雪中送炭却很困难，那种比例，大约也是八九与一二之比。不能雪中送炭的不是真朋友，当然更甭说那些落井下石的人了。不过，一个人到了四十岁后，在生活中大概都锻炼出宠辱不惊的本事，也不会在乎锦上添花、雪中送炭或落井下石了。那是因为我们已经历过生命的痛苦与挫折，也经历过了许多情感的相逢与离散，慢慢地寻索出生命中积极的、快乐的、正向的观想，这种观想，正是"常想一二"的观想。

常想一二的观想，乃是在重重乌云中寻觅一丝黎明的曙光，乃是在滚滚红尘中开启一些宁静的消息，乃是在濒临窒息时，有一次深长的呼吸。生命已经够苦了，如果我们把几年的不如意事总和起来，一定会使我们举步维艰。生活与感情陷入苦境，有时是无可奈何的，但是如果连思想和心情都陷入苦境，那就是自讨苦吃，苦上加苦了。在波涛汹涌的海上航行，我早已学会面对苦境的方法。

我总是想：从前万般的折磨我都能苦中作乐，眼下的些许苦难自然能逆来顺受了。

我从小喜欢阅读大人物的传记和回忆录，慢慢归纳出一个公式：凡是大人物都是受苦受难的，他们的生命几乎就是"人生不如意事十常八九"的真实证言，但他们在面对苦难时也都能保持正向的思考，能"常想一二"，最后他们超越苦难，苦难便化成生命中最肥沃的养料，是为了他们开启莲花所准备的。

使我深受感动的不是他们的苦难，因为苦难到处都有，使我感动的是：他们面对苦难时的坚持、乐观与勇气。原来如意或不如意，并不是决定于人生的际遇，而是取决于思想的瞬间。

原来，决定生命品质的不是八九，而是一二。

【阅读手记】

"常想一二"，多么精妙的论断！文章起笔以朋友求字的故事引出下文，之后以自己的境遇正接反起，突出了"常想一二"之妙用。转而用名人成才的公式深化了"常想一二"之于人的重要性，最后合而为一，总结全文："决定生命品质的不是八九，而是一二。"叙议之间，水乳交融。作家自己的故事让人感动，他率真的议论更是为我们拨开了生命的迷雾。

【思考与练习】

1. 问答题

（1）记叙中穿插议论的方法有哪些？

（2）记叙中穿插议论要注意些什么？

2. 实际运用

（1）请看下面一段文字。

　　朱老师经常给我们讲科学家的故事：著名的科学家科尔怎样利用三年中所有的星期天证出了 200 多年来无人攻克的难题；发明家爱迪生怎样刻苦钻研，废寝忘食，一共有 1300 多项发明；诺贝尔怎样舍生忘死地试制炸药；居里夫人怎样被放射性元素夺去了健康……他讲伽利略、牛顿、爱因斯坦，他讲华罗庚、陈景润、李四光……

在这段叙述之后有这样三段议论，请选出最恰当的一段（　　　　）

①他了解得是那么多，知识是那么渊博，讲得是那么生动，科学家的精神实在是太感人了。

②老师在教育我们，从小要立志，要向科学家学习，努力攀登科学高峰，将来为"四化"建设做出贡献。

③为了科学的发展、人类的进步，他们甘愿牺牲个人的一切。老师在告诉我们：要这样对待事物，要这样对待工作，要这样看待生命的价值，做无愧于时代的有志青年。

（2）阅读例文，该文选取了哪些材料？画出议论抒情的句子，并指出中心思想。

美好生活的剪影

　　随着清脆的"咔嚓"声，一个美好的场景被摄入镜头，多彩的生活被浓缩在方寸之间。摄影，是我课余生活的爱好。

　　星期天，我提着相机漫步在街头。"闲庭信步"的老人，青春焕发的少女，天真活泼的儿童……构成一幅幅和谐美好的画面。我照些什么呢？雄伟的建筑，鲜艳的花朵，的确美好，但构思并不新颖。

　　啊，有了！"咔嚓"一声脆响。你猜猜我摄下了什么？手，新华书店科技书柜前，那无数双拿着书、抱着书、举着书的手。纤细的、粗壮的、粉嫩的、被阳光晒成古铜色的……当这个情景出现在眼前时，我就感觉到有一种力量推动着我。这些手仅仅是在拿着书吗？

不，它们是在摘取打开知识宝库的金钥匙。多么令人感动！看到这无数双手，你就能自然联想到手的主人那一张张含着微笑的脸了，那是多么愉快的微笑。

"咔嚓"，又摄下了什么？脚，图书馆前等待开门的许许多多双脚。穿球鞋的、穿布鞋的、穿皮鞋的、穿凉鞋的，还有挂着手杖和双拐的……看着他们，我热血沸腾了！这不是在踌躇、在徘徊的脚，而是在奔跑、在攀登的脚，在人类前进的历史上留下了坚实印迹的脚。多么令人振奋！看到它们，你就能联想到它们的主人那一张张含着谦逊的微笑的脸。那微笑，也一定含着奋进者令人陶醉的满足。

"咔嚓"，这次摄下的就是一张张笑脸了。下班职工舒心的微笑，接待友人的真诚的微笑，看到成果的欣慰的微笑，父母亲们亲密的微笑，老师们慈祥的微笑……

拍下这一组照片，我也满意地笑了。生活多么美好啊！我的作品中，那隐含的微笑，那展现的微笑，那随处可见的微笑，时时激励着我，鼓舞着我。我看到了一个广阔美丽的世界，它充满了对生活的爱，充满了对未来的憧憬，充满了对美好事物的追求。

你想看看这些精彩镜头吗？你的身边就有。

【评析】

此文以"美好生活的剪影"为题，展示了三幅剪影：手——书店科技书柜前看书购书的各具特色的手；脚——图书馆前等待开门的人的形形色色的脚；脸——生活中处处可见的笑脸。这三幅剪影反映了人们对知识的渴望，对未来的追求，对生活的热爱。文章的选材既能扣住题目中心，又能不落俗套，构思新颖，视角独特；语言生动、流畅、简洁，堪称佳文。

（3）片段训练一

材料是为表现中心服务的，而人们常常在记叙了有关的人或事之后于篇末点明中心。阅读下面一则短文，补写出老师的话来明确短文的中心。

从上生理课的第一天开始，黑板的左上角就挂有人体解剖图，上面标有重要骨骼肌肉的名称和部位。整整半个学期，那幅解剖图一直挂在那里，不过老师从来没有提起它。

生理卫生课举行测验。同学们一进教室，就看见黑板被擦得干干净净的，那幅图已经不见了。黑板上写了一道试题："写出人体主要骨骼的名称和部位。"全班同学异口同声地说："我们没学过这个！"

"这不是理由！"老师说，"那些知识已经挂在黑板上好几个月了。"大家没办法，只好勉强地答了一些，有的同学甚至交了白卷。

这时，只见老师收起全班的试卷，非常严肃地说了一番话：

"＿＿＿＿＿＿＿"

（4）片段训练二

给下面一段文字补上恰当的议论或抒情。

离别的情思

最后几分钟到了，教室里气氛庄重。老师站在黑板前，等待那宣布我们初中三年学习生活结束的铃声。他炯炯的目光里充满着希望、叮嘱、告诫，还有爱……在一阵铃声中，同学们目送老师走出教室……

难道我就从此离开这座位，走出这教室，告别母校了吗？我出神地坐着，目光落在书桌正中那一行用钢笔写着的小字上。虽然模糊不清了，但我却能辨认得出："对酒当歌，人生几何？"那是在初二第一节"平面几何"课上，老师说平面几何是古埃及最先创立的。一下课，我就用曹操的这句诗向老师说明"几何"是中国最先开创的。还没等我说完，老师就忍不住笑了起来，他笑得那么爽朗，眼睛眯成了一条线。在这之后，老师和我进行了一次长谈，他给我讲解了这首诗，告诉了我两个深刻的道理：凡事不能不懂装懂；真正的民族自尊心不是排挤、贬低其他民族，而是努力赶超！这件事至今我记忆犹新。

我回过神来时，发现同学们都陆续走了。我拿来了抹布，擦去了那行字，擦净了桌子，可那字迹却在我心上永不消失，叫我惭愧，催我奋起！

时间在沉思中流逝，走廊里悄无一人，显得分外长。夕阳的余晖从窗外斜射进来，地面反射出一片金黄。

操场变得空荡荡，以往它好像没有这么大，却容得下我们所有的欢乐；而今它即使再大些，也装不下我的离愁别绪。跑道也变得温柔可亲了，可往日里，我曾"憎恶"过它。

那是在一节体育课上，我艰难地跑着，跑道似乎变得那样崎岖不平，长得几乎没有尽头。我的步子迈得越来越小，终于喘着气想停下来。这时，体育老师向我跑来，瞪起眼睛，挥舞着右手，对着我大声叫喊："跑下去！"我重新振作起来，努力加快步伐，可委屈的眼泪却溢出了眼眶。如今回想起来，眼睛又一次湿润了。

正是那位那么"凶"的体育老师和那么"可恶"的跑道，使我的身体这样健康、壮实！

阅览室的门已关闭了，透过明亮的窗户，可以看到在一排排的书架上放着各种杂志，它们似乎如同往日一样，还在静静地等待着我去阅读。

办公室里已经没有一位老师了，窗前的夹竹桃开出粉红色、白色的花。透过花和叶的缝隙，依稀又见那一天的情景：老师把我叫到办公室，给我讲解了前几天我来请教的那道题，一共讲了四种解法。桌上的几张纸，满是用红、蓝笔打的草稿。我的心热了，直到现在，还是那样温暖。

校门口的"映松池"在喷着水，细细的水珠落在金鱼嬉戏的池面上。清晰的池水倒映着近旁的一棵松树。这棵苍劲的松树，充溢着青春的朝气。

这里的一切都使我难以舍弃，使我更憧憬重新回到这里的那一天。到那时，我一定会带着对母校深沉的思念和献给母校的荣誉回来！

（许俊英）

记叙中穿插抒情

◎**学习提示**

　　记叙文的表现手法多是记叙和描写，往往综合运用说明、议论和抒情。

　　文章不是无情物，"字字句句总关情"。文章的字里行间总得包含作者的主观爱憎。而文章的教育意义固然取决于生活本身所固有的意义，但更取决于作者在反映事物的过程中所抒发的感情和对事物所作的评价。这种在记叙描写的过程中渗透作者的褒贬感受就是抒情。在记叙中穿插抒情能够表情达意，深化主旨，感染读者，使文章由平淡走向神奇，尺水兴波，粲然生色。

　　记叙文中的抒情是作者在记叙过程中对所记叙的人和事抒发感情。这种感情，有时渗透在文章的字里行间，有时在叙述和描写的基础上直接抒发。抒情的具体方式包括直接抒情和间接抒情。

　　所谓直接抒情，又叫作"直抒胸臆"，是指在记叙、描写的基础上，在感情达到炽热的程度时，便直截了当地把内心强烈的感情抒发、倾吐出来。它表现在记叙文中有时是一个语段，有时是单独存在的自然段。不必借助任何"附着物"，不讲究含蓄委婉，直接表白和倾吐自己的思想情感，显得坦率、诚恳、不造作，容易打动人心。一篇文章如果能做到感情浓郁、真诚恳切，往往就能引起读者的共鸣，增强文章的感染力与吸引力。如李白《梦游天姥吟留别》的中心句："安能摧眉折腰事权贵，使我不得开心颜。"作者在叙事描写的基础上，以火山喷发般的激情，大声疾呼，抒发了自己不与统治者同流合污的思想感情。

　　间接抒情就是在叙述、议论、描写中隐含着作者的某种情感，凭借所描述的人、事、景、物来传情达意。第一，最常见的间接抒情方法是因事缘情。典型的例子是《背影》中四次写到"眼泪"，反复深入地表达了"我"对父亲的挚爱。综观通篇内容，字里行间并未直陈父爱子、子念父的拳拳深情，而是通过多次流"泪"，表达了"我"内疚、忏悔和叹惜的心情，寄托了"我"对父亲的强烈思念，真挚感人。第二，借景抒情。"一切景语皆情语"，将感情融会在特定的自然景物或生活场景中，借对这些自然景物或场景的描摹刻画抒发感情，是一种间接而含蓄的抒情方式。例如《故乡》的开头部分描写回乡途中的景物："苍黄的天底下，远近横着几个萧索的荒村，没有一些活气。"这些景物衬托了"我"的悲凉心情。第三，托物言志。也叫咏物抒怀，常常借助所咏事物的一些特性，来寄托、传达作者的志向、抱负和操守等。例如："那是力争上游的一种树，笔直的干，笔直的枝……参天耸立，不折不挠，对抗着西北风。"《白杨礼赞》以西北黄土高原上"参天耸立，不折不挠，对抗着西北风"的白杨树，象征坚韧、勤劳的北方农民，歌颂了他们在民族解放斗争中的朴实、坚强和力求上进的精神，形象鲜明、立意高远。好的间接抒情能引起读者的强烈共鸣，具有打动人心的力量。

在记叙文中适当地抒情议论可以起到深化主题、感染读者的作用。《谁是最可爱的人》一文中那贯穿于记叙之中的发自肺腑的抒情议论就曾征服了几代人的心。记叙文中的抒情与议论常常结合在一起，它的感染力取决于作者的真挚情感和写作技巧。在记叙文中适当地安排一些抒情议论，既有助于揭示记叙内容的含义，又可以使文章的脉络更清楚，结构更严谨，这类抒情议论一般穿插于段与段之间。

在记叙文中穿插抒情必须注意几点：首先，切忌本末倒置。以记叙为主的写作自然侧重叙述，抒情宜穿插其间，不可本末倒置。记叙为主，其他为辅。记叙是画龙，其他则是点睛添彩之笔。若抒情太多喧宾夺主，文章的记叙和描写太少，文章则言之无物，抒情也变成了空中楼阁，无本之木，空洞乏味，有情变成了"无情"。其次，抒情要基于事、物，应当有感而发、有感而作，都建立在记叙的基础上，不要为抒情而抒情，无病呻吟，生拉硬拽，破坏了文章的和谐。最后，要与记叙灵活相融。与记叙灵活相融的抒情，让我们的文章更深刻、更雅致、更富有感染力，展示更宽阔的阅读视野和更深厚的文化积淀，根据文章需要将客观景观人格化、生命化，使之富有人情味，富有生命的张力，力求做到不突兀、不生硬、不虚假，使读者有水到渠成之感，有情真意切之感；反之，则牵强附会，空洞乏味。

【思考与练习】

1. 抒情的方式有几种？

2. 抒情的作用是什么？

（于景苗）

记叙、描写、议论、抒情、说明的综合运用

◎学习提示

记叙、描写、说明、议论、抒情是写作中最基本的表达方式。在写作中为了反映复杂的客观事物，为了避免文章的平铺直叙，一篇文章中往往以一种表达方式为主、其他表达方式为辅，综合运用多种表达方式。

一、表达方式的分类及作用

就文章的写作方法而言，主要有五种表达法：记叙、说明、议论、抒情、描写。

（一）**记叙**——写作中最基本、最常见的一种表达方式，它是作者对人物的经历和事件的发展变化过程以及场景、空间的转换所作的叙说和交代，在叙事文章中应用较为广泛。

（二）**说明**——写作中用简明扼要的文字，把事物的形状、性质、特征、成因、关系、功用等解说清楚的表达方式。这种被解说的对象，有的是实体的事物，如山川、江河、植物、文具、建筑、器物等；有的是抽象的道理，如思想、意识、修养、观点、概念、原理、技术等。

（三）**议论**——写作中作者对某个议论对象发表见解，以表明自己的观点和态度。通过讲事实、说道理等方法对人物或事情发表自己的观点、看法，通常带有较强的主观色彩。它的作用在于使文章鲜明、深刻，具有较强的哲理性和理论深度。在议论文中，它是主要表达方式；在一般记叙文、说明文或文学作品中，也常被当作辅助表达手段。

（四）**抒情**——写作中抒发和表现作者的感情。具体指以形式化的话语组织，象征性地表现个人内心情感的一类文学活动，它与叙事相对，具有主观性、个性化和诗意化等特征。作为一种特殊的文学反映方式，抒情主要反映社会生活的精神方面，并通过在意识中对现实的审美改造，达到心灵的自由。抒情是个性与社会性的辩证统一，也是情感释放与情感构造、审美创造的辩证统一。它是抒情文体中的主要表达方式，在一般的文学作品和记叙文中，也常常把它作为重要的辅助表达手段。

（五）**描写**——写作中把描写对象的状貌、情态描绘出来（包括心理描写、语言描写、动作描写、神态描写、外貌描写、细节描写、环境描写、场面描写等），再现给读者的一种表达方式。用生动形象的语言把人物的形态、动作或景物的状态等具体特征描绘出来。一般分为人物描写和景物描写。它是记叙文，特别是文学创作中的主要表达方式之一。在一般的抒情、议论、说明文中，

有时也把它作为一种辅助手段。描写的手法运用得好，能逼真传神、生动形象，使读者如见其人、如闻其声、如临其境，从中受到强烈的艺术感染。

我们通过示例一朵花，来看看各种表达方式的不同。

记叙：悬崖上，夹缝中，有一朵小花。孤零零的，没有一个伴。

描写：清风吹来，雪白的花瓣、淡黄色的花蕊连着淡绿色的细枝轻轻颤抖，像一个多愁善感的孤女在偷偷地哭泣。

抒情：小花啊，你为什么哭泣，为什么流泪？可是思念远方的亲人，还是伤心自己惨淡的身世？

议论：不要哭泣，不要流泪。你虽没有牡丹的高贵，但你有自己的典雅；你虽没有夜来香浓郁的芬芳，但你有淡淡的清香；你虽没有栽插在镶金边的花盆中，生长在温暖的花房里，但你扎根大地，吮吸着天地之精华，分享着万物的灵气；更重要的是，你有着自身宝贵的顽强的生命力。

说明：这是一朵朴实无华的孤独的小花。

二、表达方式与文章体裁的关系

表达方式跟文章体裁关系密切，但二者并非同一概念。体裁指的是文章的格局和体制，一种格局和体制只能受一种表达方式的制约。例如，记叙文要受记叙这种表达方式的制约，要交代记叙的"六要素"，要按时间、空间的变化安排记叙的顺序；议论文要受议论这种表达方式的制约，论点要鲜明，论据要充足，还要有一个合理而清晰的论证过程，这些都是不能改变的。但是，在格局或体制不变的条件下，不仅不排斥其他表达方式，而且经常借助乃至依靠它们来丰富或加深文章的内容，使文章显得绚丽多彩，对读者也具有更大的吸引力。正因为如此，以一种表达方式为主而兼用其他表达方式，几乎成了各类体裁文章的共同现象，许多好文章也都是这样写出来的，这种写法很值得我们学习。如果在初写作文时强行规定某一体裁，学生不但难以成文，反而更增添反感情绪，想描写的，想抒发的，想高谈阔论的，每每不能尽兴。

三、多种表达方式的运用应注意的几个问题

（一）要用得自然

兼用的表达方式之于主要的表达方式，如同枝叶之于树干，都是自然地从它上面生长出来的，不能为兼用而兼用。例如鲁迅的《藤野先生》，主要的表达方式是记叙，但文中不乏描写、议论和抒情。在叙完日本"爱国青年"污蔑作者得了教员泄露出来的试题一事后，有这样一段文字：

中国是弱国，所以中国人当然是低能儿，分数在六十分以上，便不是自己的能力了：也无怪他们疑惑。

这是鲁迅的悲愤语，简短而又深刻。它又是议论性的，用的是演绎推理法，大前提是"低能儿考试必定不及格"，上面的话即据此推出。这当然不是鲁迅的本意，而是为了揭露日本"爱国青年"们的丑恶灵魂，用这种议论方式结束上述事件的叙述，显得非常自然。这篇文章的最后三段则属抒情。因为上文已将作者跟藤野先生交往的全过程叙完，即使不再说什么，读者也能看出藤野先生人格的伟大。但是作者抑制不住自己的感情，又以别后琐事为依托，抒发了自己对藤野先生由衷的敬仰和深刻的怀念。这三段文字如泉水出谷终归于海，也是极为自然的。

（二）要用得灵活

主要的表达方式跟其他表达方式的结合使用要有灵活性，不能采取单一的模式。在议论文中兼用记叙尤其要注意这一点，不能把"观点＋事例"搞成固定不变的模式，要用灵活多变的方式使叙述和议论达到自然地结合。例如《说和做——记闻一多先生言行片段》文章中对作为"学者的方面"，作者只选取了写作《唐诗杂论》《楚辞校补》《古典新义》三本书的情形加以表现；对作为"革命家的方面"，则选取起稿政治传单、群众大会演说、参加游行示威这三件事作为例证。闻一多先生一生经历复杂，著作等身，能够记述的事多之又多。作者只从大量材料中选取了这六件事，就差不多把闻一多先生严谨刻苦的治学态度、无私无畏的斗争精神、澎湃执着的爱国热情、言行一致的高尚人格，都表现出来了。文章不仅描写的语言是形象的，叙述和议论的语言也是形象的。例如，"他正向古代典籍钻探"一句，本来是叙述语言，无非是讲闻一多正在研究古代典籍，但作者不用"研究"一词，而精心地选用了"钻探"，这就包含了比喻，既形象，含义也更丰富了。同时句式也变成"向……钻探"，叙述由静态变成动态，给人的印象不再是客观介绍，而是热情地赞扬了。此外，如"吃尽""消化尽""炯炯目光……远射……""赫然而出""向……迈进了""起先，小声说""向……呼喊""警报迭起"，等等。叙述语言和议论语言的形象化，使文章生动，富于感染力。这样的表达方式组合自然灵活，值得我们学习。

（三）要用得巧妙

所谓巧妙，就妙在使读者在不知不觉中接受作者的意图。这种情况在抒情文章中比较常见，因为作者的感情不能仅仅靠用"喜""怒""哀""乐"一类字眼来表示，还必须借助于对人、事、物的表述，才能把这样的感情具体化，这就意味着记叙、说明、议论这三种表达方式都能在抒情文中找到自己的位置；而在读者这一面，每到这些地方往往觉得作者是在谈天说地，读得津津有味，却不知在情绪上早已受了感染，待到读完全文，才醒悟原来这是作者有意的安排。例如，茅盾的《白杨礼赞》，就是以抒情为主而又兼用了记叙、说明和议论的。第一段和最后一段是抒情，抒发对白杨树的赞美和崇敬之情。例如："白杨树实在是不平凡的，我赞美白杨树！"直截了当地抒发情感。中间几段通过描写、抒情和议论相结合的手法，分别从三个方面分说了白杨树的"不平凡"。通过礼赞白杨树，表达了作者对北方抗战军民的赞扬。

四、通过多种表达方式的综合运用提高作文水平

（一）临摹精彩丰富的描写

作文时，同学们之所以总是嫌老师规定的字数太多，原因就在于不善于展开话题，不会做具体的描写。针对这一情况，可以选取教材中描写精彩的语段，和同学们一起分析作者是从哪些方面、按照什么顺序加以描写的，多角度地描写才能使文章内容更丰富，也才能让读者有身临其境之感。

如鲁迅的《从百草园到三味书屋》中第二段的景物描写为什么能如此多姿多彩？因为本段动用了视觉、听觉、触觉、味觉等多种感觉器官，运用了排比、拟人、比喻等修辞手法，并且有动景有静景，同时还注意描写的顺序：由低到高再到低、由植物到动物再到植物、由静景到动景再到静景、由春到夏再到秋。所以，多种修辞的运用、多种感觉器官的参与、多种表现手法的有机结合、多角度地描写才能把景物写得有声有色，使人仿佛亲眼所见一般。

《故乡》中，鲁迅对杨二嫂和成年闰土都有令人难以忘怀的描写。共同研读这些描写会让学生了解，要想把人物写活，就必须抓住人物独特的、富有个性的语言，人物所说的话必须符合人物的性格、年龄、身份、地位、文化程度及当时当地的具体环境等。如描写成年闰土时，那一句"老爷……"，入木三分地刻画出了闰土二十年来在兵、匪、官、税、多子等各种生活重压下，已失去了少年时的灵性，甚至变得迟钝、麻木的老农民形象；二十年后的杨二嫂，那尖利刻薄的语言，活化出了一个尖酸刻薄、自私、粗俗的小市民的丑恶嘴脸。描写人物时，也要注意人物细微的动作，并以此表现人物微妙而丰富的内心世界。如成年闰土内心痛苦无奈地只是摇头又无法言说的辛酸；而"两手搭在髀间……正像一个画图仪器里细脚伶仃的圆规"形象地表现了杨二嫂粗俗、无所顾忌的性格特征。可见，只要能抓住人物富有特征的语言、动作加以准确的描写，所写人物自然会地跃然纸上。

（二）学习选取新颖独特的表现角度

契诃夫在给青年的信中告诫说："你忙着描写人物的脸……这又是老一套，这样的描写是可以省掉的。五张描写得很详细的脸，会使读者的注意力疲劳。"而通过独特的视角透析人物，解读社会生活，会给读者耳目一新的感觉。如朱自清的《背影》，作者选取了父亲那并不美丽，甚至也不够强大的背影，却传达出了父亲那深沉得令人潸然泪下的爱子真情。朱自清的散文是十分注重"眼"的安设的，并且充分地使之成为构思的"焦点"，这也成为将作品的思想与艺术辩证统一起来的"凝光点"。《背影》一开篇就"揭全文之旨"："我与父亲不相见已二年余了，我最不能忘记的是他的背影。"首先是由远及近，回叙父子奔丧时的相聚，细数父爱的种种表现，定下深情怀念的基调。接下来写父亲"终于不放心"，亲自"送我上车"的情景，

初步揭示了父对子的挚爱之情。这些简练的叙述，为即将推到面前的"背影"做了必要的铺垫和蓄势。再接着对父亲买橘子的"背影"集中描写渲染，一方面描写父亲行动的艰难，真切地表现父对子的深情关怀；另一方面突出"我"的动情，表现了父对子的感激思念。最后概述父亲老境的凄凉颓唐及始终惦念儿孙的厚爱，并通过读信时的心境描写，让"背影"第四次出现，首尾呼应、感情回荡。

（三）学习恰当而精到的议论抒情

记叙文以记叙和描写为主，但也少不了恰当而精到的议论抒情之笔，这些议论抒情总是恰到好处地揭示事件的意义，点明中心、深化主题，甚至有些议论抒情本身就是文章的主题。因此学会在记叙文中恰到好处地议论抒情，也是提高中学生作文水平的一个重要方面。要想学会在记叙文中画龙点睛地议论抒情，首先，就要明白议论抒情在记叙文中的重要性；其次也是最为关键的，就是要通过对教材中运用精妙的议论抒情语句的分析，学好怎样议论，如何抒情。

臧克家的《说和做——记闻一多先生言行片段》实际上是以议论抒情来结构文章的。第一段、第二段是第一部分叙述的纲领，第七段是第一部分的总结，这两处都是议论。第八段、第九段两段是第二部分的纲，最后一段则是第二部分，也是全文的总结，这两处也都是议论。文章多次用到照应，有首尾照应，有行文前后的多次照应，有行文与题目的照应。多种方式的照应，使文章的结构严谨，而且增强了文章的感染力，而所有这些照应，又几乎全是议论。由此可见议论在本文中的重要作用。《福楼拜家的星期天》描写左拉不太爱说话，沉默寡言，但是坚毅聪慧。

在对左拉的肖像描写中有这样一句话："他的头……虽然不漂亮，但表现出他的聪慧和坚强性格。"我们平时随便看一个人，是不能通过他的头看出他是聪慧还是愚蠢、坚强还是软弱，这都不是一眼就能直接看出来的，因此作者的这种肖像描写已不是纯粹的客观描写，而是用议论来发表自己的主观感受，并把自己对左拉的敬佩之情融入其中。纯客观的自然描写就只能是"肥胖的脸，近视眼"，而在描写中插入议论抒情，能把人物的性格特点表现得更加鲜明，给读者留下深刻的印象。

总之，在学习教材中临摹精彩丰富的描写，学习选取新颖独特的表现角度，学习恰当而精到的议论抒情，从而学会多角度地观察、多种描写方法的综合运用，学会发现人物独有的语言、习惯性的动作，把握人物微妙的心理活动，并且能够学会多种表达方法的有机结合。我们平日练习写各种体裁的文章，也要在用好它们的主要表达方式的同时，尝试兼用其他表达方式，力求用得自然、灵活、巧妙，给文章增添一点光彩。

【思考与练习】

1. 什么是记叙、抒情、议论、描写?

2. 文章体裁与表达方式之间有什么内在关系?

3. 多种表达方式综合运用时应该注意哪些问题?

（施冬妮）

第8单元

怎样写好议论文

◎**学习提示**

　　议论文是常见的文体之一，了解什么是议论文及其三要素，掌握常用议论方法，学习怎样分三步写好议论文。

一、什么是议论文

　　议论文，又叫说理文，是一种剖析事理、论述事理、发表意见、提出主张的文体。它往往对某个问题或某件事进行分析、评论，来表明自己的观点、立场、态度、看法和主张。这类文章或从正面提出某种见解、主张，或是驳斥别人的错误观点，在生活中的应用非常广泛，新闻报刊中的评论、杂文或日常生活中的感想等，都属于议论文的范畴。

　　议论文以议论为主要表达方式，通过摆事实、讲道理，直接表达作者的观点和主张。它不同于以形象生动的记叙来间接地表达作者的思想感情的记叙文，也不同于侧重介绍或解释事物的形状、性质、成因、功能等的说明文。总之，议论文是以理服人，记叙文是以情感人，说明文是以知授人。

　　在议论文中，作者通过摆事实、讲道理，来确定某种观点正确或错误，树立或否定某种主张，因此议论文具有观点明确、论据充分、语言精练、论证合理、有严密的逻辑性的特点。

二、议论文的三要素

　　议论文有三要素，即论点、论据和论证。议论文应该观点明确、论据充分、语言精练、论证合理、有严密的逻辑性。

比如：

坚持就是胜利

人们都想在事业或学业上有所成就，但是，只有一部分人取得了胜利，而相当一部分人却陷入失败的苦痛之中。这是为什么呢？

俗语说"功到自然成"。按理说那些失败者完全可以尝到胜利的喜悦，但他们往往缺少一种胜利的必要条件，那就是坚持。这就是他们失败的原因。上边的俗语中所提到的"功到"，其中已经隐含了"坚持"的意思。可见，一个人要想取得学业上或事业上的成功，除了个人的努力之外，坚持也是实现这一目标的重要条件。

英国著名作家狄更斯平时很注意观察生活、体验生活，不管刮风下雨，每天都坚持到街头去观察、谛听，记下行人的零言碎语，积累了丰富的生活资料。这样，他才在《大卫·科波菲尔》中写下精彩的人物对话，在《双城记》中留下逼真的社会背景描写，从而成为英国一代文豪，取得了他文学事业上的巨大成功。爱迪生曾花了整整十年去研制蓄电池，其间不断遭受失败的他一直咬牙坚持，经过了五万次左右的试验，终于取得成功，发明了蓄电池。

狄更斯和爱迪生就是靠坚持而取得最后的胜利的。坚持，使狄更斯为人们留下许多优秀著作，也为世界文学宝库增添了许多精品；坚持，使爱迪生攻克了许许多多的难关，为人类的进步做出不可磨灭的贡献。可见，坚持能够使人取得事业上和学业上的成功。

那些失败者往往是在最后时刻未能坚持住而放弃努力，与成功失之交臂。曾记得德国一位化学家李比希在海水中提取碘时，似乎发现了一种新元素，但是面对这烦琐的提炼与实验，他退却了。当另一位化学家法国的巴拉尔，经过无数次实验，终于因为为元素家族再添新成员——溴而名垂千古时，那位德国化学家只能默默地看着对方沉浸在胜利的喜悦之中。这两位化学家，一位坚持住了，取得了胜利；另一位却没有坚持住，未能取得胜利。可见，能否坚持到底是取得胜利的最后一道障碍。

最黑暗的时刻，就是光明就要到来的时刻，越在这样的时刻，越需要坚持。因为坚持就是胜利。

读完此文，我们可以做出如下梳理。

1. 论点。
一个人要想取得学业上或事业上的成功，坚持是一个重要条件。

2. 论据。

既举了狄更斯、爱迪生、巴拉尔因坚持而取得成功的正面事例，也举了李比希因放弃而只能默看别人成功的反面事例，它们都作为事实论据来证明论点，既具有典型性，又让人觉得真实可信。

3. 论证。

文章在题目和开头就已明确了论点，接下来通过四个事例从正反两个方面进行论证，证明了坚持就是胜利的这一观点，并在结尾再次明确论点，这个过程就是论证过程。

具体来说，有以下几点。

（一）论点：是作者对所议论的问题（事件、现象、人物、观念等）所持的见解和主张

表述形式：针对话题的带有明确表态性的完整的判断句。

表述要求：正确、鲜明、简洁、恰当，有实际意义。

注意：

1. 议论文一般只有一个中心论点，有的议论文还会围绕中心论点提出几个分论点，分论点是用来补充或证明中心论点的。

2. 反问句与比喻句不能作为论点。

（二）论据：是支撑论点的材料，是作者用来证明论点的理由和根据。论据要同时具备真实性和典型性的特点

1. **事实论据**：包括代表性的事例、可靠的史实等。事实在议论文中的论据作用十分明显，分析事实，看出道理，检验它与文章论点在逻辑上是否一致。

2. **理论论据**：作为论据的道理总是读者比较熟悉的，或者是为社会普遍承认的，它们是对大量事实抽象概括的结果。

（三）论证：运用论据来证明论点的过程和方法

议论文中的论点和论据是被证明与证明的关系，这个关系就是通过论证组织起来的。论证是运用论据来证明论点的过程和方法，是论点和论据之间的逻辑关系纽带，因此推理必须符合逻辑。论点解决"需要证明什么"，论据解决"用什么来证明"，论证解决"怎样证明"。

论证方法有以下几种。

1. **举例论证**：列举确凿、充分、有代表性的事例证明论点。（作用：具体有力地论证了观点，增强文章的说服力。）

2. **道理论证**：用马列主义经典著作中的精辟见解、古今中外名人的名言警句以及人们公认的定理公式等来证明论点。（作用：有力地论证了观点，增强文章的权威性和说服力。）

3. **对比论证**：拿正反两方面的论点或论据做对比，在对比中证明论点。（作用：突出论证了观点，让人印象深刻。）

4. **比喻论证**：用人们熟知的事物做比喻来证明论点。（作用：生动形象地论证了观点，使文章浅显易懂，易于读者理解和接受。）

论证方式一般分为立论和驳论两种。

1. **立论**。立论是对一定的事件或问题从正面阐述作者的见解和主张的论证方法。表明自己的态度时，要注意以下三点：

（1）看法和主张必须是经过认真的思考或者一定的实践，确实是自己所独有的正确的认识和见解，或者是切实能解决实际问题的主张。

（2）必须围绕所论述的问题和中心论点来进行论证。开篇提出怎样的问题，结篇要归结到这一问题。在论证过程中，不能离题万里，任意发挥，或者任意变换论题。如果有几个分论点，每个分论点都要与中心论点有关联，要从属于中心论点。所有论证都要围绕中心论点进行。这样读者才能清楚地了解分论点和中心论点之间的关系。议论文的逻辑性很强，论证必须紧扣中心，首尾一致。

（3）"立"往往建立在"破"的基础之上。在立论的过程中，需要提到一些错误的见解和主张，加以否定和辩驳，以增强说服力，使读者不会误解自己的观点。

2. **驳论**。驳论是就一定的事件和问题发表议论，揭露和驳斥错误的、反动的见解和主张。方式有：

（1）**反驳论点**。反驳论点主要是针对论点进行反驳。因为议论的根本目的在于阐述见解，发表观点，如果我们不同意对方的观点和见解，那就要用各种方法来批驳、否定这一观点、见解，指出它的荒谬或虚假。反驳论点就是针对对方论点直接驳斥。

反驳论点的方法之一是直截了当地指出某一论点的错误，用确凿的、不可辩驳的事实来直接反驳，或者从理论上进行透彻的分析和解剖，直接指出错误所在。

比如马南邨的《不求甚解》，开头第一段："一般人常常以为，对任何问题不求甚解都是不好的。其实也不尽然。我们虽然不必提倡不求甚解的态度，但是，盲目地反对不求甚解的态度同样没有充分的理由。"就直接反驳了错误论点：对任何问题不求甚解都是不好的。

反驳论点的另一种方法是归谬法。归谬法是以某一个论点为前提，按照逻辑规律进行合理的引申，但是引申出来的结论却是荒谬的。由于引申出来的结论无法成立，因此，引申出这一结论的论点也就不能成立。写作中对一些似是而非的模糊认识，运用归谬论证揭示其"非"，能收到澄清认识的良好效果。

例如：

> 优孟者，故楚之乐人也。长八尺，多辩，常以谈笑讽谏。楚庄之王时，有所爱马，衣以文绣，置之华屋之下，席以露床，啖以枣脯。马病肥死，使群臣丧之，欲以棺椁大夫礼葬之。左右争之，以为不可。王下令曰："有敢以马谏者，罪至死。"优孟闻之，入殿门，仰天大哭。王惊而问其故。优孟曰："马者王之所爱也，以楚国堂堂之大，何求不得，而以大夫礼葬之，薄，请以人君礼葬之。"王曰："何如？"对曰："臣请以

雕玉为棺，文梓为椁，楩枫豫章为题凑，发甲卒为穿圹，老弱负土，齐赵陪位于前，韩魏翼卫其后，庙食太牢，奉以万户之邑。诸侯闻之，皆知大王贱人而贵马也。"王曰："寡人之过一至此乎！为之奈何？"优孟曰："请为大王六畜葬之。以垅灶为椁，铜历为棺，赍以姜枣，荐以木兰，祭以粮稻，衣以火光，葬之于人腹肠。"于是王乃使以马属太官，无令天下久闻也。（《史记·滑稽列传》）

请看，这个优孟就不是正面去劝阻楚王，而是顺着楚王厚葬其爱马的思路，请求把葬马的规格，从葬大夫的级别提高到葬国君的最高级别。这样，各国诸侯听说大王如此高规格地厚葬爱马，就知道大王把马看得多么贵重而把人看得多么下贱啊！按大王的思路得出极为荒谬的后果，这个严重后果是一碗清醒剂，大王喝了下去才醒悟过来："我的过错竟如此严重！"并且还十分着急："怎么办呢？"最后还是照优孟的建议，把死肥马打整干净，加些姜枣之类的作料，用铜锅猛火煮好后"葬"在人们的肚子里。比起"左右争之，以为不可"，招致"有敢以马谏者，罪至死"来，这办法多好，多有效。所以，有人特别把这种方法概括为："反而难之，使自求之，则契理之应，怡然自出。"（《鬼谷子·反应》）

反驳论点还可用反证法，即作者并不直接指出对方论点的谬误所在，而是建立起一个与对方论点针锋相对的新论点，通过充分论证使这一新论点树立起来，于是与之相对的论点便不驳自倒了。

运用反证法应注意的是，所反驳的论点与自己所证明的论点应是互相对立、不能相容的。这样才符合逻辑学上矛盾律的要求，达到肯定这个否定另一个的目的。

（2）**反驳论据**。反驳论据是一种釜底抽薪的反驳对方论点的途径。在论证过程中，论据乃是论点赖以支撑的支柱，如果论据不能成立，那么论点就失去依托，不攻而自垮。

（3）**反驳论证**。反驳论证是通过揭露对方在论证过程中论据与论点之间不符合逻辑关系的漏洞来否定对方所提出的论点。进行这样的论证，需要对对方的言论做冷静的分析，发现其中逻辑推理上自相矛盾之处，然后予以有力的揭露。

比如鲁迅在杂文《中国人失掉自信力了吗》中，通过指出敌方的三个论据"自夸地大物博""相信国联""一味求神拜佛，怀古伤今"不能证明敌方论点"中国人失掉自信力了"，而只能证明"中国人失掉了他信力，发展着自欺力"，从而指出敌方的论证犯了以偏概全的错误，从论证方面批驳了对方论点。

三、议论文的结构

基本结构是提出问题（引论，即在议论文开头一般要鲜明地提出中心论点）—分析问题（本论，即在文章的中间要围绕中心论点展开分析论证）—解决问题（结论，即在文章的结尾部分或者得出综合性结论，或者提出前瞻性希望等）。

议论文的结构可分为以下两大类。

（一）纵式：逐层深入的论述结构

比如梁启超的《敬业与乐业》，按照"有业""敬业""乐业"的顺序谈下来，"有业"是"敬业"的基础，而"乐业"则又比"敬业"高了一个层级，这就是一个逐层深入的论述结构。

（二）横式：并列展开的论述结构

1."总论—分论—总论"式，先提出论点，而后从几个方面阐述，最后总结归纳。

2."总论—分论"式，先提出论点，然后从几个方面论证。

3."分论—总论"式，对所要论述的内容分几个方面剖析，然后综合归纳出结论。

总之，厘清议论文的结构，先要弄明白段落层次间的内在联系，还要注意文章中起着承上启下作用的过渡段、过渡句以及过渡词语。

四、怎样写好议论文

写好议论文，必须走好以下三步：结构合体、思路入格和粘连有术。

（一）结构合体

议论文分析事实、论证道理，当然要遵循一定的思维规律。这种思维规律反映在文章的外部形态上，就是具有一定体式的文章的结构。那么，怎样写议论文才算"合体"呢？

1.根据议论问题的一般思维模式，应当是由"提出问题、分析问题、解决问题"（或曰"引论""本论""结论"）三大块构成。

2.分析问题即本论部分，要按一定的向度分层展开论述。所谓"向度"，即论述展开的方向。这个"向度"有四个：是什么，为什么，怎么样，何结果。一般情况下，一篇中学生议论文作文，其本论部分只要从这四个向度中选择一个或者两个展开即可。一般来说，有并列式、递进式和对照式三种。但无论是从哪个向度展开，其分论点之间都要形成一定的联系。

（1）**并列式**：就是围绕中心从同一个向度列出几个分论点，逐一论证。如果仅仅围绕一个向度写，那么几个分论点之间大多是并列关系。

（2）**递进式**：同并列式结构相比，除了论点之间的意义联系不同，呈现层次递进的关系外，其段落的结构模式与并列式相同。

（3）**对照式**：就是从论题的正反两个方面入手，进行正反对比论证得出结论。其优点是结构简洁，论证充分，容易上手。最简单的对照式是在提出观点后，一段从正面论证观点，一段从反面论证观点，最后得出结论。

比如毛泽东的《纪念白求恩》："白求恩同志毫不利己专门利人的精神，表现在他对工作的极端的负责任，对同志对人民的极端的热忱。每个共产党员都要学习他。不少的人对工作不负责任，拈轻怕重，把重担子推给人家，自己挑轻的。一事当前，先替自己打算，然后再替别人打算。

出了一点力就觉得了不起，喜欢自吹，生怕人家不知道。对同志对人民不是满腔热忱，而是冷冷清清，漠不关心，麻木不仁。这种人其实不是共产党员，至少不能算一个纯粹的共产党员。从前线回来的人说到白求恩，没有一个不佩服，没有一个不为他的精神所感动。晋察冀边区的军民，凡亲身受过白求恩医生的治疗和亲眼看过白求恩医生的工作的，无不为之感动。每一个共产党员，一定要学习白求恩同志的这种真正共产主义者的精神。"这一段就是先在开头提出"白求恩同志毫不利己专门利人的精神，表现在他对工作的极端的负责任，对同志对人民的极端的热忱。每个共产党员都要学习他"的观点后，先从反面写"不少的人"的错误表现，严肃地批评革命队伍里某些人在对工作、对同志、对人民等方面表现出来的自私自利的思想和作风，再从正面写白求恩同志，回笔写抗日前线的军民为白求恩精神所感动的事实，进一步有力地表明和赞扬白求恩毫不利己专门利人的精神，在将"不少的人"与"白求恩"进行对比后，再次号召学习白求恩的精神，同时点明这种精神就是"真正共产主义者的精神"。

还有一种对照式结构是在正面进行论述或者摆出论据后，紧接着用转折或者假设的方式从反面展开论述。比如在孟子的《生于忧患，死于安乐》中："人恒过，然后能改；困于心，衡于虑，而后作；征于色，发于声，而后喻。入则无法家拂士，出则无敌国外患者，国恒亡。然后知生于忧患而死于安乐也。"这一段前一句为正面论述，"入则……国恒亡"则为用假设的方式从反面展开论述，最后归纳出论点。

（二）思路入格

议论文是论述问题的，当然要有一定的思路，即议论文各部分之间要有必然的内在联系。我们知道，议论文是论证问题的，在提出议论文论点后，就要摆事实、讲道理，让提出的论点令人信服地确立起来。因此，论点和论据之间、中心论点和各分论点之间就应当是因果联系，即中心论点是"果"，论据或分论点是"因"。这个因果联系就是议论文的思路之"格"。

中学生的议论文作文，最起码要做到在论点和论据之间、中心论点和各分论点之间要有一定的因果联系。

提出中心论点后，只要围绕中心论点问一个"为什么"，就能找到选择论据或提出分论点的方向。如中心论点是"只有坚守，才能使人的思想品德升华，才能成就一番事业"。稍加分析，就可发现这个观点是在说"坚守"的重要性。于是，分论点就要回答"为什么坚守很重要"这个问题。那么就可从"为什么"和"何结果"这两个向度来立分论点。如"坚守是一种执着，使绝望变成希望""坚守是一种信念，使普通变得高尚""坚守是一种职责，使平凡变得伟大"。如果我们要检验这三个分论点和中心论点之间有没有必然的内在联系，只需在这三个分论点之前加上"因为"，在"坚守很重要"之前加上"所以"，再连起来念一下即可。

同样地，分论点和议论文的论据之间，也应当是因果联系。如在"坚守是一种职责，使平凡变得伟大"这个分论点后面，就可这样展开论述："边防战士的坚守，使国家安定祥和；人民老师的坚守，使桃李满天下；白衣天使的坚守，使病魔为之屈服。"

（三）粘连有术

一篇像样的议论文，除了结构合体、思路入格外，还有更重要的一个方面，就是对论点的恰当阐述和对论据的中肯分析。没有这样的阐述和分析，议论文的论点论据就不能粘连起来，而这个粘连是有"术"的。

1. 观点＋过渡＋事例＋分析。

这个步骤中最重要的是"过渡"和"分析"。所谓"过渡"就是要在观点和事例之间，用适当的词句来通连，以接通文气，使观点和议论文材料在语言形式上畅通无阻。所谓"分析"，就是事例叙述完之后，还必须对事例进行适当的分析评论，指出其本质特点，使事例和论点在内容上联结在一起。

2. 观点＋过渡＋论据＋分析＋归纳。

这种议论文论证方式就是在第一种的基础上加了一个"归纳"。所谓"归纳"，就是从多个事例中提炼出必然性的东西。既然要从多个事例中提炼，那么，"论据"部分，就应是两个及以上。

3. 一般道理＋个别道理。

即"演绎推理法"。前面的分析归纳是从个别到一般，而演绎推理法是从一般到个别，用普遍性的真理（论据）来证明特殊的论点的方法。

如果完成了以上三步走，大概就能写出像样的议论文了。

初学写议论文，可以先从模仿开始，以吴晗的《谈骨气》一文为例：

谈 骨 气

我们中国人是有骨气的。

战国时代的孟子，有几句很好的话："富贵不能淫，贫贱不能移，威武不能屈，此之谓大丈夫。"意思是说，高官厚禄收买不了，贫穷困苦折磨不了，强暴武力威胁不了，这就是所谓大丈夫。大丈夫的这种种行为，表现出了英雄气概，我们今天就叫做有骨气。

我国经过了奴隶社会、封建社会的漫长时期，每个时代都有很多这样有骨气的人，我们就是这些有骨气的人的子孙，我们是有着优良革命传统的民族。

当然，社会不同，阶级不同，骨气的具体含义也不同。这一点必须认识清楚。但是，就坚定不移地为当时的进步事业服务这一原则来说，我们祖先的许多有骨气的动人事迹，还有它积极的教育意义，是值得我们学习的。

南宋末年，首都临安被元军攻入，丞相文天祥组织武装力量坚决抵抗，失败被俘后，元朝劝他投降，他写了一首诗，其中有两句是："人生自古谁无死，留取丹心照汗青。"意思是人总是要死的，就看怎样死法，是屈辱而死呢，还是为民族利益而死？他选取了后者，要把这片忠心记录在历史上。文天祥被拘囚在北京一个阴湿的地牢里，受尽了折磨，元朝多次派人劝他，只要投降，便可以做大官，但他坚决拒绝，终于在公元1283年被杀害了。

孟子说的几句话，在文天祥身上都表现出来了。他写的有名的《正气歌》，歌颂了古代有骨气的人的英雄气概，并且以自己的生命来抗拒压迫，号召人民继续起来反抗。

另一个故事是古代有一个穷人，饿得快死了，有人丢给他一碗饭，说："嗟，来食！"（喂，来吃！）饿人拒绝了"嗟来"的施舍，不吃这碗饭，后来就饿死了。不食嗟来之食这个故事很有名，传说了千百年，也是有积极意义的。那人摆着一副慈善家的面孔，吆喝一声"喂，来吃！"这个味道是不好受的。吃了这碗饭，第二步怎样呢？显然，他不会白白施舍，吃他的饭就要替他办事。那位穷人是有骨气的：看你那副脸孔、那个神气，宁可饿死，也不吃你的饭。

不食嗟来之食，表现了中国人民的骨气。

还有个例子。民主战士闻一多是在1946年7月15日被国民党枪杀的。在这之前，朋友们得到要暗杀他的消息，劝告他暂时隐蔽，他毫不在乎，照常工作，而且更加努力。明知敌人要杀他，在被害前几分钟还大声疾呼，痛斥国民党特务，指出他们的日子不会很长久了，人民民主一定得到胜利。毛主席在《别了，司徒雷登》一文中指出："许多曾经是自由主义者或民主个人主义者的人们，在美国帝国主义者及其走狗国民党反动派面前站起来了。闻一多拍案而起，横眉怒对国民党的手枪，宁可倒下去，不愿屈服。"高度赞扬他表现了我们民族的英雄气概。

孟子的这些话，虽然是在两千多年以前说的，但直到现在，还有它积极的意义。当然我们无产阶级有自己的英雄气概，有自己的骨气，这就是绝不向任何困难低头，压不扁，折不弯，顶得住，吓不倒，为了社会主义、共产主义建设的胜利，我们一定能够克服任何困难，奋勇前进。

引论部分：开篇提出论点——我们中国人是有骨气的。接着，用孟子的话"富贵不能淫，贫贱不能移，威武不能屈"解释论点。

本论部分：用三个事例分别证明论点——文天祥的富贵不能淫，穷人不食嗟来之食的贫贱不能移，闻一多的威武不能屈。

结论部分：解释当今无产阶级的骨气并发出号召。

三个部分之间都有过渡：在引论和本论之间有"我们祖先的许多有骨气的动人事迹，还有它积极的教育意义"引出下面三个事例的叙述。本论和结论之间有"孟子的这些话，虽然是在两千多年以前说的，但直到现在，还有它积极的意义"进行过渡。在事例之间，有"另一个故事""还有个例子"进行过渡。这些过渡句，使文章衔接紧密、浑然一体。

三个部分分别回答了三个问题：引论部分解答"（骨气）是什么"的问题，本论部分解答"为什么（有骨气）"的问题，结论部分回答"我们怎么办"的问题。

三个事例都是概括叙述的，每个事例的后面都有几句简短的议论。这些议论阐明了事件所包含的意义，把事例紧紧地扣在论点上，是论点和论据联系的纽带，否则只是就事论事，论点和论据脱节了。

五、议论文写作常见的问题

（一）议论文结构不合体

如开头不提出论点，中间只写几个论据而不分析，或没有分论点。甚至在列举论据时，还出现了大量的语言描写和心理描写，没有很好地区分议论文的记叙和记叙文的记叙。

（二）思路不合逻辑

如开头提出的论点是"干什么事都要三思而行"，按逻辑思路，接下来的论证应主要围绕"为什么要三思而行"来展开，即三思而行的重要性，或者三思而行能够带来的好结果。但是有的同学却重点在写"三思而行是什么"或者"怎样三思而行"，使行文逻辑出现了偏差。

（三）议论文的论点和论据之间缺乏必要的粘连，即通常所说的有述无论，有据无析

【思考与练习】

1. 议论文的三要素分别有什么要求？

2. 议论文写作分哪三步走？

3. 试写一篇议论文："谈努力。"

（范惠洁）

怎样提出中心论点

◎**学习提示**

　　有的文章标题就是中心论点；有的文章在开头提出中心论点；有的文章在结尾归纳出中心论点。

　　中心论点是作者对议论的问题所持的见解和主张，是议论文的灵魂，起着统率全文、纲举目张的作用，是作者看法的完整陈述，在形式上应该是完整的句子，一般用肯定句的形式表达。一篇文章的论点，可以是一个，也可以不止一个。如果论点不止一个，那就需要明确中心论点。这几个论点（除中心论点外）可以是并列的，也可以是递进的，但它们都应该服从全文的中心论点。确定论点以及怎样提出论点是写好议论文的前提。

一、文章提出中心论点的主要方式

（一）文章标题提出中心论点

　　如《应有格物致知精神》一文中题目就是文章的论点，作者在文章的开头就提出了论题：中国学生应该怎样学习自然科学？全文围绕这个论题进行论述。首先指出传统教育的弊病，然后分析科学上的实验精神的重要性，最后得出结论："希望我们这一代对于格物和致知有新的认识和思考，使得实验精神真正变成中国文化的一部分。"作者先阐明格物致知精神在今天的重要性，而后揭示格物致知的真正意义，结尾提出了对中国一代人的希望。

　　这种提出中心论点的方式比较常见，让人感觉议论的目的性强，是学生写议论文时提出中心论点最常见的方式。

　　学生例文：

美好的选择

　　鸟儿选择离开竹笼，你认为它会饿死吗？石头选择了平原，你认为它会孤独吗？花籽选择了随风流浪，你认为它会后悔吗？生活中，我们会面临一次次的选择，只有做出自己美好的选择，才不会留下遗憾。

诸葛亮原深居隆中，似乎只想做一个平民，但他常自比管仲、乐毅，可见他早有出将入相之志。后来刘备三顾茅庐，诸葛亮被其诚心所打动，选择了跟随刘备并创造一番大业。正是诸葛亮做出了这样的选择，他才会有所作为，名垂青史。如果他没有做出这样的选择，结果又会怎样呢？也许他仍是平民，不会被人所知，才华无处施展。由此可见：只有做出一次美好的选择，才能有所作为。

蔺相如因官位比廉颇高，廉颇极为不满，处处与之作对，但蔺相如都不计较，后来廉颇认识到自己的不对，留下了"负荆请罪"的佳话为后人所传颂。两人成了"刎颈之交"。在他人的百般刁难面前，蔺相如选择了宽容，选择了友谊。假如他没有宽容廉颇的过错，而是不依不饶地进行报复又会怎么样呢？也许两人永远都为敌，甚至给国家带来灾难。正是蔺相如做出了这样的选择，才收获了一段真挚的友谊。由此可见：做出一次美好的选择，会让自己收获一些可贵的东西。

在新冠疫情这场鏖战中，有两位高龄的国士做出了不一样的选择，选择继续在一线奋战，他们就是 84 岁的钟南山和 73 岁的李兰娟。钟南山院士向公众发出紧急呼吁："没什么特殊情况不要去武汉"，而自己却一路"逆行"冲往防疫最前线；疫情仍在蔓延，李兰娟则向上级提出申请："我可以带队去武汉支援！"国士，一国之中，才能最优秀的人物或者最勇敢、最有力量的人。用国士形容奋战在一线的斗士，真是恰如其分。此刻，我们庆幸，并且自豪，因为：国士仍在！全国人民就更信心百倍。由此可见：做出一个美好的选择，是制胜的法宝。

所以，做出一次美好的选择，就会有美好的结果和收获。

【点评】文章开头三个连续的问题，一下子就抓住了读者的阅读兴趣，也引起读者对"选择"这一问题的思考，并且得出自己的观点：只有做出自己美好的选择，才不会留下遗憾。文中选用诸葛亮、蔺相如与廉颇、钟南山和李兰娟的事例，进一步论证，最后，再次点明观点。

（二）文章开头提出中心论点

《得道多助，失道寡助》一文开头就提出中心论点：天时不如地利，地利不如人和，并用概括性很强的事例加以证明，然后从理论上进行论证，得出"得道者多助，失道者寡助"的论断，阐明了"人和"的实质。短文最后以得"人和"的"君子""战必胜矣"做结，突出地说明了"人和"是决定战争胜负最主要的条件。

文章的开头提出中心论点，能够最大限度地表达作者的观点，让读者感觉掷地有声。然后依次展开论述，使文章流畅自然，并且注意开头论点的提出与题目交相呼应。

学生例文：

细 节 之 美

"泰山不让土壤，故能成其大；河海不择细流，故能就其深。"所以，细节决定成败。但在我们同学中，想做大事的人很多，但愿意把小事做好的人却很少！殊不知，细小之事可以酝酿美和永恒。

老子曾说："天下难事，必作于易；天下大事，必作于细。"小处不可随便，是因为谁也无法预知火箭发射失败是哪个小数点的错误；细小不可轻视，是因为我们都知道蝴蝶振翅足以引起龙卷风暴。

人们说，短暂如朝露，阳光在洒散之际转瞬而逝；永恒如太阳，东升西落，日复一日。万物生灵的全过程，对于拥有无穷力量的造物主而言，只是宇宙的每一个细节罢了。宇宙尚且在细微中造就永恒，我们有什么理由不关注细节呢？

细节是构成金字塔的一块块方石，是铺就铁路时甘居下的一条条枕木。我们只有关注细节，把握细节，演绎细节，才能把握人生和命运的美好。爱因斯坦的天才造就了相对论，被世人瞩目。但当人们翻开他的手稿时，发现那儿并没有复杂的微积分，没有精致的三段论，只有几万次看似普通的计算、推理和证明。每一次的计算、推理和证明本身都很微小，但正是这些微小的细节促成了人类科学史上的一次次突破和飞跃。没有细节哪来成功，科学家的细节创造了他的永恒。

不要说细节只是事物演变过程中的一个片段，谁又能否认细节的意义呢？小事成就大事，细节成就完美。生命因为有了细节，才充满了惊喜！画家用彩笔把生活中的细节描绘成画；作家用心灵感受细节，并创造出最诱人的篇章；摄影师捕捉细节，让无数令人回味的精彩瞬间，散发出无与伦比的沁人馨香。

鲁迅的细节在"地上本没有路，走的人多了，也便成了路"的路上；朱自清的细节在"背影"时时闪现。他们用自己的热情和执着俯拾细节，开辟了人生成功的道路。然而，"乱花渐欲迷人眼"，细节偏偏扑朔迷离，亲情在"每逢佳节倍思亲"中隐藏，友情在细节中播种开花，爱情在细节中孕育……细节需要我们用心体验。

学习中积累点滴细节，工作中重视细节，你的人生将会更充实、更完美。

细节是美的源泉，让一木一石现出光彩；细节是时间的圣使，使飘逝的人生化为永恒。朋友们，让我们抓住人生的每个细节，让生命呈现出应有的光彩。

【点评】本文开头就提出中心论点——细小之事可以酝酿美和永恒。引用名言、列举大量典型事例。材料与内容巧妙结合。文章语言精细，质朴中见优美，富有诗意，令人回味。

（三）文章结尾归纳出中心论点

《生于忧患，死于安乐》一文开始一连用了六个排比，举出事实说明这些人虽出身贫贱，但他们在经受了艰苦磨炼之后，终于成就了不平凡的事业。作者连用几个短语得出"天将降大任于是人也"的结论，让人不能不信服。在此基础上，作者又从正反两方面进一步论证经受磨难的好处，最终提出本文的中心论点：生于忧患，死于安乐。

在文章结尾提出中心论点，贵在水到渠成。不能突兀，更不能强拉硬拽。

学生例文：

机遇，源自勤于思考

当有人抱怨没有成就大事的机遇、无法成就一番事业的时候，有没有人告诉过他"书山有路勤为径"？有没有人告诉过他"问渠那得清如许，为有源头活水来"？有没有人告诉过他"业精于勤荒于嬉"？

实际上，机遇是客观存在的，它就在你我的面前，我们之所以感到自己成就大事的机遇太少，主要是因为我们还不懂得机遇源于思考这个道理。让我们看几个例子——

阿基米德一直在思考如何判断皇冠是否是纯金的问题。在洗澡时，他看到水溢出浴盆，从中受到启发，经过思考、实验，最终发现了浮力定律，即物体在液体中受到的浮力等于它所排开液体的重力。

试想，如果阿基米德只是看到了现象，而没有意识到这是个很好的实验方向，这次机遇也就与他擦肩而过了。如果他发现问题之后没有勤于思考、潜心研究，又怎能取得这么大的成就呢？

让我们再来看看生物学家布朗的故事。布朗在研究花粉随洋流漂动时发现，其中的花粉总是不规则地颤动。在一般人看来，也许会认为这是风或其他什么因素导致的，然而布朗既没有忽视这个现象，也没有简单地看待这个问题，在尽一切努力排除了所有可能的干扰后，他发现花粉仍然在水中颤动！于是他感到机会来了，并开始研究大量资料，请教众多权威。几经思考之后，他终于提出了分子动理论，即"布朗运动"，为物理学史画上了光辉的一笔。

这样的事例简直太多了。华罗庚勤于思索，一有所得便记在身边的物品上，如扇子上、请柬上等都有他辛勤思考的记录。华罗庚在数学领域的贡献不仅在于他的研究成果，更在于他勤于思考的精神和对数学的热爱。

太多太多的例子告诉我们，生活中并不缺少机遇，而是缺少思考，没有思考，即使机遇来了，也不会被发现，更不要妄谈把握了。

请记住这样一句至理名言：机遇，源自勤于思考！

【点评】本文除了在题目中提出中心论点外，还在结尾掷地有声地提出。文中通过大量的"事实"，进行入情入理的分析，才有了结尾论点的提出。

另外，值得一提的是，论点提出的方式还有不太常见的：文章中间用某个承上启下的句子提出中心论点；文章没有直接提出中心论点，但始终围绕隐含的中心论点展开论述。

二、论点的提出和确立需要注意的问题

（一）正确性

论点的说服力根植于对客观事物的正确反映，而这又取决于作者的立场、观点、态度、方法是否正确，如果论点本身不正确，甚至是荒谬的，再怎么论证也不能说服人。因此，论点正确是议论文最起码的要求。

（二）鲜明性

赞成什么、反对什么，要非常鲜明，而不能模棱两可、含混不清。

（三）新颖性

论点应该尽可能新颖、深刻，能超出他人的见解，不是重复他人的老生常谈，也不是无关痛痒、流于一般的泛泛之谈，应该尽可能独特、新颖。

总而言之，在写议论文时，无论使用哪种提出中心论点的方式，都要紧紧围绕主题展开，切不可为了形式而忽视表达内容的需要。提出中心论点要遵循自然而成的原则。只有这样才能为写好一篇议论文打下良好的基础。

【思考与练习】

提出中心论点的主要方式有哪些？

（张丽丽）

怎样选择论据

◎**学习提示**

论据的含义及地位；论据的分类；论据的选择标准和运用技巧；选择论据需注意的问题。

一、论据的含义及地位

完整的议论包括论点、论据、论证三个部分。这三个部分，被称为议论的"三要素"。论据是什么？论据就是确立论点的理由和依据。一篇议论文，总是要表明一定的观点和主张，阐述一定的见解和看法，这就是论点。论点要让人认同，要令人信服，就得拿出充足的理由与充分的依据。这些理由与依据就是论据。

二、论据的分类

论据有哪些？人们通常把论据分为两大类：一类称事实论据；一类称理论论据。所谓事实论据，就是查有实据的历史事实或活生生的生活现实，包括具体事例、概括事实、统计数字、亲身经历等。俗话说："一个典型的事例胜过千万句空洞的说教。"可见，确切实在的事实论据，往往是最有力的证明材料。所谓理论论据，就是经典性著作或权威性言论，包括名人名言、党政文件、成语典故、格言俗话等。一般地说，理论论据或是经过实践检验的真理，或是全社会广泛公认的事理，具有广泛的概括性和普遍性。对于特别严肃的论题，引用经典性、权威性言论作证，可以有效深化论点，增强论点的可信度，使读者更容易被征服。

（1）历史经典人物、故事等。

如李白、陶渊明、李煜、苏武、曹操、居里夫人、伽利略等。

（2）现今热点（新闻）人物、故事等。

如感动中国人物、道德模范、科技界人物、文艺体育界人物等。

（3）文学影视人物、故事等。

如黛玉、聊斋、堂吉诃德、梁山好汉、三国群雄等。

（4）寓言哲理神话故事等。

如丑小鸭、庖丁解牛、嫦娥奔月等。

（5）自然界的事物与现象。

如高山、流水、梅花、菊花、雄鹰、珍珠、水滴石穿等。

（6）自身经历感受、有代表性的人、事、物。

（7）名人名言、古典诗词、成语俗语。

对于中学生作文而言，用得更多的还是事实论据，原因有二：一是事实胜于雄辩，它比别的材料更具有直接说服力；二是中学生理论储备还相当有限，所涉及的论题也多数缺乏理论深度，实践性还不够强，无须依仗深刻的理论立论。因此，同学们在坚持积累两大类论据材料的同时，可以更侧重于事实论据。它的主体，就是证明观点的部分。如何将道理讲得充分而深入，有理有据，就需要对论证的过程仔细揣摩。

三、论据的选择标准

（一）充分——论据要能充分证明论点

论据是论证论点的根据，是为论点服务的，因此它必须与论点保持一致，这就是通常所说的"观点与材料的统一"，这是议论文最基本的要求。这就对论据提出了最起码的要求，无论是事实论据，还是理论论据，都必须与论点有本质的必然联系，必须切实有效地支撑论点，能够充分证明论点。

例如，论述环境保护问题，我们可以采用下列理论论据来证明：

我们不给自然留后路，自然也不给我们留后路，大自然既是善良的慈母，也是冷酷的屠夫。

——雨果

毁坏自己土地的国家，就是在毁坏着自身。

——罗斯福

人生欲求安全，当有五要：一是清洁的空气；二是澄清的饮水；三是流通沟渠；四是扫洒屋宇；五是日光充足。

——南丁格尔

这些名言名句蕴含着深邃的哲理，闪耀着理性的光辉，对人与自然的关系做了深刻的阐述，具有一矢中的的作用。可见名言名句生动形象、言简意赅，本身就具有很强的说服力和感染力。

（二）可靠——论据要真实可靠

如果所选论据不真实，不但不能使论点得到证明，反而会动摇论点。一般来说，道听途说的没有充分调查的事例，主观臆造的"想当然"的事例，由不合理推测得来的事例……都不能用作事实论据。特别是涉及人名、国籍、年代、出处等，都要力求准确，不能有硬伤。要选择真实、正确的论据。这是刚性原则，没有任何弹性余地，因为论据一旦证明为假，等于自砸门户为论敌提供射向自己的子弹。

理论论据的真实性在于：经过实践检验的属于真理的范畴、千百年来没有异议的历史公理；杰出思想家、理论家、哲学家、科学家在正式场合发表的严肃言论；自然科学中的原理、定义、定律、公式；千百年来民间总结出来并流传于世的谚语、格言、俗话……当然，真实的另一层含义是引用理论论据时要严肃慎重，不能断章取义、牵强附会，更不能歪曲篡改，要做到完整、准确。

这是同学们作文中使用的一些论据，你能看出有何不妥吗？

> 1. 记得鲁迅先生说过这样一句话：走自己的路，让别人去说吧。
> 2. 桑地亚哥是一个伟大的作家，写了《假如给我三天光明》。

1. 不是鲁迅说的，是意大利文学家但丁的长诗《神曲》中的句子。

2. 桑地亚哥不是《假如给我三天光明》的作者，此处应是海伦·凯勒。

事实论据的真实性在于：无论是现实事例、历史事实，还是统计数字等，都必须真实、正确，不能臆造或虚构，不能走样或扭曲。

（三）典型——论据要典型

论据典型，能收到以少服多的效果。论据不典型，就不能说明事物的本质和规律，就没有说服力。生活中的带有偶然性的个别的事例，是不具有代表性和普遍意义的，也就不能作为论据，否则就会导致论点的谬误。在我们的身边，有许许多多典型的材料可以作为论据，从古至今，由中而外，从名人到普通人，由名言到俗语皆可作为有力的论据，使文章丰满起来。如能多角度、多方面、多层次地选择论据，避熟就生、避旧就新，典型性和信息量就会增加，就有利于阐述道理，令人耳目一新。

如《谈骨气》一文只用了三个材料：一是文天祥誓死抗元；二是齐国穷人不食嗟来之食；三是闻一多拍案而起。三个材料依次论证了孟子的三句话，"富贵不能淫，贫贱不能移，威武不能屈"，有力地论证了"中国人是有骨气的"这一中心论点。三个材料，从时代来看，有古有今，从人物身份来论，有南宋丞相、春秋平民、旧中国学者。

（四）新颖——论据要新颖

新颖的论据往往能吸引人。论据的新颖包含了两个方面的内容：一是所引用的材料是新的。如果选用的事实论据都是陈谷子烂芝麻，都是老生常谈，游离于日新月异的生活，这样难免使人生厌。不能一谈到革命纪律性就写邱少云，一谈到立志就写周恩来，这些英雄人物固然不错，但用得太多太俗，就会影响文意的表达，所以使用事实论据要有时代特色，要有新鲜感，要在"新"字上下功夫。二是旧材料的新用法。有时，我们找不到新的材料，当然也可以运用一些旧的材料，但是在运用的过程中要力求用旧材料写出新意，让人感到材料虽然是熟悉的，但你这样运用这样处理仍让人感到不同凡响。

如论述家庭教育问题，我们可以采用下列论据来证明：

> 父母之爱子，则为之计深远。

> ——《战国策·赵策》

（很多父母仅仅满足孩子眼前吃好、喝好、穿好的愿望，这样的家庭教育是肤浅的，只有为其长远考虑，才是真正的爱。）

> 生活在失去和睦的家庭里，等于生活在地狱里。

> ——土耳其谚语

（针对目前不少父母离异、孩子生活在单亲家庭的社会现状，强调家庭和睦对孩子健康成长的重要性。）

四、论据的运用技巧

（一）精练——论据运用要精练

论据运用不在多，而在于精，在于能说明问题，写议论文搜集材料要多多益善，而选用材料要沙里淘金、精益求精。当然有时仅用一个事例来证明论点会显得单薄，力量不够，这时就应通过几个事例来充实内容。但有的同学认为论据越多就越能充分证明论点，这是不可取的。不分青红皂白硬塞进文章去，结果会大大削弱议论的力量。

（二）详略得当——论据要有详略

议论文重在议论，不应重在记叙。事实材料的叙述要简明扼要，有时只要把能证明观点的那个部分说清楚就行了。从头到尾详尽描述的做法应该进行纠正。议论文中的事实，应该只是引述而不描写，是择要交代梗概，舍弃其中的细节；摘取事件的一点，舍弃其他与论点无关的部分，这是很重要的一点。引述只是为议论服务的，一定要注意高度概括，只要能证明论点就行。比较新颖的论据应详尽些，家喻户晓的事例则尽可能概括。

（三）变通——论据要选准角度，能自圆其说

这是指对同一论据要从不同角度审视，依据论点选论据，自圆其说即可。如"滥竽充数"的例子就可以进行多角度的思考：

正面思考——批评南郭先生不懂装懂，不求上进，弄虚作假。

侧面思考——批评齐宣王的"大锅饭"制度，给滥竽充数者可乘之机；表扬齐湣王不墨守先王之法，厉行改革，使无能者无藏身之地。

反面思考——南郭先生最后逃走，没有继续硬占位子，还算有点自知之明。

当然，一个事实论据不管怎样挖掘，都有它的一个或两个最佳论证点，我们运用时应该选择论据的最佳切入点。所以，在选择论据的时候一定要严谨选材、仔细认真。

（四）分析——学会挖掘论据，得出结论

分析是联系论点和论据的桥梁，是丰富文章内容的关键，是突出倾向的手段。用事例论证不是做数学的证明题，不能摆个事例就了事。围绕论点摆出论据之后，一定要围绕论点对论据从理论上加以分析，分析（或正面，或反面，或比喻，或类比，或假设）一下它与论点之间有什么关系，讲清它为什么能证明论点，千万不能摆事实而不讲道理，只是单纯地罗列事例堆砌材料。分析是联系论点和论据的桥梁，是丰富文章内容、开掘议论文深度的关键。有了分析，就能使事例和论点成为有机的统一体；只有通过理性的分析，揭示出事例与论点之间的关系，才能使文章产生令人信服的逻辑力量。

如论述爱国问题，我们可以采用下列论据来证明。

乒坛女王邓亚萍说：我把爱国主义落实在我的每一板进攻中。（侧重于爱国不是空洞的口号，而是踏踏实实做好本职工作。）

匈奴不灭，无以家为也。

——《汉书·卫青霍去病传》

（当个人小家与国家利益发生矛盾时，把国家的利益放在第一位。）

波兰著名作曲家、钢琴家肖邦，19 岁出国深造，朋友们赠送给他一只装满祖国泥土的银瓶。这只银瓶一直伴随着他 19 年。1849 年秋天，肖邦病重垂危。临终前，他对妹妹说："波兰反动政府不会允许将我的遗体运回华沙，就把我的心脏带回祖国去。"（强调爱国情感的真挚与强大，让无数的游子心系祖国，叶落归根。）

以上简要地分析了议论文中论据运用的原则和方法，如果能处理好论据的运用，那么议论文一定会更具有逻辑性，更具有说服力。

五、选择论据需注意的问题

（一）论据选择没有围绕中心论点

论述"勤能补拙"可以用如下哪些材料？为什么？

1. 我国第一位电子学女博士韦钰在西德进修期间，没有空暇到繁华的街头漫步，没有精力去剧场、影院欣赏艺术，她一心扑在专业学习上，就连生病也拒绝休息。正是这种刻苦精神，才使她为祖国赢得了荣誉。

2. 姚明作为世界体坛冉冉升起的巨星，已是全世界年轻人的偶像。与其他 NBA 球员相比，姚明身体条件偏差，在弹跳、肌肉方面根本没法和黑人比。但姚明相信勤能补拙。每次训练前，他都要自己先练上两小时的体能。负责给他洗衣服的师傅说："姚明训练可真刻苦，大冬天也出那么多汗，鞋子里倒得出水来。"

3. 我国古代著名书法家王羲之练习书法非常刻苦，甚至连吃饭、走路都不放过，真是到了无时无刻不在练习的地步。没有纸笔，他就在身上划写，久而久之，衣服都被划破了，经过多年反复的练习，终于成为一位有名的书法家。

（二）张冠李戴，论据不真实

下面是同学们作文中使用的一些论据，你能看出有何不妥吗？

1. 李煜在唱：载不动，许多愁，恰似一江春水向东流。
2. 岳飞选择精忠报国，死而后已。他一生征战无数，以至于匈奴兵对他闻风丧胆。
3. 被流放的屈原，时时不忘报国，终因报国无门，而自刎于乌江。

（三）论据选择不典型

以"挫折铸造成功"为论点，下面的论据充分吗？

我们学校的一个女孩在学校踢足球，因表现很不理想而遭到老师的训斥。大家都说她并不适合这项运动，但她并没被挫折吓倒，而是发奋努力，终于考进了专业球队。

（四）老生常谈，缺乏时代感，论据选择陈旧，不新颖

下面是论证"失败是成功之母"的两段论据，能吸引你吗？为什么？

清朝末年，政府腐败，西方列强入侵中国，中华民族处在水深火热之中。多少仁人志士寻求救国救民的道路，如洪秀全领导农民起义，建立太平天国政权；孙中山推翻封建帝制，建立了中华民国……但都没有推翻压在中国人民头上的三座大山。是中国共产党领导中国人民进行斗争，在斗争中不断总结失败的教训，终于取得了胜利。

中国女排在与世界强手——古巴队的决赛中获得胜利，取得了"三连冠"。这正是在反复较量中，不断总结失败的经验教训，做到知己知彼，并毫不气馁地奋力拼搏的结果。

　　勤奋学习的是爱因斯坦，淡泊名利的是居里夫人，助人为乐的是雷锋，不畏死亡的是刘胡兰，身残志坚的是张海迪，鞠躬尽瘁的是周恩来，就这么几个例子，光荣地造就了上海乃至全国这么多考试和比赛里的作文高手。

——韩寒

论点：要认真学好语文

　　由于生活所迫，英国著名科学家法拉第 14 岁便进了小书店当学徒，接触到一些科学读物，由此激发了他对科学的兴趣，开始热爱科学并决心献身科学事业。由于刻苦，他第一个发现电磁感应和光电感应，为科学做出了贡献。遗憾的是这个对近现代物理学的研究与应用具有伟大意义的发现，就因为法拉第语文水平低，写出的学术论文晦涩难懂，又缺少数学的证明，人们看不明白，在当时一直未引起大的反响。直到麦克斯韦用通俗流畅的语言和数学方法阐明后，这两项伟大的发现，才被世界所公认。后来，法拉第要把自己的研究成果写成《电学实验研究》等理论性书籍，总感到诸多不便。为此，他深深感到，科学缺少语文知识是不行的。法拉第很后悔自己没有多读一点书，特别是没有学好语文。

　　确切的叙述：第一个发现电磁感应和光电感应的英国著名科学家法拉第，因为语文水平低，写出的学术论文晦涩难懂而在当时一直未引起大的反响。直到麦克斯韦用通俗流畅的语言阐明后，这两项伟大的发现，才被世界所公认。为此，法拉第很后悔自己没有学好语文。

　　在作文的评分等级要求中，内容充实、中心明确是重要的一条。它要求我们写进文章里的材料（人物事件、思想感情和数据资料等）有较高的质量，内容丰富，所选材料对表现中心来说是必要的、足够的，而不是单薄的。如何选择论据在议论文中就显得尤为重要，希望以上论述能对大家的写作有所裨益和帮助。

【思考与练习】

　　1. 在论据选择过程中，怎样精练挑选事例为你所用？

　　2. 玛蒂尔德因为向往不切实际的生活，不满足现实已拥有的生活，最后付出了沉重的代价，残酷的现实教育了她：珍惜拥有，知足是福。可从哪方面入手选择论据？

（杜薇）

怎样写好读后感

◎**学习提示**

　　读后感突出的特点是"读"和"感"紧密结合。要写好读后感，必须把握住几个写作步骤。

一、什么是读后感

　　阅读时，我们往往会由此及彼地联想到自己听到的、看到的、经历过的事情，从而产生很多感触、联想和体会，记录这些感受的文章就是读后感。

二、读后感的特点与形式

　　读后感最突出的特点是"读"和"感"紧密结合。"读"，是指在文章开头交代读了什么人写的什么文章，有何感发点；"感"，是在"读"的基础上，通过联想谈自己的感受和体会。

　　我们最常见到的读后感，一般采用两种形式：一是边述读（交代所读内容）边发感；二是先述读后发感。原则上讲，先述读后发感的形式比较好把握，适合初学写读后感的同学选用。

三、读后感的写作步骤

　　要写好有体验、有见解、有新意的读后感，还必须把握几个写作步骤，这里着重谈一谈第二种形式——先述读后发感的写作步骤。

　　第一步：选好书目，研读原文。

　　提醒同学们注意一个常见的问题：有些同学读完文章后因为没有太多的感受可写，为了凑字数就把文章内容介绍得非常详细。如果没有规定必须写哪本书或哪篇文章的读后感，建议同学们在写之前选择你感兴趣的书或文章。

　　研读原文，首先应通读全文，只有掌握了全文，才能对原文的内容主旨有较深刻、全面的理解和把握，才能从中有所感悟。"读"是"感"的基础。走马观花地读，可能连原作讲的什么都没有了解，哪能有"感"？读得肤浅，当然也感得不深。其中，特别是精华段落，要重点地多读几次。其次，要了解作者、作者的写作风格，以及写作本文的背景。作者为什么会写这篇文章呢？他当时处于怎样的环境？他想通过文章表达什么？

第二步：确立感发点。

一篇读后感一般只有一个"感发点"。所谓"感"，可以是从书中领悟出来的道理或精湛的思想，可以是受书中的内容启发而引起的思考与联想，可以是因读书而引起的决心和理想，也可以是因读书而引起的对社会上某些丑恶现象的抨击、讽刺。如果是写人记事的文章，我们不妨抓住人物最突出的某种品质、最闪光的事件或最有价值的语言；如果是议论文，我们就要把握中心论点；如果是寓言或哲理性的散文，我们就要抓住其深刻的寓意。

以大家熟知的《三顾茅庐》为例，刘备的三次拜访充分展现了他的诚意、谦逊、毅力。诸葛亮的智慧和才能也给我们留下了深刻的印象。他准确分析天下大势，预测未来的走向，根据刘备的实际情况，制定出切实可行的战略方针。这种运筹帷幄的能力让我们对诸葛亮充满了敬意。

如果把自己所有的感受都一股脑儿地写到读后感里，容易导致哪一点都不能写透彻。所以写感受前要认真思考、分析，对自己的感想进行筛选比较，加以提炼，选择受启发最大、感悟最深，自己写来又觉得顺畅的那一点，确立为"感发点"。

第三步：述读与发感。

述读，包括所读文章的出处、篇名及作者的交代，用简洁的话概括有关文章内容和总体感受，也可提出明确的感发点，也有开头交代所读作品写作背景的，目的是使读者明白这篇读后感的由来，要发什么感。这些交代都是必不可少的，否则，就会让读者不明白你的感受从何而来。文章中的"叙"讲究具体、形象、生动，而读后感中的"叙"也就是述读却讲究简单扼要，一般用 3 句至 4 句话概括为宜。它不要求"感人"，只要求能引出事理。初学者写读后感引述原文，一般会存在叙述不简要、述读变复述文章的问题。

例如，《小王子》是一本澄澈心灵的书，正如书中所说的，水对心是有益处的。而《小王子》这本书就如水一般澄清透彻，使人安宁并且心生暖意。合上这本书，小王子天真无邪的话语时时萦绕在我的耳畔。狐狸说得没错，只有人与人心灵之间的感情和友谊，才能够承担起爱的责任。

六年前的撒哈拉大沙漠中，因飞机故障，被迫降落的"我"意外结识了来自 B612 小行星的小王子，和他一起度过了一段梦幻般的甜蜜的时光，在这短短的一周里，"我"从他身上学到了许多许多，感悟了众多人生的哲理，最终，小王子离"我"而去，回到了自己的星球，那个只有三座火山和一朵玫瑰花的星球。

这篇是《小王子》读后感的述读部分，作者用简短的文字交代了自己所读书的内容，感发点就是"爱的责任"。

发感，是在述读和感发点的基础上，展开联想与引申，联系实际进行发挥，这是文章的主体部分。联想与引申的原则是：要围绕感发点，要与原文材料有密切的联系。对联系的内容和实际还要进行必要的分析、议论或抒情，这样感受才会深刻。这也是展开读后感主体部分最主要的方法。另外，在论证感发点的过程中，要注意把两种论据紧密结合起来，一是所读原文的材料，二是从现实中联想引申的材料，缺一不可，而且应自然融合。但在写感受时，就应该针对文章所说明的道理写出自己在生活中碰到的实例；也可以针对文章的一句或几句重点的话来写自己的感受；还可以根据文章中某些含义深刻的句子，来写出自己的想法。这就是我们通常所说的围绕基本观点联系实际。

我们接着来看《小王子》读后感的发感部分：

这是一个多么令人心碎的故事啊！小王子为了能够得到心爱的玫瑰花的原谅，不惜以生命为代价，一心要回到自己的星球，为她遮风挡雨，这是爱的责任，虽然她的态度很傲慢，但小王子依然爱着她，完全沉浸在她那美的光彩里，不禁脱口赞叹说："你真美呀！"这是一种发自内心的爱，虽然她虚荣、骄傲、疑心重，还有点爱说谎，导致小王子离开他的星球，但是这朵玫瑰花在他的心中是那么的重要，因为她对于小王子来说是唯一的、独一无二的，因为他曾经驯服过她，因为他要对她的爱的责任负责！

"只有心灵才能洞察一切，用眼睛是看不见事物的本质的。"在生活中，只要我们用心灵去发现，处处都有感人的故事。

父母为孩子精心准备一日三餐，老师耐心细致地为学生答疑解惑，好友间的互帮互助……难道这些事在我们的眼里就是那么的微不足道、理所当然吗？不，不是的，假如能用心灵去体会周围人对我们的爱，我们还会对这些事视而不见、充耳不闻吗？或许这样，结果就截然不同了。

爱的责任，让父母少费一些心思，多点休息；爱的责任，让朋友之间多一点信任，少一份争吵；爱的责任，让人与人之间多一份舒适，多一些温暖。爱的责任，是每一个人都应当做到、承担的，是要靠我们大家一起用心灵之间彼此的感情和友情来承担的。

建议大家写读后感时尽量用上一些名人名言、谚语或名人成功的小故事，这样会使你的文章内容更丰富，更具说服力。

第四步：结尾。

结尾可概括中心，总结全文，或提出问题，发表看法，发人深省。根据不同类型的读后感可采用不同的结尾形式。

可以用"引、议、联、结"这四个字概括我们所写的读后感。"引"是述读部分，"议"是交代自己的"感发点"，"联"是联系自身实际谈感受，"结"是读后感的结尾。

四、写读后感的注意事项

第一，写读后感绝不是对原文的抄录或简单地复述，不能脱离原文任意发挥，应以写"体会"为主。

第二，倾吐真实心声，挑选自己感触最深的点去写。

第三，要写出独特的新鲜感受，力求用有新意的见解来吸引读者或感染读者。

【思考与练习】

1. 读后感的写作形式有哪些？

2. 读后感的写作步骤是什么？

（尹莉莉）

第9单元

事物说明文的写作

◎**学习提示**

事物说明文，以具体事物为说明对象，将事物"是怎样的"作为说明的重点，要求对事物的性质、特征、构造、状态、发展演变过程、种类、用途等，进行科学明确的表述。

一、说明文概述

说明文是一种以说明为主要表达方式的文章体裁。对客观事物做出说明或对抽象事理的阐释，使人们对事物的形态、构造、性质、种类、成因、功能、关系或对事理的概念、特点、来源、演变、异同等有科学的认识，说明文的中心鲜明突出，文章具有科学性，条理性，严谨性，实用性，语言确切生动。它通过揭示概念来说明事物特征、本质及其规律性。说明文一般介绍事物的形状、构造、类别、关系、功能，解释事物的原理、含义、特点、演变等。说明文实用性很强，包括广告、说明书、提要、提示、规则、章程、解说词等。

二、说明文的分类

说明文是客观地说明事物或阐明事理的一种文体，目的在于给人以知识，或说明事物的状态、性质、功能，或阐明事理。根据说明对象和说明目的的不同，说明文可分为事物说明文和事理说明文。事物说明文，以具体事物为说明对象，将"事物是怎样的"作为说明的重点，要求对事物的性质、特征、构造、状态、发展演变过程、种类、用途等，进行科学明确的表述。《中国石拱桥》属于事物说明文，它以赵州桥和卢沟桥为例说明中国石拱桥"不但形式优美，而且结构坚固"的特征。《大自然的语言》属于事理说明文，文章科学地说明了物候学知识。

三、事物说明文的写作方法

（一）要抓住特征说明事物

任何事物都有自己的特征，这是这一事物区别于其他事物的最本质、最主要的方面。因此，要介绍清楚这一事物，必须把握住它的特征，才有准确性可言。比如，你参观了动物园，要向小读者介绍长颈鹿。什么是长颈鹿的主要特征呢？跑得快，斑纹美丽，这些都不是长颈鹿独具的特点。长颈鹿最主要的特征是脖子长，它是世界上最高的动物，雌鹿身高四米多，雄鹿身高五米左右。它有四条又细又长的腿，还长着一个特别长的脖子。令人惊奇的是，它的颈椎骨只有七块，数目和人的颈椎骨一样。长颈鹿的七块颈椎骨排起来，就是它的长脖子，每块颈椎骨的长度就可想而知了。只有把这些写清楚，才算抓住了长颈鹿的主要特征，称得上一篇较好的说明文。

（二）要选好说明角度

事物的特征，往往是多样性的。从不同的角度来考察同一事物，就会发现，它的特征不止一个。例如，《中国石拱桥》中，对赵州桥的介绍有历史悠久的特点，有形式美观的特点，还有结构坚固等特点。正因为如此，要求我们在说明事物时要根据不同的写作目的、读者对象，选好角度，确定重点，有详有略地进行说明。

（三）要合理安排说明顺序

要想把某一事物的特点准确、清楚地说明，还必须根据事物本身的条理和它的固有特征，选取合理的顺序来进行说明。所谓合理，无论是指在根据事物的特点和符合认识规律的前提下所采取的一种便于说清楚，也容易使人看明白的说明顺序。常用的说明顺序有：空间顺序、时间顺序、逻辑顺序。

（四）要恰当地使用多种说明方法

恰当、灵活地使用多种说明方法，有利于把事物介绍清楚。常用的说明方法有：下定义、作诠释、分类别、举例子、引用、作比较、列数字、图表说明等。选用哪种方法要从需要出发，还要看作者本人的写作习惯，但一般是综合运用各种说明方法，使文章生动形象，便于读者对所介绍事物的认识和理解。

（五）要运用准确、简明的语言说明

说明语言的准确性、周密性，是说明文语言的先决条件。表示时间、空间、数量、范围、程度、特征、性质、程序等，都要求准确无误。说明的实用性很强，稍有差错，会失之毫厘、谬以千里。在准确的前提下，说明的语言有的以平实见长，有的以生动活泼见长。由于说明的对象和作者语言风格的不同，说明的语言也是多种多样的。

例文：

水

在地球上，水是分布最广的一种物质。可以说，地球上到处都是水的寓所。地球上到底有多少水呢？有人粗略地估计，认为整个地球的水量，包括空中、地上、地下的水，总共将近 14 亿立方千米。

水是无色透明的液体，可为什么大海是蓝的，而湖水是碧绿的呢？原来这是阳光给它们染上的。阳光中的红光、橙光和黄光这些较长的光波被不同深度的水吸收了，蓝光、紫光和一部分绿光的波长较短，一遇到水面便四面散开或被反射回来。所以湖水蓝中透绿。海水更深，散射、反射的蓝、紫光更多，就泛碧蓝色了。一般情况下，水加热到 100℃就会沸腾，降低到 0℃以下就要结冰。在高山上，只要加热到 80℃以上水就会沸腾；海平面上，只要 72℃左右水就沸腾；矿井里，水到 100℃以上才沸腾。

在大自然中，水无时无刻不在动，不在变，但万变不离其宗，它基本存在三个地方：空气里、地下、地表；它的基本形态是三种：气态、液态和固态。

四、事物说明文写作的注意事项

只要理顺了头绪，把阅读说明文和写作说明文结合起来，以阅读课文为写作借鉴的范例，多观察、多分析、多练习，就能逐步学会选用恰当的说明方法，正确而有条理地说明事物的特征。要写好一篇说明文，首先得分清说明文和记叙文、议论文的区别。说明文的写作目的是授人以知，让人明白；记叙文的写作目的是以情感人、让人动情。说明文只是说明事物的特征，阐明原理，介绍知识，说明是手段。说明文与议论文的区别，主要在于说明文的目的主要是说明，议论文的目的则主要是说理；说明文要求把实体事物或抽象事理本身的情况说清楚，议论文则要求提出个人对议论对象的看法或主张。其次，须将说明文的特点烂熟于心。说明文的特点主要有说明性、知识性、科学性、实用性。只有很好地掌握了说明文的这些特点，才能将说明文写好。

总之，要写好说明文，一方面靠亲身实践，细致观察，另一方面又要善于向书本和有经验的人学习，同时还要周密思考，努力去熟悉所要说明的事物。

【思考与练习】

1. 常见的说明方法有哪些?

2. 常用的说明顺序有哪些?

3. 怎样写好事物说明文?

（于景苗）

事理说明文的写作

◎**学习提示**

了解什么是事理说明文；明确写事理说明文运用的顺序和方法；学习写事理说明文的方法。

一、事理说明文及相关要素简介

一切事物的发展变化都有一定的规律，事物之间也有一定的关系。通常人们把这种规律和事物之间的联系叫作事理。对事物发展变化规律和事物之间的关系进行阐述与解说的文章，就是事理说明文。也就是说，事物说明文主要回答"是什么"的问题，事理说明文主要回答"为什么"的问题。

同事物说明文一样，写作事理说明文也需要遵循三个原则：①了解事理。可以通过亲自观察、研究或者是向别人请教、查阅资料来了解事物的道理。只有自己先弄懂了道理，才可能向别人介绍。②安排写作顺序。事理说明文所遵循的首先是逻辑顺序，也就是事物的内在联系和认识事物的规律。逻辑顺序不但要运用在段落关系上，句子之间也要按照这种顺序来写。③选用合适的说明方法。常用的说明方法包括下定义、举例子、列数字、引用说明、作比较、分类别等。

（一）逻辑顺序

逻辑顺序是事理说明文常见的说明顺序之一。

逻辑顺序即按照事物、事理的内在逻辑关系，或由一般到特殊，或由具体到抽象，或由主要到次要，或由现象到本质，或由原因到结果等，一一介绍说明。不管是实体的事物，如山川、江河、花草、树木、建筑、器物等，还是抽象的事理，如概念、原理、技术等，都适用于以逻辑顺序来说明。凡是阐述事物、事理间的各种因果关系或其他逻辑关系，按逻辑顺序写作最为适宜。

1. 由一般到特殊。

如《中国石拱桥》，先说世界上石拱桥的特点，然后说中国石拱桥的特点，再说中国石拱桥的杰作——赵州桥和卢沟桥，这就是按由一般到特殊的顺序来写的，使读者对中国石拱桥的了解由浅入深，从概括到具体。

2. 由具体到抽象。

如《大自然的语言》，第一部分说明物候学研究的对象，先从一年四季物候的具体变化现象谈起，描写了春夏秋冬四季更迭的情况，使读者对物候学有了直观的认识，再在此基础上自然地引出什么是物候、什么是物候学等问题。

3. 由主要到次要。

如《苏州园林》先用高度概括的语言综合说明苏州园林的共同特征，再用较多的笔墨主要说明苏州园林在四大方面的具体特征，接下来用简洁的语言点明苏州园林的细部特征，就是按照由主到次的顺序说明的。

4. 由现象到本质。

人们认识事物往往是从表象入手，由表及里地去了解事物的本质。如《恐龙无处不有》，先从南极和地球其他的许多大陆上都发现有恐龙化石这一现象入手，"说明恐龙确实遍布于世界各地"，引起思考"恐龙如何能在南极地区生存呢"并步步追问，引出回答"是大陆在漂移而不是恐龙自己在迁移"，再进一步介绍板块学说，从现象到本质，通过南极恐龙化石的发现来证明"板块构造"学说。

5. 由原因到结果。

《向沙漠进军》先说明沙漠对人类的严重危害，揭示了向沙漠进军的原因，再介绍人类向沙漠进军的方法和取得的成果。这一说明顺序既符合事物的发展规律，又符合人们的阅读习惯，使文章有很强的逻辑性。

6. 由概念到应用。

如《统筹方法》一开头便下定义："统筹方法，是一种安排工作进程的数学方法。"接着指出它实用范围的广泛性，然后重点说明统筹方法的应用问题。这种先概念后应用、先理论后实践的顺序也属逻辑顺序。

（二）说明方法

1. **举例子**。举出实际事例来说明事物，使所要说明的事物具体化，以便读者理解，这种说明方法叫举例子。好处：使文章说明的内容更明确，更真实可信，使读者更明白。

例：我国的石拱桥有悠久的历史。《水经注》里提到的"旅人桥"，大约建成于公元 282 年，可能是有记载的最早的石拱桥了。（《中国石拱桥》）

这里运用举例子的说明方法，通过旅人桥的建成时间让读者更具体明确地明白"我国的石拱桥有悠久的历史"。

2. **引用说明**。为了使说明的内容更充实具体，可以引用一些文献资料、诗词、俗语、名人名言等，可使说明更具说服力。好处：使文章更具说服力。

例：桥的设计完全合乎科学原理，施工技术更是巧妙绝伦。唐朝的张嘉贞说它"制造奇特，人不知其所以为"。（《中国石拱桥》）

这里引用了唐代张嘉贞为整修赵州桥所写的《石桥铭序》中的话，来说明赵州桥科学的设计和精湛的施工，使读者更为信服。

3. **作比较**。作比较是将两种类别相同或不同的事物、现象加以比较，来说明事物特征的说明方法。好处：说明某些抽象的或者是人们比较陌生的事物，可以用具体的或者大家已经熟悉的事物和它比较，使读者通过比较得到具体而鲜明的印象。

例：我国的建筑，从古代的宫殿到近代的一般住房，绝大部分是对称的，左边怎么样，右边也是怎么样。苏州园林可绝不讲究对称，好像故意避免似的。（《苏州园林》）

这里将苏州园林与我国的建筑进行比较，来说明苏州园林"可绝不讲究对称"的特点，读者更容易对苏州园林获得具体鲜明的感受。

4. **列数字**。为了使所要说明的事物具体化，还可以采用列数字的方法，以便读者理解。需要注意的是，引用的数字，一定要准确无误。好处：数字是从数量上说明事物特征或事理的最精确、最科学的依据，用列数字的方法进行说明，既能准确客观地反映事物情况，又有较强的说服力。

例：赵州桥非常雄伟，全长50.82米，两端宽9.6米，中部略窄，宽约9米。（《中国石拱桥》）

此处列举了赵州桥长度和宽度的数字，读者对赵州桥的外部大小也就有了清晰准确的了解。

5. **分类别**。要说明事物的特征，如果从单方面不易说清楚，可以根据形状、性质、成因、功用等属性的异同，把事物分成若干类，然后依照类别逐一加以说明。这种说明方法，叫分类别。好处：条理清晰、一目了然。

例：苏州园林里都有假山和池沼。假山的堆叠可以说是一项艺术而不仅是技术。……至于池沼，大多引用活水。有些园林池沼宽敞，就把池沼作为全园的中心，其他景物配合着布置。水面假如成河道模样，往往安排桥梁。……（《苏州园林》）

这一段介绍苏州园林"讲究假山池沼的配合"。作者先介绍假山，再介绍池沼，池沼又分成"宽敞"和"成河道模样"两种情况，经过分类说明，读者对苏州园林假山和池沼的配合情况便了解清晰了。

6. **打比方**。利用两种不同事物之间的相似之处做比较，以突出事物的性状特点，增强说明的形象性和生动性的说明方法叫作打比方。好处：使抽象的事理变得具体、生动、形象，或把事物的特征解说得确切具体、浅显易懂。

例：石拱桥的桥洞成弧形，就像虹。（《中国石拱桥》）

用"虹"做喻体，形象地说明石拱桥桥洞所呈的形状，与一般的方形、长方形做了区分。

7. **摹状貌**。为了使被说明的对象更形象、具体，可以进行状貌摹写，这种说明方法叫摹状貌。好处：使被说明对象更形象、具体。

例：桥面用石板铺砌，两旁有石栏石柱。每个柱头上都雕刻着不同姿态的狮子。这些石刻狮子，有的母子相抱，有的交头接耳，有的像倾听水声，有的像注视行人，千态万状，惟妙惟肖。（《中国石拱桥》）

这段话运用摹状貌的说明方法，将卢沟桥柱头上的石刻狮子的状貌摹写得生动形象。

8. **下定义**。用简明的语言对某一概念的本质特征做规定性的说明叫下定义。下定义能准确揭示事物的本质。好处：使读者在阅读时对抽象的概念能够更加明白、理解。

例：在一些山区的沟谷中，由于地表径流对山坡和沟床不断地冲蚀掏挖，山体常常崩塌滑坡，塌滑下来的大量的泥沙石块等固体物质被水流挟带搅拌，变成黏稠的浆体，在重力的作用下急速奔泻。这就是人们常说的泥石流。（《一次大型的泥石流》）

利用定义说明什么是泥石流。对于这一自然地理现象，这段文字是从环境、成因、构成、情态四个方面对泥石流的定义做了充分、全面、周密的阐发。

9. **作诠释**。从一个侧面，对事物的某一个特点做些解释，这种方法叫作诠释。好处：使读者在阅读时对抽象的字词能够更加理解。

例：例如秋冬之交，天气晴朗的空中，在一定高度上气温反比低处高。这叫逆温层。（《大自然的语言》）

文章在说明影响物候的第三个因素"高下的差异"时，借助秋冬之交天气晴朗的空中的反常情况解释了什么是逆温层，让读者能更好地理解这个因素的特殊情况。

10. **画图表**。为了把复杂的事物说清楚，还可以采用图表法，来弥补单用文字表达的欠缺，对某些事物解说更直接、更具体。好处：使人看了一目了然。

二、怎样写好事理说明文

（一）弄清说明对象

事理说明文的写作，第一，要有明确的目的性；第二，必须抓住事物的本质特征；第三，文章的结构、层次要有很强的逻辑性，要"言而有序"；第四，要有周密、准确的语言，以保证文章的科学性。

说明，是对事物做客观的、冷静的、科学的解释。说明的根本目的在于使读者有所"知"。具体来说，就是弄清说明对象。自己先要把所要说的事理彻底弄清，这是写好事理说明文的先决条件。为了把要说的事理彻底弄清，就要下一番功夫，学习、观察、调查、向别人请教以至进行实验，经过反复研究，把所有的疑问和不清楚之点都弄清楚，然后再加以整理，做到明白透彻、条理清晰。

弄清说明对象之后，就要就题立意——确定说明中心。确定中心要注意以下三点：首先是正确。也就是说，我们解说的事物的本质及规律性要有科学的根据，经得起实践的检验。其次是深刻。深刻是指说明事物要透过现象揭示本质，反映事物内部的规律性。要使读者不仅了解事物"是这样的"，而且要明白"为什么是这样的"。最后是集中。所谓集中就是重点突出、中心明确。我们对客观事物的认识是多方面的，材料是丰富的，但在确定中心时不能没有重点、没有中心，不能企图在一篇文章里面面俱到。如果每一面都讲得不深不透，反而会把中心给湮没了。

确定说明的中心、重点后，接下来就要明确说明的顺序和方法。

（二）注意说明顺序

事理说明文是阐述事理的，阐述比较抽象的自然科学原理，用逻辑顺序比较符合人们认识事物的规律，便于说明得清楚明白。比如《大自然的语言》，就是按照"物候"及"物候学"的概念—物候观测对农业的重要性—决定物候现象来临的因素—研究物候学的意义这样的逻辑思路来安排的。

安排结构要层次分明、条理清晰。开头可以正面提出事理，也可以由提出问题的方式开始，也可以从最精彩的部分开头，以引起读者的兴趣。主体部分，可按照事物发展的客观规律或人的认识规律，一层一层地说明或一步一步地推理，也可以先提出结论再进行分析综合。结尾部分可以做简略的概括，也可以说明该事理的应用和意义。如果说明的是以"重力和惯性"之类概念为题的科学原理，还可以先下定义，解释这种原理，然后列现象或举例说明这个原理。总之，同一事理，不同作者或对不同的读者，写出的事理说明文中心不同，结构层次也不尽相同，没有固定的格式。

（三）选择说明方法

根据事理的特点和人们认识事物的规律，选择适当的说明方法。这就是抓住人们不易明白或不易信服的关键问题，尽量利用人们熟悉、知道、承认、能够明白或接受的东西来说明问题。这也就是通常所说的从已知到未知、从具体到抽象、从简单到复杂，或者由近及远、由浅入深。事理说明文常用的说明方法是例证法、推理法、类比法、图表法、数字统计法等。通常写事理说明文往往不是单纯地使用一种方法，而是综合运用几种方法。

（四）讲究说明语言

事理说明文的语言要准确、简洁、通俗。

1. **准确**。事理说明文内容的科学性和专业性都比较强，它要求语言要确切，不能夸大和缩小。语言准确，就要做到用词准确。说明文最忌含糊其词，该肯定不肯定，该否定不否定。《中国石拱桥》一文中有这样一段话："赵州桥横跨在洨河上……修建于公元605年左右，到现在已经1300多年了，还保持着原来的雄姿。……赵州桥非常雄伟，全长50.82米，两端宽9.6米，中部略窄，宽9米。"这段话中的数字，有的是约数，有的是确数。因为赵州桥在哪年建成，史书上已经找不到确凿的记载，所以只能说个约数；而赵州桥的长度，却精确到小数点后两位，这不但说明实有其桥，而且从这些具体精确的数字，可以看出我国古代劳动人民的智慧。写事理说明文，一定要下功夫选取"最恰当""最精确"的语言来表达。

2. **简洁**。语言简洁，就是精练，干净利落，用尽可能少的话，把事物说清楚，不要啰唆重复、拖泥带水。比如"下水游泳应注意些什么"这句话中的"下水"就是重复多余的话，应该删去。

为了做到说明文的语言简洁，还要防止不必要的"引申"和"寓意"。有些同学习惯于写记叙文，喜欢形容和描写，初学写说明文，有时也要来一番"引申"和"寓意"。比如，写一篇介绍松树和柳树的说明文，结尾却这样写："我们既要学习松树坚强不屈的品格，又要学习柳树栽在哪里、就在哪里生根的精神。"记事抒情的文章，自然可以这样写，说明文就没有必要了，写了反而画蛇添足，不简洁了。

3. 通俗。语言通俗，就是运用明白通顺的话，把本来抽象的概念说得具体生动，把本来深奥的道理说得浅显易懂。让我们看看这段说明："几千年来，劳动人民注意了草木荣枯、候鸟去来等自然现象同气候的关系，据以安排农事。杏花开了，就好像大自然在传语要赶快耕地；桃花开了，又好像在暗示要赶快种谷子。布谷鸟开始唱歌，劳动人民懂得它在唱什么：'阿公阿婆，割麦插禾。'这样看来，花香鸟语，草长莺飞，都是大自然的语言。这些自然现象，我国古代劳动人民称它为物候。"这是《大自然的语言》中关于什么是物候的说明。作者使用的语言通俗，说明具体而生动。把气候变化和动物活动、植物生长、农业生产的关系都说清楚了。

说明文的语言要通俗，并不是不要生动、有趣。叶圣陶先生在《文章例话》中说："说明文不一定就是板起面孔来说话，说明文未尝不可带一点风趣。"有些说明文运用拟人、比喻、引用等修辞手法，写得很有趣味。例如：

（1）庄稼有了化学朋友，就不怕生物界敌人的进攻了。

（2）蜻蜓被誉为昆虫里的"飞行之王"。在闷热的夏季，暴雨将至或骤雨初歇，蜻蜓常常三五成群在空中飞舞。它好似一架飞机，而飞行技巧却远远高超于飞机之上。

（3）"白露早，寒露迟，秋分种麦正当时。"这是华北中部地区流行的一句农谚。这句农谚说明种庄稼要看节气。

例（1）运用拟人写法，读来颇有情趣；例（2）把蜻蜓和飞机相比，贴切生动，使被说明的事物变得浅显易懂；例（3）引用农谚，通俗地讲解了节气与种庄稼的关系。

三、事理说明文写作的注意事项

事理说明文的用途十分广泛。各种教科书、科技书刊、实验报告、科研论文、经验介绍、生活常识等，都离不开事理说明。

（一）注意与事物说明文、程序说明文的不同

事物说明文重在说明具体事物的特征和本质，程序说明文重在说明事物进行的过程和方法，而事理说明文则重在分析事物的因果关系，说明事物的发展规律。

写事理说明文要特别注意科学性和逻辑性。

科学性——就是说要符合实际，符合事物本身的发展规律。因此，说明事理必须实事求是，不能夸大或缩小，更不能编造；必须全面而周密，不能片面，不能只强调一点而忽视或遗漏其他方面；同时必须肯定明确，不能似是而非、模棱两可、顾此失彼。

逻辑性——首先是要把概念表达准确，这就是说，要把说的是什么事物、什么问题或什么现象用准确的语言交代清楚，不要同别的事物、问题或现象混淆不清。其次是推理要严密，要一步

一步，清清楚楚，有根有据，合乎道理。需要证明的必须有足够的事实来证明。

（二）注意与议论文的区别

1. 事理说明文说明的是事物的本质规律，重在"事物怎样"，其"理"具有相对的客观性；议论文是论述自己的主张、观点的，重在"我主张怎样""我认为怎样"，其"理"具有相对的主观性。

2. 在写作目的和作用方面，事理说明文解说某种事物内部所包含的原理、规律以及与其他事物的关系，以知识授人；议论文举出理由和根据，阐明自己对人对事的见解和主张，以理服人。

3. 在语言表达特点上，事理说明文以说明为主，有时兼用记叙、描写，对被说明的事理做明确具体的介绍，语言富有科学性和实用性；议论文以议论为主，兼有说明和概括叙述，如列举事实论据，语言富有逻辑性和论辩性。

最后，我们来看一篇学生写的事理说明文。

例文：

朋友，别挑食

朋友，你挑食吗？也许你因为食物不香，也许你因为肚子很饱，也许你因为饭菜没有很好的色泽。但不论怎样，挑食都是不良的习惯。所以，朋友——别挑食，因为每种食物中都有人体不可缺少的营养！

人体所需的营养大致可分为五类：维生素、蛋白质、脂肪、碳水化合物和矿物质。维生素在过去叫作维他命，顾名思义，维生素就是维持生命的元素。维生素的种类很多，已知的已有20余种，包括维生素A、B、C、D、K等。每个人需要的维生素量很小，但它对人体却发挥着不可取代的作用。人体一旦缺乏了维生素，生长发育就要受到影响，有时还会引起一些疾病。例如缺乏维生素A，会引起儿童发育不良、夜盲症、皮肤粗糙等，这时就要补充一些动物肝脏、鱼类、玉米、萝卜等；缺乏维生素B，就会患脚气病、神经炎、糙皮病等，可多吃豆类、蔬菜、肉类；还有我们常说的维生素C，缺少它会得坏血病，抵抗力也会下降，患维生素C缺乏症的人应多吃蔬菜和水果；缺乏维生素D会引起佝偻病、软骨病，应多吃鱼类、蛋类和肉类；还有维生素K，缺乏它会导致出血现象，这时就应多吃绿色蔬菜。

蛋白质是构成人体细胞的基本物质，我们的生长发育、组织更新及提供能量，都少不了它。蛋白质主要来源于鱼类、牛奶、肉类、干果仁、豆类等。

脂肪也是为人体提供能量的物质，一般来说，脂肪只储存在体内，主要来源于油、蛋、鱼、肉、奶、豆类、芝麻等。

能为人体提供能量的还有碳水化合物，人体的活动所需的能量主要来源于它，它还是构成细胞的一部分。含碳水化合物较多的食物有面食、米食、马铃薯和糖等。

矿物质在体内的含量不多，但也很重要，常见的如钙、锌、铁、镁、磷等。这些都是不可缺少的，其中钙、镁、磷是骨骼和牙齿的主要成分。矿物质主要存在于奶类、蛋类、肉类、鱼类、蟹类等中。

总之，人体需要上述多种营养。这些营养大都可以从食物中摄取。所以你要使自己身体健康，就听我的忠告：

朋友，别挑食！

【点评分析】这篇事理说明文先总述了"挑食是一种不良的习惯"，介绍了人体需要的五类营养。然后按分类说明法逐类说明。对这五类营养的来源、缺乏某类营养的害处及补救方法，都进行了综合介绍和分析说明。内容比较全面，条理也较清楚，对挑食的青少年朋友敲响了警钟。

【思考与练习】

1. 什么是事理说明文？

2. 写作事理说明文应该从哪几个方面入手？

3. 根据下面两个事实，写一篇文章，说明曹冲的办法为什么能称出大象的重量，阿基米德的办法为什么能鉴定王冠是不是纯金。

（1）曹冲生五六岁，智意所及，有若成人之智。时孙权曾致巨象，太祖欲知其斤重，访之群下，咸莫能出其理。冲曰："置象大船之上，而刻其水痕所至，称物以载之，则校可知矣。"太祖悦，即施行焉。

（2）公元前 3 世纪，叙拉古国国王亥尼洛要阿基米德鉴定一顶精美的王冠是不是纯金，然而又不能拆损、弄坏王冠。阿基米德经过几天思索，终于找到了办法：取两份金属来，一是黄金，二是白银，二者都要和王冠的重量相等。然后将三个物体——金子、银子和王冠——依次浸在盛满水的一个容器里，看在三种情况下每次各溢出多少水，以检验王冠是否为纯金。

要求：

①认真分析所给的材料，抓住事物的本质，中心明确，所说明的事理合乎科学性。题目自拟。

②注意语言的准确性和文理的逻辑性。

③恰当地运用多种说明方法。

（范惠洁）

科学小品文的写作

◎学习提示

　　随着高科技的飞速发展和科技知识的普及，科学小品文已成为人们喜闻乐见的写作和阅读的内容。什么是科学小品文，科学小品文有哪些特点，如何写科学小品文，是本文的主要内容。

一、什么是科学小品文

　　科学小品文并不等同于科普说明文。科普说明文大致分为两种：一种是科学说明文；另一种是科学小品文。有人说："科学小品是一种以科学技术知识为题材，用文艺性笔调写成的说明文。"其实，科学小品还有更深刻的内涵。湖州师范学院文学院院长程民教授认为："科学小品作为科普说明文与散文小品的后代，从内容、形式、语言直至作品的思想蕴意、审美情趣等，都有着自己的独特追求。"

　　科学小品文也称知识小品文或文艺性说明文。它用小品文的笔调，借助某些文学写作手法，将科学内容生动、形象地表达出来。

　　科学小品文用文学笔法来写，融科学性、知识性、趣味性、娱乐性为一体，使读者在文学欣赏中获得科学知识。

　　科学小品文是带有文学色彩的科学说明文，形式简短、内容通俗，语言既准确简明又形象生动，形式生动活泼。读这类文章能活跃思维、丰富知识、开阔视野，深受广大读者的喜爱。

　　随着高科技的飞速发展和科技知识的普及，科学小品文的社会需要日益增大，社会效益也日益显著，科学小品文已成为人们喜闻乐见的写作、阅读的内容。近年来，在各类考试中、说明文选材中，科学小品文所占比例越来越大，无论从内容、形式到命题的设计都有新的尝试。因此，在说明文学习中不能忽视科学小品文存在的价值。

（一）内容的科学性

　　科学性是科学小品文的基石，也是科学小品文的灵魂。科学小品文虽然是科普文章和散文结合的产物，但是在写作内容方面必须以科学为主要研究对象。在文章选题方面要遵循广采杂收的原则，范围包括科学的各个领域。但无论哪个科学领域的小品文，都要求对写作对象准确把握，写作内容要遵循科学性与客观性并存的原则。向读者普及正确的科学知识，在对科学知识进行普及的同时，帮助读者掌握科学性的思维，学习科学的方法。

（二）文笔的生动性

文学性与文艺性使科学小品文拥有独特的审美价值。科学小品文在保证自身写作内容科学性的同时，还吸收了散文灵活以及文笔优美等特点。它融多种表达方式为一体，善用修辞手法，兼有杂文的犀利，议论文的深刻，散文的精致，随笔的轻松等。它使得科学传播并不似我们想象的那般枯燥，传播科学的文章内容也变得轻松明快、赏心悦目。

科学小品文文笔的生动性大体表现为以下三个方面：一是善于记叙和描写；二是善于穿插趣闻；三是善于运用修辞手法。

（三）内容的通俗性

科学小品文不是为专业科研服务的，它以普及科学知识为己任，所以它必须深入浅出、通俗易懂地解释、介绍、表现科学内容。比如《大自然的语言》《话茶》《天石》等文，都具有内容通俗易懂的特点。

换言之，科学小品文是这样的一类文章。

1. 亦小亦新。

科学小品文不仅篇幅短小，还要内容新鲜独特，能尺幅千里、寸镜万菌。它紧跟科技的发展和时事的变化，及时普及新的知识。

2. 亦俗亦雅。

科学小品文用语通俗、浅显易懂，既能引发众人的兴趣，又能准确地说明科学知识。

3. 亦诗亦哲亦知。

科学小品文融科学性、艺术性和思想性为一体，因此平添了诗、哲、知合一的风味，使人在增长知识的同时，也启迪了思想，陶冶了情操。

二、科学小品文的形式

科学小品文的独特追求是什么？中国科学小品文的倡导者柳湜先生在《论科学小品文》一文中指出："小品文如果与科学结婚，不仅小品吸取了有生命的内容，同时科学也取得了艺术的表达手段，艺术的大众科学作品于是才能诞生。"这就是说，科学小品文是科学与小品文联姻的产物。

科学小品文内容的广泛性，从肉眼看不见的基本粒子、原子，到巨大的地球、太阳；无论是工业、农业方面，还是物理、化学、天文、地质、生物等方面，都可以找到科学小品文的题材。所以科学小品文的表现形式必然是多种多样、灵活自如的。归纳起来常见的有以下几种。

（一）描述式

描，即描写；述，指叙述。这类小品文想象丰富、语言优美，既有形象的描写，又有生动的叙述；具有文艺性散文的风格，都是以介绍科学知识为目的。比如《奇峰异洞话桂林》就是最典型的例证之一。这种描述式便于说古道今、旁征博引、趣味盎然，吸引读者。

（二）自述式

就是把所要介绍的科学知识，用第一人称的拟人化的手法，赋予人的思想、感情、语言、动作，让被说明的事物站出来做自我介绍。比如《灰尘的自述》《我是电》等就是自述式的。

（三）故事式

将介绍的科学知识，编成生动有趣的故事，使人们在读故事或听故事时获得科学知识，这种表达形式称为故事式。它和自述式不同的是，用第三人称；相同的是，大多采用拟人化的手法。采用这种形式，既要使故事情节引人入胜，又要注意其合理性。

故事，就应交代时间、地点，"人物"就是将所述的事物人格化，还要有情节；在表达方式上，一般兼有叙述和描写，语言形象、生动。当然，不能强调故事而忽视了科学知识，喧宾夺主就失去了写作的意义。

（四）谈话式

谈话式也称对话式，就是以问答、对话的方式进行说明。这种方式给人一种亲切、真实的感觉，容易和读者沟通，产生共鸣。同时，这种写法文字更易精练。

谈话式一般分为三种：一问一答式、甲乙对话式、文中对话式。前两种比较常见，如《旅鼠之谜》，也容易把握。后一种是把人物对话组织到具体故事当中去，故事情节的发展主要是由对话内容的变化而推进，对话是文章的主体。

总之，无论采用哪种形式，都要依据内容而定，突出以说明为主线，融叙述、描写、抒情甚至议论为一体，看似是散文，实为说明文，发挥文学笔法的感染作用，达到说明的目的，可读性更强。

三、科学小品文的写作方法和技巧

（一）重在选题

选题要注意下列几种方法：跟踪热点，"捕风捉影"；联系生活，见微知著；结合兴趣，广泛借鉴。

（二）贵在求材

有了好的选题，还得详细而准确地掌握有关知识和材料。

（三）巧在形式

科学小品文中常见的小品形式主要有以下几种：故事的形式、对话的形式、自述的形式、散文的形式。

（四）美在语言

作为一种科学与文学相结合的文体，科学小品文非常注重语言的运用，具体表现在语言的真实准确、散文的笔调、明快轻松等。

（五）活在表达

科学小品文在写作上应灵活巧妙地运用文学创作中的一切技法，如绘形的手法、拟人的手法、比喻的手法、比较的手法、引经据典的手法等。

科学小品文描述的生动性基于科学论证的雄辩性。科学小品文的意蕴在于科学逻辑力量的合理的延伸。两者的结合才能使读者既获得知识，又学会思想。

自然、社会和人的和谐是人类的理想之巅。科学小品文使科学知识亲切可触，并从中体味到智慧的启迪和求知的愉悦。

"理解"，也需"感受"，有的可以言传，有的需要意会。

现代那么多复杂困难的问题摆在人类面前，各学科日益融合，新学科不断出现，特别需要我们开阔思路，这是迈向美好未来的起点。

例文：

蝉（节选）

我有很好的环境可以研究蝉的习性。一到七月初，蝉就占据了我门前的树。我是屋里的主人，它却是门外的统治者。有了它的统治，无论怎样总是不很安静的。

每年蝉的初次出现是在夏至。在阳光暴晒的道路上有好些小圆孔，孔口与地面相平。蝉的幼虫就从这些圆孔爬出，在地面上变成完全的蝉。蝉喜欢干燥、阳光多的地方。幼虫身上长着有力的"工具"，能够钻透晒干的泥土和沙石。我要考察它们遗弃下的储藏室，必须用刀子来挖掘。

这小圆孔约一寸口径，周围一点土都没有。大多数掘地昆虫，例如金蜣，窠外面总有一座土堆。这种区别是由于它们工作方法的不同。金蜣的工作是由洞口开始，所以把掘出来的废料堆积在地面。蝉的幼虫是从地下上来的，最后的工作才是开辟大门口。因为门还未开，所以不可能在门口堆积泥土。

蝉的隧道大都是深十五六寸，下面较宽大，底部却完全关闭起来。做隧道的时候，泥土搬到哪里去了呢？为什么墙壁不会塌下来呢？谁都以为蝉幼虫用有爪的腿爬上爬下，会将泥土弄塌了，把自己的房子塞住。其实，它干起活来简直像矿工或铁路工程师。矿工用支柱支撑隧道，铁路工程师利用砖墙使地道坚固。蝉同他们一样聪明，在隧道的墙上涂上灰泥。它身子里藏有一种极黏的液体，可以用来做灰泥。地穴常常建筑在含有汁液的植物根须上，为的是可以从根须取得汁液。

能够很随便地在穴道内爬上爬下，这是很重要的。它必须先知道外面的天气是怎样的，才能决定可以出来晒太阳的日子到了没有。所以它工作好几个星期，甚至几个月，做成一圈涂墁得很坚固的墙壁，以求适于上下爬行。隧道的顶上留一层一指厚的土，用来抵御外面的恶劣气候，直到最后一刹那。只要有一些好天气的气息，它就爬上来，利用顶上的薄盖去考察气候的情况。

假使它估量到外面有雨或风暴——纤弱的幼虫蜕皮的时候，这是一件顶重要的事情——它就小心谨慎地溜到温暖严紧的隧道底下。如果气候看来很温暖，它就用爪击碎天花板，爬到地面上来。

它臃肿的身体里面有一种汁液，可以用力抵御穴里的尘土。它掘土的时候，将汁液喷洒在泥土上，使泥土成为泥浆，于是墙壁就更加柔软。幼虫再用它肥重的身体压上去，使烂泥挤进干土的罅隙。所以，它在地面上出现的时候，身上常有许多潮湿的泥点。蝉的幼虫初次出现于地面，常常在邻近的地方徘徊，寻求适当的地点——一棵小矮树，一丛百里香，一片野草叶，或者一根灌木枝——脱掉身上的皮。找到就爬上去，用前爪紧紧地把握住，丝毫不动。

于是它外层的皮开始由背上裂开，里面露出淡绿色的蝉体。头先出来，接着是吸管和前腿，最后是后腿与折着的翅膀。这时候，除掉尾部，全体都出来了。

接着，它表演一种奇怪的体操。在空中腾跃，翻转，使头部倒悬，折叠的翼向外伸直，竭力张开。然后用一种几乎看不清的动作，尽力翻上来，并用前爪钩住它的空皮。这个动作使尾端从壳中脱出。总的过程大概要半小时。

这个刚得到自由的蝉，短期内还不十分强壮。在它的柔弱的身体还没有精力和漂亮的颜色以前，必须好好地沐浴阳光和空气。只用前爪挂在已脱下的壳上，摇摆在微风中，依然很脆弱，依然是绿色的。直到变成棕色，才同平常的蝉一样强壮了。假定它在早晨九点钟占据了树枝，大概要到十二点半才扔下它的皮飞去。空壳挂在树枝上，有时可达一两个月之久。

大自然的语言

立春过后，大地渐渐从沉睡中苏醒过来。冰雪融化，草木萌发，各种花次第开放。再过两个月，燕子翩然归来。不久，布谷鸟也来了。于是转入炎热的夏季，这是植物孕育果实的时期。到了秋天，果实成熟，植物的叶子渐渐变黄，在秋风中簌簌地落下来。北雁南飞，活跃在田间草际的昆虫也都销声匿迹。到处呈现一片衰草连天的景象，准备迎接风雪载途的寒冬。在地球上温带和亚热带区域里，年年如是，周而复始。

几千年来，劳动人民注意了草木荣枯、候鸟去来等自然现象同气候的关系，据以安排农事。杏花开了，就好像大自然在传语要赶快耕地；桃花开了，又好像在暗示要赶快种谷子。布谷鸟开始唱歌，劳动人民懂得它在唱什么："阿公阿婆，割麦插禾。"这样看来，花香鸟语，草长莺飞，都是大自然的语言。

这些自然现象，我国古代劳动人民称它为物候。物候知识在我国起源很早。古代流传下来的许多农谚就包含了丰富的物候知识。到了近代，利用物候知识来研究农业生产，已经发展为一门科学，就是物候学。物候学记录植物的生长荣枯，动物的养育往来，如桃花开、燕子来等自然现象，从而了解随着时节推移的气候变化和这种变化对动植物的影响。

物候观测使用的是"活的仪器"，是活生生的生物。它比气象仪器复杂得多，灵敏得多。物候观测的数据反映气温、湿度等气候条件的综合，也反映气候条件对于生物的影响。应用在农事活动里，比较简便，容易掌握。物候对于农业的重要性就在这里。下面是一个例子。

北京的物候记录，1962 年的山桃、杏花、苹果、榆叶梅、西府海棠、丁香、刺槐的花期比 1961 年迟十天左右，比 1960 年迟五六天。根据这些物候观测资料，可以判断北京地区 1962 年农业季节来得较晚。而那年春初种的花生等作物仍然是按照往年日期播种的，结果受到低温的损害。如果能注意到物候延迟，选择适宜的播种日期，这种损失就可能避免。

物候现象的来临决定于哪些因素呢？

首先是纬度。越往北桃花开得越迟，候鸟也来得越晚。值得指出的是物候现象南北差异的日数因季节的差别而不同。中国大陆性气候显著，冬冷夏热。冬季南北温度悬殊，夏季却相差不大。在春天，早春跟晚春也不相同。如在早春三四月间，南京桃花要比北京早开 20 天，但是到晚春五月初，南京刺槐开花只比北京早 10 天。所以在华北常感觉到春季短促，冬天结束，夏天就到了。

经度的差异是影响物候的第二个因素。凡是近海的地方，比同纬度的内陆，冬天温和，春天反而寒冷。所以沿海地区的春天的来临比内陆要迟若干天。如大连纬度在北京以南约 1°，但是在大连，连翘和榆叶梅的盛开都比北京要迟一个星期。又如济南苹果开花在四月中或谷雨节，烟台要到立夏。两地纬度相差无几，但烟台靠海，春天便来得迟了。

影响物候的第三个因素是高下的差异。植物的抽青、开花等物候现象在春夏两季越往高处越迟，而到秋天乔木的落叶则越往高处越早。不过研究这个因素要考虑到特殊的情况。例如秋冬之交，天气晴朗的空中，在一定高度上气温反比低处高。这叫逆温层。由于冷空气比较重，在无风的夜晚，冷空气便向低处流。这种现象在山地秋冬两季，特别是这两季的早晨，极为显著，常会发现山脚有霜而山腰反无霜。在华南丘陵区把热带作物引种在山腰很成功，在山脚反不适宜，就是这个道理。

此外，物候现象来临的迟早还有古今的差异。根据英国南部物候的一种长期记录，拿 1741 年到 1750 年十年平均的春初七种乔木抽青和开花日期同 1921 年到 1930 年十年的平均值相比较，可以看出后者比前者早九天。就是说，春天提前九天。

物候学这门科学接近生物学中的生态学和气象学中的农业气象学。物候学的研究首先是为了预报农时，选择播种日期。此外还有多方面的意义。物候资料对于安排农作物区划，确定造林和采集树木种子的日期，很有参考价值，还可以利用来引种植物到物候条件相同的地区，也可以利用来避免或减轻害虫的侵害。我国有很大面积的山区土地可以耕种，而山区的气候、土壤对农作物的适应情况，有很多地方还有待调查。为了便利山区的农业发展，开展山区物候观测是必要的。

物候学是关系到农业丰产的科学，我们要进一步加强物候观测，懂得大自然的语言，争取农业更大的丰收。

【思考与练习】

1. 什么是科学小品文？

2. 科学小品文有哪些特点？

3. 科学小品文的写作要求和技巧有哪些？

4. 生活中有许多东西值得我们去探索研究，请自选题目，尝试写一则科学小品文。

（姜素娟）

第10单元

锤炼作文的语言

◎**学习提示**

　　锤炼作文语言的方法主要有：锤炼词句；善用修辞；引用"名句"。需要注意的问题是：融情入文；慎用网络语言。

一、锤炼作文语言的必要性

　　作文是用语言来展示思想的艺术，语言的好坏直接影响到文章的成败。高深的立意、典型的素材、精巧的构思、美好的情感若缺少优美的、富有感染力的语言文字来承载和体现，终难成就让人印象深刻、回味无穷的锦绣文章。

　　《中学语文教学大纲》中要求学生的作文"语言通顺，注意简洁生动"。中高考作文评分标准也对学生的作文语言提出了"通顺简明，连贯生动"等要求。而目前我们很多学生的作文语言水平与大纲和考试的要求相差甚远，总是存在这样那样的毛病或弊端：或词不达意笑料百出，或病句连篇使语句不通，或语言啰唆造成烦冗拖沓，或文辞贫乏显得呆板乏味……莫说做到"思风发于胸臆，言泉流于唇齿"了，能如实地表达出自己内心的真实想法已属不易。所以，帮助学生学会锤炼作文语言，提高语言表达能力非常有必要。

二、锤炼作文语言的方法

　　下面介绍几种锤炼作文语言的方法，熟练运用这些方法，可以让你的作文语言亮丽生辉。

（一）锤炼词句求神韵

　　锤炼词句是成就华章的第一步。任何好文章的得来，都离不开对词句的潜心雕琢。字词锤炼得好，能"平字见秀，常字见奇，陈字见新，朴字见色"，给文句增添亮丽的色彩。

1. **锤炼词语。**

词语选用精当、运用灵活，能够使所描述的对象给人如闻其声、如见其形、如临其境之感。

（1）选词准确精当。

写作中，我们选用词语时，一定要从词义、声音、色彩上仔细锤炼，选用的词语一定要准确、细腻、鲜活、富有表现力，要能把所描摹的事物或展示的道理，恰到好处地表现出来。

作文时经常需要精选的词主要有动词、形容词、叠音词、色彩词等。

① **精选动词。**动词是文章活的灵魂，运用巧妙，可以使语言生动灵气、充满活力，使文章更具气韵和美感。

例如鲁迅的《从百草园到三味书屋》中描写"雪地捕鸟"的一段文字："薄薄的雪，是不行的；总须积雪盖了地面一两天，鸟雀们久已无处觅食的时候才好。扫开一块雪，露出地面，用一支短棒支起一面大的竹筛来，下面撒些秕谷，棒上系一条长绳，人远远地牵着，看鸟雀下来啄食，走到竹筛底下的时候，将绳子一拉，便罩住了。"

作者用"扫开""露出""支起""撒""系""牵""看""拉""罩"等一系列准确、精当的动词，生动传神地写出了雪地捕鸟的过程和方法，表现了雪地捕鸟的乐趣。换用其中任何一个动词，都难以达到这样的效果。

再如张嘉轩同学作文中的一段文字："我开始了一项最重大的'工程'——扯面。拿出醒好的面团，切成宽度均匀的小块，抹上油，两手捏住，一扯，双手往下一顿，再一抬，把面往上一摇，落下来'啪'的一声打在案板上。"

"拿、切、抹、捏、扯、顿、抬、摇、打"等一系列准确恰当的动词，生动形象地写出了扯面的过程和方法，表现了作者勤劳能干的品格特征。

② **精选形容词。**形容词具有修饰限制中心词的作用，善用准确、精当的形容词，可以使描述对象更形象可感，使语言更生动、圆润。

例如端木蕻良的《土地的誓言》一文写道："我想起那参天碧绿的白桦林，标致漂亮的白桦林在原野上呻吟；我看见奔流似的马群，深夜嗥鸣的蒙古狗，我听见皮鞭滚落在山涧里的脆响；我想起红布似的高粱，金黄的豆粒，黑色的土地，红玉的脸庞，黑玉的眼睛，斑斓的山雕，奔驰的鹿群，带着松香气味的煤块，带着赤色的足金；我想起幽远的车铃，晴天里马儿戴着串铃在溜直的大道上跑着，狐仙姑深夜的谰语，原野上怪诞的风……"

"参天碧绿""标致漂亮""金黄的""黑色的""红玉的""黑玉的"……一系列形容词的渲染烘托，让描绘的对象更形象具体地展现在读者眼前，突出了这片土地的富足丰饶，自然引出作者对家乡这片土地的热爱和怀念之情，也使语言更具美感。

③ **精选叠音词。**动词和形容词都可以叠加的方式使用，运用叠音词，可以使词语描述更生动形象，并能增强语言的音韵美。

例如朱自清的散文名篇《春》中描写春草的语句："小草偷偷地从土里钻出来，嫩嫩的，绿绿的。

园子里，田野里，瞧去，一大片一大片满是的。坐着，躺着，打两个滚，踢几脚球，赛几趟跑，捉几回迷藏。风轻悄悄的，草软绵绵的。"

"偷偷"写出了不经意间，春草已悄然而出的情景和作者惊喜的感觉。

"嫩嫩""绿绿"这两个叠词泼墨溢彩，描绘了春草萌芽初露的茁壮姿态，表现了春草朝气蓬勃的活力。

"悄悄""绵绵"这两个叠词生动地写出了春天给人们带来的舒心与惬意，突出了春风轻柔和春草绵软的特点。

④精选色彩词。色彩词对于描写环境有着非常重要的作用，另外，色彩的明暗还可以衬托人物的心理感受。恰当运用色彩词，能增强文章的绘画美和意境美。

例如陶弘景的山水小品《答谢中书书》："两岸石壁，五色交辉。青林翠竹，四时俱备。"

"五色""青""翠"等色彩词的准确使用使文章具有浓郁的色彩配合之美。

（2）用词灵活自如。

词语一般是社会约定俗成的、固定的，具有相对稳定性。不过写作中，可以根据表达的需要和上下文语境进行灵活运用，如变换词性、褒贬易色、大词小用、小词大用等，往往会让人眼前一亮，增强表达效果。

例如朱自清的《春》中总写春天的语句："山朗润起来了，水涨起来了，太阳的脸红起来了。"

"朗润""涨""红"三个词化静态为动态，化物为人，使山、水、太阳变得灵动起来。

再如鲁迅的《藤野先生》中描写"清国留学生"丑行丑态的语句："除下帽来，油光可鉴，宛如小姑娘的发髻一般，还要将脖子扭几扭。实在标致极了。"

句中"标致"本指"漂亮，美丽"，是褒义，但这里作者名褒实贬，反语相讥，实指"难看，丑陋"，表达了作者对这类"清国留学生"的厌恶之情。

2.锤炼句子。

锤炼句子应着力从以下方面努力。

（1）准确通顺。作文语句要准确通顺，符合人们的说话习惯，没有语法和逻辑错误。具体来说，要做到句子成分完整，词语使用恰当，搭配得当，合乎生活习惯和逻辑关系。

（2）优美生动。生动形象的句子才具有美感。使句子变得生动鲜活富有文采的方法主要有：增加修饰成分，使原本干瘪的句子变得丰满而有韵味；运用恰当的修辞，可使句子生动形象，充满灵气；灵活运用各种句式，使之富于变化，可使句子生动活泼、摇曳多姿，颇显参差错落之美。句式的灵活运用主要指：肯定句、否定句、陈述句、疑问句、祈使句、感叹句、主动句、被动句等交替使用；长句和短句、整句和散句交错结合使用。长短句交替，错落有致；整散句结合，卷舒自如。

例如，刘成章的《安塞腰鼓》以铿锵的短句为主，如"一群茂腾腾的后生"，简洁地表现了年轻生命的热烈奔放；"忘情了，没命了"有力地表现了生命沸腾、力量喷涌不可遏止的情景。

兼用常句，错落有致，颇有弹性。

梁衡的《夏感》运用整句"春之色为冷的绿，如碧波，如嫩竹，贮满希望之情；秋之色为热的赤，如夕阳，如红叶，标志着事物的终极。"彰显了语言的整齐美和音韵美。

袁梦真同学的文章《古韵》中的一段文字："江山如画风光好，四海豪杰俱折服。叹道中原逐鹿空，君临天下谁记昨？一朝繁华一朝败，何苦争权为天下？终得黄泉英魂寂，故人已辞落红残。虽做梅下一抔土，却得流芳百世传。终了此生此世愿，安得天下尽红颜。犹记琵琶不绝耳，十面埋伏残梅艳。"这段文字全部运用整句，有力地彰显了语言的整齐美和音韵美。

（3）简洁凝练。作文语言追求简洁凝练、言简意赅。所谓"增一字则多，减一字则少"，就充分强调了这一点。要做到语句简练，第一要注意用词精练，干净利索；第二是多用短句，成分简单，短小精悍；第三是恰当使用修辞，可使语言生动形象，精粹凝练；第四是运用白描的手法，即抓住事物的突出特征，进行实实在在的描写，以质朴的文字寥寥几笔就勾勒出事物形象；第五是恰当地使用一些谚语或歇后语，这些词语言简义丰，使用它们既可以精练语句，也能增强文章的表达效果；第六是经常进行缩写练习、写读书笔记、编写故事梗概等。

不过，要想真正将句子锤炼到家，除了多加练习达到上面的要求外，还必须不断地从古今中外名著中汲取营养，从人民群众中汲取营养。

（二）善用修辞添文采

修辞，犹如语言百花园中的一朵朵奇葩，光彩耀人。对语言表达来说，它主要解决好不好的问题，具有化抽象为具体、化贫瘠为丰满、化粗略为细腻的效果。在文章中，善用修辞手法，可以使语言形象生动、富有表现力和感染力，使文章"气象峥嵘，色彩绚丽"。常用的修辞手法有比喻、拟人、排比、夸张、对比、反复、设问、反问、对偶、引用、通感等。

1. **比喻**。就是在描写事物或说明道理时，用同它有相似点的别的事物或道理来打比方，使描写生动形象，说理通俗易懂。可使语言文采斐然，富有很强的表现力。例如：

朱自清的《春》中多处运用了比喻的修辞。例如形容春雨"像牛毛，像花针，像细丝，密密地斜织着"，兼用排比和比喻的修辞，把春雨比作"牛毛""花针""细丝"，生动形象地突出了春雨多而细密、亮而闪烁、柔而绵长的特点。

2. **拟人**。就是把物当作人来写，赋予物以人的动作行为或思想感情。可以使描绘的事物更生动形象、亲切可感，让人印象深刻。例如：

老舍的《济南的冬天》写"老城有山有水，全在天底下晒着阳光，暖和安适地睡着，只等春风来把它们唤醒"。将老城人格化，使之带有生命的感觉和意味，形象地写出济南的冬天"暖和安适"的特点。写济南周围的一圈小山："安静不动地低声地说：'你们放心吧，这儿准保暖和。'"突出小山的温情。

3. **排比**。是把三个或三个以上结构相同或相似、语气一致、意义相关或相同的句子排列起来，达到增强语势的效果。使用排比，可以增强气势，使叙事说理透彻，便于抒发强烈的感情。

例如刘成章《安塞腰鼓》中的文段：

> 骤雨一样，是急促的鼓点；旋风一样，是飞扬的流苏；乱蛙一样，是蹦跳的脚步；火花一样，是闪射的瞳仁；斗虎一样，是强健的风姿。黄土高原上，爆出一场多么壮阔、多么豪放、多么火烈的舞蹈哇——安塞腰鼓！

这一段文字综合运用排比、比喻、反复，形象具体地写出了舞蹈场面的壮美，突出了安塞腰鼓壮阔、豪放、火烈的特点。

再如张嘉轩同学描写煮面的语句："把扯好的面放进开水锅里，面在锅中不断翻腾，如龙腾，如凤翔，如虎跃，'咕嘟咕嘟'，如一尾尾银鱼在锅里翻江倒海地冒着泡。"

作者描绘扯好的面在开水锅里沸腾的情景真是生动传神，"如龙腾，如凤翔，如虎跃"，精当的比喻和排比勾勒出了一幅幅精彩跃动的画面，让人浮想联翩。

实际作文中，比较常用的修辞手法主要是比喻、拟人、排比这三种，而且往往是综合起来使用。

（三）引用名句见底蕴

孔子云"言之无文，行而不远"，强调文章要讲究文采。古典诗词和名言警句含蓄典雅、蕴含丰厚，是语言的精华，词采的宝库。妙用之，既可以彰显文化底蕴，深化主题，又可以激活语言表达，增添文采，使文章文采斐然、蕴藉深远。

（1）引用古典诗文。

（2）引用名言警句。

（3）化用"诗文""名句"。

宋代朱熹所说："古人作文作诗，多是模仿前人而作之。盖学之既久，自然纯熟。"这种模仿创造，就是化用。比如李清照《夏日绝句》中的名句"生当作人杰，死亦为鬼雄"化用了屈原《国殇》中的"子魂魄兮为鬼雄"。不过在作文中化用"诗文""名句"为语言增辉添彩，需要以文章思想感情的抒发为前提，不可胡乱用之。

三、需要注意的问题

1. **融情入文**。言由心发，文自情生。真情实感是好文章的魂魄所在。只有发自内心、抒发真情的语言才具有打动人心的力量。我们作文时，要力求笔下的每一个字都饱含自己的真情实感，应该是发自肺腑之言，而非无病呻吟或为赋新词强说愁的牵强附会。

2. **慎用网络语言**。网络语言因其幽默、生动、便捷、简洁等特点，受到中学生和年轻人的热捧。有些网络词语确实很"给力"，让作文语言颇显新颖。不过网络语言的弊端也是显而易见的。首先是不规范；其次是词语的误用、符号和文字的混用使低俗的词汇鱼目混珠，混淆人们的视听。

四、例文展示

生活需要宽容（片段）

樊闰智

　　下课铃一响，我就像离弦的箭一样冲向食堂。到了楼下，我傻了眼，食堂门口早已排起了长龙似的队伍，我夹在这吵吵嚷嚷的人群中慢慢挪动着，急躁的心像一座即将爆发的火山！终于，排到我了，我兴高采烈地跨进食堂的大门，可是后脚刚迈进去，突然，随着一个人的尖叫，我崭新的羽绒服瞬间成了个大花脸。怒火冲上头顶，我立马寻找那个可恶的"肇事者"。转头一看，一个一年级的小男孩站在距离我一米远的地方，手里端着饭盒，正不知所措地瞅着我，我狠狠地瞪着他，恨不得上前揍他一顿。也许是我的样子太吓人了，他的眼里泛着点点泪花，头也渐渐低了下去，小声地说："对……对不起。"我的心猛地一震，仿佛在那晶莹的泪花中看到了曾经的自己。

　　一件平常的小事经过作者生动笔触的描述，给人如临其境之感。首先，比喻的修辞增加了语言的生动性。"我就像离弦的箭一样冲向食堂"形象地写出了"我"的心情迫切和行动迅疾；"食堂门口早已排起了长龙似的队伍"远比"食堂门口人很多"这样平白的叙述更能突出打饭人数之多，也更生动形象。其次，用词准确、贴切。"冲""傻了眼""夹""兴高采烈""不知所措""瞅""狠狠地""瞪"等词语把人物的动作和神态描写得活灵活现，使人物形象栩栩如生、跃然纸上。最后，语言风趣幽默、颇有童趣。"我立马寻找那个可恶的'肇事者'"，其中的"肇事者"大词小用，以小学生的视角来写，合情合理。

【思考与练习】

1. 锤炼作文语言的方法主要有哪些？
2. 选择一篇自己的习作，对其语言进行锤炼，使之优美生动。

（江静）

写自己最擅长的文体

◎学习提示

　　驾驭自己熟知的文体；知悉常见的几种文体特征；所写文章应当符合相关文体规范；应避免出现的五个文体误区。

　　施畸在《中国文体论》中提及："创作文章，如不论体类，其势犹无轨之火车，失缰之骏马，虽在天才，不免危殆。"近年来，数位语文学者多次呼吁，中学写作教学应当注重学生"文体感"的培养，以切实提高写作能力和水平。文体在文章写作中具有先导指向的引领作用。作文写作若不先明确文体规格和体制，信笔写去必是"四不像"，所作之文也无法承载相关表情达意的语法功能。不同的文体其主题呈现方式迥然相异，有的表现为一种思想观点或主观主张，有的显示为某种直觉、情绪或情感，有的则凸显为一种生动形象，文本的结构、语言、题材等也会随之表现出独特的形态。因此，我们在文章写作时，务必选择自我最擅长熟知的相关文体类型。

一、是什么样的人写什么样的文章

　　有的同学擅长在作文中讲故事，选取典型故事，绘声绘色，综合运用多种人物描写方法，把人物形象塑造得栩栩如生，富有立体感；善用误会、悬念等方法巧妙构思，使故事情节一波三折；在文中通过故事表现出自己对生活独特的感悟和体验，使故事立意深刻。这样的同学就很擅长写记叙文或是小说，能够根据自己的经历、见闻写出一个美丽的故事并且展示哲理。

　　如在七年级的一次习作课上，我们要写"成长的烦恼"。学生马啸龙在文章开头就直接将镜头切入一个小场景：饭后又坐在钢琴边，重复着每天的练琴。他很苦恼，因为练琴挤走了他的自由时间，为了发泄心中的不满，索性就胡乱弹了几下，这便立刻招来妈妈的好一顿呵斥。他一边委屈地哭着一边还要弹琴，想到小时候自由自在的时光和现在的压抑，眼泪夺眶而出。这时心理描写适当地加入进来，看着窗外的蓝天，他发出渴望妈妈理解以及渴望自由的呼喊。这篇作文入题角度小，学生选出的事例能以小见大，适当地加入神态、动作、心理描写，将这件事写得绘声绘色。

　　你若比较多愁善感，感情细腻丰富，对景物的变化察觉细致，而且善用修辞让语言生动优美，则可以让情感的溪流汩汩地流淌到一个个方格内，以一篇动人心弦的散文去打动读者的心，肯定会非常出色。

你若是逻辑思维能力强，擅长推理，如果能就某一问题提出自己独到的看法和观点，分析问题深入透彻，揭示本质，或者观点具有一定的启示作用，并能够提出解决问题的办法，就是擅长写议论文，不妨写成一篇理据充分的议论文。

总之，文章写作对于文体的选择，主要依据自身经历和材料积累，充分扬长避短，选择最适合表达自己生活积累内容的文体，这才是自己的看家本领。这就比如一个人在随意散步，就是"散文"；突然蹦到月亮上，这叫"诗歌"；突然掉进陷阱里，这叫"小说"；危难时有人救他出来，这叫"戏剧"。掌握文体的思路特点，稍加雕琢，优秀文章就出来了。

二、让你写什么就写什么

看到一个作文题目，首先要能准确、全面地读懂题目，吃透命题意图，明确写作范围，明晰题目对文体的相关要求，若要求记叙文就写记叙文，要求议论文就写议论文。如东营市 2022 年中考作文题目"跨越"，文体上要求以"跨越"为题写一篇记叙性文章。近年来，作文的文体选择相对自由，一般是文体不限。所以我们要看准题目，当文体不限时，还要考虑用哪一种文体，最能写出深度和新意。2021 年山东东营中考作文题目"家风"，题目比较开放，几种文体都适合。2023 年天津市中考作文题目"这一次，我全力以赴"，从题目本体切入我们可知，如果在针对该题目进行文章写作的时候，记叙文这一文体相对于散文抑或是议论文等其他文体就具有一定的写作优势。

三、写什么像什么

写自己最擅长的文体，确定自己要写的文体，首先就要求同学们具备一定的文体意识。选定写何种文体之后就要按照这种文体的具体特点来布局谋篇。写什么像什么，写什么就是什么。这就要求同学们在平时的作文训练中，必须对常见常用的几种文体的基本特征了如指掌。

（一）记叙文

写记叙文要包含六要素：时间、地点、人物、起因、经过、结果。要有具体的事件、明晰的线索，情节要曲折感人，语言要生动形象，感情要真挚浓郁；立意要突出，情节尽量能引人入胜，把握上要多角度，避免记流水账。结尾处可点题升华，可发人深思或前后呼应或给读者留有余味等。但不要矫揉造作，力求以平实的语言交代事件，发人深思、令人回味。

（二）议论文

议论文包括议论的三要素：论点、论据、论证。在写议论文时，审题要准确，题目要鲜明，符合文体，简明，有文采。有比较好的立论，要有鲜明的论点。有充足的论据，事实论据均切合材料，援引材料，引经据典。论证要合乎逻辑，要到位。语言要简洁严谨。

（三）说明文

抓住事物特征，把握说明中心；针对具体情况，选好写作角度；力求解说清楚，做到条理分明；语言准确简明，文字通俗浅显。

（四）散文

散文，或夹叙夹议，或借景抒情，或托物言志……形式虽然相对自由，但必须恪守"形散神不散"的原则，做到主题集中、中心明确。这里重点说一下抒情散文和叙事散文的文体特征。

1. **抒情散文**。是通过对景物或事物的描写来抒发感情的文章。抒情，是作者对客观事物的喜、怒、哀、乐等主观感受，通过直接或间接的方式加以表现抒发的一种作文技巧。抒情的目的是倾吐情感、引人共鸣。这类文章重点在于抒发作者的内心之情。写人、写景、叙事、观物都是为抒情服务的，因此，以情织文，是其特点。这类散文的代表作有《春》《济南的冬天》《荷塘月色》《夏感》。

2. **叙事散文**。是通过写人叙事来抒发作者某种特定的感受和情思的文章。这类散文的艺术特征是善于通过某些生活片段、生活场景和细节的艺术描写，以及人物最突出的个性特征的"散点式"刻画，来表现人物的形神风貌，揭示事件的审美意义，抒发作者特定的感受和情思。从内容上看，散文要反映生活。一篇好的叙事散文往往是一幕感人的生活片段和细节。这类散文的代表作有《桃花心木》《散步》。朱自清的《背影》之所以成为亲情的经典之作，就是因为作者把对父爱的感受，通过父子间平凡的交往表现得真实细致、令人感动。同学们，当你外出旅行和上学离家之际，依依惜别的父母千叮咛万嘱咐，忙这忙那，唯恐不周，这些都是宝贵的创作素材。

（五）小说

小说必须具备三个要素：人物、情节、环境（自然环境和社会环境）。一般在作文中出现的小说都是微型小说（小小说），篇幅虽短小，三要素（人物、情节、环境）却不可少，人物形象要个性鲜明，情节设计要有"出乎意料，合乎情理"的效果。

（六）散文

诗歌是一种语词凝练、结构跳跃、富有节奏和韵律、高度集中地反映生活和表达思想感情的文学体裁。

当然，各种文体并非毫无共通之处，记叙文里也可以有议论和说明，议论文中也可以有记叙和说明……但绝不能舍本逐末、喧宾夺主，文章的主体部分必须凸显鲜明的文体特征，整篇文章要让人一目了然就能确认是何文体。

四、注意事项

选择文体时应注意的几个问题：

（一）大杂烩与四不像

有的考生误以为文体自选可以随心所欲、任意而为，在文体上已存在问题，认识模糊，写出来的文章"四不像"。

（二）不宜写诗歌、剧本、童话、科幻小说之类的"文学作品"

一是这些文体是需要有充足的时间来酝酿构思，方能写出有质量的作品，而语文考试时留给作文的时间却是很有限的；二是绝大多数学生尚未具备写作此类作品的基本素养——思想素养、文学素养、科学素养和语言素养。没有足够强的文字驾驭能力和思想内涵的学生，写这些作品等同于"自杀"。

（三）盲目创新

有的学生看到往年一些比较另类的作文得了高分，便认为追求新颖是取得高分的一条捷径。但是，创新应该建立在对事情有深刻认识的基础上，在学生真正能够发现不同内容的情况下。否则，表面创新只能事倍功半，甚至南辕北辙。

（四）语言华丽、思想空洞

不少中学生喜欢模仿名人的文化散文，但自己缺乏文化底蕴，文章内容漏洞百出，既没有内涵又没有思想，只是堆砌辞藻装腔作势，反而丢了分。

（五）不滥用"题记""后记"

一是"题记""后记"虽好，但运用不当，反而会画蛇添足，浪费篇幅；二是作文时容易去片面追求"题记""后记"的哲理性、抒情性，而忽视了与正文的思想内容的内在联系，造成"题记""后记"与文章貌合神离。要知道一篇才600字左右的考场作文，如果加上了一个不伦不类的"题记"或"后记"，既会影响文章的完整性，又易产生偏题、跑题、离题的失误。

（六）要考虑自己有无相关的材料积累

写记叙文，要有情感内涵的生活素材；写议论文，要有相关的理论、事实论据；写说明文，要有相关的知识储备；写小说，要有引人入胜的故事。要考虑自己用哪种文体所拥有的材料最充足，如果缺乏材料的话，即使是自己擅长的文体，也只能放弃。

总之，从现在开始就应该增强"文体意识"，熟悉"文体规则"，积累"文体经验"，为中考作文打造几样得心应手的"文体兵器"。当然，作文备考更应该把重点放在材料的积累、思想的锤炼、人格的提升、语言的修养上来，平时多读书，多思考，多写作，在考场上写作文时自然就会应对自如、胜券在握。

【思考与练习】

2023 年山西卷中考作文题目：

今年春节，一部电影、一首宋词、一个词牌名，令不少中国人荡气回肠，那就是《满江红》。意蕴悠远的词牌名，是中国文学宝库中的璀璨珍珠。即使不谈词调，不言平仄，仅其字义也别具美感，引人遐思。"少年游"或许是一次意气风发的游历；"相见欢"可能是一场意料之外的相逢；"定风波"是背后需要多大的努力、何等的智慧……

这篇中考作文可选取日常生活中，学生感受最深的真情：母爱、父爱等亲情，友情、师生情等体现真情实感的材料，突出自己的真切感受，可记叙描写，可抒情议论。试着抓住关键词语，根据自己的材料积累，分别列出一个议论文和记叙文提纲，加以比较，看自己擅长哪种文体。

（杨丽）

寻载体，抒情感

◎学习提示

　　写作时要寻找情感抒发的载体，让看不见、摸不着、无影无形的抽象的情感，活色生香、五味俱全地呈现在读者面前。怎样选择抒发情感的载体；如何让抒情载体与情感水乳交融。

　　古人说："情以物迁，辞以情发。""文为情而作。""文以情动人。"白居易说："感人心者，莫先乎情。"写文章首先要以情动人，真情实感是写作的血液，无论哪一种文体，都离不开一个"情"字。人与人之间的情感是世界上最丰富的。从某种意义上来说，情感决定了一个人的价值取向和生存状态。人的情感的复杂性决定了人们生活的多样性。情感又是比较抽象的，怎样才能把抽象的情感具体化呢？

　　一个非常有效的方法就是：借助某些熟悉的、具体可感的事物，将情感的抒发落到实处，让看不见、摸不着、无影无形的情感，活色生香、五味俱全地呈现在我们面前。也就是寻找抒发情感的载体。

　　其实"载体"两个字和古代诗歌中的"意象"有异曲同工之妙。如"月"成为古人抒发离愁别绪、思乡之愁的载体。杜鹃在中国古典诗词中常与悲苦之事联系在一起。其他如：高楼寓意登高怀远、思念远方之人；梧桐是凄凉、凄苦、悲伤的象征；菊成了隐逸、高洁脱俗品格的代言。提到（孤）雁，就想到了思乡、思亲、音信、消息之意。这些事物本是客观的，但是这些事物承载了人们的情感，所以它们也"有情"了。王国维曾经说："有我之境，以我观物，故物皆著我之色彩。"

　　现代文学作品中也给我们留下了许多这样的典范。朱自清的《背影》中的"背影"，是父子之情的载体，"背影"在悠长的余波里荡漾，绵延着不尽的思念；冰心的现代诗歌《纸船》中的纸船是思念母亲的载体，让多少读者一听到"纸船"，就能感受冰心对母亲的爱与思念，对母亲深情的倾诉；李森祥的散文名篇《台阶》中的"台阶"成了父辈艰辛奋斗的载体，余光中的《乡愁》系列中邮票、船票、海峡、坟墓、大陆成了游子思念祖国家乡的载体，让《乡愁》成了以"乡愁"为主题的诗篇中最深情、最动人的一曲。

一、怎样选择抒发情感的载体

1. 学会体察生活中的真情

汤显祖在《牡丹亭》中写道："情不知所起，一往而深。"真情实感并不是无来由的，真实动人的情感从生活中来。人是社会的人，我们生活中的每一天都离不开情：亲情、友情、爱情、同学情、师生情等。因此，要表达真挚动人的情感，就要学会观察体味生活。

情感是指人的喜、怒、哀、乐。它有多种表现形式，如思念、激动、感谢、愤怒、赞美、批评、指责等，是人的情感在一定因素作用下的结果，它有时表现得细腻，有时表现得强烈。它可能是一个眼神，也可能是一个不经意的动作。不论是哪种情况，它都是人情感的流露和传递。因此，我们平时就应该学会体味感悟这些细微的情感表现，从而捕捉到具有写作价值的情感要素，为自己的写作中情感的定位服务。

要学会找生活中的"动情物"，即善于发现生活中蕴藏着真情实感的载体。眼神、动作、书签、枫叶，只要能引发情感的波澜，都可以之为媒，谱写华章。那些小巧、精致、美好，独特、有内涵、有特殊含义的"动情物"，都能成为我们抒发情感的载体。

例如，学生习作《曾经错过的"红运"》一文中，作者用"红蛋"作为载体抒发了奶奶和"我"之间浓浓的爱。

曾经错过的"红运"

那份执着，那份真情，那份慈爱，那份永不会老去的心，我想告诉你：如果可以重新来过，我一定舍命珍惜。

望着桌上显眼的老照片，旁边的"红蛋"又要换了。小时候，每到除夕夜奶奶都会亲自为我滚"红运"。这是一个艰难的任务。奶奶要提前好几天买一堆鸡蛋，从中一个个挑选，选出最好、最大的一枚，对它"加工"。奶奶将这枚"红蛋"视为"红运"。家乡有一个风俗习惯：滚"红运"。据说滚过"红运"的小孩，一年都会顺利，会平平安安。老人们自然是相信的。当然挑选是个神圣的事了。选好后，奶奶又煮上半天，将鸡蛋染成"红蛋"，几经加工，就展现在我眼前了。

除夕夜的前夕，奶奶说要为我滚"红运"。以前见邻家小孩滚过，我认为都这么大了还要做这么幼稚的事，简直无聊。笑话奶奶信这个说法，还时不时说她可笑，死活不让奶奶为我滚"红运"。奶奶无法强迫我，只好独自一人抱着红蛋从房间走出去。我看到奶奶失落的表情，心中有一丝愧疚，但心底又不认同这个观点。每到除夕，奶奶依旧重复做着那件事，那份执着从未变过；当她一次次要为我滚"红运"时，那份真诚从未消失；对我的那份慈爱，从未减少。可是，愚蠢与幼稚使我不能理解她的好意。

今年的除夕夜，再也没有人要为我滚"红运"了，奶奶已经永远离开了我，顿时，内心空落落的。望着眼前奶奶的照片，我不禁心生愧疚。突然意识到：尽管那是一个不可知的说法，尽管它不能实现，真正给我带来好运，但奶奶的爱一直没有消失，像这"红运"一样永远陪着我。她老人家不过是用"红运"寄托对孙辈的爱与祝福，而我却因为愚蠢、天真而误解她，觉得她可笑。可是当我醒悟时，奶奶已不在了。这正是"树欲静而风不止，子欲孝而亲不待"啊……

再次凝望桌上的老照片，旁边的红蛋不知换过几个了，那曾经错过的"红运"，曾经错过的爱，已经无法弥补，但奶奶对我的那份爱却让我永远铭记在心。我真想告诉她："奶奶，我永远爱您，原谅我的无知，如果可以重来，我定会倍加珍惜！"

2. 要学会分析你所选择的载体

"横看成岭侧成峰，远近高低各不同。"情感是错综复杂的，最初获得的情感信息，它可能是通过眼睛，也可能是通过心灵甚至是其他途径得到的，不论是哪种情况，都只能称为第一信息。既然是第一信息，它不可能一成不变。因此，我们就应该根据事情的发展变化，变换角度去思考分析，让情感有一个冷却清晰的过程。《小橘灯》一文是作者经历这件事情十二年后才写出来的，那么，这十二年既是作者情感冷却的过程，也是作者经过分析后情感逐渐清晰的过程。只有那些自己熟悉、比较了解，与所表达情感相契合的"动情物"才能最后成为你抒发情感的载体。只有这样你写出的文章才能打动自己、打动读者。

二、如何让抒情载体与情感水乳交融

1. 成为叙事的线索

载体作为线索要贯穿始终，点出、刻画、回忆，自始至终情感强烈抒发。

如《背影》：我最不能忘记的是他的背影。……

可是他穿过铁道，要爬上那边月台，就不容易了。他用两手攀着上面，两脚再向上缩；他肥胖的身子向左微倾，显出努力的样子。这时我看见他的背影，我的泪很快地流下来了。

等他的背影混入来来往往的人里，再找不着了，我便进来坐下，我的眼泪又来了。……

我读到此处，在晶莹的泪光中，又看见那肥胖的、青布棉袍黑布马褂的背影。唉！我不知何时再能与他相见！

2. 作为事件的关键环节

先平铺直叙，在文章结尾以特写镜头出现，简洁明快，点明升华主题。如学生习作《身后的目光》，在文章结尾处，用"目光"这个载体，诠释了母爱的执着和柔软。

身后的目光

浩瀚的天宇，当两颗流星划过天际，擦肩而过，彼此交会的目光在一刹那化成了远隔亿万年的守望。这是否就是所谓世间最遥远的距离？

就像此刻的我们，似乎也隔着如此遥远的距离。已经是深夜，漆黑的房间里，只有电脑屏幕射出惨白的光，映在我脸上，目光中没有焦距，只是呆呆地注视着前方，望着空白的网页。耳边似乎还充斥着音响播放的乐声，含混不清的歌词在我的脑海中做了一个短途旅行，便又和这寂静的空气融为一体。同样被黑暗包围的还有她，躺在床上，闭上眼，却无法入眠。这是我和她的冷战。

"你到底想怎样？"她终于爆发。

我也抑制不住内心的怒火，"砰"的一声夺门而出。这扇门将战争的双方分隔两边，青春期的惯性叛逆是战争一贯的导火线。我坐在床边，目光依然没有焦距，怔怔地看着那扇门，却看不到门后的她，不知此刻她是怎样的心情。她老是以家长的身份限制我的自由，把我当成长不大的孩子，从不理解我心里的感受。

不知道是怀着怎样的心情，醒来时，天已破晓，晨曦穿过窗户射到脸上，刺眼的疼痛。差点忘了今天要上学，连忙起床洗漱。走进厨房，是她的背影，正往碗里盛着刚煮好的皮蛋瘦肉粥，升腾的白汽混合着粥的香气，清新诱人。猛然记起，只是不经意间对她提起，想喝粥，而她却记得这么清晰，皮蛋瘦肉粥是我最喜欢的。

喝着粥，不知道是怎样的心情，已经忘却了那是什么味道，却清晰记得，耳边她叮咛的话语："慢点，小心烫。"

喝完粥，我走出家门，准备上学，却又似乎忘了什么，停下脚步，转身，只见她仍伫立在门边，目光中满是温柔。刹那间，我猛然醒悟，原来我的身后一直有那么一道目光，充满期待与支持。

3. 作为情感的具体象征或比喻

让文中的载体成为情、成为人，物代人言情，物代人表意。如《小小的勺子》这篇作文中"小小的勺子"就成了母爱的载体、象征。

小小的勺子

"起来吃饭喽，咖喱面，吃有勺子的那碗！"随着妈妈的呼唤声，我以迅雷不及掩耳之势从床上飞到了餐桌前。桌上摆着三碗面，红红的番茄，橘黄的咖喱，软滑的面，正散发出诱人的香味。其中一个碗里面放有一把白色的瓷勺，在橘黄的咖喱上格外的醒目。这就是妈妈让我吃的那碗面。望着那把小小的勺子，我的思绪飘出了很远……

七年前，我六岁。每天早晨一碗面是日常。妈妈每次都要亲自端上桌，也总是重复一句话："吃有勺子的那碗！"那时的我，天真无邪，从不多想。妈妈让做什么就做什么，吃饭亦是如此。每一次我都端着碗"呼噜，呼噜"地把面吃得一干二净，最后总会发现有一个鸡蛋安安静静地躺在碗底。当我津津有味地吃完它的时候，妈妈的脸上总会露出舒心的笑容。

慢慢地，我长大了，也开始对那把勺子产生了疑问："妈妈为什么总是让我吃放有勺子的那碗面呢？它和其他的面有什么不同吗？"有一天，当妈妈再次把碗端上餐桌的时候，我趁她不注意，把每碗面都用筷子翻了一下。我惊呆了，除了放有勺子的那碗面的下面有个荷包蛋外，其他的碗底都没有。原来这么多年来，妈妈每次只在我的碗底多放一个鸡蛋，为了不端错，总是在放有鸡蛋的碗里面放一把小小的勺子。这把小小的勺子承载了母亲对我的关心与呵护。我悄悄地把勺子拿到了妈妈的那个碗里，然后端过来，津津有味地吃了起来。一边吃，一边偷偷地看着刚刚坐下的妈妈。妈妈一如平常地吃着，却突然发现了异样。她赶紧翻了一下面，挑出了荷包蛋，重新放入了我的碗里。她微笑着说："真是长大了！快吃了吧。你现在正长身体，需要营养。"我无奈地夹起鸡蛋放入嘴里，眼眶微微发红。看着我狼吞虎咽地吃完，妈妈又露出了舒心的笑容。

思绪重新回到了饭桌前。看着面前的这面，我知道在那红红的番茄、橘黄的咖喱、软滑的面下面，肯定藏有一个荷包蛋。现在我唯一能做的就是痛快地吃了它。这样才能让妈妈舒心。妈妈走了过来，我怕她看到我湿润了的眼眶，赶紧埋下头，拿起勺子，专心吃了起来。

小的时候，我总是对妈妈说："妈妈，我长大了要给你煲汤喝！"可是到现在也未实现，甚至不知何时才能给她煲那碗说了千遍的汤。母亲的养育之恩是我们永远也报答不完的。珍惜母爱，珍惜时光，尽自己的全力去报答她。

早晨的阳光，依然照在那把承载着母爱的小小勺子上……

最后要特别提醒：

（1）载体与情感一定要和谐一致。

（2）载体一定要在文中反复出现。

（3）一定要在开头或结尾处把载体与情感的关系，用优美的语言表达出来。

【思考与练习】

1. 怎样选择抒发情感的载体？

2. 如何让抒情载体与情感水乳交融？

3. 以"读懂老班"为题，写一篇文章，要求运用所寻找的有关自己班主任的情感的载体，读懂细节中蕴含的真情、美意、宽容、责任、关爱、真诚、教学艺术……

（张丽丽）

第11单元

作文先审题

◎**学习提示**

　　命题作文审题应把握作文的文体、字数、人称、范围、句式、情感、修饰词、关键词；半命题作文审题应审准主题、体裁、题眼、范围。

　　审题是作文的第一步，而且是文章成败的关键性一步。文章的立意就是在审题的过程中确定的。审题的具体任务，就是通过对作文题目的思考和分析，了解命题者的意图，弄清写作对象、范围和重点，明确立意，并确定文章的体裁。一般作文类型分为命题作文、半命题作文、自命题作文三种，下面就不同类型的作文怎样审题分别进行阐述。

★命题作文★

一、什么是命题作文

命题就是命制作文的题目，让学生根据所出示的题目进行写作，这就叫命题作文。

二、命题作文的特点

命题作文是我国传统的作文方式，至今仍有特殊的价值。它有利于直接体现作者的意图，避免写作偏向某一方面；有利于作者的思想迅速集中。其特点为：①切合实际，联系实际生活。②贴近社会生活，关注社会人生。③富于启发性。

三、方法技巧

当你在做命题作文时，不要看到题目就忙于动笔，要养成动笔之前想周全的习惯。可按以下几个步骤进行。一篇作文题目，总会呈现以下信息：文体、字数、人称、范围、句式、情感、副词、关键词等。审查题目，分析这些信息，不是每处都仔细琢磨，得分个详略：有些，只需瞄一眼，知道了，心中有数就成，时间控制在数秒以内；有些，则需要盯 N 眼，要推敲，思忖，花上一刻钟也不为过。

（一）文体

中考作文命题已经很多年"文体不限"了，"文体不限"其实也不是什么文体都可以写，有时题目本身的规定性就把某些文体排除在外了。例如"十六岁的我"，最适合写洋溢青春激情的记叙文，而议论文、说明文就不好写。

（二）字数

字数是作文的一个重要指标，一般是"不少于 600 字"或者"600 字左右"。从写的角度看，应该比题目规定的字数下限略多写几十字，这样不仅内容更显得丰富，也可见你写作功底的深厚。

（三）人称

中考作文命题更关注学生的自我成长与心灵世界，所以题目里往往有"我"，如"我眼中的色彩"。若题目里不是"我"，而是"我们"，如"我们这帮人"，这类作文你就不能太个人英雄主义，要突出"们"，突出群体。

（四）范围

范围就是给题材画个圈，圈内的可以写，圈外的不能写。2008 年江苏常州中考作文题"请以初中生活为素材，以'你在我心里'为题，写一篇文章"，这道题目，"我"就只能是"我"，非作者本人莫属了。

（五）句式

题目如果是简单的词语，如"回家""永远的歌声"，这项审查可略过。题目里如果出现关联词语，或由两个小分句构成，就需要辨析其中的内部联系了，是因果关系，条件关系，还是并列关系？例如"我参与，我快乐"。因为"参与"所以"快乐"，我们可以理解为"参与"是"快乐"的原因，"快乐"是"参与"后必然的情绪反应。

（六）情感

最近两年，中考命题注重学生的真实情感，如"我最想依靠的人是你""让我握住你的手"，你得体会这里面的一往情深；再看这些题目："向前，向前，向前！""再小的力量也是支持""战胜自己，坚强起来"。你得领悟其中蕴含的积极、进取、不屈的精神力量。而所有的体会、领悟，最后又得落实在你饱蘸情感的笔触里。

（七）副词

副词初看不起眼，其实极其重要。这两年出现较多的副词有"其实""然""真""也""最"。如"门其实开着"，"其实"，包含着一个误会设计，起初认为是那样，后来因为某一际遇，误会解开，行文必须把误会交代清楚。

（八）关键词

要善于锁定题目最关键的词语，要死盯这些关键词，慢慢咂摸它们的"色香味"。如"温暖的时刻"，"温暖"不仅是身体的，也应该是心灵的，而且重点应该放在后者。

四、审题存在的问题

（1）审题不准，错解题意。
（2）貌合神离，偏离题意。
（3）抛开题目，另起炉灶。

学生习作：

乡 情

2020级2班 胡煜轩

我的家乡是一个临着渤海的小城——东营。

或许你对这座城市并不熟悉，但你一定知道我们的母亲河——黄河。它从东营这座小城入海，从中游裹挟的泥土冲积形成了黄河三角洲，每年吸引了大量国内外的游客慕名前来。我曾有幸去过两次，第一次去是在两岁时，那时候还太小，只记得那里黄蓝相交，景色壮观。第二次是疫情暴发前的几个月，那时我已经十一岁了。时隔九年，我又一次来到了那个地方，那里有大片的湿地，空气清新，景色宜人，是候鸟的天堂。现在黄河入海口湿地公园已成为国家级自然保护区，身为东营人我备感骄傲和自豪。

黄河入海口可以说是这座小城特别的景色，但真正令世人了解到东营的，还是那座油田——胜利油田。这是中国第二大油田，给东营这座小城带来了数以万计的就业机会，我的父母便是胜利油田的工人。我作为石油工人的子女，对这座充满了神秘的油田有了特殊的情感。油田工人都很纯朴、踏实、肯干，只要有命令就马上冲锋在前。这总是很令我敬佩的，也是我需要好好学习的。正是胜利油田的石油工人们的努力，才让石油这个词语成为东营代名词，让世人了解到在山东有一座油城叫作东营。

前年春节期间，疫情突然爆发，闯入了人们的生活，搅得大家不得安宁。而东营这座小城的人民，团结一心，积极抗疫，严格防控，自 2020 年以来，东营创造了两年没有一例确诊的历史性纪录，这也让东营这座小城又一次出名。

　　啊！东营！我美丽的家乡，我因你而骄傲，我因你而自豪，你是我心中的荣耀。我爱你，东营！

【简评】作者以第一人称的视角写出了自己对东营这座城市的独特感受，内容充实，结构完整。选取了三个典型事例介绍自己的家乡，分别是：黄河入海口湿地公园，属于自然景观；胜利油田，属于人文景观；连续两年没有疫情，属于社会视角。构思新颖、独特，情感真挚，符合命题作文的行文要求。

★半命题作文★

一、什么是半命题作文

半命题作文即题出了一半，另一半让考生自己选择一个适合自己写作的词语，补全题目后写作的一种作文命题方式。

二、半命题作文的特点

半命题作文既有命题作文的限制性，又表现了一定的灵活性，便于考生写出自己的真情实感；同时还具有开放性，考生可根据自己的材料储备及情感、体验的储备来补全题目，考生有一定的选择权。这样的命题既有利于学生发挥自己的才华，又不至于把学生的思维限制得太死。

三、方法技巧

（一）审准主题

主题是文章的灵魂，没有主题的文章，即使构思再精巧，语言再有文采，也不过是一个空壳。因此审题的关键是审准主题。有些题目比较抽象，审题时可以适当变通，提炼出主题来。审准主题的关键有两点：准一点，新一点。

（二）审准体裁

一般是通过题目可以判断出文章的体裁。如题目中有"记""事""回忆""一次"等字眼的就是记叙文的标志，就按记叙文要求写。议论文文体的格式有"从_____想到的""_____辩""由_____的思索"等。说明文一般含有"介绍""说明"等字眼。

（三）审准题眼

题眼就是题目中的关键字眼，抓住题眼就抓住了题目的重点，如果我们没有抓住题眼，或者把题眼的意思领会错了，文章就不切题。

（四）审准范围

有些作文题目由多个词组成，各词之间有较严密的逻辑，要注意时间关系、空间关系，有些什么意义的词限定了它的范围，只有审准了题目的范围，才能做到准确，不滥写、不漏写。下面就补题及开头、结尾是否准确举例。

开头：学生作文 1——《冬雪也美丽》

在我的心中，最美的季节是冬天，最美的景物便是唯有在冬天才会有的——雪。每当下雪的时候，我都会跑到门外，欣赏那洁白的雪花，心情也会好起来。

点评：写的不是"也"美丽，而是"最"美丽。

学生作文 2——《失败也美丽》

失败，是每个人都会经历的。有的人讨厌它，一味躲避，这样只能离它更近；而有的人在失败之后，从中吸取教训，不断努力，慢慢走向了成功。对于这些人，失败是美丽的。

点评：写的不是"也"美丽，而是"是"美丽的。

学生作文 3——《配角也美丽》

有人说，主角永远是舞台上最耀眼、最美丽的那轮明月，而配角只是旁边点缀的小星，黯淡无光。可在我看来，其实，配角和主角一样，也很美丽。

点评：符合题意，突出了文章主题。

★自命题作文★

自命题作文包括话题作文和材料作文。

一、什么是话题作文和材料作文

所谓"话题"，就是谈话的中心，就是引发谈话的由头。我们生活中的一切内容都可以作为"话题"来引发人们的联想，引发人们的议论，引发人们的抒情，总而言之，就是引出人们心中想说的话。

所谓材料作文，它只提供文字材料或漫画，不给具体的话题，要求考生全面理解材料，围绕材料中心或从某个侧面自引话题，自定立意，文体不限。

二、话题作文和材料作文的特点

话题作文最大的特征就是开放性，它在内容、体裁等方面的限制性很小，给考生写作空间发挥的余地更大。每个话题作文题目，后面的写作要求这一项基本上是"根据社会实际，发挥想象，自选题材、自选角度、自拟标题，写一篇 600 字以上的作文"。这"三自"就是话题作文开放性最具体的表现，但这并不就意味着话题作文可以想怎么写就怎么写。

材料作文的特点：这种作文模式比话题作文更具开放性，考生自由度更大，但有时材料主旨的隐藏性和丰富性增加了审题难度。

材料作文不同于话题作文：它给定材料，但不给定话题。话题作文的材料是为了引出"话题"，作文围绕"话题"范围展开；材料作文则要求全面理解材料，但可以选择一个侧面、一个角度构思作文，也就是说材料作文要从材料中提炼观点而不是话题。

三、方法技巧

（一）审材料

1. 材料的类型：文字材料、图表材料、数字材料。

2. 给出材料的目的和意图。

出题人给出材料的目的和意图是引出话题，帮助考生更好地理解话题，展开联想和想象。

3. 如何利用材料。

（1）读懂材料，弄清其中的人、事、理、情。

（2）根据材料的目的是帮助考生更好地理解话题、展开联想和想象这一特点，它和话题之间有类比关系，可以利用其相似性组织材料，确定主题思想。

（二）审提示

1. 提示的位置：一般话题作文里都有提示，它位于材料和话题之间。

2. 提示的作用：其实就是告诉考生作文的着眼点，以及作文在写作范围、角度方面的要求。

3. 审提示就是要把握作文的着眼点、写作范围和切入的角度。

（三）审话题

准确地把握话题尤为重要，可用以下方法把握话题的内涵。

1. **内涵外延分析法**。分析话题的内涵和外延，对话题的核心概念进行鞭辟入里的思辨分析，从"什么是什么"的层面做出判断。全面准确地理解话题，如"诚信"是"诚实、讲信用"。此外，还可以从"是什么不是什么"这一层面，明确核心概念的限定性，如"答案是丰富多彩的"，是"答案"而不是"问题"，是"丰富多彩"而不是"一个、两个"。

2. **结构分析法**。话题从结构的角度看，可分为词语型、短语型、句子型。可从话题结构关系的层面全面理解话题的构成及限制。例如并列式：并列的两个方面都要顾及。如"诚信"——诚实和守信用。

3. **修辞分析法**。运用较多的是比喻。可以联想相似的事业、人生、社会等。如"花儿为什么这样红"中的"花"——可以是"生活中的新气象"、"生活状态"以及"社会和个人的发展态势"。

4. **要审清话题中一定要回答的问题**。考试其实通篇都是在回答问题，作文当然也不例外，不管选什么文体来作文，文章都要对作文题目提出的问题或理性或形象地做出一个回答。也就是要养成下笔之前先用一句话来回答话题的问题从而鲜明提出观点的习惯。一般来讲，有些话题的核心语是"观点型"的，也即话题本身包含着某种观点，如"答案是丰富多彩的""储蓄美德""珍爱生命"等，文章的立意自然要与之相一致，绝不可标新立异，更不可与之对立。

（四）审要求

此一环节比较简单，一般材料作文的要求都是"三自"加"600字"的字数要求，但有些话题作文也有文体限制。

示例：阅读下面的材料，按要求作文。

一个面包师长期从他隔壁的一个农民那儿购买黄油。有一天，他觉得本应是 3 磅重的一包黄油似乎太轻了点。于是他开始定期地称一称黄油，发现每回都是分量不足，就是说，他每次都是多付了钱。他特别生气，便开始向执法机关提出诉讼。"你没有天平吗？"法官问农民。"有哇，法官先生，我有一架天平。"农民回答道。"有很准的砝码吗？""没有，法官先生。我不需要砝码。""没有砝码，那你怎么称黄油呢？""这好办，"农民回答说，"你瞧，就在面包师从我这儿买黄油的这段时间里，我也一直买他的面包。我总是要同样重量的面包。每次这些面包就作为称黄油的砝码。如果砝码不准，那就不是我的过错，而是他的过错了。"于是，法官判定农民无罪，而面包师不得不承担诉讼费用。

请你以上述故事所蕴含的哲理为话题，写一篇文章。立意自定，文体自选，题目自拟，不少于 600 字。

提示：我们怎样对待世界，世界就会怎样对待我们；我们怎样对待周围的人，周围的人也会怎样对待我们。你帮助别人越多，得到的也会越多；你越吝啬，越会一无所有。

综上所述，审题是作文的第一步，而且是文章成败的关键性一步。希望同学们在写作中认真审题，不断提高写作水平。

【思考与练习】

1. 命题作文应该如何审题?

2. 半命题作文应该如何审题?

3. 自命题作文审题的方法技巧是什么?

（张国梁）

考场作文拟题训练

◎学习提示

　　拟题的基本原则是准确、精练、生动、新颖、含蓄,在基本的拟题方法之外,半命题作文、话题作文、材料作文依据不同命题特点又有各自的拟题规律。

　　题目,即标题、文题,是文章的眉目。或表明写作对象,或交代行文线索,或具有象征意义,或提出观点,这是它的基本作用。有人将其比喻成眼睛,透过它可以洞悉文章的灵魂。新颖独特的文题,可以使读者耳目一新,引起阅读兴趣。俗话说:"题好一半文",因而拟一个提挈全文、传神动人的标题是十分重要的,直接体现了写作的智慧与匠心。

　　但是,有的同学在写作时,不重视深思、慎拟文章的标题,拟题的随意性大,甚至有的同学作文的题目竟然是在写完作文之后才安上的,这种做法有损文章质量的提高。实际上,我们经常忽视了标题的作用,它是文章内容和读者情感心理之间的第一个接触点,是让人一见钟情的因子,也提供给读者窥视文章内容的独特视角。考场作文的标题更是让阅卷老师慧眼为之一亮的第一点。

一、拟题的基本原则

　　准确,指的是符合文章内容,同时也指遣词造句符合规范。

　　精练,指的是简洁概括文意,字数恰当,一般不要超过八个字,标题过长则显得松散。

　　生动,指的是题目具有可读性。

　　新颖,指的是有新视角,新思路,新感悟,给人新鲜感。

　　含蓄,指的是有内在的含义。把思维蕴含于形象的标题之中,能起到言有尽而意无穷的作用。

二、主要的拟题方法

(一)直抒胸臆法

　　直截了当地表达作者的思想感情或态度观点,这是最常见的拟题方法。如"一中你好""救救地球吧""读书真好"这些标题,都带有强烈的感情色彩,精美醒目。

（二）巧用修辞法

修辞能增强说服力和感染力，能够生动鲜明地把意思表达出来。

1. **比喻法**。用美妙的比喻，唤起丰富的想象，引起立体式联想或情感的共鸣，从而吸引读者。如"我生命中的珍珠""留住生命的一片绿叶""开在记忆深处的花朵"。

2. **拟人法**。把原本写人的词语用于描写事物，生动、含蓄、新颖。如"与祖国干杯""甜甜的教鞭""秋叶的爱情"。

3. **引用法**。人名、地名、诗句、歌曲名、歌词、名著名、影视剧名、广告词、名言入题，直接引用或者化用，别具风格。

（1）引用诗句。写某件发生于雨后的事件拟题为"潇潇雨歇""他山之石，可以攻玉"。

（2）引用流行歌曲名、歌词。以"宽容"为话题的题目"一笑而过"，以"家庭"为话题的题目"我要的幸福"，以"心愿"为话题的题目"一千零一个愿望""我的未来不是梦"。

（3）引用或化用名著名、影视剧名、广告词。以"诚信"为话题的题目"真诚到永远""诚信无价""诚信漂流记"，以"亲情"为话题的题目"滴滴香浓，意犹未尽"，以"友谊"为话题的题目"百年孤独"。

4. **对偶法**。以"环境"为话题的题目"一头白发，满山青葱"，以"读书"为话题的题目"读智慧之书，做有用之才"。

5. **设问、反问法**。"你有一颗坚强的心吗""我是差生，我容易吗"。

6. **借代法**。"黑白债"紧扣母亲乌黑发丝中的白发展开叙写，揭示岁月无情、母爱无价这一真谛，借色彩代本体，又亮出线索，寄托深情。"人生需要掌声"标题借"掌声"代"鼓励"，很有创意。

7. **呼告法**。以"书"为话题的题目"别了，漫画书！"，以"关注生活"为话题的题目"给生活加点苦吧！"，以"爱"为话题的题目"爸爸，再给我一点爱"。

（三）象征法

指借具体形象的事物，表现某种精神品质或事理的手法。它能把作者的感情表达得既直观形象又含蓄隽永，引起无限联想。如"放飞鸽子""绿叶赞""雨中，那把小红伞"。

（四）反弹琵琶法

任何事物都有两面，有时正面无从下手，何不反其道而行之，来个反弹琵琶，看似不合常规，不合逻辑，但别出心裁，出奇制胜，焕发新意。如"一个真实的谎言""泪，甜甜的""为了忘却的记忆""愤怒的贺年卡"。

（五）特殊符号拟题法

此法是借用数学、物理和化学等学科特殊符号或公式来拟题，适合涉及几种因素、内容上相互关联的作文。这类标题的作文在行文中必须恰当地体现公式符号与社会现象、某种道理的契合点，使形式和内容相统一。如以"当我面对'？'的时候"为题，来表达自己对社会上种种时弊的质疑；以"当我面对A、B、C的时候"为题，抒写自己对学习英语的乐趣和享受；以"当我面对'1'（哆）、

'2'（来）、'3'（咪）的时候"为题，抒写自己对音乐的感悟。此外，"我好想得到一个'A+'""感悟 8－1>8""明天，我飞向 β 行星"等，这类题目形象生动、醒人耳目。注意标题末尾不能用句号。

（六）谐音法

"'浙'就是你"是话题作文"浙江精神与浙江人"的题目。它巧妙地利用了谐音字，既与作文题目紧紧相扣，又显得活泼俏皮，叫人不禁眼前一亮。但是要切记，要定好立意之后才去想能不能利用谐音字做题目，不能舍本逐末，为了强求一个谐音的题目而偏离题意。

（七）意象组合法

把几个意象组合在一起，会引发读者思考这几个意象间的内在联系，思考它们共同创造的意境或蕴含其中的深刻道理。如"骄阳·爸爸·书""诗人·明月·黄花""心境·远山·清秋"。

中考作文命题模式有全命题作文、半命题作文、话题作文、材料作文，接下来我们结合具体实例详细讲解分析后三种命题模式的拟题方法，进行拟题训练。拟一个恰当确切的作文标题首先要审清题意，正确理解作文题目要求，拟一个生动新颖的作文标题也是作文立意创新、构思精妙的一部分，因此，接下来的内容以拟题训练为主，也涉及了作文审题、立意、构思的内容。

三、半命题作文的拟题

（一）半命题作文拟题的常见问题

1. **拟题雷同**。由于半命题作文有"限"的一面，拟题雷同的现象十分突出，写出的作文"撞车概率"也相当高。比如，半命题作文"难忘的＿＿＿＿＿"，极易雷同的拟题是"难忘的一天""难忘的假期生活"等，相当多的同学似乎只有"一天""假期生活"是"难忘的"；写"当我面对＿＿＿＿＿的时候"这一半命题作文时，题目拟为"当我面对挫折的时候""当我面对成功的时候"的作文便会成批出现，要"面对"的似乎不是"挫折"就是"成功"。试想，思维闭塞，缺乏创新，都是按照同样的思路去命题，岂能不出现"千人一面"、千"空"一"词"的拟题雷同现象！

2. **拟题宽泛**。题目大而不当，难以下笔。以"感悟"这一半命题作文来说，"感悟大自然""感悟青春"这类既无新意、涵盖范围又过大的拟题比比皆是，要"感悟"的唯"大自然""青春"是大。显然，拟出这样的题目，写起来不易把握，只能泛泛而谈，要写深写透很难，且不说内容的创新，连"标题"这一被称为作文的"第一张示人的面孔"也未能画好，实在可惜。

3. **补题随意**。半命题作文的拟题之所以会出现上面提到的"一窝蜂"的拟题现象，一个很重要的原因是大家看到半命题作文题时，不能根据所选材料确定一个最佳的词语或短语来将题目"补充完整"，也就是不能很好地将"选材"与"补词"同时加以考虑，而是匆匆提笔信手"补词"，前面提到的在半命题作文"难忘的＿＿＿＿＿""当我面对＿＿＿＿＿的时候"后补上"一天""假期生活"和"成功""失败"这类词，不难看出学生"补词"的随意性。

总之，我们在拟题时要充分利用半命题作文的"自我命一半题"这一有利条件，因势利导。

如果仅着眼于内容是否"好写""耳熟能详",而不是能否"写得好",是否"能出新",这种"先天不足",势必导致自己拟的题目反"将"了自己"一军",不是所拟题目限制了自己的手脚,思路打不开,就是拟题涵盖宽泛,想写的内容太多,不知从何入手。

（二）半命题作文拟题的准备工作

1. 审题为补题明确方向。

写好半命题作文的关键在补题,而拟一个恰当的标题首先要审清题意。半命题作文从形式上看,它由文字部分和填空部分组成,有的题目前还有一段提示语,我们在拿到题目后,先要分析已有文字部分所表达的意思。

此外,在几乎所有的文题后面都有具体要求,如"将题目补充完整""有真情实感""不少于 600 字"等,这些在审题时也应引起重视,否则会影响作文的质量和得分。

2. 立意构思为补题铺路。

弄清了题意之后,就要考虑补充文题了。补充文题就是将半命题作文变为命题作文。补写文题时应注意以下几点。

（1）**要易写作**。我们要充分利用半命题作文选材自由的特点,填上自己认为较容易写的内容。

（2）**要确定体裁**。在补充题目时要考虑你所写文章的体裁。现在许多作文题目对文体都没有要求,所以应根据自己的特长考虑是写记叙文,还是写说明文,或是写议论文;是写人记事,还是写景状物,或是阐述某个道理。

（3）**要内容健康**。如果填上一些消极、不健康的内容,给半命题作文带来了一些副作用,自然也降低了作文的品位。如"＿＿＿＿＿＿的滋味",就有同学在横线上填了"抽烟""喝酒""自杀"等词语,我们在这方面应引起注意,不能凭一时的感情冲动,或是标新立异,填写上一些消极、不健康的内容,应填写积极向上、反映青少年时代风貌的健康内容。

（三）半命题作文拟题的拓展训练

练习 1

例：请以"＿＿＿＿＿＿也美丽"为题写一篇文章。要求将题目补充完整,然后作文,文体不限,不少于 600 字。

审题指导：半命题作文首先需要将题目补充完整。那么补充的内容应该着眼于哪些呢？关键点就在于一个"也"字。"也"字表现出了一种出乎意料的效果,也就是说前面所要补充的材料与"美丽"之间不可能是一种必然的联系。所以在补充题目时除了那些公认的美丽的事物、美丽的精神之外,需要我们换个角度,逆向思考,比如：人们往往对失败、分手、放弃、遗憾等没有好感,甚至讨厌,由此我们也可逆向立意为"失败也美丽""分手也美丽""遗憾也美丽"……

其次，需要明确的是"美丽"是本题的题眼，也是文眼。需要深入理解"美丽"一词，那是一种内涵：坚强、胆识、恒心、宽容、大气、尊重等，并非单纯的表象的"美丽"。

拟题指导：上文说过，这道半命题作文，审题关键点就在于"也"字。有的学生不去理解"也"包含着一种逆向思维，那么就很有可能出现这样的命题："春天也美丽""勤奋也美丽"……这就属于错误命题了。同时这种反弹式的命题，还容易给学生造成另外一种误解，以为只要是反面的事物、反面的精神都可以拿来写，这种想法是错误的。例如："自卑也美丽""醉酒也美丽"……这样的命题也属于错误命题。因此需要注意的是"反弹"也要成曲调，切不可"乱弹"一气。

拟题示例：落叶也美丽、平凡也美丽、挫折也美丽、简单也美丽……

练习 2

请同学动笔拟题，并简要写出你的审题过程。

题目：＿＿＿＿＿在其中

要求：把题目补充完整；可以大胆选择你最能驾驭的文体进行写作；不少于 600 字；文章中不要出现真实的地名、校名和人名等。

审题指导：选填恰当的词语，展开流畅的叙述固然重要，但对于文题中"在其中"三个字的内涵也着实需要细细品味。这个题目有两个关键的隐性信息，即一个叙述主体"我"，一个选材范围"生活"。揣摩命题人的意图就是要考生能写出"我"在"其中"所体会、感受到的生活中的"真、善、美"。此处的"在其中"有"其中包含着、蕴含着"的意思。

拟题指导：如把题目补充为"趣在其中"，可写乐趣、情趣、风趣等；如写"美在其中"，可以是人物的外貌美、自然的景物美，还可以是社会的和谐美。如拟题为"情义在其中"，就是要通过人物行为或动作细节来表现出情义。在写作时，需注意的是要让读者从字里行间体会到作者所要寄予其中的感受，以突出蕴含其中的意味，因为所要表达的生活感受是蕴含在过程中的，蕴含在发展中的。在文体的选择中，此题比较适宜写成记叙文，可以写人记事，也可以在记叙的基础上抒发感悟、生发议论。

半命题作文既有命题作文的限制性，又表现了一定的灵活性，便于同学写出自己的真情实感，因此受到作文命题人的青睐，我们应该予以充分的重视。我们可以通过看结构、辨词义、析提示来恰当补题，确定主题、题材、重点，明确体裁、字数等要求。

四、话题作文的拟题

按《现代汉语词典》的解释，"话题"就是谈话的中心。那么，话题作文就应该以题目提供的"话题"这个词语为"谈话的中心"进行写作。话题作文最明显的特点就是内容熟、范围广、形式活。

（一）拟题常见错误及解析

拟题常见错误：把话题当文题，毫无个性；题目缺少新意，无创造性；题目不精练，冗长呆板；横空出世，与内容毫无关联；大而无当，放之四海皆准。

1. 话题≠文题。

有些同学在拟题时直接以话题为题目，这是非常不可取的。话题作文中的话题、提示语和要求这三部分是完整的统一体。话题是确定写作内容的依据。提示语的作用有三：一是开启写作思路；二是暗示写作方向；三是限制写作范围。要求一般是对文体、字数、写作角度等的规定。

　　人的一生是不断获取的过程，获取生命，获取健康，获取知识，获取财富，获取经验，获取教训，获取荣誉，获取友情。人们对"获取"往往有不同的追求，"获取"的途径也不尽相同。人生是丰富多彩的，"获取"也是多姿多态的，"获取"的过程，不仅展示了人生的态度，而且包含着人生的哲理。

　　请围绕"获取"这个话题写一篇文章，可以叙述经历，可以抒发情怀，可以发表议论。

话题"获取"就是写作内容的依据，拟题时切忌以"获取"为题。前面一段"获取××"之类的提示语，就指明了可以从获取生命、健康、知识、财富等诸方面去写，它既给我们圈定了一个写作的大范围，又给我们打开了思路之泉。但要特别注意的是，万万不能把提示语抄进你的作文，那会严重影响得分的。

2. 话题＞题目。

题目小，文章的切口就小，就便于写深写透，避免内容空泛。话题和话题提示语的范围一般较为宽泛，如果从大范围拟文题就很难驾驭，主题也不深刻，例如"梦"这个话题范围太广，无从下手，换成"美梦成真""多梦少年"就有具体切入角度。文体亮丽，文自生辉！

3. 话题＝题意。

话题作文拟题的题意要与话题意思一致，不能在小角度切入时变换了方向。如以"水"为话题进行写作，有的同学用"水"的引申义"质量差，水货"的意思拟题，写成"可恶的劣质牛奶""水货钢笔引起的风波"等。

（二）话题作文拟题最常用技巧——添加成分法

添加成分法是把话题或话题核心词当作拟题的一部分，在话题或话题中心词的前后加上修饰、限制、阐释等成分，构成作文的题目。

1. 前缀法。

即在话题或话题核心词前面添加词语而形成文题。如以"诚信"为话题的拟题为"懂得诚信""拥抱诚信"。以"心灵的选择"为话题的拟题为"面对选择""一次超越心灵的选择"。

2. 后缀法。

即在话题或话题核心词后面添加词语而形成文题。以"心灵的选择"为话题的拟题为"选择坚强""选择宽容"。

3. 前后添加法。

即在话题或话题核心词的前面和后面同时添加词语，从而形成文题。如以"诚信"为话题的拟题为"把诚信留在心底""用诚信酿造生活"。"以心灵的选择"为话题的拟题为"我选择善良""人生，因选择而各异"。

采用添加成分法拟文题，我们先要注意分析话题本身的语法结构。如果话题是一个词，很适合采用这种方法；如果话题是一个短语或句子，那就要先提取话题核心词，然后再采用添加成分法拟题。采用添加成分法拟就的文题，既可以提醒自己不要偏离话题，同时又可以或直接或间接地揭示文章的主题。

（三）话题作文拟题成功范例

1. 希望，是人生奋斗的远大目标，是平凡生活的小小期待。希望是生命之舟的原动力，是补充能源的加油站。希望可以将人引向辉煌，也可以将人诱入歧途。希望创造了一个个大大小小的故事；希望蕴蓄着振聋发聩的哲理睿思。请以"希望"为话题，自选角度、自定文体（诗歌除外）、自拟题目，写一篇作文。

示例：有的考生将题目拟作"在希望的田野上"，还有的拟作"爸爸的期待""我的'加油站'""我的奋斗""为了那份完美的答卷"，这些题目都拟得简洁生动，有概括性，值得借鉴。

2. 树，是一种常见的植物。无论是自然界还是园林绿化都离不开它。请以"树"为话题为文。

示例：写记叙文，标题可拟为"树下""记一次特别的植树活动""我家的小桃树"；如果想写成抒情性的散文，可拟题"松树赞""我爱那片小桃林"；如果要写成议论文，就可拟题："给我一片绿荫""真的是'无用之材'吗"。

（四）话题作文拟题训练

把月光印成邮票，去吹绿那漫长的相思路；把月光录成歌带，来旋转出更美好的时光。让月光夜夜缝补我们隐痛的伤口和人生的不幸；让月光夜夜弹响我们的心弦和幸福的回忆；让月光夜夜牵引我们走进梦的伊甸，让月光夜夜潮湿我们麻木的情感。

请以"月"为话题，写一篇文章，题目自拟。

1. 分析问题题目。

示例："人与月亮"（偏题，过大）、"嫦娥奔月"（抄袭传说，毫无新意）

请分析以下题目存在的问题："炸毁月亮""月""愁""最美""思念"。

2. 好题目欣赏及实践。

示例："那晚，月特别美"（增删法）、"我寄愁心与明月"（引用法）

"月亮的泪""月亮的新衣"（拟人法）

请同学们自己拟两个合适的题目。

五、材料作文的拟题

"材料作文"是我们作文训练的一个难点。就所提供的材料而言，或是名人轶事，或是警句箴言，或是幽默风趣、含义深远的漫画（照片、图片），或是给人以启迪的小故事、寓言、诗歌等，其内涵丰富，范围广阔。读懂材料，把握材料的主旨，是拟好材料作文题目的关键，题目必须从材料中提炼出来，要从多个角度看问题。

（一）材料作文拟题最基本技巧

材料作文要紧扣材料加以联想、展开、发挥；不联系材料则算作偏题、背题，以致得分极低。拟题也要紧扣材料展开，方法主要有两种。

1. 抓关键词语、关键句，添加前后缀或者重新组织语言，形成观点拟题目。

（1）何谓关键词句

寓言性材料抓揭示寓意的词句；评述性材料抓议论抒情的词句；事件性材料抓揭示因果的词句；文学性材料抓体现哲理的词句。注意文中开头句、结尾句、中心句、过渡句、反复出现的句子。

示例 1：阅读下面的材料，根据要求写作。

《昆明的雨》描绘出一个"明亮的、丰满的、使人动情的"雨季，作者汪曾祺说："我想把生活中真实的东西、美好的东西、人的美、人的诗意告诉人们，使人们的心灵得到滋润，增强对生活的信心、信念。"

同学们，相信你生活中也有真实的东西、美好的东西，也有人的美、人的诗意。请拿起手中的笔，写一篇文章，告诉读者吧。

要求：①在材料含义范围内立意，自拟题目，自选角度；②除诗歌外，文体自选；③不要套作，不得抄袭；④文中不得暴露个人信息，不得少于 600 字。

我们可以很快找到这则材料的关键句为"美的事物能增强人们对生活的信心、信念"。

（2）抓关键词句拟题目的原则

词句必须反映材料主旨；要去粗取精、化繁为简。

示例2：

人生在世，很多时候都需要我们"放手"，当事情成功与否不受自己控制时，就应承认自己有所不能，这时需要放手；不把现成的答案提供给别人，而是让他从错误中学到东西时，需要放手；为了从失败中成长，为将来积极策划时，需要放手；放手，不比坚持来得容易，它需要直面艰难抉择的勇气，以及权衡得失的智慧、刹那取舍的决断。放手，是选择，不是放弃；是乐观，不是悲观；是在人生路途中转一个弯，甩掉不必要的包袱，轻装上阵。

我们可以确定材料的关键词为"放手"，可以拟题为"学会放手""放手也是一种爱""有一种爱叫放手""放手——风雨后的晴空"，但是"失败""乐观""勇气"等词语是偏离材料主旨的，不能作为拟题的依据。

2. 依据材料提炼中心，挖掘观点拟题目。

有些材料的观点比较隐晦，这就需要同学们细细阅读材料和之后的要求，认真思考，全盘考虑，由表及里，由现象到本质，提炼材料的中心，挖掘观点，从而拟定题目。苏轼有诗云："横看成岭侧成峰，远近高低各不同。"对同一个材料，从不同角度去看，就会有不同的观点，这就是所谓的"见仁见智"。对这样的材料，我们要注意材料的多面性，要学会选择适合自己写作的最佳观点。

示例3：

材料一：胡适先生说："科学之最精神的处所，是抱定怀疑的态度。"

材料二：有人发抖音称小学语文教材拼音出错，误人子弟，"统编本"语文教材总主编温儒敏在微博上公开回应，称拼音没错，但确实读起来拗口，教材是公共知识产品，大家都可批评指正。

材料三：华东政法大学一学生没有按时交作业，老师允许其以"论证迟交作业的正当性"的作业作为替代，两人由此开展了颇具学术性的交流。

在这个文化多元的时代，如何面对质疑？你有怎样的思考？请结合上述材料写一篇文章。

（1）写作对象为题目中给出的三则材料，核心为质疑

（2）析清逻辑

题目中所给的三则材料，不同的组合可以建立起一定的关系。

材料一和材料二组合：可以写"质疑诚可贵，慎思价更高"。

材料二和材料三组合：可以写"不唯书，不唯上，只唯实"。

材料一和材料三组合：可以写"鼓励质疑，平等对话"。

（3）重视整体

从整体看，三则材料都体现了鼓励质疑、敢于质疑的优秀精神品质，而这些品质在当下具有积极向上的意义。

（4）树立观点

题目可以从质疑是对科学的探索，而不是对科学的恐惧；质疑使科学得以发展或质疑是谨慎思考后的提问，而不是盲目冲动的攻击等方面立意。

（二）材料作文拟题范例

阅读下列材料，按要求作文。

日本作家村上春树说："仪式是一件很重要的事情。"

民国才女林徽因，每次在夜间作诗前都要做足仪式感：沐浴焚香，一盏茶，一把琴，一本线装书。

《小王子》里说：仪式感，就是使某一天与其他日子不同，使某一刻与其他时刻不同。

在这个人心浮躁的社会，多少人缺失了对生活的仪式感。拥有仪式感，能让你放大每一种情绪，让缱绻在岁月中的日常琐碎，变成充满感动的细水长流。

上述材料引起你怎样的联想或思考？请根据自己的生活经历写一篇文章。

要求：题目自拟；文体不限，诗歌除外；600~800字；文中不得出现含有考生信息的人名、地名等。

【分析】材料作文的审题立意，一定要抓住材料中的关键信息，然后对关键信息进行综合分析，最后得出材料的立意。就本则材料而言，其中的关键信息是"仪式感"，这个"仪式"的意思是：举行典礼或大会的程序和形式。而"仪式感"是人们表达内心情感最直接的方式。从材料内容综合来看，题意为：生活中人们缺少了表达内心情感最直接的方式。也就是说，生活中我们要注重自己内心的情感表达，要拥有仪式感。这种内心情感可以是：对父母的感恩不能只放在心中，要大声说出来；或者是：对老师的感激之情，要直接说出来；还可以是：对祖国母亲的感恩，要大声唱出来等。如写记叙文，可以写一个关于拥有仪式感或是找回失去的"仪式感"的故事。议论文则可以就现在人们"仪式感"缺失这一现象，发表自己的见解或看法，以提示人们拥有"仪式感"的必要性。可以拟题为"生活需要仪式感""仪式中的温暖""诚于中者，必形于外"。

【思考与练习】

阅读下面的材料，根据要求写一篇不少于 600 字的文章。

　　每年的"双十一"，购物网站总能成功地掀起一场全民购物狂欢活动，然而狂欢之后，很多消费者发现买来一大堆商品，但真正能用到的却少之又少。与此同时，越来越多的人崇尚"极简主义"的生活方式，推崇物质"极简"，提倡不买不需要的物品；对确有必要的物品，买最好的，充分使用它。

　　有人认为，购物有时也是舒缓我们生活压力的方式之一，如果保持物质极简的生活状态，反而会失去很多生活趣味。

　　也有人，比如宇文强认为，物质极简不是"苦行僧"式的自虐，而是一种更为人性化、经济环保而轻松愉悦的生活方式。

　　这两种看法，你更支持哪一种？请综合材料内容及含义写作文，体现你的思考、权衡与选择。要求：选好角度，确定立意，明确文体，自拟标题；不得套作，不得抄袭。

（秦颖）

如何列提纲

◎**学习提示**

作文提纲的基本框架是什么？初学拟定记叙文提纲有哪些编写程序？

经常见到这样的观点"盖楼房，有了图纸才能施工；写文章，有了提纲才能下笔"。不少中学生写作文时都没有列提纲的习惯。有的不懂得列提纲的重要性，怕耽误时间，会写而不写；更多的是不会列符合要求的、有用的提纲。老舍先生说："有了提纲心里就有了底，写起来就顺理成章；先麻烦点，后来可省事。"由此可见，学会列提纲，养成作文前列提纲的习惯，应该是中学生写作学习的重要任务，是有效提高写作水平的好方法。

一、列提纲的基本原则

（一）拟定要完整清晰、简洁明了

作文提纲只是作文的一个思路、一个框架。因此既要完整，又不能过于烦琐；既要简洁，又要达到指导写作的目的。编写作文提纲之前的思考研讨过程，即审清题目、确立中心、选择材料，这三个步骤不需要逐一详细地体现在提纲中。提纲的基本框架：拟定标题、确立中心、明确重点，这是每一张"图纸"的基本要素。

（二）鼓励个性十足，激发创造力

提纲的基本框架可以包含以下内容：拟定标题、简述内容、写主题句、选择结构、标明层义等。但实际上，拟定提纲要在简洁明了的基础上彰显学生的个性，这种个性来自学生个体的文学素养、写作习惯。平时作文，最好按照程序编写详细提纲。在考场上，应该适应考场特殊情况灵活选择书面和思考两种方式。

（三）使用要灵活，做到殊途同归

我们不能要求自己完全严格按照提纲来写作。在写作过程中，"写不下去"的时候，提纲会帮学生提示接续思路，在写作过程中学生的思路愈加清晰的时候，可能会发生与提纲的偏差甚至背离；有时学生也会另辟蹊径，修改编写好的提纲，甚至冲破原有的提纲。因为学生拟定的提纲不是严格逻辑关系的显示，而是主题、情节、形象和重点的展现，是心理图表。这张"图纸"有参照作用，但它更应该被灵活使用。作文是写出来的，更是改出来的。这一点对于提纲写作和使用来讲，也同样适用。作文完成以后，要求学生对照作文要求进行初步修改。在这个过程中，学生要在审视作文初稿时，注意它是否达到了提纲中的设计与构想，完成情况如何。如果作文已经偏离甚至冲破提纲，我们就要分析把握作文中心与作文要求的契合度，追求殊途同归，提高灵活使用提纲的能力。

二、初学拟定记叙文提纲的编写程序

（一）拟定标题（可以有以下几种角度）

1. 形象概括意蕴。如"攀登""窗口""我的脚印"。

2. 指出作文内容，即题材范围。如"妈妈眼里的我""深情厚谊"。

3. 与主题有关的一事一物，或人物语言。如"书包""压岁钱"。

4. 人名、地名、时间等。如"母亲的爱""放学路上"。

标题要求：形象、含蓄和新奇。可以追求独到新颖，但绝不能追求怪异。

（二）写主题句

主题在作文中具有核心的地位。写记叙文首先要在构思提纲阶段就领悟出主题句，接着让主题句作为灵魂来起草全文，并最好在中间高潮部分显示主题句（开头和结尾也可以出现主题句或者相似的句子）。

正如灵魂的高低决定着人的水平一样，主题句的高低也决定着作文的水平，它应准确反映作文中心内容的本质真实。或者概括了一个人真实客观的性格特色，或者刻画了一个事物的本质特点。

（三）简述内容（包括关键词）

记叙文中可以写作过程、部分及要点（注意：平时作文，可以练习写内容简述，考试时不必写出）。

（四）选择结构

记叙文作文结构：①纵向发展式。②横向发展式。

（五）标明层义或段义及要点

这一部分就可以叫作全文的纲，有两种写法：一是标题写法，几个字，简明扼要。二是句子写法，是完整的一句话，具体明确。

三、初学拟定提纲的范例

标题：美好的选择

主题句：既然选择了绘画就不应该放弃，今天放弃了它，明天就会轻易放弃别的学习，做什么事情只有经过艰苦的煎熬，才有可能迎来丰硕的喜悦。

内容简介：记叙做出选择坚持绘画的过程，描写坚持绘画的细节，感悟做出美好的选择收获的成就感。

结构：纵向式。

正文：

开头段：起笔景物描写，总领全文，引起下文。

第二段：选择前的心理描写和动作描写。详写选择的心理。

第三段：承上启下的过渡段，做出选择。

第四段：描写坚持绘画的细节。呼应第一段的奖杯，写内心的美好，点题。

结尾段：重申意义，由点到面的拓展段，成长过程中不只是绘画。照应开头，发出感慨。

随着学习的深入，在作文指导中，当学生明确了"写什么"之后，我们可以联系学过的与本次类型相同的课文，想一想这些课文的写作特点和框架结构，借鉴来拟定作文提纲。例如，联系课文《第一次真好》，学生可以在拟定作文"第一次_____"的提纲过程中注意，选择自己有真挚深刻感悟的具体事例，模仿课文的框架结构拟定提纲。

四、修改提纲的范例

我们要避免写出内容不细或条理不清的提纲，修改提纲应当分类逐项进行，解决提纲中立意、选材、组材等方面存在的问题。这样我们的作文就会逐渐变得有条理。

（一）例如作文"我生活在_____之中"，学生最初的提纲

标题：我生活在紧张中

开头：每个人都会紧张，我也会，紧张的幼苗在我心中慢慢滋长。

第二段：在家里，爸爸妈妈的期望值太高，使我紧张。

第三段：老师对我的信任、找我谈话的次数使我紧张。

第四段：同学们认真努力的氛围使我紧张。

结尾：我怎样才能不紧张，摆脱紧张的心情。

全班学生评议这个提纲的优点是：内容充实，已经把每段的主要内容写了出来，可操作性强。但也存在以下不足：一是文章的主题没有明确；二是每段的重点没有标出；三是结尾过于含糊；四是开头只有些套话，缺乏具体内容。

（二）下面是分类逐项修改后的提纲

题目：我生活在紧张中

关键词：紧张（第一关键词）、我的校园及家庭生活（第二关键词）

开头：同学们认真努力的氛围使我紧张。（详写紧张的气氛与"我"紧张的心理）

第二段：老师对我的期待、找我谈话的次数使我紧张。（重点写老师语气及次数）

第三段：在家里，爸爸妈妈的期望值太高，使我紧张。（重点写家人的话语及"我"紧张的感觉）

结尾：实力是紧张的劲敌，实力强，紧张亡。（升华主题）

由此来看，记叙文拟定提纲要特别重视"情景重现"。打个比方，在写第一段时，我们先应该闭上眼睛想一想，紧张的氛围是怎么样的，等头脑中有了一幅明晰的画后，再拿起笔描写我们头脑中的那幅画。对着这样"画面"临摹出来的"文字"才会充实具体、形象生动。

总之，作文的生命之泉来源于创新的活水。每篇作文都是心灵之声。因此，提纲这张"图纸"也应该充满活力，体现我们的个性特点和创造能力。

【思考与练习】

1. 作文提纲的基本框架是什么？

2. 初学拟定记叙文提纲有哪些编写程序？

3. 从"伸出自己的手""也是一种幸福"两个题目中任选一个，拟定自己的写作提纲。

（秦颖）

写好开头和结尾

◎**学习提示**

　　写好开头的技巧：设计悬念，吸引读者；开门见山，亮明观点；联想回忆，巧妙叙述；突出矛盾，渲染气氛；巧用修辞，展示文采；描写环境，烘托背景；广泛引用，突出主题；等等。

　　写好结尾的技巧：首尾呼应，凸显主旨；言为心声，呼唤号召；巧妙发问，引人深思；引用佳句，多姿多彩；抒情议论，点明题旨；景物烘托，情景合一；等等。

一、怎样写好开头

　　开头指文章的开始，古时称为"起笔"。开头在文章中占据着特殊的位置，它是定全文基调的关键所在，因此也是最需斟酌之处。写好文章的开头很重要，要如"春云初展，鲜花含露，叫人一见倾心"。一篇文章，如果开头写得出色，后文写来顺畅；对读者而言，如果开头引人注目，就愿意读下去，否则就不想读。

　　我们必须明确：开头是文章整体中的有机组成部分，它应统一在文章完整的结构之中，而不能装腔作势，使得开头游离于文章主题之外。开头好比文章整体脉络的头绪和起点，找到了叙述、说明或议论的着手之处，犹如"理乱绳"，找到了"线头"，绳线方能理顺。

　　总的来说，开头方法多种多样，有一条是最重要的，那就是：简洁明了、迅速入题。

技巧一：设计悬念，吸引读者

　　享受宁静，成了我生活中的一部分，那么，宁静是什么？是面无表情的脸孔？是清晨幽幽的山谷？还是夜晚白云划过月亮的温柔？也许都不是，那宁静到底是什么？（《我心宁静》）

　　技巧点拨：这篇文章的开头设计了一个悬念：宁静到底是什么？于是读者不由得被吸引住了，会想，宁静这么重要吗？宁静对"我"而言有什么意义？这一连串的问题自然而然地把读者的目光带到了下文，使读者迫不及待想知道下文。这种开头的方法，抓住了人们阅读时的好奇心理，精心设计吸引读者阅读，效果很好。

技巧二：开门见山，亮明观点

　　母亲灼热的目光是多少度？母亲温暖的掌心是多少度？母亲薄凉的衣衫是多少度……它们都等于一颗滚烫的爱女之心的温度。印象中自小与时常身处异地的母亲是不亲近的，但这丝毫不影响渐渐变得感情细腻的我感知一点母亲不经意间流露出来爱的温度。（《爱的温度》）

技巧点拨：这篇文章运用排比的形式将自己对"母爱"的疑问毫无遮掩地表达出来，为全文定下了基调。

技巧三：联想回忆，巧妙叙述

　　淅淅沥沥的雨敲打着玻璃窗，模糊了那一池春水。时针发出嘀嗒嘀嗒的响声，似跟雨声唱和。那丛竹子被春雨所洗，显得更加翠绿亮泽。一滴滴雨珠打在层层叠叠的船形叶片上，水珠急速汇聚，由小变大，迫不及待地向叶尖滑去，叶尖载不住重力，下垂，弯曲，弹起，"砰"的一声砸在下层叶片上，碎玉四处飞溅，竹丛便隐约在水雾中间，朦胧迷离。我不经意瞥向了那个拐角，记忆中父亲走过那一个拐角的印象愈加清晰。（《走过那个拐角》）

技巧点拨：中考中，常有追忆式文题出现，需要考生追忆过去发生的某一件事。此时不妨联想回忆，引发思绪。这篇文章的开头就使用了这一方法。文中先写雨景，由春雨中的翠竹引发了"我"的联想，使"我"回忆起同样在春雨中发生的故事。这种开头，洋溢着一种浓郁的情感氛围，有利于抒发情感。

技巧四：突出矛盾，渲染气氛

　　"你这书记趁早别当了，半点用也没有！"从学校风尘仆仆赶来的我，离家门还有百来米远，就闻到了一股浓浓的火药味，听到了妈妈对爸爸的呵斥声，一种"黑云压城"的感觉猛烈袭上我的心头。妈妈也是多事，爸爸干什么她都要干预一通，搞不好就暴跳如雷。好在爸爸宰相肚里能撑船，每次都是任凭妈妈一阵暴风骤雨过后，才用几句绵里藏针的话收拾残局。今天不知又为了什么。（《"民主墙"的风波》）

技巧点拨：记叙文的写作要善于制造矛盾，在矛盾中展开故事情节才能吸引人。这篇文章在一开头就抖出一个矛盾冲突，目的是迅速抓住读者的心，引发读者的阅读兴趣。

技巧五：巧用修辞，展示文采

　　陪伴，如同清溪蜿蜒穿行过丛林，给丛林带去生机与滋养；陪伴，如同雨后彩虹背后的蓝天，默默无闻却静静地伴它左右；陪伴，如同花苞有雨露不断给予温暖与呵护。(《陪伴》)

技巧点拨：修辞是语言运用中不可缺少的部分。巧妙而又贴切的修辞手法的运用常能为语言增添许多风采，自然会给阅卷老师一个良好的印象。

技巧六：描写环境，烘托背景

　　冬日的清晨，天还未亮。路灯在细长的灯杆上挂着头盔似的脑袋，枯黄的灯光一团团晕染着夜空，路边的风呼的一声涌上来，直扑在我的肌肤上，出门时就看到天上均匀的乌云，接着，迎着光线往上看，白点从无数的乌云中跌落下来，在风的旋涡里打转。(《曾经拥有》)

技巧点拨：一切景语皆情语，在记叙文、散文的写作中，环境描写是不可少的。环境描写可以渲染气氛、衬托人物、推动故事情节的发展。如果在文章的开头先进行一段简洁的环境描写，既可以为文章提供一个特定的背景，又能使文章形成一种特殊的氛围。

技巧七：广泛引用，突出主题

　　还记得《背影》里的"父亲"吗？"他用两手攀着上面，两脚再向上缩；他肥胖的身子向左微倾，显出努力的样子"；还有《走一步，再走一步》里的"我"，"我小心翼翼地伸出左脚去探那块岩石，而且踩到了它。我顿时有了信心。"

　　在我们的生活中，"攀爬"是最美的姿态，有时候为别人，那是付出；有时候为自己，那是成长。或许是身体的苦旅，或许是心灵的跋涉。(《攀爬的姿态》)

技巧点拨：引用法是一种很常见的文章开头法，内容是很丰富的，若是议论文则加名人名言以增强论证效果。

二、怎样写好结尾

　　古人在谈到结尾时常以"豹尾"为标准，是指结尾时笔法要简洁、明快、干净利落，犹如豹尾劲扫、响亮有力，给读者以咀嚼回味的余地。请看近年中考满分作文的结尾技巧。

技巧一：首尾呼应，凸显主旨（这种结尾法，适合写人、记事、写景状物的文章）

（首）享受宁静，成了我生活中的一部分，那么，宁静是什么？是面无表情的脸孔？是清晨幽幽的山谷？还是夜晚白云划过月亮的温柔？也许都不是，那宁静到底是什么？

（尾）因为宁静，带给我不凡的经历，不论冬天的寒风再怎么呼啸，我依旧会以一颗炽热的心去喜爱它。宁静，使人深邃，使心灵休憩，也许它是黑夜守望寂寞的精灵，也许是梅雨时节的一场朦胧细雨，也许只是多年来沧桑岁月的梦幻，只因我心宁静……
（《我心宁静》）

技巧点拨：首尾呼应是考场作文最实用的方法之一，一般情况是作者先在开头提出文章的中心，然后在结尾时再次强调，照应开头，从而使文章的中心鲜明突出。上例中，作者运用首尾呼应的方式，以优美的诗一般的语言凸显了文章的主旨。

技巧二：言为心声，呼唤号召

人生的成长道路很长，每个人都以不同的姿态前进着。时而昂首挺胸，大步向前；时而束手束脚，原地徘徊……但只要我们保持攀爬的姿态，一定可以遇见人生的别样风景。

在攀登人生阶梯的旅途中，不怕慢，只怕停；只要不停止攀爬，再慢的速度也能达到巅峰。流下的一滴滴汗水，一颗颗泪珠，都将化作糖果般的甜蜜，萦绕在口腔，回味在舌尖，甜蜜在心中。让我们永远保持攀爬的姿态迎接每一个明天。（《攀爬的姿态》）

技巧点拨：考场作文讲究情感真挚，要写出自己对真善美的呼唤，对假丑恶的鞭挞。这种情感不仅局限于自己，还可以在文章结尾发出真挚的呼唤，号召大家一起去追寻真善美，一起去鞭挞假丑恶。

技巧三：巧妙发问，引人深思

鸟儿选择离开竹笼，你认为它会饿死吗？石头选择了平原，你认为它会孤独吗？花籽选择了随风流浪，你认为它会后悔吗？生活中，我们会面临一次次的选择，只有做出自己美好的选择，才不会留下遗憾。（《美好的选择》）

技巧点拨：一篇好的文章做到言有尽而意无穷，要具有哲理启发性。如同欣赏一支优美的乐曲，曲虽终但余音缭绕，给人留下无穷的韵味。你看，在上面一段文字中，作者在结尾巧妙发问，引发读者思考，将文章的意蕴加以深化，体现出作者思考的深刻性与独特性。

技巧四：引用佳句，多姿多彩

"宝剑锋从磨砺出，梅花香自苦寒来。"人生的道路上没有捷径，需要踏踏实实走好每一步，尤其当我们身处逆境时，更要坚持不懈地去努力找方法，虽然我的"攀爬"姿态并不优雅，但我依然享受这个攀爬的过程，因为它承载了我的努力与汗水，是我成长的见证。（《攀爬的姿态》）

技巧点拨：古今中外，名言佳句很多，作文结尾之时，若能巧妙引用，定能使文章增色许多。诗文佳句、名人言论，既增添了文采，又加深了文章的意境，效果很好。引用的范围可大些，如俗语、谚语、流行歌词等均可引用。

技巧五：抒情议论，点明题旨

那一年的经历告诉我：生命中有高潮就会有低潮，暂时处于低潮，不要紧，忍忍吧！坚持下去，总有一天会守得云开见月明的。

那以后，我战胜了痛苦，走向成熟，告别原来的自己。挥手自兹去，眼前豁然开朗，原来我的世界里还有如此多的精彩！（《告别原来的自己》）

技巧点拨：这段文字发于心，出于情，以优美的文字抒发内心真实情感，并配以适当的议论，使文章结尾气势不凡、强劲有力。

技巧六：景物烘托，情景合一

七月的夜，是蝉和蛙的世界。微风吹过树梢，带来久久不绝的蝉鸣；微风吹过水面，带起此起彼伏的蛙噪。远处，一束昏黄的灯光从窗户透出，在漆黑的夜中是那么耀眼。窗前，台灯旁，一个身影正在埋头苦学。忽地，他抬起头来，眼中闪烁着自信的光芒。啊，那竟是我自己。但一年之前的我，却并不是这样的。

我知道，这连绵的山川河流，这无际的江河湖海，都是征程。我将以攀爬的姿态，坚定地走下去。我相信，只要坚持努力攀爬，总有一天，我会到达成功的彼岸。（《攀爬的姿态》）

技巧点拨：这段结尾的特点十分突出，景物烘托的作用也很明显，作者通过对夏夜景物的描写烘托了"我"自信奋斗的画面，情与景有机地结合在了一起，含蓄隽永、余味无穷。

一般来说，同学们的作文结尾易犯的毛病有：

（1）画蛇添足。即全文已结束，本可耐人寻味，但作者仍不放心，偏要啰唆几句，把无须交代的人物下落——交代，把本可悟出的含义一语捅破。

（2）空喊口号。在结尾处为表明自己的立场、态度，大喊着与文章内容无关的口号，这种结尾大煞主题。

（3）拖泥带水。结尾意思已经明了，却迟迟不肯收尾，冲突了文章的主题。

文章结尾与开头一样，方法也是灵活多样的，而且没有固定的模式，以上提供的方法仅供参考，写作时要根据内容与中心的需要恰当运用，不能生搬硬套。

【思考与练习】

1. 写好开头和结尾有哪些技巧?

2. 请结合所学技巧，为"就这样慢慢长大""我与_____的亲密接触"分别写个开头和结尾。

（张丽丽）

以小见大

◎**学习提示**

了解"以小见大"的含义；在写作中，学会"以小见大"。

郁达夫先生曾说"一粒沙里看世界，半瓣花上说人情"。所谓"盆山蕴秀，寸草涵奇"，万千世界林林总总的事物，总有它们的意蕴所在，如果我们能够从这些事物中发现生活的道理，那么无疑这也是一种启示。在写作中，这种通过小题材反映大主题的写作技法，叫作"以小见大"。

通俗来讲，"以小见大"即通过小事件和细节来揭示重大主题的写作手法。最大的特点是在选材上抓住生活中的一事一物、一情一景，大处着眼，小处落笔，深入发掘，展开联想，为读者创造一个比现实生活更为广阔、更为深远的艺术境界。

初中阶段，有很多的课文都采用了"以小见大"的写法，如《变色龙》《社戏》《背影》《散步》等，由此可见，许多作家都是善于观察和描述日常生活中的小事的。莫怀戚的《散步》就选取了日常生活中看似平常的题材——散步，来表现具有深刻社会意义的主题——一家人之间的互敬互爱，体现了中华民族的传统美德。再如张中行先生的《叶圣陶先生二三事》在刻画人物时，选取的都是生活中的小事，如写吕叔湘先生看到叶圣陶先生在描他的一篇文章的标点，写"我"同叶圣陶先生在文墨方面的交往，写"我"和叶圣陶先生的日常交往等，虽是日常生活中的小事，却能直接体现出叶圣陶先生待人宽厚的品行。文章正是通过这些小事，以小见大，展示了人物的全貌，表现了文章的主题。

那么，在写作中如何才能以小见大呢？

一、要善于观察生活，丰富选材

从小处入手，观察生活，可以帮助同学们从平凡中发现精彩。生活中的美往往隐藏在我们熟悉的事物中。一朵花、一片树叶、一滴露珠，都可能是生活中美的体现。只要我们用心去观察，就能发现它们的美丽之处。即便是如同我们每日家里学校两点一线的生活，依旧是充满各种各样的美好，留心发现并珍藏这些美好，就能解决同学们作文无东西可写的问题。

当然，要想从小处入手，观察生活，心就要足够温暖、柔软。要热爱生活，对周围的生活充满好奇热情，眼睛要看得见，耳朵要听得到，心里要感受得到。观察生活要按一定的顺序，或从远到近，或从上到下，或从左到右……观察生活不仅仅用眼看，还要运用听觉、嗅觉、触觉、味觉等对事物进行综合的观察，观察事物要注意细节问题。例如，作文《那盏灯，那个人》（学生张珺），作者选取了自己上下学时、过生日时、遇到挫折时家里灯光下爷爷的默默守候这件看起来再普通不过的小事，凸显了爷爷对她毫无保留的爱。作者在文章的结尾这样写道："晚上，又是繁星闪烁，那盏灯在夜空的映衬下显得有点昏黄。但灯光下的那个人却依旧面带微笑，默默地等待着我。那盏灯，那个人，真温暖！"由于作者善于从小处入手，观察生活，所以才能够于平凡之中找到感动，把小事写得温暖感人，结尾的感悟更是令人动容。

二、要善于思考生活，深刻立意

小事要表现大道理。要从小的题材中表现出人间的大爱，要从小的题材中表现出生活的本质，要从小的题材中反映出社会的进步，传递出时代的气息。那么，怎样才能使我们的作文立意高呢？

（一）于平凡小事中感悟真情

法国著名雕塑家罗丹曾说："世界上并不缺少美，只是缺少发现美的眼睛。"生活中的点点滴滴都有爱的存在，同学们要学会用心去观察和体会。例如：清晨，妈妈为你准备的那份爱心早餐；中午，你爱吃的那盘菜，妈妈有意识地放到你的面前；晚上，昏黄的灯光下，妈妈陪你写作业到深夜；当你进入梦乡的时候，妈妈轻轻为你擦拭着眼镜，准备着第二天的学习用具。还有雪天里，爸爸的默默守候；夏夜里，奶奶轻摇的蒲扇、爷爷亲手熬的绿豆汤……这些都是亲人的爱。除此之外，遇到挫折时，老师暖心的拥抱；奔跑在操场时，同学递过来的一瓶水；摔倒时，拉起你的那一双手；无助时，安慰你的那一个微笑。这些爱都藏在件件小事之中，极容易被忽略，但却最能够抚动人心。如果我们能够感受到这些小事中的真情，然后把它们诉诸笔下，就是一篇篇感人至深的好文章。

例如，作文《那一缕茶香，温暖了我的岁月》（学生罗振轩），作者写了两件小事：夜晚，"我"奋笔疾书时，妈妈为"我"炮制枸杞茶；深夜，"我"为疲惫不堪的妈妈，亲手炮制枸杞茶。结尾，作者这样抒发自己的感受："清香四溢，平淡如常，是枸杞的味道，更是生活的味道，融进平凡的岁月之中……"

（二）于平凡小事中感悟真理

俄国大文豪列夫·托尔斯泰说过："最深刻的真理，也是最平凡的道理。"是的，这些宝贵的真理近在我们的身边，如同草丛中隐匿的点点娇艳的小花，等待我们去发现。要想挖掘出小事中的真理，就不能只停留在我愤怒、我伤心、我高兴等这些表面的情绪上。我们需要不断地反思和观察，需要时常停下脚步，去静思自己的生活方式。只有这样，我们才能够从日常琐事中发现平凡和真实，透过现象看本质，总结出对人生、社会有积极意义的道理来。

例如，作文《有一种智慧叫积累》（学生闫舒凡），作者通过将儿时观察到昙花伶仃的状态和长大后观看到昙花开花后的美好姿态进行对比，从而得出人生需要学会积累、厚积薄发的道理。

作者在文章的结尾也写出了自己独特的感悟："一花一灯影，我亦如昙花般悄悄积累沉淀，惊鸿一现之时，方得智慧。"

当然，要想挖掘出小事中的道理，还要和时代紧密联系，关注社会问题，反映时代脉搏的律动。

例如，作文《律动新生活》（学生吴金城）通过写妈妈学习拍短视频、姥姥学 P 图等这些生活中的新律动，表现了时代的进步，展现了社会的新风貌。

（三）于联想中赋予小事以深刻的意义

联想就是人们根据事物之间的某种联系，由甲事物想到乙事物的心理过程。联想可以帮助同学们挖掘小事中深刻的主题。联想可以从现在想到过去，通过对比揭示深刻的主题；也可以从现在想到历史，揭示小事件的历史意义；还可以从现在想到未来。可以由物到人，也可以由人到物。

例如，作文《失去的童年》（学生姜雨霏）写作者回老家钓鱼的一件小事。小时候，经常钓鱼的那条清澈的河流，如今却恶臭无比，黑色的水流近乎黏稠，早已经不见了鱼儿的踪迹。作者由现在想到了过去，描写了童年时期她在清澈的河边和朋友一起钓鱼的时光。作者通过对比呼吁：经济的发展，不能以破坏环境为代价。

联想如同普洱茶，能够为写作增味添色。当你学会了联想，懂得了求异，那么生活之画卷便会在你的面前徐徐展开，凝视此刻，感受当下，让每一件小事都能在联想中绽放。

【思考与练习】

1. 在写作中如何实现"以小见大"？
2. 观察生活，发现身边感人的小事，想想这些小事引发了你怎样的思考？

（刘召宁）

写出新意

◎学习提示

　　本文从选材、立意、构思和语言四个方面谈如何才能写出有新意的作文，并涉及思维训练的方法。

　　在教学中我们常说："在对学生进行作文指导时，应鼓励学生有创意地表达，应珍视学生的独特体验。"在中考中，那些能够推陈出新、摆脱俗套的作文也的确能得到阅卷老师的青睐。但是，文章的推陈出新和一个人的认识水平、见闻阅历、思维角度等多方面有关，它有赖于学生身心的成长、读书的积累，同时，老师的引导作用也不可忽视。下面我从四个方面谈谈自己的看法。

一、选材要新

　　首先，选材独特，"人无我有，人有我新"。作文材料来自生活，要使作文有特色，选材必须做到"人无我有""人有我新"，而新颖的选材最本质的特点是"真"、"细"和"深"，"真"即真实，"细"即细致入微，"深"即深度，包括情感深度和思维深度。因此，我们要最大限度地拉近自己与生活的距离，去感悟生活中点点滴滴的真、善、美的人、事和情。如写"让座"，不同的身份、不同的情景就会有不同的细节和心理感受，或矛盾挣扎，或羞愧自责。如果你没有切身的让座经历，凭想象闭门造车，只能步别人后尘，表现不出新意来。

　　其次，放弃题目字面本义，挖掘深层含义。比如"老师"这个题目，大部分同学一下子想到的是伴随我们成长的学校里的老师，其实"老师"还可以理解成"在某方面值得学习的人或事物"。这样一来思路就打开了，选材的范围就广了，就更容易写出新意了。比如，可以写喜欢的、带给自己启迪的某一本书，也可以写"聪明的乌鸦"，教会我们解决问题的方法，也可以是自然界的某种景物，震撼了"我"，给了"我"思想的启迪。这样的选材就会给人耳目一新的感觉。再如"考试"这个题目，一般同学马上会想到平时的文化课考试，而这些材料正是所有学生都会写的，很难写出新意。要想出新，就必须抛弃"第一材料"，抛弃题目本义，拓展思维。比如，可以选择对人的品格的考验。例如，写一次撒谎的经历，是隐瞒真相保全自己的颜面，还是说出真相受到众人的指责但留住诚实的品格？这样的材料写出了对人格的考验，就能给人耳目一新的感受。

　　最后，要调整视线的角度，拓展选材空间。如"关心"这道作文题目，大多数同学很容易把文章锁定在人类亲情上，这就落于俗套，我们可以把目光转移，由亲情移向其他需要关心的地方。比如关心地球，文章可以写"绿荫如盖的大地""浩瀚无垠的大海"，在此还可以分别把它们比喻为"美丽的肌肤"、"蓝色的衣裳"和"奔腾的血液"。列举种种被污染被破坏的环境，抒写地球母亲正忍受着种种苦难的折磨而呻吟不止，需要我们去关心爱护。如果这样去写，就会给人以耳目一新的感受，写出来的文章自然也会充满新意和魅力。

二、立意要新

立意新颖，棋高一筹，必令人刮目相看。一篇优秀的作文，总是在立意上闪烁着迷人的光芒，成为文章熠熠生辉的眼睛和充盈丰实的灵魂。文章的立意有赖于思维的训练，因此，老师在平时的写作指导中应该重视学生的思维训练。逆向思维和发散思维就是立意创新的常用方法。它们采用反常规的思路，从反面或从多角度思考分析，确定文章的主题，打破常规，推陈出新，提出新的见解。以下例子都体现出了文章立意上的创新。

（一）逆向思维，反弹琵琶

我们要养成辩证地看问题的习惯，凡事要想一想利和弊，是否一定如此或必然如此，要从反方向思考问题。当然，通过逆向思维立意时要注意立意是否恰当，要经得住推敲，要合情合理，勿出现观点偏激或不能自圆其说的情况。

例如：

（1）"感谢你的敌人""真想做个后进生""往事并不如烟"

（2）"放慢脚步也是一种幸福"——放慢脚步，是一种悠然自在的生活态度，放慢脚步，能更好地品味人生的种种滋味，放慢脚步，何尝不是一种幸福？

（3）"伤痛也是一种幸福"——伤痛让我学会了感恩，学会了宽容，现在的我，慢慢锤炼出一张淡然的面容，不由想起冰心的那句话：愿你的生命中有够多的云翳，来造成一个美丽的黄昏。朋友，快乐固然美丽，伤痛何尝不是一种幸福？

（4）"离别，也是一种幸福"——离别了，我无憾，因为我们曾携手共度那一段美好的青春时光；离别了，我不痛，因为在以后的路上有你们的温暖祝福；离别了，我不哭，因为我幻想着下一次的美丽重逢，那时一定有比现在更完美的你、我、他。离别，也是一种幸福！

（二）发散思维，拓展内涵

恰当地使用发散思维，通过联想、引申发掘话题的比喻义、引申义、象征义，从而拓展话题的内涵，会把文章的立意带入一片豁然开朗、柳暗花明的新境界。

例如：

（1）"家"——宿舍；班级；社会；国家；心灵家园

（2）"丰收"——一次失败的打击，我们收获教训；警察的艰辛，人民收获平安，社会收获和谐；运动健儿夺金，国人收获民族自豪感

（3）"财富"——知识是财富；朋友是财富；健康是财富；亲情是财富

（4）"阳光"——父母的爱、理解；社会的关怀与帮助；人间的真与善

（三）紧扣时代，提炼精神

要使立意新颖，还有一点就是要扣紧时代精神。古今中外优秀的艺术作品大都紧扣时代脉搏，反映时代精神。鲁迅先生的作品被称为投枪匕首般的战斗檄文，托尔斯泰的作品被比作"俄国社会革命的一面镜子"。写文章扣住了时代脉搏，才能引起读者共鸣，这样我们的作文才会常写常新。比如"家国情怀""创新意识""民族精神""文化自信"等，如果学生能够用以小见大的手法反映时代精神、时代风貌，必会写出别出心裁的佳作。比如，2023年山东省济南市的中考作文"今朝晴朗可喜"，如果学生通过身边的故事、鲜活的生活角度反映大好的社会形势，国家的发展进步、文明和谐，必会因为立意高格在众多作文中脱颖而出。

例文：

今朝晴朗可喜

人生路漫漫，或乌云密布，或暴雨倾盆，或寒风呼啸，可日常生活中点点滴滴的碎片，却似一抹朝阳，让你心中晴空万里，让今朝晴朗可喜。

周六的上午，窗外的狂风尖厉地号叫着狠狠砸着窗户，随着玻璃嗡嗡作响，洁白的雪粒随风舞动，一霎时，仿佛整个世界都是白色的。许久未出门的我突然心血来潮，穿上外套，踏出家门，感受一下冬日的美。随着踩雪咯吱咯吱的伴奏声，一阵银铃般的笑声穿过凛冽的寒风入耳，我心生疑惑，快步走向楼后的广场。眼前热闹非凡，老人、小孩、小狗好像忘却了寒冷，在雪地里欢快地玩耍着。踱步，坐下，眼前的一切事物仿佛被细化、拉长：几个小朋友你找一根树枝，我找一个雪球，他找一顶帽子，齐心协力做雪人，他们的手和脸被冻得通红，可脸上仍掩饰不住骄傲与喜悦；邻里的大人也调皮起来，在车窗上的白雪中画了一个大大的太阳，紧接着小鸟，花草，不一会儿，一幅栩栩如生的画作便诞生了；一向不怎么爱交谈的李爷爷这时也有了一颗童心，抓起一把雪，轻轻地开玩笑似的往李奶奶身上扔去，李奶奶先是惊讶，然后也团了一个雪球朝对方砸去，你来我往，两位老人仿佛又回到了年轻的时候，笑靥如花；隔壁的小狗这时也兴奋地"汪

汪"叫着，在地上踩出一朵朵盛开的梅花，这时太阳洒下的温暖笼罩在每一个人身上，此情此景，我的心被猛烈震撼了：世界有时是冷酷的，但街坊邻居们其乐融融、和谐相处的氛围便像冬日里的暖阳，温暖，晴朗，使人心生喜悦，穿过声声寒风，让人感觉今朝，晴朗可喜。

暑假，我去上课外班，去时，阳光明媚，可下课后，眼前的瓢泼大雨却让我犯了难：我竟没有带伞，看着同学们一个个离去，时间一分一秒地过去，当时的我是那么无助。突然耳边熟悉的声音响起："你怎么在这？雨下这么大会感冒的。"我猛一抬头，邻居王叔叔的面容映入眼帘，他看了看我空空的两手瞬间明白了，立刻将自己的伞塞入我手中："雨下这么大，你先回去吧，你们学生功课忙，我再等等也不碍事。""我怎么能要呢？"我连连推辞，可王叔叔像下定决心似的，两手往后一背，执意把伞借我，我只好说了一声感谢，撑开伞走入雨中，走到一半，驻足，回眸，王叔叔的身影早已淹没在雨中，但透过雨帘，我仿佛看到他站在那儿，冲我微笑。

回到家中不多时，雨便停了，紧接着，一束亮得刺眼的阳光穿过厚厚的乌云，射向地面，一束，两束，越来越多，万丈光芒穿透云层，洒向大地，白云也穿上新衣，缓步上台。触景生情，我不由感慨：无论前路是乌云密布还是大雨滂沱，人与人之间热心帮助、舍己为人就像夏日的阳光，明亮而又热烈，让生活中的阴霾退去，积雪融化，用自己的温暖帮助他人，给予他人力量。抬头看天，嗯，阳光正好，心生喜悦，顿觉今朝晴朗可喜。

人生总有不如意，不遂愿，但生活中的零碎片段却凝聚着感动，不论春夏秋冬，在某一时刻，向你洒下最暖的光，让你心生喜悦，让你觉得今朝真的晴朗可喜！（徐婧雯）

三、构思要新

"文似看山不喜平"，说的是写文章好比观赏山峰那样，喜欢奇势迭出，最忌平坦。如果说，山之妙在峰回路转，水之妙在风起波生，那么行文之妙则在于起伏曲折、跌宕多彩。因为平铺直叙的文章，往往让人感到呆板、单调乏味。

使行文曲折多变、摇曳多姿的方法通常有以下几种。

（一）巧设悬念

悬念，即设置疑团，不作解答，借以激发读者的阅读兴趣，让读者产生急切的期盼心理，然后在适当的时机揭开谜底。如《一碗阳春面》，开篇写大年三十深夜十二点，母子三人来到北海亭面馆吃面，这么晚了才来，而且是吃一碗，这一情节足以引起读者的好奇。接下来写一年后他们二吃阳春面，作者仍然没有揭开谜底。再写一年后他们三吃阳春面，时间、地点、人物依旧，阳春面变成了两碗，这又是为什么？读者的好奇心被作者撩得按捺不住时，小说恰到好处地通过母子三人的对话交代了他们所遭遇的厄运。但作者还嫌悬念设置得不够充分，往下是写母子三人十年没有来吃面，由此设下了新的悬念：他们为什么没来？他们的命运怎样了？直到篇末，读者紧悬的一颗心才放下，为主人公战胜厄运而欢欣。由于悬念扣人心弦，全文显得曲折有致。

（二）制造矛盾

制造矛盾就是借助人物之间的各种误会造成一定的矛盾冲突，从而铺排情节。如《红楼梦》中写贾宝玉从父亲那里回来了，此事是吉是凶，黛玉放心不下，便来看望宝玉。这时刚巧宝钗已在宝玉的院里了，黛玉叩门，院里的晴雯以为来的是丫鬟，又因与碧痕拌了嘴，心里正有火气，加上宝钗来访心中更是不快，于是听到有人敲门便不加理会。黛玉再敲门，晴雯索性拒绝："凭你是谁，二爷吩咐的，一概不许放人进来呢！"黛玉被拒之门外，自然对宝玉产生了误会。接着，她又在墙脚边看到宝玉送宝钗出门，越发气恼，越发悲戚。这样，直接引发出黛玉葬花和宝黛二人见面和解的情节，引起了读者的心理期待，揣测宝黛的爱情纠葛和黛玉的命运归宿。

（三）安排巧合

"无巧不成书"几乎成了过去说书人的口头禅。没有巧合，就没有故事。要想引人入胜，巧合是一种常用的写作技法。如课文《林教头风雪山神庙》，就安排了许多巧合。篇首写林教头巧遇李小二，为下文写李小二知恩图报埋下伏笔。后写李小二巧遇陆虞候，牵出林冲上街买刀准备复仇的情节。再写草料场巧遇大风雪。正是风大雪紧，林冲被迫进了山神庙，用大石头顶住庙门，从而听到了仇人的谈话，知道了事情的真相，于是忍无可忍，愤而杀敌，实现了性格上质的飞跃。整篇课文，连设巧合、环环相扣，推动着情节发展。

（四）虚实交错

正面直接写叫实写，侧面间接写叫虚写，虚写为实写服务，文章要以实带虚，虚中见实，相辅相成，形成一个又一个波澜。如《藤野先生》主要叙述作者与藤野先生的交往，但开头三小节没有直接去写，而是奇峰突起，以冷嘲热讽的笔调刻画了"清国留学生""逛公园、学跳舞"的思想腐朽、不学无术的丑恶形象。鲁迅对东京的失望，实际上是为中国人的麻木而痛心，从而表露了作者不甘同流合污、不与之为伍的爱国之情。

（五）有张有弛

"一张一弛，文武之道"，叙述故事情节，如果有张有弛，就不致显得急促或平淡。如《荷花淀》，前面部分写水乡，风景异常恬静美好，给人一种和平的感觉，这是弛。接着作者转过笔锋，描写水上一场激烈的游击战，使浓烈的战争气氛弥漫其间，这是张。一张一弛，文章就有波澜了。文贵曲，记叙的方法很多，但无论用什么方法，只要能够让读者看了上段想下段，看了开头想结果，能够吸引读者把文章读到底的方法就是记叙的好方法。

四、语言要新

我们知道，语言表达的好坏，直接影响文章质量的高低。贫乏而苍白的语言不能表达丰富多彩而深刻的思想。因此，作文的语言要新，要避免叙述干涩单调、枯燥无味，力争做到"平字见奇，常字见险，陈字见新，朴字见色"。

除了在语言的推敲上下功夫外，还可以采用如下方法。

（一）妙用修辞，文采斐然

1. 巧用比喻，生动形象。

著名散文家秦牧说："美妙的譬喻简直是一朵朵色彩瑰丽的花，照耀着文学。它又像是童话中的魔棒，碰到哪儿，哪儿就产生奇特的变化。它也像是一种什么化学药剂，把它投进浊水里，顷刻之间，一切杂质都沉淀了，水也澄清了。"运用精彩的比喻，就如同在文中镶嵌了零琼碎玉一般，让你的作文生动形象，满文生辉。

例如以下精彩片段：

（1）山，犹如圣哲，沉稳敦厚；水，犹如豆蔻女子，灵动，聪慧。山水造就了世间生命的美丽。（《我依然爱您》）

（2）我将蜂蜜冲成蜜水，姥姥一杯我一杯。香甜的蜂蜜水甜了舌头，滑进喉咙，像是仙露琼浆，饮了它大有飘飘欲仙之感了。（《那一刻，我们的爱开花》）

2. 善用拟人，添彩增辉。

拟人既可以增强语言的绚丽色彩，又能鲜明地表达作者的喜怒爱憎情感，还可以激发读者的想象，对描写的事物产生鲜明深刻的印象。

例如以下精彩片段：

（1）水对鱼说："我永远爱你，因为你永远在我心中。"鱼对水说："我永远感受着你的爱，因为我在你的怀抱中！"（《那一刻，我们相拥在一起》）

（2）湖像一面镜子，反射无数的阳光。而雨一来，它却不停抖荡身体，像是紧张，又像是兴奋。在雨点的刺激下，湖发出了一声又一声欢快的叫喊，不停地颤动着我的心扉。不一会儿，雨点变成了雨锤，沉重地打击着湖的心灵。我问湖："痛吗？""不痛，像抚摸。"哦，我明白了，雨是水的精魂，是世上最纯洁最干净的河流。这一切，尽在雨中氤氲成"烟笼寒水月笼沙"的境界。（《下雨天，真好》）

3.妙用排比，气势如虹。

排比形式多种多样，它将有魅力的句子集中，节奏分明，便于叙事，长于抒情，无疑会使你的作文大为增色，是创造文章语言亮点的一种重要手段。

例如以下精彩片段：

（1）晨曦要感谢阳光给人们带来黎明，花儿要感谢小草无私衬托让它更加鲜艳夺目，小鸟要感谢树枝让它有高歌的舞台，我要感谢妈妈让我学会坚强。（《有时，我也想流泪》）

（2）因为你在我心里，我读懂了无奈、团结、勇敢、义气！零落般的花就随它去吧，葬！给它一个完整的家；天下就随它分吧，战！给它一个美好的涅槃；妖怪就随他来吧，拼！给它一个痛苦的诠释；安就随他招吧，死！给它一个充实的辉煌。（《你在我心里》）

（二）哲理思辨，耐人寻味

哲理给人以启迪，使人深刻。许多名篇佳作，常以至理名言，撞击着人们的心扉，点燃人们思维的火花，引发读者强烈的共鸣，给人留下深刻的印象。可以说，凡优秀作品，往往离不开哲理名句的支撑，考场作文中的哲理句，就是闪光点、动人处，常常使阅卷老师咀嚼品味，称赞不已。如果能在作文中适时而恰当地巧妙编写一些哲理句，那么文章就会鲜艳脱俗、芬芳耀眼。相信下面这些精妙的哲理句会给你一种全新的感受。

1.诗意盎然哲理句。

抬头，不知何时，天上多了几双眨动的眼睛，黑暗过后必是黎明，阴霾散尽，依然是彩虹，狂沙淘尽方得金，扬起自信的风帆，迎难而上吧！别因一时的荒芜而永别了心灵的田野。带着微笑出发，即使翅膀断了，心也要飞翔。（《我依然飞翔》）

2.意蕴深厚哲理句。

妈妈说得对，人的一生那么长，总不能全部是春天吧！感谢上苍赋予我的冬天，纵使有刺骨的寒冷，也会学到坚强，闻到扑鼻的梅香。就算是冬天，我也要给它新的含义——让我学会了坚强，明白了只要希望还在，便可重来！我的季节纵使是寒冬，我也会让它美丽！（《那一年，应该是上苍赐予我的冬季》）

（三）融入诗词，彰显积淀

诗词，尤其是古典诗词，是语言的精华，词采的宝库，它对于文章创作有着非凡而绝妙的效用。"言之无文，行而不远"，好的文章离不开好的文采。要展示好的文采，在文中引用古典诗词是一种便捷的手段。善写文章的人，常在自己的文章中或直接或间接地引用古典诗词来表情达意，使文章词采华美从而达到四两拨千斤的效果。同时，融入诗词底蕴，还可以彰显丰厚的文化积淀，给人以厚重的诗香氛围。下面这些精美语段就是从中挑出的"宝贝"，请认真欣赏吧！

1. 由诗词引出叙事。

（1）或许，那些浓墨重彩都离我们太远；或许，属于我们的只是一份宁静与恬淡；那就给生命涂上淡彩吧。你认为"非淡泊无以明志，非宁静无以致远"，那就像五柳先生一样"种豆南山下"，同样能有"悠然见南山"的惬意。给生命涂上淡彩，一样可以演绎别有风味的美好生活。（《我眼中的色彩》）

（2）快乐是李白高洁傲岸的个性。应诏入朝之时，他一路狂歌"仰天大笑出门去，我辈岂是蓬蒿人"；赐金放还之后，他愤然呐喊"安能摧眉折腰事权贵，使我不得开心颜"；面对荣华富贵的诱惑，他不失耿介之志"宁向草中耿介死，不求黄金笼下生"。李白犹如一颗横空而过的流星，闪烁着个性的美丽。（《背起快乐的行囊》）

2. 借诗词抒发情感。

（1）朦胧中我感悟到风雨之后的阳光"自信人生二百年，会当水击三千里"！让洒脱与风雨同行吧，只要青春还在，我就不会悲哀，只要阳光还在，我就不会孤独，不会停歇，纵使陷身茫茫沙漠，希望的绿洲还在，我心依然飞翔。想到这里，我不禁笑了。（《我依然飞翔》）。

（2）成长回眸中，我们学会"愈挫愈强"的不屈；成长回眸中，我们学会"谁言寸草心，报得三春晖"的感恩之心；成长回眸中，我们学会从彷徨无知到看清社会，做到"举世皆浊我独清"的清醒！（《成长回眸》）

（四）改变句式，创新表达

语言有三美：意美以感心，音美以感耳，行美以感目。语言要做到三美，不光要表意准确，同时要注重音律上的美感和行文上的清丽雅致、新颖独特。我们可以通过改变常规句式，创建新的句式来使语言变得灵动。比如描写春草，可以写"嫩嫩的，绿绿的，小草偷偷地从地里钻出来"，也可以像朱自清一样，写"小草偷偷地从地里钻出来，嫩嫩的，绿绿的"，将定语"嫩嫩的""绿绿的"后置，后置之后，改常规句式为长短句交错的句式，形成了清晰、明快的语言节奏，同时突出强调了小草的质地和颜色。鲁彦曾这样描写大海落潮时的画面："在我们脚下呻吟着，诗人一般。那声音仿佛是朦胧的月光和玫瑰的晨雾那样温柔，又像是情人的蜜语那样芳醇，低低地，轻轻地，像微风拂过琴弦，像落花飘零在水上。"这组句子，为了表现落潮时大海的特点，先用两个长句来比喻，引起读者联想，接着用两个短句"低低地""轻轻地"形容，强调大海落潮时轻柔、静谧的特点，然后再用两个长句比喻，这样长短句交错的句式，不仅给人音律上的美感，而且留给读者想象的空间，使人如临其境。

（五）细节描写，语言鲜活

习作中，少用概述性、平铺直叙的语言表达，多用细节描述，语言会更鲜活，富有感染力。《骆驼祥子》中一段场景描写的文字，不言一个"热"字，却让人觉得酷热难耐。"街上的柳树像病了似的，叶子挂着层灰土在枝上打着卷；枝条一动也懒得动，无精打采地低垂着。马路上一个水点也没有，干巴巴的发着些白光。便道上尘土飞起多高，跟天上的灰气连接起来，结成一片毒恶的飞沙阵，烫着行人的脸。处处干燥，处处烫手，处处憋闷，整个老城像烧透了的砖窑，使人喘不过气……"这样细致的描写，极具画面感，比"天气好热""天气真热"这样概述性的表达更具画面感，更有力地突出了祥子命运的悲惨。朱自清《背影》中的片段："父亲是一个胖子，走过去自然要费事些。我本来要去的，他不肯，只好让他去。我看见他戴着黑布小帽，穿着黑布大马褂，深青布棉袍，蹒跚地走到铁道边，慢慢探身下去，尚不大难。可是他穿过铁道，要爬上那边月台，就不容易了。他用两手攀着上面，两脚再向上缩；他肥胖的身子向左微倾，显出努力的样子，这时我看见他的背影，我的泪很快地流下来了。"作者采用特写镜头，抓住细节，连用七个动词描绘了父亲买橘子时的艰难情形，将一个朴实、慈爱的父亲形象鲜活地展现在读者面前。

【思考与练习】

请从选材、立意、构思或语言的任一方面，采用本文所提的方法，修改最近的一次作文，比较一下效果有何不同。

（肖敏敏）

中学生写作的借鉴与模仿

◎**学习提示**

　　掌握在写作中进行借鉴模仿的方法；了解借鉴模仿在写作中的作用。

　　写作中的"模仿""借鉴"都是指取别人作品中的长处或经验弥补自己作品中的不足的做法。但"借鉴"与"模仿"又有所不同。形似而神不似，谓之模仿；神似而形有异，谓之借鉴。"借鉴""模仿"不是生搬硬套，而是要有自己的思想，有创造性。我们最终提倡的是"写作借鉴"，但又不能忽略"写作模仿"。

　　张志公先生说："模仿是写作的必由之路。"尤其是初中写作指导，模仿是一个至关重要的关节。借鉴式模仿对于初中生来说，是提高写作能力的基础。当然，借鉴并不仅仅指在语言上的借鉴，还包括选材、立意、结构、文风和表达等方面。下面，我就从拟题、语言和立意三个方面谈谈借鉴式模仿的好处。

一、借鉴诗语以拟标题

　　俗语说："题好一半文。"而借用诗化的语言，就可以拟就一个好题目。巧借古诗词、广告词、流行歌曲相关内容、影视作品名拟题，能让自己的作文题目一枝独秀，使阅卷老师眼前一亮。如"感时花溅泪""他年我若为＿＿＿＿＿""何以解忧，唯有＿＿＿＿＿"等题目，旧语新用，别有一番古朴情怀；利用广告词及流行歌曲的相关内容拟题，如"＿＿＿＿＿才会赢""原来你＿＿＿＿＿"；运用事典，即活用著名的文学作品或典籍中的故事，如"再见＿＿＿＿＿"。

二、借鉴美句以优化语言

　　"言之无文，行而不远。"在写作中，语言的优劣，往往决定着一篇作文成绩的高低。语言写得好，句式结构优美，也是作文质量高的表现之一。为了提高作文的语言质量，可以学习、借鉴课文、名家作品或者影视节目中的一些片段，优化文章语言，丰富文章意蕴。

（一）借鉴课文片段，美化作文语言

　　初中语文教材中的文章大都是文质兼美的名家名篇，思想性强，语言规范，表达方式多样，

堪称学生学习最好的范文。在写作中，我们可以向诗歌学习含蓄蕴藉的语言，向小说学习鲜明个性化的语言，向散文学习精美典雅的语言，向戏剧学习充满情感与色彩的语言。巧妙地以这些课文为范例进行借鉴模仿，能够有效地优化文章的语言。

例文一：作文《麦田里的爷爷》中，作者借鉴了朱自清先生《背影》中父亲爬月台买橘子的片段，用了详细的笔墨，生动地描写了爷爷在麦田里劳作的场面。

我看见爷爷戴着破旧的草帽，穿着被汗水浸湿的背心，佝偻着身躯走到田地里。金黄的麦田在秋风的吹拂下摇曳生姿，爷爷的动作是那么协调老练。他紧握镰刀，刀口向外，沿着麦秆的根部轻轻一拉，麦子便伴随着"嚓嚓"声顺从地倒下，仿佛与土地合奏着一首丰收的赞歌。爷爷的眼神是那么专注而热情，每割完一片，便会用湿漉漉的毛巾擦去脸上的汗水，享受着丰收的喜悦。（王俊雅）

例文二：作文《星空下的苔花》，作者则是借鉴了宗璞的《紫藤萝瀑布》的片段，将苔花盎然的生命力展现在我们面前。

从未见过开得这样美的苔花，每一朵花就像是夏日夜里的蝉鸣，传递着沁人心脾的温暖与幸福，又像是在长空中划过的流星，清澈透亮。它生机盎然，散发着对春天无限的期待。它微小的青苔却能遮住角落的阴霾，不断生长着，生长着……在我的心里也生长出一片悠然自得的天地。（刘昕怡）

（二）借鉴名家作品片段，丰富作文语言

清代思想家魏源提出"师夷长技以制夷"，主张学习西方先进技术为我所用，成为近代睁眼看世界的第一人；五千年的华夏文明浩如烟海，让我辈明白了"取其精华，去其糟粕"的学习理念。初中生写作，除了能够从课文中学习语言表达之外，还可以借助名家作品片段来丰富文章的语言，提升语言表达能力。

例如，作文《绽放》中，作者便是借鉴了作家丁立梅的作品《人间四月天》中描写油菜花的片段，将紫罗兰的坚韧顽强、孤高自赏生动地呈现在读者面前。

而遍野的紫罗兰，宛如一片紫色的云彩，冷幽的香气扑面，简直不能让你的呼吸顺畅了。那种清幽淡雅，那种坚韧顽强，那种不顾一切，在夏日的蝉鸣中盛放的孤高，真叫人佩服得很了。美到极致的事物，往往总令人发愁，不知拿它们怎么办才好。站在一抹紫色的星空里，你的心也好像忽地平静了。你慢慢感觉到，眼睛好像被染成深邃的紫色，脸庞也被淡抹。你的手，你的脚，你整个的人，你也成了盛放的一朵。来吧！在深沉的

土地上尽情地开放吧！让生命彻底地痛快一回。（郑佳浩）

附丁立梅《人间四月天》片段：

> 而成片的油菜花，简直让你的呼吸不能顺畅了。那种气势磅礴，那种淋漓尽致，那种不管不顾，只埋头拼命焚烧般地盛开，真真叫人忧伤得很了。美到极致的事物，往往总令人发愁，不知拿它们怎么办才好。站在菜花地里，你的眼睛被染得金黄。你的脸庞被染得金黄。你的头发被染得金黄。你的手，你的脚，你整个的人，无一不被染得金黄。你也成了菜花一朵。来吧！燃烧吧！让生命彻底地痛快一回。

（三）借鉴影视作品片段，充盈文章语言

近年来，央视推出了大量的精品综艺节目，比如《朗读者》，便是以个人成长、情感体验、背景故事与传世佳作相结合的方式，选用精美的文字，用最平实的情感读出文字背后的价值，节目旨在发挥文化感染人、鼓舞人、教育人的传导作用，展现有血有肉的真实人物情感。因此，学会借鉴影视作品中的文字片段，有利于语言表达能力的提高。

例文一：作文《坚韧的力量》中，作者在文章的结尾，借鉴模仿了《朗读者》中"遇见"主题的开场白，将"坚韧的力量"形象化地表达出来。

> 古往今来，有太多太多的故事，诉说着坚韧的力量。"苦心人，天不负，卧薪尝胆，三千越甲可吞吴"，这是越王勾践复兴越国决心的坚韧；"高山仰止，景行行止"，这是司马迁面对人生至暗时刻保持初心的坚韧；"了却君王天下事，赢得生前身后名"，这是辛弃疾报效祖国的坚韧；"钢铁在烈火与骤冷中淬炼，才能变得坚硬"，这是《钢铁是怎样炼成的》里，主人公保尔面对恶劣的环境，仍然忠于革命的坚韧。
>
> 所以说，坚韧是一个人难得的品质，它是走向成功的核心。（田世翔）

附《朗读者》"遇见"主题开场白：

> 古往今来，有太多太多的文字，在描写着各种各样的遇见。"蒹葭苍苍，白露为霜，所谓伊人，在水一方"，这是撩动心弦的遇见；"这位妹妹，我曾经见过"，这是宝玉和黛玉之间，初次见面时欢喜的遇见；"幸会，今晚你好吗？"这是《罗马假日》里，安妮公主糊里糊涂的遇见；"遇到你之前，我没有想过结婚，遇到你之后，我结婚没有想过和别的人"，这是钱锺书和杨绛之间，决定一生的遇见。
>
> 所以说，遇见仿佛是一种神奇的安排，它是一切的开始。

例文二：作文《故乡行》中，作者借鉴了央视节目《风味人间》中的片段，将回到家乡后的感受温柔地展现给读者。

每当路灯亮起，昏黄的灯光照亮了前进的路，熟悉的街道映入眼帘，这包括家乡的意义。温柔的风，吹过一条条街道，似曾相识。万千灯火，愁绪不同，但这份思情的滋味，却丝毫不差。（雷皓轩）

附《风味人间》片段：

每当灶火燃起，香气弥漫，熟悉的味道植入记忆深处，家，才获得完整的意义。平淡的食材，经过一双巧手和细密的心思点亮日常，温暖彼此。万户千家，味道迥异，但幸福的滋味，却何其相同。

三、借鉴立意以丰厚意蕴

自古以来，就有"作文以立意为先""千古文章意为高"这样的说法。比如，南朝时的《文选序》就提出来："以立意为宗，不以能文为本。"唐代诗人王维说："意在笔先。"曹雪芹在《红楼梦》中也曾说过："词句究竟还是末事，第一立意要紧。"

所以，立意为先很重要，它决定了文章的整体构思，还决定了呈现给读者的思想和感情。只有立好意，文章才能落笔成章，才能浑然天成。因而，在写作教学中，我们应该以文本为例，教学生明确文本的主题，再了解作品是如何立意，立了怎样的"意"。

例如，作文《那璀璨的绿》中，作者借鉴了林清玄先生《心田上的百合花开》的立意，林清玄笔下的百合花有理想、坚持不懈，有自信、坚强的品质，即使付出一切也不放弃自己的理想。而作者笔下的绿萝，则坚韧、自信、顽强、璀璨、与众不同，也就是这份精神带给了作者精神的启迪。

不论是未来或是现在，我都铭记绿萝带给我的道理，每个人都是自己人生中的主角，那默默无闻的绿萝，哪怕生长在万花丛中，也发出了耀眼的光芒。我们又何尝不是呢？生而不同，那必定与众不同，必将各自璀璨。（韩雨晴）

学会借鉴名家名篇的立意方法写作的同时进行写作训练，学生自然就会懂得该如何立意。当然，要借鉴，还要联系学生的生活实际、情感实际与写作实际等方面，找出文章中可与三者联系的结合点，给学生写作方面的思考、启悟和帮助。注意，不宜贪多求全，抓住一两个方面，重在给学生启迪，能使学生从中感受出优秀作品的独特之处，并借鉴到自己的写作实践中去。

附借鉴仿写例文：

那一刻，让我记忆犹新

野火烧不尽，春风吹又生。

——题记

那是一年冬天，万物浸寒风。我坐在书桌前，面对纷然复杂的题目、永远背记不过的知识点，以及那盏微弱而又孤独的灯，心里烦躁不已。

我不禁放笔，无奈往窗外望去，只望见一团白雾，顷刻便消失不见。本想搓手取暖，奈何手脚冰凉，无半分暖意。自嘲一声，看向窗外，窗外可谓是天与云与屋与人，上下一白。

我装束好衣服，准备下去散散心。

到了花坛前，一棵孤零零的、枝丫寥寥的树撞进了我的视线。虽没有弯曲盘旋的虬枝，却有一番韧劲，站立在那里，枝丫上积着厚厚的一层雪。我所在的这座北方小城虽没有到"瀚海阑干百丈冰"，却已有"愁云惨淡万里凝"。我不禁质疑，它能熬过严冬吗？仿佛不能！命运为它造了一场残局，恰如同我的成绩。枯枯的枝丫厚厚的雪，光光的树干冷冷的天，这一刻留存在了我的记忆中，并埋下了一个不甚确切的疑问。我暗暗为它祈祷，祈祷来年能看到绿叶与鲜花。

那年的寒假我也比较拼命，早上五点半起，深夜十二点半才睡。我想我必须要收拾下这命运留给我的残局。每日起床，几乎都要借着熹微的晨光，探望一下在风雪中挺立的那棵树。奇怪的是无数大风暴来了又走，它仍没有倒下，倒是枝权上的雪被吹开，显得它更光秃秃的了。春天终于来了，但我们搬了家。搬家后，我常惦念那棵小树。在 4 月的一天，我终是按捺不住，前去查看。

映入眼帘的是星星点点的绿和绚烂的黄。所有枝丫一并盛装上朵朵黄花，这是株迎春花啊！春天的莅临使它迸发出了无限生机，它像一位披着金鳞而重生的天使，过去的萧索不复存在，生的喜悦和花的美艳呈现在了我的眼前。微风徐来，花枝轻摆。在看见它的那一刻，我至今记忆犹新。迎春，迎春，笑面迎春，冬去春来，寒来暑往，四季轮换，生机永存。不经历严冬，怎么见暖春。每一分每一秒的拼搏和努力都能换来相等分量的成功，绽放的那一刻，是努力和拼搏换来的明艳。

那一刻，我记忆犹新，于是细细记录，笑对风雨，笑对人生。（姜文珺）

【思考与练习】

1. 写作中，我们可以从哪些方面进行借鉴模仿?

2. 借鉴模仿对于写作有什么好处?

（刘召宁）

第12单元

怎样写好命题作文

◎**学习提示**

命题作文是依据给出的题目确定中心、选择材料、构思写作、具体表达的作文命题形式。怎样才能写好命题作文呢？①审题——精心；②立意——新颖；③选材——典型；④结构——精巧；⑤语言——美好。

命题作文就是依据给出的题目确定中心、选择材料、构思写作、具体表达的作文命题形式。这种题型的最突出的特点是题目确定，不能自己拟题。命题作文能直接体现命题者的意图，能使作者的思想相对集中，能较为客观地考查学生的写作水平，是传统的作文命题方式。

一、命题作文的命题方式，按照不同的分类标准，可分为不同的类型

（一）从语言结构看，有三种类型

1. 词语式。

作文命题是一个词语。这个词语可能是名词、动词等，如"舞台""传承"等。

2. 短语式。

作文命题是一个短语，这个短语可能是主谓式、动宾式等，如"少年拾趣""点亮心中的灯"等。

3. 句子式。

作文命题是一个句子，这个句子可能是单句，也可能是复句，如"我终于迈出了这一步""我拥有，我快乐"等。

（二）从外在形式看，有两种类型

1. 直接命题。

作文命题只给题目和写作要求，题目简洁，要求清晰，如"走过风雨""最好的朋友"等。

2. 配提示语命题。

作文命题先提供材料或者提示语，再给出题目，最后明确要求，如提示语：

> 我们可以欺瞒别人
>
> 却无法欺瞒自己
>
> 当我们走向枝繁叶茂的五月
>
> 青春就不再是个谜
>
> 向上的路
>
> 总是坎坷又崎岖
>
> 要永远保持最初的浪漫
>
> 真是不容易
>
> 有人悲哀
>
> 有人欣喜
>
> 当我们跨越了一座高山
>
> 也就跨越了一个真实的自己
>
> ——汪国真《跨越自己》

要求：

（1）以"跨越"为题写一篇记叙性文章。

（2）用第一人称，写作时以记叙为主，综合运用其他表达方式。

（3）立意要明确，表达有深度，不少于600字。

（4）不得透露个人真实信息。

（三）从内涵外延看，有三种类型

1. 主旨型。

作文命题就是学生写作要表达的主旨，如"一直向前走""经历就是财富"等。

2. 寓意型。

作文命题有寓意，需思考题目与生活的关联点是什么，明确寓意后作文，如"种颗太阳给自己""轻轻推开那扇门"等。

3. 关系型。

作文命题采用两个或三个词语，中间用间隔号或"与""和"等词连接，这几个词语或短语之间存在一定的关系，如"人与路""树木·森林·气候"等。

命题作文包罗万象，但其写作主题，基本关注学生自身，展现真实自我，便于学生抒写经历，表达感情，表现成长，发挥才能。

二、命题作文的应试技巧

命题作文作为传统题型，有其自身优势，为了能取得作文的优势，我们需掌握一定的命题作文的应试技巧，下面强调五个重点。

（一）审题——精心

1. **抓"题眼"**。所谓"题眼"就是点明主题的字词。词语式，"题眼"就是这个词；短语式，"题眼"往往是修饰词；句子式，"题眼"一般是动词。

2. **盯副词**。当"最""更""再""也"等副词出现在题目中，考生极易误入陷阱。如"最温暖我的话"这个文题，"最"这个关键词体现比较，暗示了唯一性，说明"话"应该是对"我"造成强烈情感冲击的，对"我"有意义的，留有深刻印象的。

3. **明对象**。所谓"对象"，就是写作时要写的内容。例如"真的有意思"的写作对象是"有意思"的，让自己对生活有思考或感悟的人、事、物、景。

4. **定范围**。所谓"范围"就是命题作文题目中"圈"出的范围，可以是时间，也可以是空间。例如"一个夏天的晚上"从时间上"圈"出了范围"夏天的晚上"。

5. **解意义**。寓意型命题作文的题眼往往具有多个意义，审题时要考虑哪些内容具有比喻义。例如"开端"不只可以理解为做某事的开始，还可以理解为希望。

6. **理关系**。审题时厘清题目中的内在联系。例如"我拥有，我快乐"，"拥有"是原因，"快乐"是结果，两者之间有着因果关系，不可分割。

（二）立意——新颖

立意，就是确立文章的主旨。是文章的灵魂,对文章起决定性作用。好的立意要具有以下特点。

1. **立意要符合题目的要求**。抓住关键词，保证不偏题。例如"生活真美好"抓住关键词"美好"，明确立意要表现对生活的美好感悟，不能写作负面的内容。

2. **立意要新颖**。要做到这一点，我们可以运用以下方法尝试突破。

（1）**多角度提炼**。打破思维定式，学会变换角度思考问题，甚至可以从对立角度反向立意。例如："种颗太阳给自己"可以正面立意，可以勉励自身，无论遇到什么困难，都不要失去信心，种下一颗信念的"太阳"给自己,定能战胜困难;也可以逆向思维,写现实生活中的悲剧人物或事件,从反面揭示"种颗太阳给自己"的内涵。

（2）**追求最深刻**。透过现象探究本质，把握时代脉搏，体现深层意蕴。例如"为别人喝彩"可以从构建和谐人际关系角度立意，为别人喝彩，能为自己营造良好的人际关系，也可以向内自省进一步挖掘本质立意，为别人喝彩，体现的是自己的人格素养，还可以从构建和谐社会角度立意，人人都用欣赏的眼光看待他人，我们的社会将会更加和谐。

（三）选材——典型

选材就是围绕写作意图选择典型材料的过程。选材需要注意：

1. **选材要围绕写作意图**。切合题意的素材才能选用，切忌横枝蔓叶，这是作文选材的基本原则。文章表达的思想内容要与社会价值取向一致，不健康的内容绝不能写。

2. **选材要典型**。切记要选择同类材料中最具特征、最有代表性，典型的素材，宜小不宜大，"小"材料容易写得具体、生动、感人，切忌内容空洞。

（四）结构——精巧

结构就是文章的骨架，体现文章各部分之间的关系。好的文章的结构，必须工整美观、简单清晰，与内容和谐统一。想要写好文章，就要在谋篇布局上下功夫。

文章结构，可以从总分式、横向式、纵向式的表层结构和以时间、地点、人物、事件、事物、人物情感的内部线索两个角度梳理。常见的文章结构模式有：小标题连缀式，小标题要准确凝练地概括每一部分内容；词句连缀式，围绕主旨巧借诗句将片段内容联系在一起；场景转换式，根据表现主题的需要，切换生活中的场景……结构文章的时候，还需要注意段落内容必须精简，段落安排必须有序，段落过渡必须自然，段首句注意体现主旨，精彩的思想、语言单独成段。

（五）语言——美好

中考作文评分标准对语言的要求：基础等级是"通顺、流畅、得体"，发展等级是"语言有文采"或"表达有特色"。我们可以以准确使用字词、恰当使用修辞手法、细致描摹画面、合理使用长短句、灵活使用古诗文、统一语言风格等为抓手，从语言内容和形式的角度，美化文章语言。

【佳作示例】

伞

> 即便是晴天，也要嘱咐你带伞。　　　　——题记

云很低很低地浮动在狭长的天空上。铅灰色的断云，分割着不明不暗的天空。电话铃充斥着耳旁，屏幕不断闪烁着，仿佛是在催促什么。不耐烦地按下接通键。

"妮儿啊，刚回宿舍吧。"

"嗯。"我一边应着，一边漫不经心地玩弄窗帘。

"今天可冷了吧，让你穿外套，穿了没？还有雨伞，拿没拿着？"这些听得耳朵都快出茧子的话，一点点消磨着我的耐心。你却像往常一样，自顾自地念起天气预报，"明天，五到十一度，晴转小雨，这个雨伞哪，还是得装包里……"话声未落，便被我打断：

"每天你都说有雨，怎么没见下过一滴啊！总是让我带伞，背来背去也很沉啊！"

"不是我说下雨，是人家天气预报播报的呀。"我仿佛看见你拿着电话，急得摆手的样子。但有些话却像是插了翅膀，脱口而出：

"能不能以后别总给我打电话,烦不烦啊,又不是不能照顾自己……"其实话刚出口,就开始后悔。你我都陷入了沉默,空气在顷刻间凝固。像是有细小的虫子飞进了耳孔,在耳腔里嗡嗡地振翅,却发觉是你在低声啜泣。"姥姥,我不是那个意思,我刚才就是太……"

"没事儿,你赶紧洗漱,姥姥先挂了啊。"还想再解释几句,"嘟嘟"的电音却隔绝了我的声音。心脏像被人撕开一道口子,又穿针走线般地缝合进悲伤,为什么要把你尽力的关心,看成理所应当呢?一种从未有过的懊悔顺着眼角的酸涩扑面而来,眼泪一颗颗掉落,像是被人忘记拧紧的水龙头。

一个老人,戴着老花镜,守在电视机前目不转睛地盯着,弓着背,笨拙地拿着笔,一笔一画记录着天气预报,生怕错过一个字。每天拿着破旧的老年机,眉头扭成一团,时不时揉揉眼,看着时间一分一秒慢慢走过,嘴里还不停地念叨着"这时间是不是不准啊""也不知道这孩子加没加衣服,别冻着呀"。电话打早了,担心我没到宿舍;打晚了,又怕耽误我洗漱,久而久之,变得比闹钟还准时。连姥爷都禁不住"嫌弃":"你姥每天拿着个电话,魔怔了似的。"

再次拨通你的电话,却迟迟未被接起,明明仅是十几秒,竟难熬得想让我直接冲到你面前。原来等待一个人的通话,是这般焦急担忧。听筒里终于传来你的声音:"妮儿啊,姥姥就是太想你了,你要不愿意,咱就一周打两个电话,实在不行,一周一次也好啊……"你的声音,像被极力控制着,可还是禁不住颤抖。刚想安慰些什么,却发现自己早已泣不成声。一道闷响在空气中炸开,雨点便肆意砸落下来。

"姥姥,真的下雨了。""赶紧把雨伞装包里,下午上学别再忘拿。""我不会忘的,以后也不会了……"

"从来不用担心,刺骨的风吹进衣领;冰凉的雨淋湿头发",说出这句话的底气,是你倾力给予的。第一个告诉你下雨的人,即便是晴天,也要嘱咐你带伞。(孙柏妍)

【思考与练习】

1. 怎样才能写好命题作文?
2. 试写一篇命题作文:"伞。"

(展莉丽)

怎样写好半命题作文

◎**学习提示**

　　半命题作文就是指作文题目只出现一半或一部分，另外一半或一部分由学生自己去补充的一种作文形式。这种作文的最大特点是：有一半或一部分的命题权握在了学生手里，选材有较大的自由度，在一定范围内学生有一定的自主权，与全命题作文相比，有利于学生发挥自己的写作水平，可以较灵活自由地进行写作；与话题作文相比，适当做些限制，也可避免学生千题一文的套文现象。补充好文题，是写好半命题作文的前提。

　　纵观近年中考作文题，不难发现半命题作文在各省市中考题中占的比重非常高。可见，作为一种传统的命题形式，在材料作文、话题作文备受推崇的今天，半命题作文依然受到人们的青睐。因此，在四种常见的作文类型中，半命题作文是不容忽视的一种题型。

一、题型特点

　　半命题作文就是命题人限定题目一部分的内容，学生根据要求将题目补充完整，然后再进行写作的作文命题形式。半命题作文的灵活度介于话题作文与命题作文之间，对学生来说既有所限制又不失开放性，在立意、选材、构思等方面给学生适当的选择余地。半命题形式既有利于学生个性的张扬，又能较好地避免猜题押题，能较为真实地反映学生的写作水平。

二、结构形式

1. **命前半题**：如"_____ 真有眼光"（2023 年山东省东营市中考作文题）。
2. **命后半题**：如"我的青春有 _____"（2022 年四川省广元市中考作文题）。
3. **命中间部分**：如"喊出 _____ 的名字"（2023 年河南省中考作文题）。
4. **命首尾部分**：如"_____ 让我的青春 _____"。（2023 年湖南省张家界市中考作文题）。

三、写半命题作文需要注意的问题

写这类作文的前提是要按要求补全题目，需要注意的问题如下。

（一）"新题"变"旧题"

斟酌已给出的半道题目信息，再结合自己的生活经历、写作特长、写作内容等将其补全，成为全命题作文，巧妙地让陌生的新题变成自己熟悉的旧题。

例如有关"亲情""学校生活"之类的作文，相信同学们已经写过不计其数的文章，我们可以将 2022 年广西梧州市中考作文题"_____的味道"写成"母爱的味道""成功的味道"。

（二）标题切忌大而空，要力求展示个性风采

标题是一篇文章的"眉目"，它关系到一篇文章的格调、精神和色彩，好的标题能使人产生强烈的阅读愿望。以"感悟_____"这一半命题作文来说，"感悟大自然""感悟人生"这类范围过大的拟题比比皆是。显然，拟出这样的题目，写起来不易把握，只能泛泛而谈，要写深写透很难，更不易写出自己的真情实感。

要化大为小就是选择一个比较小的切入口，从一个具体的角度切入题目，从而将一个相对比较"大"的题目缩小为一个比较"小"的题目。

比如"读懂_____"（2023 年四川省广安市中考作文题）。实际上，"读懂"所涉及的范围很广，如果我们不从一个具体的角度来切入，这篇文章写起来很容易出现的问题就是泛泛而谈。但是，如果以"读懂母爱""读懂坚强"等这样具体的角度来切入，那么就容易把文章写得充实、具体。

（三）立意要鲜明、集中、新颖

例如"生活因_____更精彩"，空缺处可以填名词、动词、形容词，如音乐、读书、挫折、爱等；也可以填短语，如得到关注、奋力拼搏、遭遇苦难等。题目一旦确立，就要善于从平凡的生活实践中挖掘出最耀眼、最闪光的那一节来写，要写出精彩的一瞬、精彩的场面、精彩的心灵感悟。总之，要突出精彩，突出填写的词语，突出主题。表达的角度要巧。在突出主旨的前提下可以有选择地使用悬念、插叙、呼应、对比等技巧，要设计好文章的开头和结尾，适当穿插议论和抒情，行文中要注意反复点题。

（四）选材要新，切忌拟题俗套，重复雷同

雷同现象在半命题作文中十分突出，写出的作文"撞车概率"也相当高。比如，"当我面对_____的时候"这一半命题作文，大多数同学将题目拟为"当我面对挫折的时候""当我面对成功的时候"等，好像大家要"面对"的似乎不是"挫折"就是"成功"。又如，以"人生路上_____多"为题写作时，大家拟的题目不是"人生路上朋友多"，就是"人生路上坎坷多"。不难看出，由于思维闭塞、缺乏创新，学生都是按照同样的思路去命题，这岂能不出现"千人一面"

的雷同题目现象？

（五）恰当运用修辞手法

如"＿＿＿是＿＿＿"，有考生拟题为"心愿是一棵会开花的树"，就采用了明喻的手法，化抽象为具体，生动形象。

（六）恰当运用组合

如"＿＿＿的背后"，有考生运用组合的方法，以"2＞5 的背后"为题，对学校教育和家庭教育的结合提出了自己的见解，令人拍案叫绝。

四、拟题训练

写好半命题作文，最重要的是拟准、拟好题目。拟标题，是考生遣词造句、概括能力等语文素质和能力的重要体现，要拟出富有创意的标题，必须打破惯有的思维定式，积极进行发散思维、逆向思维，必须多方位、多角度"出击"。

（一）思路点拨

1. **以具体事物拟题**。这种以具体事物入题的方式可以以小见大，使选材新颖具体。

2. **以抽象事物拟题**。这种拟题方式化具体为抽象，便于抒写自己内心复杂的情感。

3. **以特定情景拟题**。这种拟题方式新颖别致，能营造一种特定氛围，给人一个让思绪飘逸、遐想的空间，极易引发人们丰富的联想。

（二）请你补齐下列作文的题目

1."难忘的＿＿＿"，示例："难忘的黄手绢。"

2."当我面对＿＿＿的时候"，示例："当我面对虚荣的时候。"

3."＿＿＿很重要"，示例："奔跑很重要。"

五、补题的几个友情提示

（一）研究原题，全面捕获题中的信息

半命题作文题，要研究原题的语法结构、语意指向，从中获得补题的暗示。如"走近＿＿＿"，"走近"二字，暗示我们行文必须由远至近，要体现的是我们对某一对象渐渐认识、熟悉的过程。如果了解了这一点，那么再去思考生活中有哪些东西吸引着我们去揭开它们的面纱？我们是怎么一步步走近它们的？走近的过程中我们有哪些得失感受？之后再补题，即是有的放矢了。

（二）审视生活，要求补题与生活一致

俗话说得好，"巧妇难为无米之炊"。补题内容要与生活中的所见、所闻、所历、所感产生"共鸣"，即能有与之相匹配的"生活素材"。如"我读懂了＿＿＿"，若有考生不假思索地填写

"挫折"二字，而平时的经历中对挫折并没有十分深刻的印象，那么作文中的矫揉造作肯定难免，因为与生活不一致，很难使文章化大为小，化虚为实。

（三）关注趋势，揣摩命题者的意图

限于认知水平与年龄特点，初中学生对社会的认识还比较肤浅，人生观、世界观、价值观尚处在萌芽、初步形成阶段，所以努力让考生表达健康的思想情感、树立积极的人生态度、感受真善美的人生哲理，一直是中考作文命题者在立意方面的一个原则。考生在补题时必须兼顾这一点，力求表达健康向上的情感。

（四）转换角度，力求真实而有新意

换个角度天地新，在作文"补题"中亦是如此。如果能够从多角度发散思维，甚至逆向思维，或许会有意外的效果。如在当今快节奏激烈竞争的生活中，写一篇"从容之美"，或许会让许多人的目光停驻，产生同感。

总之，题贵新颖，半命题作文的拟题，追求的同样是准确、生动而有魅力。只要平时注意积累文化知识，正确理解半命题作文的"另一半"——提示导引的内涵，并且掌握一定的拟题技巧，就能拟出让读者怦然心动、击节叫好并"一见钟情"的好标题。

六、真题回放

请以"你 _____ 的样子，真美"为题目，写一篇文章。（2019 年山东省淄博市中考作文题）

要求：（1）将题目补充完整。

（2）除诗歌外，文体不限。不少于 600 字。

（3）文中不得出现真实的人名、校名、地名。

【试题分析】

这是一篇半命题作文，这个题目中包含几个关键词语：

首先要弄清"你"指的是什么？可以是自己身边的人——父母、老师、同学、朋友等；可以是历史的人物——屈原、李白、岳飞、董存瑞等；可以是物——一只小猫、一条小狗、一株小草、一部大书等。

"真美"是立意点，表达的是欣赏、赞美之情，弘扬正能量。可以是外表的美，可以是内在的美，当然选择内在的美来立意文章更为恰当。

明确了以上两点后，横线上可以填入的词语有：微笑、奋斗、专注、包容、劳动、执勤、弯腰、运动、唱歌、跳舞、辩论、坚韧不拔、持之以恒，等等。

如何写出"真美"，是写作的核心。这个命题体现的是一种真与善，传递的是一种正能量，

要写出美的表现和美的原因。

在选材上，不仅要体现出生活气息，还要体现出"正气"，阅读后给人一种积极向上的奋进感。

要有美的语言，但不要通篇堆砌华丽的辞藻，文字简洁流畅即可；要有美的场景，通过细致的描摹，把动人的、感人的场景写出来，这样的画面才会给人以美感；要有美的结构，构思时要有明确的立意和清晰的思路，做到文章结构清楚、层次分明。

最是真情能动人。触动自己心灵的东西，才能感动他人。要想写出感人的文章，应紧密联系生活实际，选择典型事例，聚焦一个或几个镜头，注重细节刻画，并注意点面结合、前后呼应，且应适时扣题。

从体裁上看，这个题目写记叙文或散文相对来说容易些。

【思考与练习】

1. 要写好半命题作文，在补题时你认为应注意哪些问题？

2. 笔墨人生、缤纷世界，有多少认知是需要我们再次思考的？重新定义坚强，我们汲取精神力量；重新定义友情，我们获得宝贵养料；重新定义那个目光、那抹微笑、那次相遇、那句话语……我们心有所动，情有所感，爱有所向。

请以"重新定义 _____"为题目，写一篇文章。

要求：（1）先把题目补充完整，然后作文。（2）立意自定，文体不限，不少于600字。（如果写诗歌，不少于20行）（3）字迹工整，书写清楚，卷面整洁。（4）文中不得出现真实的人名、校名、地名，不得引用、套用、抄袭本试卷阅读部分的材料。

写作导航：根据材料提示，"有多少认知是需要我们再次思考的"，可理解"重新定义"的意思是曾经有过判断的人、事、物，随着时间的流逝或经历过某种场景或发生了某种变化，对其再次思考，从而有不同的理解和感悟。可从材料中摘取词语将题目补充完整，如"坚强""友情""那个目光""那抹微笑""那次相遇""那句话语"，也可选择自己有独特感悟的人、事、物，如"幸福""自己""那次失败"等。

立意：

（1）应表达对真善美的追求和积极向上的人生态度，最好蕴含感恩之情。可写成记叙文，也可写成议论文。

（2）要注意提示中"心有所动，情有所感，爱有所向"，写出真情实感来，写出个性特色来，文章要让人得到启示、启发和启迪，鼓舞激励人们奋发向上、开拓进取、不断追求。（李静）

怎样写看图作文

◎**学习提示**

　　理解什么是看图作文。看图作文关键是把握画面内容，准确理解画"意"。"读题"与"析图"是最重要的步骤。我们可以尝试从兼顾主次、分析因果、留意变化、观察情节、联系实际、展开联想等角度去"析图"。

一、什么是看图作文

　　学生从小就熟悉看图识字和看图说话，看图作文是这一形式的延伸，即按照给定的图画内涵和命题要求写作文。看图作文属于给材料作文的一种，只不过所给的材料不再是单一的文字，还有图画。看图作文给学生一种似曾相识的亲切感，能够引导学生开发运用多方面的语文资源，启迪学生大胆想象。

二、图的种类

　　看图作文的"图"，主要有图表、图画和漫画三种，出现在中考作文题中的，主要是后两种。图画有时是单幅，有时是多幅，一般为简洁明快的图画。

三、看图作文的写作步骤

　　要想写出优秀的看图作文，不妨依照读题、析图、立意、拟题、构思、写作这样的写作步骤进行创作。读题与析图是看图作文的前两步，也是看图作文与众不同之处。写好看图作文的关键是把握画面内容，准确理解画"意"，读题与析图显得尤为重要。这里也主要谈谈这两步。

　　（一）读题

　　读看图作文的题目，主要是了解文题中所提出的写作要求，明确所规定的体裁，以便有目的有重点地去看图。2023 年重庆中考作文是根据图画，展开联想与想象，创编故事，题目自拟。2023 年连云港中考作文是根据漫画，以"别轻蔑少年时期感动过的东西"为话题，自拟题目。

　　有时题目要求中也隐含着重要的信息，如山东东营 2012 年中考作文，就在题目要求中点明图画的作者是徐悲鸿，图画的名称是《逆风》。图画的名称《逆风》这一重要信息，对我们准确理解画"意"起着重要的作用，它似灯塔般已经为考生照亮了作文"立意"的方向。

（二）析图

要先分析画面的主体是什么，背景是什么；是一个事物还是两个或多个事物，其间有什么关联，有没有貌似平淡却关乎题意的细节；画面的表面含义是什么，有没有深层的需要挖掘的东西和画龙点睛之笔。因此，我们可以尝试从如下角度去"析图"。

1. 兼顾主次。

图画是通过直观形象来表达作者的观点的。它是作者通过对生活反复观察、分析，然后选取最能反映主题的画面，经过构思之后创作出来的。我们一定要认真、仔细、全面地观察画面，注意捕捉画面中人物、景物、事件各部分的关系和内在联系。图画的主题，很多时候是通过细节、背景衬托出来的，既要仔细观察图片中的主体部分，又要留意次要部分。

2022 年浙江温州中考作文图画由一个孩子和四句话构成。孩子位于图画下方，所占空间不大，孩子面前摆着一本书，头顶有六个问号。孩子上方左侧由上而下有三句话："你大一点，要让弟弟""鲁迅先生的作品难读""再过 50 亿年，太阳会变成一颗白矮星"，三句话下方是省略号，此处还有一个小细节一定要留意，这三句话各被一个带箭头的框围着，箭头指向右方。孩子头顶右上方则是四个逐渐变大的圆圈，最上方最醒目的圆圈里有大大的几个字"一定是这样吗？"这句话非常重要，我们写作就是围绕这句话"立意"。孩子是画面中唯一的人物，比人物更重要的是人物头顶的问号和文字，这些都需要我们留心细品。

2. 分析图果。

有时图画既没有题目，也没有语言穿插在图中，就只能从图画中去思考图的主旨。最有效的方法就是探寻原因、展望结果。如某地文题，图画中是一只大手为一盆小花撑起一把伞。从探求原因的角度审问，那只大手为什么只给花盆中的小花撑伞？由此可以得出"呵护弱小者是我们的责任""爱的阳光应洒给需要的人"等观点，从展望结果的角度审问，花盆中的向日葵会长大吗？可得出"让孩子经历风雨""磨难使人成长"等观点。

2019 年浙江金华中考作文是四幅漫画，漫画中的人从站立到飞翔，并且四幅漫画都配有文字，连起来还可以组成一段话："人要想学会飞，就必须先学会站立、行走、奔跑和攀岩，人只有经历这些，才能学会飞！"我们将图画和文字结合起来分析，"飞翔"喻示成功，成功的原因是什么？是经历了"站立、行走、奔跑和攀岩"。"站立、行走、奔跑和攀岩"则喻示为成功而付出的努力和奋斗。

3. 留意变化。

留意变化适用于画面中立体事物变化鲜明的漫画材料。如漫画《珍惜我们的世界》，画中的白天鹅穿过烟囱中冒出的浓烟后，已经变成黑天鹅。画面通过天鹅的变化，揭示出公害的触目惊心，号召人们与各种环境污染做斗争。

4. 观察情节。

观察情节适用于对多幅有内在联系的组合漫画的审读。如漫画《一万个"0"抵不上一个"1"》，设计了四幅漫画，主人公在每幅画中都不断地画圆圈，表示"想在这里种树"。而在他画圈的过程中，别人栽的一棵树已经长大成材。画面构成了一个饱含哲理的寓言式情节，表达了"先干起来再说""不要纸上谈兵""不要总是下决心而不见行动"的主题。

5. 联系实际，展开联想。

2023 年重庆中考作文是根据图画，展开联想与想象，创编故事，题目自拟。从图片信息来看，一个撑着伞的人走在树木丛生的道路上，身后留下深深的脚印，左边茂密的树林旁边还有几串浅浅的脚印。我们可以依据图画中的场景、人物，联系日常生活，展开合理的联想和想象。撑伞的人是谁？他为什么来到此处？他将去往何方？左边树林旁浅浅的脚印又是谁留下的？这些脚印有什么特别的寓意吗？在联想中，人物形象在我们脑中越来越丰满，画面越来越清晰，这样我们就能构思出合情合理的故事情节。

总之，要从多方面分析读懂图画，尽全力找出题意所在，这才是成功的关键。在读题与析图之后，根据图意确定好自己文章的主旨，然后拟题，构思成文。具体的写法则是要注意紧扣图画，否则，谈得越多，离题越远。

四、看图作文的特殊性

看图作文的特殊性表现为，材料中所给的单幅图画、多幅组合图画，以及所配的用来说明、评论的文字等，不适宜再作为材料直接引进文章。

【思考与练习】

1. 下方是《永玉六记·汗珠里的沙漠》中的一幅画。那个坐在青石板上仰望星空、充满遐想的少年，是否让你产生共鸣？根据这幅画，结合你的生活经历或体验，以"别轻蔑少年时期感动过的东西"为话题，自拟题目，写一篇文章。

要求：①除诗歌外，文体不限；②不少于 600 字；③文中不得出现真实的校名、人名和地名。

别轻蔑少年时期感动过的东西

（尹莉莉）

怎样写好材料作文

◎学习提示

材料作文，就是在给定的材料范围内自主确定角度、立意、文体、标题进行写作的一种命题形式。它把话题作文中的"话题"与"材料"的功用都集中到"材料"身上，让审题不是从"话题"出发，而是从"材料"出发，从而使作文更具开放性。

材料作文以其新颖灵活的材料和个性化的解读成为较受写作者喜爱的作文形式，也成为历年中考必不可少的作文命题。据不完全统计，2023 年中考真题命题中材料作文约占 25%。

材料作文的"材料"多种多样，常见的有一则短文、一条新闻、一个事件、一种现象、一则寓言、一幅漫画，还可以是一首诗、一段歌词、一组素材，或者是一句格言、一个成语、一个典故，等等。针对同一种材料，人们却能写出观点不一、各具色彩的文章，这就要求我们多角度地去思考，这样才能做到全面地认识问题，避免视角的片面性。那么，如何写好材料作文呢？

一、要正确地审题立意

有人将材料作文中的审题立意提到"成亦审题，败亦审题"的高度认识，可见审题是何等重要。要能做到审题准确，就必须读懂材料，找准作者的表达意图，也就是提炼主题，把握题旨。当然，对同一材料可"智者见智，仁者见仁"，但毕竟有一个表达的意思，这就要认真审视，从隐蔽的材料中挖掘出作者的意图。

审题要"三清"

1. 看清材料，领会内容。

在阅读材料时，要注意判断这段材料属于哪类材料作文，具体理解整体材料的内容，要把材料实实在在地读懂，这一环节重在整体把握材料。

2. 厘清内容，提炼中心。

这一环节是决定是否跑题的关键，一定要认真对待。在整体理解文章内容的基础上，如果是"话题式"的内容，要概括其中心，明确材料的主旨，这就是写作要确定的主题；如果是"选择式"的内容，需要选取一点，来确定这一点的主要方向，从而确定作文的写作主题。

3. 读清要求，规范写作。

读完材料后，千万不能忽视的是"写作要求"。材料叙述后的要求需要细细阅读，如果有"根据材料""结合材料"的字样，最好作文里要巧妙体现材料的内容或影子，也就是我们平时说的"引材料"，但"引材料"时切忌生搬硬套；如果没有上述文字要求，就可引可不引，然后再看具体的写作要求，明确作文在拟题、文体、写法、字数等方面的要求，然后再规范地写作。

立意有四法：写好材料作文必须读懂材料，材料本身包含着深刻道理，并成为"写作者的立意指向"。读懂材料是写好作文的关键，审题变为审材料。一般来说，材料的文字表面意思并不难懂，问题在于是否能够准确地分析出材料所表达的深刻道理，继而确定自己对这个道理的正确态度。

立意有以下几种方法：

一是从抓关键语句入手。材料为突出中心，有时会设置关键句（开头句、结尾句、反复出现的句子），抓住这些关键句，就能把握材料主旨，准确理解材料。

例：阅读下列材料，按要求作文"记下你心中的美"。

> 美无处不有，美无时不在，在你的生活中，一定会有美好的人、美好的事给你留下美好的印象。亲情的温暖，他人的关怀，同学的友谊，班集体的荣誉，等等。点点滴滴，聚集心头，生活中的美给你乐趣，给你自信，给你希望，给你力量，记下你心中的美，让它成为永久的美好回忆。

分析：材料中"美无处不有，美无时不在"一句告诉我们，凡是涉及美的经历或感受，都在这则材料范围之内，但如何界定美，却是需要仔细考量、琢磨的问题。首先，对于写作来说，美就是一种"见人所未见，言人所未言"的创造，即发现别人未曾发现的，表达别人未曾表达的。其次，不要局限于提示（亲情的温暖、他人的关怀、同学的友谊、班集体的荣誉等）的范围选材，我们作文的视角还可以延伸到"读书之美""自然之美"等范围。

二是从分析原因入手。任何事物的产生、变化和发展，都有其内在或外在的原因。因此，阅读分析材料的因果联系，从原因切入立意，是行之有效的方法。

例如：《螃蟹的责备》

> 野螃蟹在树林里迷了路，遇到青蛙，问道："青蛙哥哥，到河边去，怎么走？"青蛙指着前面说："你一直往前，一会儿就会到达河边。"螃蟹走了老半天，还是没走到河边。后来螃蟹遇见了青蛙，指责道："你害得我好苦，走了老半天还是没有见到河的影子。"青蛙说："我没有骗你，叫你一直往前走，你却横着走，当然到不了河边。"

这则材料从螃蟹的角度思考：螃蟹之所以找不到去河边的路，是因为它对青蛙的意见生搬硬套，不从自己的实际出发，可以从"对别人的意见不要盲从，要结合自己的实际"方面立意。

从青蛙的角度思考：青蛙之所以好心没办成好事，是因为它给别人提建议只是从自身出发而没有站在螃蟹的角度替它着想，忘记了它天生是横着爬这一特点，可以从"帮助别人或给别人提建议要多站在别人的角度"立意。纵观全文，综合立意为"凡事要从实际出发"。

三是从作者情感倾向入手。有的材料在叙述、说明或评论某个事物时，明显地流露出作者的情感倾向，这样我们就可从材料的情感倾向入手来审题立意。

> 例如：当断臂的维纳斯展示在人们面前时，吸引了无数好事之徒趋之若鹜。他们提出种种接上断臂的奇思怪想，维纳斯失去的手臂就如同一个充满诱惑力的圈套，但迄今为止仍未有任何设计能取得普遍的赞赏。

这段材料中的情感倾向十分明显："好事之徒""趋之若鹜"等词贬斥之情溢于言表。对想接上断臂在做法上持否定态度，对断臂维纳斯持赞赏态度。据此可立意为应顺其自然，不能把自己的观点强加于人。如果不注意分析情感倾向，立意为敢于怀疑、敢于大胆创新等，就明显偏离了题意。

四是从现实生活入手。现实生活的某些思想、观点、行为往往通过一些数据、比喻、寓言、漫画等形式反映出来，这就需要我们善于从中联系现实生活，挖掘其中的含义。思路往往是由物及人。例如这则材料：

> 哲学家在草地上给弟子上最后一课，问："如何除掉这些杂草？"弟子甲说："用铲子铲。"乙说："用火烧。"丙说："撒上石灰。"丁说："连根拔去。"哲学家说："都试一下，如果没有除掉，一年后再来此相会。"一年后，弟子们都来了，哲学家没来，但他的弟子看到满地茂盛的庄稼而无一根杂草，终于悟到了一个真理：欲无杂草，必须种上庄稼。

这个故事让人明白：欲无必有，欲有必无。提示"无"与"有"是两个抽象的概念，材料中要"无草"，则要"有庄稼"，这是含义深刻的比喻，"草"喻生活中的假恶丑，"庄稼"喻生活中的真善美。此类题目审题时要注意思路开阔。可以从以下方面立意：要使一个人没有贪心，就必须用良心占据他的心灵；要使一个人没有虚荣，就必须以真诚占据他的心灵；要使一个人没有怨恨，就必须以宽容占据他的心灵；要使一个人不再麻木，就必须以清醒占据他的头脑；要使一个人不再冷漠，就必须以爱心充斥他的心灵；等等。关键要把握生活的大网，以小见大。

二、选好角度，拟好题目

所谓选好角度，就是从你最独特、最新颖的发现、感悟写起。角度的确定，还得注意对材料"大""小"的取舍。以"记下你心中的美"为例，美，涉及的内容宽泛，主题不可谓不大。但我们作文时不宜就"大"写"大"、泛泛而谈，不宜停留在那些大众化的"温暖""关怀""友谊""荣誉"等范畴取材行文，而应尽量挖掘那些"小"事或平凡人物中蕴藏的美，以使作文内容独特而具体，达到感人的效果。

关于拟好题。本材料已经用"记下你心中的美"明示了作文内容的要求，如果你将此题作为自己作文的题目，则可能犯审题欠严谨的毛病。因为不能以"记下你心中的美"为题。怎样拟题，取决于你审美感受的深浅。如果你从人际交往或读书对话中获得一种温暖、一种感动，那么可拟"温暖的时刻"，记下你那一时刻美的发现；如果你感受过包容的幸福，那么可拟"有一种幸福叫包容"，表达包容之美；可拟"留在心底的风景"，抒发对人性之善、之美的崇敬之情……用心发现身边之美，作文的精彩尽在其中。

材料作文四"忌"

1. 审题立意偏离材料主旨。

材料作文，首先必须读懂材料，读透材料，正确理解材料的主旨，从整体上把握材料的精髓。根据材料中心准确立意，是考生语文综合素质的体现。一定要全面考虑材料，分清主次，抓住精髓，多角度联想，选准最佳角度，确立中心后方可动笔，千万不可断章取义，只见树木不见森林，造成审题失误，导致行文偏离题意或完全脱题。

例如：有一位邮差，长年奔波在乡村的道路上，日复一日地将忧伤悲喜送到村民的家中。从邮局到村庄的这条道路，十分荒凉，触目所及，唯有飞扬的尘土。这位邮差已经在这条路上奔波了近二十年，一想到自己还要在这条无花无树的路上踩着脚踏车度过他的人生时，他的心情就低落到了极点。有一天当他经过一个花店时，心里一动，走进去买了一把野花的种子，从第二天开始，他把这些种子撒在了自己每天都要来往的路上。一天，两天，一个月，两个月……他不断地撒下种子，没多久，荒凉的道路两旁，竟开出了许多美丽的小花；一年四季，季季繁花。

读了这则材料你可能有自己的感悟，你也可能有类似的经历。请你根据自己的感悟或经历写一篇文章。

分析：有人认为，邮差走了近二十年的辛苦路，心情越来越差，直到后来想到解决问题的方法，并亲自去做，才有了根本性的转变。于是，立意为"凡事必须亲身实践，不能空想"。其实，材料并没有反映空想的问题，邮差只是起初没有找到改变境况的方法和途径，一直在寻求如何去做，偶然经过花店时,有了灵感,问题也解决了。

2. 对原材料不做任何分析。

有的学生引述了材料后,马上就写"我们从中看到了某个道理"的话语,且不说这个道理正确与否,在引述了一则材料后突然冒出一个道理,让人感到非常突兀,有前后脱节的感觉。至少应该分析一下,这个事例是对是错,有什么深刻的含义,然后才能说这里反映出什么问题,有什么道理。缺了这一环节,上下文就不太连贯。只看到"不断地撒下种子……开起了许多美丽的小花"的结果,没有分析其原因,揭示其深意。所以,立意角度从"积累""量变到质变""注重点滴""坚持"等入手不合适。

3. 角度选择不当。

材料作文中的"材料"往往提供了多种写作角度,打开思路之后,就要选择自己认为最佳的写作角度进行写作,这和命题作文选择写作角度的道理是相同的。那么,怎样选择最佳的写作角度呢?关键是要从自我出发,选择能深刻揭示题意、有社会价值、自己有真切体会并能给人以启迪的写作角度。以上述材料为例,之所以偏离主旨,是没有分析出"野花(种子)"的比喻意义,没有把握其产生的积极作用,不能从其比喻意义中揭示出中心,立意点没有突破要对人生境遇的一种积极改变,健康、昂扬的人生态度的指向体现得不够明确。

4. 不按"指令"写作。

材料作文的试题,一般包括两个部分:一部分是材料,另一部分是写作要求。写作要求或以提示语的形式出现,或另外列出"要求""注意"。审题时不仅要吃透材料,还必须看清具体要求,严格按照试题的"指令"写作。切忌不看要求,或未看清要求,就匆匆下笔。

例:【2022·山东滨州·中考真题】

阅读下面材料,你有怎样的联想和思考?请根据自身感受或所见所闻,写一篇文章,记叙、抒情、议论皆可。

【自律】zìlǜ,[动] 自己约束自己。

——《现代汉语词典》(第7版)

草木正发芽,冰雪在融化,春天的脚步,不为谁停下。喧嚣的城市,在这一刻变安静,疫情突如其来,让你我多了牵挂。……祝你不忘少年样,也无惧未来路茫茫,我们像种子一样,一生向阳。

——《人世间》抗疫特别版歌词

"长大"不仅意味着独立,更是一份沉甸甸的责任,懂得感恩、尊重法治、强调担当,年轻的心灵还有很长的路要走。

——《人民日报》

要求：①文体自选（诗歌除外）。②内容充实具体。③书写规范、工整，卷面整洁。④不少于 600 字。⑤文中如果出现真实的姓名、校名、地名，请以"××"代替。

【解析】本题考查材料作文。

① **审题立意**。

本题三则材料各自独立，没有内在联系，不易归纳提炼一个关键词展开联想和思考，可抓着某一个材料展开联想和思考，来确定立意和选材的方向。第一则材料，只有一个词"自律"，可围绕这个词思考，什么是自律、为何要自律、怎么自律。第二则材料，关键句是"不忘少年样，也无惧未来路茫茫，我们像种子一样，一生向阳"，根据"不忘少年样"可思考不忘初心、不忘本等；根据"也无惧未来路茫茫"可思考不怕困难勇往前行，如何面对困难和挫折等；根据"我们像种子一样，一生向阳"可思考永远跟党走，树立远大理想，要有家国情怀等。第三则材料，关键词是"长大"，可思考什么是真正的长大，围绕独立、责任，懂得感恩、尊重法治、强调担当等写作。立意上，应表达对真善美的追求和积极向上的人生态度，可写成记叙文，也可写成议论文。

② **选材构思**。

应根据对题意的理解，选准一个材料中的一个方面，如新时期青年就要承担历史赋予的责任，来确定立意和选材的方向，然后，根据自己熟悉的体裁确定文体。如写成记叙文，应讲述自己与立意的故事，如自律，应讲述自己或他人自己约束自己的故事；要写清楚时间、地点、人物、起因、经过和结果；要用心理描写写出自己的感受，用议论抒情语句点明事件（如自律）对自己的影响或作用。如写成议论文，应先明确中心论点，如新时期青年更要有家国情怀，然后按照什么是家国情怀、为什么要有家国情怀、新时期青年应有怎么样的家国情怀的思路安排文章结构；选取名人名言和典型事例，旁征博引，从道理和事实两个角度充分论证，做到论点鲜明、论据充分、论证有力。

【参考范文】

自律的爷爷

说到自律的人，我爷爷当数第一！第二嘛，暂时还没发现，第三呢，那差得十万里了。爷爷原来是一位小学老师，他早就退休了，多年来养成了三大嗜好：喝喝小酒、抽抽劣质烟、搓搓小麻将。

我八岁那年的一个夏天，天燥，闷热难耐，偶然间看见了桌上放着一瓶可以解渴的"汽水"，于是奔过去猛喝了起来，一口气喝下了一大半。不想口渴没能解除，浑身感觉更加的燥热难耐，全身的血液汹涌澎湃，脑子混浊一片就倒在了床上……当我醒过来的时候，我看见爷爷站在我的床边，一边用右掌不住地抽打着自己的脸腮，一边嘴角呢呢喃喃絮叨不已。从此以后，爷爷的饭桌前再也没有出现酒了，代替它的，是一大碗的白开水。

小学四年级的一个夜晚，我正在做着作业，爷爷不知道何时就溜到了我的面前。"小子，怎么这么简单的题目都会答错啊？"我首先感受到的不是爷爷的责问声，而是那呛人的烟味咕咚咕咚地钻入了我的鼻孔，一股恶臭伴随着袅袅烟圈向我扑了过来，令我生气极了。我忍不住就对着爷爷吼："天天吸，天天吸！你这个自私的爷爷，大家都跟着你吸二手烟，你可不可以考虑一下全家人的健康呀？"此时的爷爷像一个做错了事的小孩，满脸愧疚地看着我，说不出一句话来。以后的好长一段时间，我看见爷爷每天从卧室到客厅来回溜达，坐卧不安，嘴角不住地嚼着口香糖。结局你肯定猜到了，是的，他硬是把那视如生命一般热爱的烟给戒了。

进入初中后，我的学习愈加紧张起来，晚自习的时间随着年级的增高越来越长，爷爷在家和一帮老友搓麻将的时间由天天一搓变成了三天一搓，即便是这样，在我面对难题苦思冥想的时候，那阵阵的麻将声听着就像针刺一般的难受。我知道，爷爷也不容易，就剩下这唯一的爱好了，强忍着吧，别让爷爷一无所爱。没想到在我初三的时候，家里再也没有他的那帮老朋友来了。我问他是怎么回事，他乐呵呵地说："戒了，戒了！我不能影响我孙子的学习哟！"

这就是我的爷爷，一位自律的老者。在他的身上，我不仅感受到了爱，更多的，是对他为了家人而自节自律的崇敬！

【思考与练习】

阅读下面的材料，根据要求作文。

一把坚实的大锁挂在大门上，一根铁杆费了九牛二虎之力，还是无法将它撬开。钥匙来了，他瘦小的身子钻进锁孔，只轻轻一转，大锁就"啪"的一声打开了。铁杆奇怪地问："为什么我费了那么大力气也打不开，而你却轻而易举地就把它打开了呢？"钥匙说："因为我最了解他的心。"

请你根据自己的感悟或经历写一篇文章。

（张国梁）

第13单元

写日记

◎**学习提示**

中学生以写生活日记和随感日记为主，要写出真情实感，写得有意义。要写好日记最重要的是敏于感知，善于思考，还要热爱生活，丰富自己的阅历。

日记属于应用文的范畴，是一种用书面语言记录自己的所见、所闻、所思、所感的一种短小灵活的文体。日记和一般的文体不同，它主要是写给自己看的，是自己的生活和思想情感的实录。

一、了解日记的特点

概括起来，日记有以下五个特点。

（一）遵从一定的格式

一般先在第一行写清年、月、日、星期几，还可以写上当天的天气情况，其位置可以居中，也可以偏左或偏右，然后另起一行写正文。另外，日记可以拟标题，也可以不拟标题。

（二）用第一人称来写

一篇日记，无论篇幅长短、事情多少，都是记录"我"在一天里的所见、所闻、所思、所感。日记的内容是由"我"的"思想"和"活动"贯穿起来的。所以，日记一定要用第一人称。

（三）内容真实不拘

日记是自己的生活及思想情感的真实记录，真情实感是日记的生命线。日记的内容以记录发生在当天的事情为主，也可以回忆、联想和插叙。日记的选材自由，内容丰富，可以写重大的活动见闻，也可以写平凡的生活琐事；可以记录学习、工作和思考后的心得体会，还可以品味生活中的酸甜苦辣。总之，凡是自己觉得有意义的，需要记下来的事情或想法都可以写下来。

（三）写法灵活自由

首先，日记不受表达方式的限制，记叙、描写、议论、抒情和说明皆可，有时还可以几种方式兼而用之。其次，不受文体的限制，可以写叙事散文、抒情散文，也可以写议论文、说明文，还可以写小诗、小小说等。一般地说，同学们写日记以记叙类文章为主。最后，日记不受篇章结构完整性的限制，既可以写结构严谨完整的文章，也可以写片段，甚至几句话。

（五）篇幅不限

日记不受篇幅的限制，愿意写长，可以是洋洋洒洒的千字长文；喜欢写短，可以是精练隽永的三言两语。

二、熟悉日记的类型

日记内容丰富多彩、无所不包，形式上比较自由，有话则长，无话则短。常见的日记类型有以下几种。

（一）备忘日记

这类日记往往以十分简略的文字，对日常事例做个记录，以备需要时查看。鲁迅先生的日记大都是这种备忘式的日记。

例如：

二日晴。午后寄家用泉百，二月分。夜钱玄同来。

三日昙。星期休息。上午得二、三弟妇信，二月廿七日发。午后往留黎厂买《张僧妙碑》、姚伯多、双胡、苏丰国造象记各一分，共大小十一枚，券八元。下午往铭伯先生寓。晚蔡国青及其夫人来。

四日晴。上午得三弟信，二月廿八日发。得宋芷生信并拓片一包，廿八日太原发。

五日昙。无事。夜商契衡来。

六日晴。午后寄丸善银六元。夜濯足。

七日晴。上午寄三弟《互助论》一册。下午寄宋芷生信。

（二）专题日记

这类日记专门记述某一个内容。如实验日记，逐日记录实验情况；活动日记，记录参加各项活动的事情；观察日记，记录动物、植物的生长变化、特点、习性等。

写专题日记须注意以下几点：

1.**写作目的要明确**。写作这类日记，有多种多样的目的，或为了积累写作素材，或为了进行科学实验，或为了弄清楚某种"奥秘"……只有目的明确，观察才有方向和重点，写作才能处理好详略。

2.**观察要全面细致**。全面，就是要对事情发展的全过程、事物构成的各部分，以及事物之间的相互联系，观察清楚；细致，就是要求观察深入、彻底，抓住事物的特点、规律和本质。

3.**观察日记的语言要准确**。观察日记有很强的科学性。因此要求使用语言要准确，不能用"大概""差不多"这类似是而非的词语。

（三）生活日记

这类日记就是把自己每天的生活、学习、工作情况有选择地记录下来。要写好生活日记必须注意以下几个问题：

1.**内容要真实**。内容真实才能再现生活的面目，才能留下生活的记忆，才值得日后把玩品味。生活是七彩的，它多姿多彩地呈现在我们每个人的面前，只要我们能自觉地去观察生活，观察周围的人和事，就会发现一个个"宝藏"，就会有源源不断、取之不尽的写作素材。

2.**事件要有意义**。生活日记不等同于记流水账，一般要选择一天当中印象深刻的、有意义的一两件事进行较详细的描写，其他的不写或略写。比如有同学写正月初一的日记，把这一天当中所有的事都记下来：早晨起床吃饺子，而后给老师拜年，和同学聚会，中午到外婆家吃饭，下午和表弟一起上街，晚上回家看电视，临睡前写日记。这样泛泛而谈，空洞无物，既不能再现生活的情景，也没有自己真实而独特的思想情感，就失去了写日记的意义。

（四）随感日记

这类日记多是记录自己的学习心得，或是对周围事物的认识、看法或评价。如《雷锋日记》就是随感日记。

2 月 15 日

　　敬爱的毛主席，我看到您写的《纪念白求恩》这篇文章，深受教育，被感动得流下了热泪。

　　过去有人讽刺我说："你积极有什么用，那么点的小个子，给你 150 斤重的担子，你就担不起来。"我听了这话，还埋怨自己为啥长这么点小个子呢！

　　可是，您老人家说："一个人能力有大小，但只要有这点精神，就是一个高尚的人，一个纯粹的人，一个有道德的人，一个脱离了低级趣味的人，一个有益于人民的人。"这话给我很大鼓舞。个子小我也要尽我自己最大的力量，做到毫不利己，专门利人，向伟大的国际主义战士白求恩学习。

写好随感日记，要注意以下几点：

（1）重点要写"感"。随感，就是在读了一本书或一篇文章、看了一部电影、经历了某一件事后，记录自己的感想。因此重点应该放在"感"字上。书本内容、电影情节、事情经过等都不能作为重点来叙述，整篇日记的闪光点也体现在感想上。

（2）写"感"要实事求是。不要写那些脱离实际、任意拔高、空喊口号或表决心的"假、大、空"式的感想。其实"感"不在高，而在"真"。有什么感受，就写什么感受，即使是一些剖析批评自己的，表现自己烦恼的，只要是自己内心世界的展现、真情实感的流露，就可以实事求是地写出来，否则只能让人觉得虚情假意，面目可憎。

以上四种日记类型中，生活日记和随感日记是中学生经常写作的。

三、拓展的日记素材

日记写作最大的"瓶颈"就是无"米"下锅。有些同学写日记热情很高，但是感到生活太单调、枯燥，写不了几天就成了"流水账"，跟昨天、前天比没什么两样，缺乏新鲜感，也就渐渐失去了写日记的兴趣。其实，生活中不是缺少美，而是缺少一双发现美的眼睛和一个善于思考问题的头脑。因此，要想写好日记，解决好日记的素材问题，就应该拓宽、加深对生活的体验和认识。我们不妨从下列途径入手，去点击生活，淘取生活的"真金"，多元化地进行日记的写作。

（一）校园跷跷板

校园是我们求知、成长的地方，那里有我们朝夕相处的同窗、老师，有真挚的同窗情，有或严厉或温和的师爱，有精彩的课堂、丰富的课余活动，有充满妙趣的课间"小游戏"，也有我们成长的喜悦、困惑和烦恼，这些无一不在我们心灵深处激荡起片片涟漪。

（二）家庭芳草地

家庭是我们生活的地方，是我们的温馨港湾，有世间最无私的爱，也有生活的喜怒哀乐，有包容和谐，也有矛盾代沟。家庭也是社会的细胞，可以折射出社会现实的方方面面。这些都可以成为我们日记的素材。同时，写家庭生活有很多便利之处，一是取材方便，它不断地在我们身边发生，也可以随时随地观察；二是容易思考，它不像有些大事牵涉方方面面，内涵复杂，而"我"就生活在家庭中，对家中的人和事了如指掌，容易理出个头绪来。

（三）社会多棱镜

"社会"是个广义的概念。对初中生来说，也许"社会"二字还显得比较陌生。但是，我们可以将其具体化，从下述几个角度去触摸社会、把握其脉动：关注媒体，捕捉国内外时事热点，指点江山；参加社区活动，服务居民，感知社会冷暖；行万里路，感受中华文明之博大精深，览中华名山大川之雄奇壮美。

（四）虚拟万花筒

日记的选材，除了在上述现实生活圈子里"转悠"之外，亦可以着眼"虚拟生活"，发挥中学生丰富的想象力，进行大胆的艺术虚构。可以写童话，可以写科学幻想小说及神话故事等。比如，请看下面这则新奇有趣的日记——

2024 年 × 月 × 日星期 × 阴

在不久的将来，远近闻名的是科幻公园。

进入公园，公园的两旁是精心设置的罗马柱，每个罗马柱前，都会站着一个机器人，有的是导游，有的则是监控录像，还有的则是负责清理公园垃圾、保持公园干净整洁的清洁机器人。导游能带你在公园游走，介绍各种美景。当你渴了时，只要对机器人说声："我要喝水。"它就会根据你的需求拿出热、温、凉的白开水，放心，水绝对纯正；监控机器人则负责监控公园的一举一动，一旦有什么风吹草动，绝对躲不过它的火眼金睛；清洁机器人在公园巡视，发现哪有垃圾绝对立马清理得干干净净，让整个公园焕然一新。如果有人想乱扔垃圾，清洁机器人会第一时间赶到他面前，打开垃圾箱，让他把垃圾扔进垃圾箱里。垃圾箱每隔五分钟就会清理一次，全部用到了废品回收上面，真是环保又健康！

在公园的中心，有一条龙和一只凤凰腾空而起。龙的头部是个雄伟的科技馆，亮丽堂皇，气派至极。科技馆里有许多科技产品，每个科技产品都有它的用处，简直是完美无瑕。科技馆会举办一年一度的科技展，科技展的时候，会有两艘太空船，轮流着把游客载向太空，等他们观赏完毕，太空船便会载他们回来。凤凰的头便是豪华的五星级酒店，如果游客觉得没有玩够，可以在这里住下来，酒店会提供丰盛的早餐、午餐、晚餐和夜宵，保证游客衣食无忧！而且价格也公道，谁都能住得起。

未来的科幻公园，是多么美丽，多么卫生，多么可爱啊！

四、怎样写好日记

（一）留心身边的事物，善于观察外部世界，敏于感知，勤于思考

古人云："风声，雨声，读书声，声声入耳；家事，国事，天下事，事事关心。"这是时代青年必备的品质。在我们身边，每天都发生不少的新鲜事，大至国际争端，小至校园风波、家庭喜剧、父（母）子代沟。我们每天都在接触不少人，每个人身上都蕴含着一个个故事。这些活生生的人事全凭我们去感知，一花知春，一叶知秋，一事一物都必然有前因后果。我们不仅要观察记录，还要发掘它们内在的深刻意义，渗透自己的观点，文成于思，思源于识，没有对周围生活的观察思考就不能发现鲜活的日记素材，更不能形成自己独特的见解，无"思"无"识"，文思就会枯竭。

（二）要有广泛的兴趣爱好，丰富的生活体验，把触角伸向更广阔的领域

一个兴趣狭隘、自我封闭的人，永远品赏不到人生的乐趣和生活的异彩纷呈，自然失去了许多人生舞台，也就失去了许多生动的日记素材。

（三）读书游历，广闻博识

"读万卷书，行万里路"，这是人尽皆知的名言，但我们却未必能认真记取躬行，尤其是现在由于升学的压力，不少同学、家长不重视课外阅读和游览，将古今中外的文化瑰宝拒之门外，一心只读"教材书"，结果只能是孤陋寡闻，知识贫乏，感受力、才思就会萎缩。井底之蛙，永远不会像林中之莺、云中之鹰那样拥有清丽的歌喉，自由的天空。博览群书，才能打下扎实的知识功底，提升知识素养、写作技巧；游览山川胜景，才能开阔视野，增长见识，焕发写作灵感。

（四）要有恒心和毅力

要坚持不懈，不管生活的节奏如何紧张，都不应当中断写日记，有话则长，无话则短。坚持记录每天发生的有意义的事，对我们的人生来说就会积累一笔巨大的财富，也会在日记一词一句的锤炼中提升自己的语言表达能力。

【思考与练习】

1. 请根据上文的提示，选择其中的一种日记类型，写一篇题材新颖的日记，注意要写出真情实感。

2. 写一篇随感日记。要求事例简要，重点突出"感"。

（肖敏敏）

学写小诗

◎**学习提示**

　　语言、意象、情感是诗歌的三要素。语言是外衣，意象是肉体，情感是灵魂。特别要指出的是：技巧是为内容服务的，诗歌的核心在于抒情明理，切勿舍本求末！

一、了解小诗

（一）关于小诗

小诗是汉语新诗的重要品种。

有的就两三行、七八行，最短的就只有一行，凝练达到极致，富于自然天成之美。

小诗的诞生，已经有一个多世纪了。它的第一个高潮是在 1919 年到 1922 年。冰心、周作人、康白情、汪静之、冯雪峰、宗白华掀起小诗的第一波高潮。冰心的《繁星》《春水》两本诗集的出版，奠定了小诗在中国新诗史上的地位。朱自清说："到处作者甚众。"

20 世纪 70 年代末期，随着十年动乱的结束，小诗再一次复苏并且形成高潮（以上参见吕进《新诗的创作与鉴赏》）。

初期的新诗主要是在从西方诗歌寻求出路，后来小诗开辟了向东方诗歌借鉴、向唐诗的绝句小令继承的新路。道路越多，诗歌就越繁荣。

20 世纪 80 年代，小诗再掀高潮。这既是对冰心等人遗产的珍视，也是对新诗冗繁风气的反拨，和外国诗歌的关系不大。那个时代，除了流行的三五行、七八行外，有的小诗小到甚至只有一行：

> 少女心爱的镜子，把少女弄丢了。——方鸣
>
> 碑上的字都能经住历史的风雨吗？——纪鹏
>
> 青蛙！一年又一年，你就总重复着一个调子的歌么？——孙立洁
>
> 黑夜给了我黑色的眼睛，我却用它寻找光明。——顾城《一代人》
>
> 她把带血的头颅，放在生命的天平上，让所有苟活者，都失去了——重量。
>
> 　　　　　　　　　　　　　——韩瀚《重量》

这些小诗，审美价值不小，诗学价值不小，辗转模仿的人也不少。今天的中国，小诗也在继续活跃。

（二）小诗特点

小诗难写，首先就要求构思简洁，小诗"寓万于一""以一驭万"，富于哲理。

小诗的基本特征是它的瞬时性：瞬间的体验，刹那的感悟，一时的景观。给读者一朵鲜花，让读者去领悟春天的喧闹；给读者一片落叶，让读者去悲叹秋天的寂寞。瞬时性不是对小诗的生命的描述。瞬时性来自长期的情感储备和审美经验的积淀。"蚌病成珠"，优秀的小诗正是这样的情绪的珍珠——

跳出母亲的怀抱

追风逐雨

咯咯的笑声

突然撞到山脚

碎了

洒下尽是泪

——《浪花》

恐怕没有见过浪花的人绝无仅有吧！但是这样看浪花，好像是一时的景观，但是又蕴含了多少经历，蕴含了多少情感？

好的小诗是开放式存在，它在等待读者的介入与创造。它在多义性、多感性、多时性里获得永无终结的美学效应。聪明的读者会从有限的浪花里领受无限，从瞬时的浪花里妙悟永恒。

小诗是多路数的。有一路小诗长于浅吟低唱，但需避免脂粉气；有一路小诗偏爱哲理意蕴，但需避免头巾气；还有一路小诗喜欢景物描绘，但需避免工匠气。就诗人来说，艾青是天才，以气质胜；臧克家是地才，以苦吟胜；卞之琳是人才，以理趣胜；李金发是鬼才，以奇思胜。

无论哪一路数，小诗都不好写。或问，是制作座钟难，还是制作手表难？答曰：各有其难。但是制作手表更难，原因就是它比座钟小。

因为小，所以小诗的天地全在篇章之外。工于字句，正是为了推掉字句。海欲宽，尽出之则不宽；山欲高，尽出之则不高。无论何种路数，小诗的精要处都是：不着一字，尽得风流。

本来软绵绵

熬煎后

赤裸裸

紧紧相抱

不管外界多热闹

此时，只有他俩

——《油条》

诗人在议人生，诗人在谈爱情。他议了吗？他谈了吗？他只给了我们一根最普通不过的油条啊！

不管何种小诗，尤其是以理趣胜的小诗，切记要忌枯。无象则枯。

诗之理是有诗趣之理，忌直，忌白，忌空，忌玄。小诗要与格言划出界限，要同谜语分清门庭。

春之精神写不出，以花朵写之。秋之精神写不出，以落叶写之。诗人要善于以"不说出"代替"说不出"，以象尽意。

（三）关于诗歌

谈到小诗，先来了解一下什么叫诗歌？诗歌的特点是什么？

诗歌是与小说、散文、戏剧并列的一种文学体裁。它是以高度精练的语言，形象地表达作者丰富的思想感情，集中地反映生活，并具有一定节奏和韵律的文学样式。

诗歌有四个特点：

（1）高度的概括性。诗歌的高度概括性表现在它在艺术构思上有很强的概括力，在选材提炼上典型化，在布局谋篇上以少胜多、刻意出新，以最少的文字和最鲜明的形象，概括最典型、最有本质意义的生活。

（2）强烈的抒情性。"诗言志"，诗歌是感情的产物，它比其他文学样式更鲜明、更强烈、更直接地反映作者的爱憎、喜怒、哀乐的感情。

（3）鲜明的形象性。诗要用形象思维，它不仅语言要形象，而且要运用联想、想象等方法，将诗人要表达的抽象观念栩栩如生地呈现于读者眼前。

（4）优美的音乐性。我国古代将和乐的称为歌，不和乐的称为诗。不论和乐不和乐就语言本身而言，都具有优美的音乐性。其音乐性表现在：第一，选字注意平仄；第二，每句都有节奏；第三，一般都要押韵。

二、学写小诗

（一）诗是"想象的表现"

亚里士多德："诗需要一种特殊的赋予，或其人有疯狂的成分，或者使他容易想象所要求的神态。"雪莱："一般来说，诗歌可以解作'想象的表现'。"布莱士列特："诗歌是想象和激情的语言。"别林斯基："在诗中想象是主要活动力量。创作过程只有通过想象才能完成。"艾青："没有想象就没有诗。""诗人最重要的才能就是运用想象。"诗人的想象和科学家的想象不同。

学写诗歌，要善于将抽象的感情形象化。进行形象思维，要在形象感受的基础上，善于进行形象的捕捉。艾青指出："形象思维的活动，在于使一切难以捕捉的东西，一切飘忽的东西固定起来，鲜明地呈现在读者的面前，像印子打在纸上样的清楚。"因此他说："写诗的人常常为表达一个观念而寻找形象。"能捕捉到新颖的形象，也就有了写诗的素材。

安徒生在他的童话《创造》中写道：一个爱写诗的青年人，因为写不出好诗来而苦恼，于是去找巫婆。巫婆给他戴上眼镜，安上听筒，他就听到了马铃薯在唱自己家庭的历史，野李树在讲故事，而人群中，一个故事接着一个故事在不停地旋转。这里说的其实是，要做一个诗人光凭常人的听觉还不够，还得有变形的眼镜和听筒。所以，我们写诗，既要对生活特征观察得很精确，同时又不缺乏把这些特征加以变化的勇气。由于变形，诗的形象往往具有象征的意义。

象征是用某种特定的事物暗示比较抽象的事物、情理的艺术手法，它不是直接抒发，也不是白描，而是表现。例如臧克家的《老马》：

总得叫大车装个够，它横竖不说一句话，
背上的压力往肉里扣，它把头沉重地垂下！
这刻不知道下刻的命，它有泪只往心里咽，
眼里飘来一道鞭影，它抬起头望望前面。

这里写的并不仅仅是一匹可怜的老马，而主要是写 20 世纪 30 年代北方农民忍辱负重、坚韧不拔的精神素质。"老马"是个有象征意义的形象。

需要强调的是：诗中的诗人形象和景物形象都是为表现情感、情绪、情趣服务的。诗的情感性重于形象性，离开抒情需要去随随便便想象、胡乱堆砌形象，只能损害诗歌。如李加建的《给妻子》，作者抒发的是对相濡以沫的妻子由衷的感激之情，却是借助形象来抒发的：

你是我永远忠实的港湾
穿过暴风雨之后
你给我以休息、安眠
你让我把阴沉的梦沉淀到水底
给我看头上一片晴朗的蓝天
你让我把灼热的泪珠
在你胸前融化
你用清凉的波浪轻拍我的船舷
当我偶然尝到你溅起的浪花一点

我才知道，是你把全部苦涩

默默地包含

由于作者借形象抒发，读来就非常具体、感人。

（二）意象（人、事、物、景）+情＝诗

写诗要确定好鲜明的意象，真切地抒发情感——意象（人、事、物、景）+情＝诗。

诗歌意象，是诗歌的主体，它是诗人情感的载体。诗人把内心无形的情感外化为别人可以感觉到的具体形象，这个外化越自然、越生动、越鲜活，诗歌的艺术价值就越高。

童　年

童年是那座方方正正的四合院，

一群麻雀叽叽喳喳唱得欢；

老母鸡又下了一个热乎乎的大鸡蛋，

我轻轻捧着它放进那只珍贵的蓝花小瓷坛。

童年是院墙上密密麻麻的牵牛花，

两只燕子飞来飞去垒起它们小小的家；

老黄牛饮着水慢腾腾地甩着长尾巴，

我望着那温和的眼睛不知它到底在想啥。

童年是山崖边红红绿绿的野酸枣，

蛐蛐在夜晚总是不停地鸣叫；

圈子里的老母猪喜欢躺着睡懒觉，

我每天要在田野为它割满一筐嫩嫩的青草。

童年的玉米总有一种甜甜的味道，

童年的明月总是挂在弯弯的树梢，

童年的梦想总是飞上高高的云霄。

童年的回忆是泪光中的微笑，

童年的珍藏是生命中的珍宝，

童年的老家是我一生最温暖、最温暖的巢……

童年虽然早已消逝，可这些美好的意象，哪个不是我们记忆中最熟悉的童年？可见，诗是用形象思维去写作的。

别林斯基早就指出："哲学家用三段论法，诗人则用形象和图画说话，然而他们说的都是同

一件事。"（《1847年俄国文学一瞥》）这就告诉我们，写诗要用形象思维。所谓用形象思维，首先指的是深入生活，要对生活进行形象的感受，去形象地体验生活、观察生活、分析生活。

意象的类型多种多样。从内容性质上看，有矛盾性意象、残缺性意象、滑稽性意象、幻觉性意象、非逻辑意象、假具体意象等。从组合方式上看，有情境组合、乖谬组合、平面组合、错综组合等。其中，情境组合是依据常情常理的组合。如余以建的《风筝》：

> 一个壮实农民，
> 在小屋门口，
> 为女儿糊着只风筝。
> 像在抚慰着过去，
> 生活的忧郁和烦躁中，
> 他打在这孩子脸上的指印。
>
> 背着书包的小姑娘，
> 鸟一样地跳着，
> 出现在屋边的竹林。
> 她困惑地望着，
> 用笨拙的大手，
> 糊着风筝的父亲。
>
> 此刻，田野上飘着，
> 一朵轻柔的擦拭着天空的云。

作品是顺承着事件发生的因果关系来展开意象抒写的，从一个侧面表现我国新时期农村发生的深刻变化，这类组合或给人亲切自然之感，或给人新奇别致之感，整体上都符合常情常理。

写诗，就是运用语言，借助意象，宣泄情感。语言、意象、情感是诗歌的三要素。

（三）语言的运用技巧

人非草木，孰能无情？世间万物，皆可为象。我们能传授和学习的，只有语言的运用技巧。

诗要高度地概括生活，这就需要用最精练的语言去刻画鲜明的艺术形象；诗要抒发强烈的感情，就需要运用各种修辞手法强化诗的感情。诗歌常用的修辞手法有：起兴、比喻、排比、拟人、对比、夸张、对仗、反复等。

（1）父亲是一张弓 | 寂寞如水 | 山是眉峰聚（比喻）

（2）你用你厚大的手掌把我抱在怀里，抚摸我；

在你搭好了灶火之后，

在你拍去了围裙上的炭灰之后，

在你尝到饭已煮熟了之后，

在你把乌黑的酱碗放到乌黑的桌子上之后，

在你……

你用你厚大的手掌把我抱在怀里，抚摸我。

（《大堰河——我的保姆》节选）（排比、反复）

诗中运用了反复、排比等修辞手法，其中"在……之后"这一状语格式，反复使用，多次强调。在每个状语中都细致入微地描述了大堰河辛勤劳动的情景，集中写了大堰河勤劳朴实的形象，深深地表达了诗人对保姆的怀念、感激、赞美之情。

我躺在这里咀嚼着太阳的香味（通感）

拟人（转化）：

人性化：山边的野花，睡熟了；

物性化：萤火点点，把黑夜烧出一个个小洞；

形象化：放飞梦想，让心灵在生命的春天自由飞翔。

找准自己最想表达的情感，然后给自己的情感找几个载体，注意表达时，为了让意象更鲜明、更生动，可以用修辞，也可以琢磨词语的灵活运用。

诗词写作要达到高境界，除了要满足一定的格式要求外，还必须力求做到："情景交融，景，心，情感三位一体。"写景物，寓情感，不要矫揉造作、故弄玄虚。一定要形象鲜明，富有感染力，使人看后感到耐人寻味、回味悠长，这样的诗才是好诗。

三、友情提示

（1）对要表达的内容要事先有构思，写什么？怎样写？用什么体裁，都要心中有数。

（2）扩大词汇量，并熟练掌握文字词汇的用法。

（3）要多看，多学，多问，不断积累，丰富和扩大知识面。

（4）深入生活，细心观察，细心体会事物所表达的内在的情和意。

（5）写好后要反复诵读、推敲、修改，细心品味所写内容的诗情诗味。

我们只要慢慢锻炼，不断摸索，掌握写作的技巧方法，熟能生巧，一定会提高写作水平。

四、示例评议

（一）正面示例

示例：

礼　物

十四岁生日那天，
您问我想得到什么礼物，
是一架望远镜，
还是一个簇新的足球？

我摇了摇头，
爸爸，
我什么都不要，
我只想让您变成我的朋友！

和我一起下棋，
和我一起郊游，
和我一起滑冰，
和我一起遛狗。

我更想让您和我一起，
读很多很多的书，
走很远很远的路，
毕竟，您才是我一生最好的礼物。

点评：这首小诗，作者不仅注意了句式相同、字数相等，还做到了押韵，体现出了灵活的语言建构能力。最后一节的四句诗很好地升华了主题，深化了"陪伴"的意义，突出表现孩子渴望父亲守护和引领自己成长的强烈愿望。最后一句以"礼物"做结，巧妙点题，并实现了由"物"到"人"、由"物质"到"情感"的转化，从而表达了对爸爸纯真、深切的爱，用简洁凝练的语言打动人心，让人深受感染。

（二）反向示例

示例一：

珍惜时间

时间啊，时间啊，你不要离开我。

时间啊，时间啊，你是我生命的唯一。

如果没有了人，就没有了我，没有了人类。

如果没有了你，就是世界的尽头了。

点评：情感不真切，矫揉造作，并且没有扣紧题目"珍惜"来写。

示例二：

不 回 来

太阳下山明早依旧爬上来

花儿谢了明年一样地开

美丽的小鸟飞去不回来

我的青春小鸟一样不回来

我的青春小鸟一样不回来

点评：太懒了，把人家的歌词都抄过来了，这是剽窃！记住：鲁迅的文章可以评个 100 分，而你抄了他的，只能是 0 分！

示例三：

夜 晚

寒风四起，天上落雨，寂静的夜里，只有我自己。

时间溜去，心中想你，就像老鼠爱大米，老鹰念小鸡，泥鳅爱淤泥。

解衣欲睡，哇，忘了写日记，一写写到十点几。

点评：押韵，也有一定的节奏，朗朗上口，但是修辞用得不够恰当，用"老鼠爱大米"来比喻"心中想你"，不妥；再者，诗作应该是健康向上的，最后归到作业忘写，过于油滑！

示例四：

噢，考试

从邻家小姐姐的哭声里，我认识了你。以至于在我幼小的心灵中，我恨你。

上学的第一天，便遇见了你。看着考卷上那刺眼的分数，我讨厌你。

当我在题海中迷惘时，我寻找着你。你告诉了我我的错误，你一针见血地指出了我的不足，我怕你。

在孩子们好奇的话语中，在同学们疑惧的眼帘中，噢，考试，我终于读懂了你。

点评：诗歌创作的素材来源于生活，来源于真情实感，使我们的心灵受到了触动，产生了作诗的渴望！我们从诗中看到了思想的流露，情感的宣泄。

（三）示例修改

（修改前）我爱我家

家，是什么
家是维持生活的一方土地
家是一棵枝繁叶茂的树
而我，是一只鸟
当我精神抖擞时
我会飞走，
当我飞倦时
它，一直屹立在那儿
等待着我的归来
我应该为它歌唱，为它赞颂
家，是避风港
家，是生我养我的地方
我怎能不爱我的家？

（修改后）家是什么

家，是什么
妈妈说
家是一棵树
而你是一只鸟
有时，你在枝头鸣叫
有时，你会远远飞走
倦了时屹立在那儿
张开怀抱等你的
那就是家

家，是什么
爸爸说
家是避风港
而你，是一艘船
让你静静地停泊
给你充足的给养
然后，鼓励你远航
当波涛汹涌时
为你遮风蔽浪的
那就是家

家，是什么
老师说
家是一方土地
而你，是一棵树
无论你的枝，你的干
如何向上
扎根在这里
才有水分和营养
而你的花，你的叶

终归要回来的

那就是家

【思考与练习】

一、仿写练习

1. 请在下面的横线上填入相应的诗句。

《感谢》

叫我如何感谢你

我走近你的时候

我原想撷取一朵浪花

你却给了我整个大海

叫我如何感谢你

我走近你的时候

我原想 _____

你却给了我 _____

2. 请为下面一首题为"门"的小诗补写诗句。

诗人说

花朵把春天的门打开了

_____

_____

飞雪把冬天的门打开了

我说

星辰把黑夜的门打开了

坚韧把苦难的门打开了

_____

_____

3. 仿写名家：冰心

（1）墙角的花，你孤芳自赏时，天地便小了。

井底的蛙，你自鸣得意时，_____。

_____的花，_____，_____。

（2）春水·三三

母亲啊！你是荷叶，我是红莲，心中的雨点来了，除了你，谁是我在无遮拦天空下的荫蔽。_____，你是，我是_____。_____来了，除了你，谁是_____。

二、大展身手

诗歌是生活的一部分。路边一朵花开了，你心有所动，想到了生命的可爱可敬，你把它写下来，这就是诗。

小花的信念
废 名

在山石组成的路上
你悄然浮起
你用金黄的微笑
来回报石块的冷遇
你相信，最后
石块也会发芽
也会粗糙地微笑
在阳光和树影间
露出善良的牙齿

当亲人的关爱拨动你的情丝，当生活的波澜触发你的感想，当大自然的春华秋实、风霜雪雨引发你的思考……当你的心中有一种激情涌动时，拿起你手中的笔，写一首诗吧。

写作要求：

（1）拟一个合适的题目；

（2）选用合适的意象，营造优美的意境；

（3）运用比喻、排比、拟人等修辞手法或转化、象征等表现手法；

（4）感情真挚，写 3~5 个诗节；

（5）注意韵律美和节奏感。

（许俊英）

写新闻稿

◎**学习提示**

　　一篇好的新闻稿，能让我们更及时地了解身边乃至国内外新近发生的大事。新闻稿要具有新闻价值、正确的格式、动人的标题、简洁切要的内容、平易友善的叙述、高度的可读性。

一、新闻的概念

　　新闻，是指报纸、电台、电视台、互联网经常使用的记录社会、传播信息、反映时代的一种文体。新闻这一概念有广义和狭义之分。广义的新闻指消息、通讯、报告文学、特写、评论等；狭义的新闻单指消息。我们就以消息为例，来谈谈新闻稿的写作。

　　消息是用概括的叙述方式，比较简明扼要的文字，迅速及时地报道国内外新近发生的、有价值的、群众最关心的事实。1943 年陆定一提出，"新闻的定义，就是新近发生事实的报道"。范长江也对新闻下了一个定义："新闻就是广大群众欲知应知而未知的重要事实。"

二、新闻的六要素

　　新闻六要素（也就是记叙要素）：时间、地点、人物、事件的起因、经过、结果，即"五个 W"和"一个 H"。

　　"五个 W"：Who（何人）、What（何事）、When（何时）、Where（何地）、Why（何因）

　　"一个 H"：How（如何）

三、新闻的结构

　　新闻的结构包括标题、导语、主体、结语和背景五部分。前三者是主要部分，后两者是辅助部分。

　　标题：高度概括事件，抓人眼球，一般包括引标题、正标题和副标题。

　　导语：新闻开头的第一段或第一句话，它简明扼要地揭示新闻的核心内容，使读者一目了然。

　　主体：新闻的躯干，它用充足的事实表现主题，是对导语内容的进一步扩展和阐释。

背景：新闻发生的社会环境和自然环境，常插在主体部分，也可插在导语或结语之中。

结语：一般指消息的最后一句或一段话，是消息的结尾，它依内容的需要，可有可无。

此外，可视需要加入有助于读者理解的图片或表格。例如：

神舟十七号航天员乘组圆满完成第二次出舱活动（标题）

央广网北京 3 月 3 日消息（记者张棉棉）　据中央广播电视总台中国之声报道，3 月 2 日 13 时 32 分，神舟十七号航天员汤洪波、唐胜杰、江新林圆满完成第二次出舱活动，这也是我国航天员首次完成在轨航天器舱外设施的维修任务。（导语）

2 日早上 5 时 40 分左右，神舟十七号航天员打开出舱舱门。

约 8 小时后，出舱任务圆满完成。中国航天员科研训练中心总体室主任、载人航天工程航天员系统副总设计师吴大蔚介绍，在上次出舱维修试验的基础上，此次出舱活动重点完成了天和核心舱太阳翼维修工作，消除了前期因太空微小颗粒撞击产生的影响，经评估分析，太阳翼发电性能状态正常。

吴大蔚：太阳翼的整体供电状态得到完全修复，既是一次对太阳翼修复的完整验证，同时也是对航天员在空间出舱活动能力的一个新技术的拓展。

出舱活动期间，航天员还对空间站舱体状态进行了巡检。

航天科技集团五院研制人员王友渔：这次任务是空间站组合臂在狭窄空间进行近距离靠近太阳翼的维修操作，对航天员和机械臂来说都是极大的考验。我们主要是通过它的机械臂的精细微调操作和天地协同的共同操作，来实现机械臂高精高稳的控制。（主体）

按计划，神舟十七号载人飞行任务期间还将开展大量空间科学实验与技术试验。（结语）

四、新闻的特点

第一，内容要新鲜。要在选择题材中下功夫，从比较中发现什么才是新的事实、新的成就、新的经验、新的见解、新的问题。作者要有敏锐的眼光，要了解全局性的情况，要占有资料，要做有心人。写消息，力求具有一定的思想，以便能给人以启迪。有些事情，尽管事实不是那么新鲜，但有意义，那就要选择新的角度加以报道。

第二，事实要准确。采写消息，一定要把事实弄清楚，并且核对无误。真实性，是新闻的生命之所在。

第三，采访要快，写作要快，讲究时效性。无数事实表明，在当今世界，同一重要事件，不要说迟发一天半天，就是迟发几小时、几分钟，我们的消息便会在竞争中失利，在舆论上遭受不应有的损失。相反，我们讲究消息的时效性，就能在竞争中赢得主动权。

第四，篇幅要短，容量要大，也就是说，要提高消息的"含金量"。消息写作提倡"短些，短些，再短些"，但也不能短到空洞无物的地步，而应力求短而有丰满内容，短而实。

第五，要写得通俗、生动、形象，具有可读性。

第六，反复锤炼语言，多一字不如少一字。消息以语言简洁为上乘，要珍惜每个字，推敲每句话，力求字字句句载着尽可能多的信息。要用凝练、传神、明白如话的文字，去点拨新闻事实，让读者品味、领略消息中所包含的丰富的内容。

五、新闻的格式

（一）倒金字塔式

倒金字塔式是绝大多数客观报道的写作规则，被广泛运用到严肃刊物的写作中，同时也是最为常见和最为短小的新闻写作叙事格式。

内容上表现在一篇新闻中，先是把最重要、最新鲜、最吸引人的事实放在导语中，导语中又往往是将最精彩的内容放在最前端；而在新闻主体部分，各段内容也是依照重要性递减的顺序来安排。犹如倒置的金字塔，上面大而重，下面小而轻。

此种写作格式是目前媒体常用的，亦即将新闻中最重要的消息写在第一段，或是以"新闻提要"的方式呈现在新闻的最前端，此种格式有助于媒体编辑标题，亦有助于阅读者快速清楚新闻重点。

基本格式（除了标题）：

首先，在导语中写一个新闻事件中最有新闻价值的部分（新闻价值通俗来讲就是新闻中那些最突出、最新奇、最能吸引受众的部分），比如一场球赛刚刚结束，观众（或读者、听众）最想知道的是结果，或者是某个球员的发挥情况，就先从这里写起。

其次，在报道主体中按照事件各个要素的重要程度，依次递减写下来，最后面的是最不重要的。同时注意，一个段落只写一个事件要素，不能一段到底。

因为这种格式不符合事件发展的基本时间顺序，所以在写作时要尽量从受众的角度出发来构思，按受众对事件重要程度的认识来安排事件要素，因而需要长期的实践经验和宏观的对于受众的认识。

例如：

病毒没影响美国人生活

截至 5 月 4 日下午 4 时 25 分，根据世界卫生组织通报，美国甲型 H1N1 流感确诊病例已上升至 245 例，发现有确诊病例的州从最初的 5 个增加到 35 个。（最重要的部分）

从统计数字上看，美国面临的疫情形势似乎在恶化，但漫步在纽约的街头巷尾，却丝毫感觉不到甲型 H1N1 病毒流感带来的影响。餐厅在照常营业，地铁里人满为患，繁华的第五大道依旧人来人往。

但这并不表示人们掉以轻心。美国总统奥巴马在 4 月 27 日曾表示，甲型 H1N1 病毒流感显然应该引起我们的关注，并提高警惕，但不应因此而惊慌失措。自 4 月 27 日美国宣布进入卫生紧急状态之后，美国疾病预防控制中心在其网站定期更新甲型 H1N1 病毒流感的有关情况。

中小学更是采取了必要的防范措施。以疫情最为严重的纽约市为例，学校定期利用电子邮件向学生或学生家长发关于 H1N1 流感病毒的最新情况及注意事项，并称，必要时可随时关闭中小学校。

此外，美国各州学校还通过邮件，通报预防 H1N1 病毒流感的基本方法，如咳嗽或打喷嚏时，用纸巾捂住口鼻；用肥皂洗手，特别是咳嗽和打喷嚏之后，不要用手揉眼、鼻、口；避免和可疑病人接触；等等。

（2~5 段分段叙述，重要程度递减。）

（二）正金字塔式

正金字塔式这种写作格式刚好与倒金字塔式相反，是以时间发生顺序作为行文结构的写作方式，依序分别是引言、过程、结果，采渐入高潮的方式，将新闻重点摆在文末，一般多用于特写。

（三）折中式

折中式又叫新华体，此种写作格式为倒金字塔式和正金字塔式的折中，亦即新闻中最重要的信息仍然在导语中呈现，接着，则依新闻的时间性或逻辑性叙述。我们国家的新闻报道一般是遵循时间顺序，但是这种"讲故事"的写法已经不符合受众的阅读习惯（一般人没有时间听你讲长篇大论），所以"新华体"在吸收中外新闻报道之长的情况下诞生了。

其基本格式（除了标题）是：首先，把事件中最重要的部分在导语中简明地体现出来。其次，在第二段进一步具体阐述导语的这个重要部分，形成支持，不至于使受众在接受时形成心理落差。因而，第二段实际上是一个过渡性段落。最后，按照事件发展的时间顺序把"故事"讲出来。

例如：

世乒赛国乒男团3—0法国实现11连冠　樊振东8战全胜

北京时间 2 月 25 日晚，2024 年釜山世乒赛团体赛男团决赛战罢。由王楚钦、樊振东和马龙组成的中国队，有惊无险地以 3—0 横扫法国队，豪取本届世乒赛八连胜，实现世乒赛男团 11 连冠，这也是国乒男团世乒赛第 23 冠。（导语体现事件最重要的部分）

2024 年釜山世乒赛团体赛于 2024 年 2 月 16—25 日在韩国釜山举行。第一阶段为小组循环赛，第二阶段为淘汰赛。本次比赛，国乒男、女团分别在小组赛中被分在第一小组，也均以四连胜之姿斩获小组第一，顺利出线。进入淘汰赛后，国乒男、女团都是首战轮空，直接晋级 1/8 决赛。在 1/8 决赛和 1/4 决赛中，国乒男队又接连以 3—0 的相同比分，分别横扫罗马尼亚队和日本队，晋级四强；半决赛，他们与东道主韩国队苦战五场，3—2 惊险逆转，率先晋级决赛。

在男团决赛中，中国队遭遇法国队，这是双方时隔 27 年再度相遇在世乒赛决赛中。

首场男单由王楚钦对阵费利克斯—勒布伦。首局，大头很快进入状态，11—4 先胜一局。第二局，双方打得稍微有些胶着，接连打成 3 平 5 平 7 平 8 平。关键时刻，大头连下 3 分，以 11—8 再胜一局。第三局，王楚钦更是开局 7—1 领先，并很快以 11—3 再胜一局，3—0（11—4/11—8/11—3）直落三局，为国乒先下一分。

第二场由樊振东对阵艾利克斯—勒布伦。首局，小胖虽然开局领跑，但法国人非常顽强地追成 9 平，并在关键时刻连下 2 分，11—9 先胜一局。第二局，樊振东很快拉开到 6—2，并以 11—4 扳回一局。第三局，艾利克斯—勒布伦上来打得很猛，也是 6—2 领先，并以 10—5 率先拿到局点，后以 11—8 再胜一局。第四局，双方又陷入相持，法国人 2—0 领先后，中国队叫暂停。暂停归来，双方战成 2 平 4 平。樊振东吃了 1 张黄牌后，双方战成 5 平。艾利克斯—勒布伦连下 3 分，8—5 再次领先，小胖又追成 8 平 9 平 10 平，并以 12—10 扳回一局。第五局，樊振东开局 4—0，并以 5—2 领先交换场地。此后，小胖把分差拉开到 7—2，并以 10—5 拿到场点。艾利克斯—勒布伦挽救 2 个场点后，樊振东11—7 拿下决胜局，从而以 3—2（9—11/11—4/8—11/12—10/11—7）逆转对手，为国乒再拿一分。中国队大比分 2—0 领先。樊振东也是在八场比赛中保持全胜。

第三场由马龙对阵西蒙—高茨。首局，马龙开局不利，1—5 落后。尽管龙队努力追分，但仍以 7—11 先输一局。第二局，马龙开局 5—0 领先，高茨追回 2 分后，龙队又是连下 6 分，以 11—2 扳回一局。第三局，2 平后，马龙连得 3 分领先，并逐渐拉开分差，以 11—4 再胜一局。第四局，马龙开局 2—0 领先，后将分差扩大到 7—3。法国人没有放弃，追至 6—

8时,中国队叫暂停。暂停回来,龙队连得3分,以11—8再胜一局。这样,马龙以3—1(7—11/11—2/11—4/11—8)逆转获胜,为国乒拿下制胜一分。

(按时间顺序写发生的事情)

这样,国乒男团大比分3—0横扫法国队,豪取八连胜,成功实现世乒赛男团11连冠,也是国乒男团世乒赛第23冠。(结语)

(四)平铺直叙式

顾名思义,此种写作格式就是注重行文的起、承、转、合,力求文字的流畅精准。此种写作格式适合某个组织在发表声明时使用。

(五)华尔街日报体

"华尔街日报体"(DEE)格式的主要特点是:在文首特写新闻事件中的一个"镜头",一般是以一个人的言行为主,从而引出整个的新闻报道。比如我们学校要举办艺术节的消息,报道就可以从一个普通同学的行动写起,比较能贴近实际、贴近我们的生活。

这里介绍20世纪80年代《华尔街日报》一篇原汁原味的报道,以供大家参考。

这篇报道叙写的是美国犹他州威卡特公司开办沃特福德学校,进行计算机产品试验的做法和效果。这是一桩"工业和教育联姻"的新鲜事。而文章的开头更是新鲜:一个年仅6岁的小作家,正在使用计算机写她的短篇故事。短短两段,她那稚气而又认真的神态跃然纸上,引起了读者浓厚的兴趣。接着一个过渡段点明了这位小作家的身份和所在的学校,自然地引入了新闻的主体部分,展开了对沃特福德学校和威卡特公司层次清楚而又具体生动的叙写。

计算机公司与学校
《华尔街日报》记者 卡里·多兰

一个很有志气的小作家,坐在电子计算机终端显示器前,写她最新的短篇故事。她对人们说,虽然初学时有点困难,但现在计算机使她的写作方便多了。

"在幼儿园的时候,我也说不准自己爱不爱用计算机,"她说,"但是打从进入一年级起,我确实爱上了它。"这位6岁的小作家,梅利莎·利·史密斯,按了下键钮,瞥了周围一眼,取出了一张绿白相间的打印稿,上面印着她的短篇故事——《过多的鹦鹉学舌》。

史密斯小姐上的是沃特福德学校。这所学校是1980年威卡特计算机设备公司创办的,用来进行计算机产品和微机化教育的试验。大约有250名一年级到九年级的学生,每天要上机学习一小时。即使幼儿园里的孩子,每星期也要上机两次,就在他们学习字母表的同时,也来学习掌握键盘上那打乱了的字母序列。

……

总之，一篇好的新闻稿除了必须具有新闻价值、把握主诉求与正确的格式外，行文应力求简洁切要，叙述应有事实基础，文稿标题则以简要、突出、吸引人为原则，用字要避免冷僻艰深，以提高文稿的可读性。此外，篇幅上也不宜长篇大论，一般以 1 页至 2 页为原则，必要时可以加入图表，增强文稿的专业性，切忌内容空洞、语意不清、夸大不实。

【思考与练习】

1. 新闻的特点有哪些？可以采用哪几种写作格式？

2. 根据你们学校近期所开展的活动（运动会、足球赛、科技节、艺术节、书法比赛等）分别采用"倒金字塔式"和"华尔街日报体"写一篇新闻稿。

（李静）

编课本剧

◎**学习提示**

　　课本剧作为一种综合性极强的表现形式，为学生开辟了一块新的学习天地，深受老师和学生青睐。以课本剧为载体，可以培养学生学习语文的兴趣，拓展学生的写作视野。什么是课本剧？如何编写课本剧？是我们要学习的内容。

一、课本剧的定义

　　课本剧是一种舞台故事的表现形式，把课文中叙事性的文章改编为戏剧形式，以戏剧语言来表达文章主题。课本剧一般包括题目、人物、时间、地点、道具、背景、幕名和正文等部分。

二、如何编写课本剧

（一）根据剧本特点编写课本剧

　　戏剧是一种综合性的舞台艺术，剧本是舞台演出的依据和基础。要想把课文中叙事性的诗文改编为课本剧，首先要懂得剧本的特点，其次才能根据其特点编出符合要求的课本剧。

　　编写课本剧必须突出体现剧本的三个方面特点。

　　1. 空间和时间要高度集中。

　　剧本不像小说、散文那样可以不受时间和空间的限制，它要求时间、人物、情节、场景高度集中在舞台范围内。小小的舞台上，几个人的表演就可以代表千军万马，走几圈就可以表现出跨过了万水千山，变换一个场景和人物，就可以说明到了一个全新的地方或相隔多少年之后……相隔千万里，跨越若干年，都可通过幕、场变换集中在舞台上展现。

　　剧本中通常用"幕"和"场"来表示段落与情节。"幕"指情节发展的一个大段落。"一幕"可分为几场，"一场"指一幕中发生空间变换或时间隔开的情节。剧本一般要求篇幅不能太长，人物不能太多，场景也不能过多地转换。初学者应改编短小的课本剧，最好是写成精短的独幕剧。

　　2. 反映现实生活的矛盾要尖锐突出。

　　各种文学作品都要表现社会的矛盾冲突，而戏剧则要求在有限的空间和时间里反映更加尖锐突出的矛盾冲突。因为戏剧这种文学形式是为了集中反映现实生活中的矛盾冲突而产生的，所以说，没有矛盾冲突就没有戏剧。又因为剧本受篇幅和演出时间的限制，所以剧情中反映的现实生活必须凝缩在适合舞台演出的矛盾冲突中。

3. 剧本的语言要表现人物的性格特点。

剧本的语言包括台词和舞台说明两个方面。

剧本的语言主要是台词。台词，就是剧中人物所说的话，包括对话、独白、旁白。独白是剧中人物独自抒发个人情感和愿望时说的话；旁白是剧中某个角色背着台上其他剧中人从旁侧对观众说的话。剧本主要是通过台词推动情节发展，表现人物性格。因此，台词语言要能充分地表现人物的性格、身份和思想感情，要通俗自然、简练明确，要口语化，要适合舞台表演。

舞台说明，又叫舞台提示，是剧本语言不可缺少的一部分，是剧本里的一些说明性文字。舞台说明包括剧中人物表，剧情发生的时间、地点、服装、道具、布景以及人物的表情、动作、上下场等。这些说明对刻画人物性格和推动、展开戏剧情节有一定的作用。这部分语言要求写得简练、扼要、明确。这部分内容一般出现在每一幕（场）的开端、结尾和对话中间，一般用括号（方括号或圆括号）括起来。

懂得了剧本以上几个特点和要求，再参考学过的剧本课文，就可以试着学编课本剧了。

（二）将剧本改写为故事

剧本与故事的共同点是，都有人物、环境，都不乏生动的描写和细致的刻画。所不同的是，故事不受舞台时间、空间的限制。因此，将剧本改写为故事，可以放开手去写，时间、空间不必那么集中。整个故事可根据剧本中矛盾冲突的发展变化过程，构成故事情节的开端、发展、高潮、结局等部分。在故事中可以加强人物的心理描写、行动描写，使人物性格更为突出，形象更为鲜明，思想感情更为丰富。同时，可将剧本舞台说明中的布景说明改为环境描写，为故事情节发展和人物活动提供更为广阔的天地。

总之，不论是将叙事诗文改编为剧本，还是将剧本改写为故事，都要注意不同文体的表现形式和特点，努力做到正确理解原作，使改编后的文学形式更充分、更准确地表达原作的主题和主要内容。

（三）编演的步骤及要求

指导学生完成课本剧的编演，要按一定规范操作，同时又要灵活掌握，注意肯定学生的创造性思维。编演程序为导、选、读、编、演、评六步，每一步都有相应的具体要求。

导：课本剧编演难度大，要求高，很多学生会产生畏难情绪。所以，对整个编演过程的难点应让学生有充分的思想准备，要消除学生的畏难情绪。老师可先引导学生回忆自己曾观看的优秀小品，总结其成功之处，以激起学生对编演戏剧的兴趣，更好地进入编演活动。

选：选文应具备以下特点。

（1）故事性强，情节波澜起伏。

（2）人物不多，性格鲜明突出。

（3）时空较集中，矛盾冲突尖锐。

（4）主要通过对话刻画人物。

另外，确保所选课文具有教育意义，能够传递正能量和积极的价值观。选用的课文篇幅如果太长，也可选取其中一个段落层次。因为初中学生语文实践水平较为有限，所以目标不能定得太高，如《孙权劝学》《社戏》等就比较适合。选这一过程要让学生充分讨论后再决定选用篇目，使学生充分参与，以调动其积极性。

读：编演课本剧，必须具备戏剧常识及对课文的深入理解，这时老师需引导学生读。一是读戏剧，明常识。初中语文课本选编的戏剧及单元后所附的戏剧知识，要求学生认真阅读，使自己具备编演的知识基础。二是读课文，知背景、明主题、熟内容。人物性格的内涵是与特定的历史背景相联系的，是为表现作品的主题服务的。所以，不仅要清楚文中人物的性格、文章内容，更要清楚产生其性格的社会背景，清楚作者塑造此形象的用心。

编：编写课本剧并非照抄原文，所以老师应充分信任学生，下放权力，让学生充分发挥想象力对文中情节进行适当增删，培养学生的自主能力和合作能力。编写课本剧应该尊重原文主旨，并非改得面目全非，所以老师应适时指导，避免陷入"恶搞"的泥潭。具体而言应让学生明确：

（1）改编时可适当增删，无论是人物对话或是舞台说明，都是为主题服务的。删减或增添，既要满足剧情发展及人物性格的需要，又要适合舞台演出。

（2）课文里一些能突出人物性格的对话及动作要体现在剧本中。

演：演应按照以下步骤进行：

（1）选角试镜。根据学生的特长和兴趣，选拔合适的演员。

（2）分组排练。按照角色分组进行排练，确保每个角色都能够熟练掌握自己的台词和动作。

（3）角色磨合。在排练过程中，要注意角色之间的默契和配合，提高整体表演效果。

排练时，可以制作一些简单的道具，配以音乐。注意：第一，舞台布置及道具应从简，不能人为提高演出的难度，如《变色龙》里的小狗可用课椅代替，赫留金被咬伤的手指头可用红纸套扎在手指上表示；第二，人物对话的表演是重点，应掌握好语调、速度、节奏及停顿，最大程度地为突出人物性格、推动情节发展服务；第三，分小组表演，使人人参与，人人得到实践的机会；第四，要安排会演或竞赛，选表演较出色的学生在全班面前交流表演，注意全体学生语文素质的提高。

评：（1）评编演。在表演结束后，组织学生讨论，对整个表演过程进行总结和反思，重点是指出创新和成功之处，鼓励学生在今后的教学活动中积极参与。

（2）评课文。编演后学生对课文的理解层次已提升，此时，可提出几个值得探究的问题让学生讨论，实现语文素质新的飞跃。

初中学生编演课本剧难度较大，但作为一种实践锻炼方式，低年级的学生极为感兴趣，在实际练笔中有利于拓展思路，拓宽知识视野。

附：

石壕吏（剧本）

[人物：差役1（大块头）、差役2（小个）、杜甫（行李、扇子）、老妇、老翁、媳妇、孙子、旁白]

（旁白1背景：唐后期，兵荒马乱，民不聊生，鸡犬不宁，公元758年，为平定安史之乱，郭子仪、李光弼等率兵攻打邺城，胜利在望之时，由于唐军队内部矛盾加剧，加上叛军援兵赶到，唐军全线崩溃，为了增强兵力，郭子仪四处抽丁充足兵力。）

（旁白2场景：秋风萧瑟，深夜子时。一座破旧的房子，房子大门紧闭，秋风吹来，门有些晃动，门上的油漆脱落了不少。不远处，立着一块刻有"石壕村"三个大字的石碑。风吹打着这弱不禁风的房子，让人为它担心。唉，也许，又将有一场悲剧在这里开场……）

第一幕 投宿

（幕开，远处传来几声犬吠，屋子里时不时地传出孩子的哭声。）

杜甫：朱门酒肉臭，路有冻死骨。（无奈摇头）我这一路所见，可谓是赤地千里啊，连年的战争，民不聊生啊，可我一个羸弱文人……唉，想不得这些了，天色已晚，前面那户人家还点着油灯，我先去借宿一宿吧。

（叩门声）

老妇：（悄声）老头子，又有敲门声了，莫不是那官兵又来抓人去打仗了？你快上后头躲躲去，你一把老骨头可不能再去折腾了。

老翁：我先从门缝里看看，你别出声。（从门缝中张望）咦，是个文弱书生，来者何人？所为何事？

杜甫：在下姓杜名甫，从洛阳前往华州，途经此地，见天色已晚，能否在尊舍借宿一晚？明日一早在下即刻启程。

老翁：哦，原来是位借宿的客人（打开门闩）先生请进！（将杜甫请进家门，紧紧地闭上家门）最近官吏抓人抓得紧，只能委屈先生了，小老儿家里已无米下锅，只有些粗粮野草果腹，先生不嫌弃吧？

杜甫：老人家说哪里话，能收留在下已然是感激不尽了。

第二幕 下令

将军：（在帐中背着手焦急踱步）

来人哪，来人！

差役1、2：将军，有何吩咐！

将军：战事吃紧！赶紧去附近村子再抓一批壮丁过来，快去！

差役1、2：将军，可是……

将军：快去！

差役：遵命……

第三幕　征兵

（两差役带着四个士兵上）

差役1：今天抓了几个了？

士兵甲：报告大人，今天抓了27个人。

差役2：前面是什么村？

士兵合：石壕村。

差役1：今天一定要把人抓完。

士兵合：是！

差役2：走！

（旁白2场景：秋风萧瑟，深夜子时，本就破败的村子在阵阵的风声中显得更加寂静。）

（砰！砰！砰！）

士兵乙、丙（上前敲门）：开门开门！

老翁：（小声地，有些紧张）他们又来了，这可如何是好！你照顾好先生，我找个角落出去躲躲。

老妇：快走吧，小声点，千万别让他们抓去！（老翁马上从后院越墙逃走。）

士兵甲、乙：开门！快点！再不开门老子就要破门了！（士兵等不及了，把破旧的大门擂得山响。）

老妇：来啦来啦！（打开门）原来是官爷啊……官爷大晚上来有何贵干呢？

差役1：（怒吼）你们家还有几个男的？统统叫出来跟我们走一趟！

老妇：哎呀官爷，您该知道呀，一趟趟拉壮丁，我家就三个儿子，早都上前线打仗啦，前些天一个儿子捎了信回来（拭着泪），说两个儿子已经战死沙场了。（老妇人说到这里早已泣不成声）……家里，家里哪还有男人啊！

差役2：（大怒）够了，小的死了还有老的，叫你当家的出来，少跟我啰唆。

老妇：你说他，他已经不在人世了。我们家里真的没人了。

（这时，从屋里传来几声孩子的啼哭声。）

士兵丙、丁：（凶神恶煞）你这老太婆，好大的胆子，你不是说家里没人了吗？（做出要冲进屋里的动作。）

老妇：（胆怯地拉着差役）那是我吃奶的小孙子，因为有了这个小孙子，我媳妇儿才没有离去，可怜我那苦命的儿媳啊，出出进进连件完整的衣裳也没有啊！

差役 1：既然有媳妇，那，带走！可以去军营里做饭！

老妇：（跪下）大人您就可怜可怜我们吧。她的男人刚刚战死，孩子还小离不开娘啊！您开开恩，就放过她吧……

差役 2：老婆子，滚开！少来这套，家家户户都跟你这样，我俩上哪找人去？

老妇：（一愣，叹口气）官爷，要是您不嫌我年老体衰，我去军营做饭，如果来得及，说不定还能赶上给您做早饭呢！

两差役：（交头接耳一阵子）好吧！省得你在这婆婆妈妈的，老太婆，快走。

杜甫听到这，眉头紧锁，长叹一声：唉！

（士兵押走了老妇。）

（旁白 2 场景：夜更深了，一切归于寂静，杜甫走出房间，看见刚翻墙回来的老翁和媳妇还坐在那里哭泣。）

（旁白 2 场景：天亮了，落叶飘落，几只乌鸦在树枝上鸣叫，杜甫与老翁告别。）

杜甫：长太息以掩涕兮，哀民生之多艰啊。唉！多谢二位收容，眼睁睁地看着大娘被抓走，却无能为力，真是对不住啊！

老翁（神情感伤）：唉，先生不必道歉，要怪就怪这世道，我们这些穷苦百姓又能说什么呢？小老儿这次没被抓去，下次也不好说啦，先生走好，保重！

杜甫：告辞！（背着行李，走出门）

（旁白 2 场景：杜甫随走随远，飘散了一路的诗句：）

暮投石壕村，有吏夜捉人。

老翁逾墙走，老妇出门看。

吏呼一何怒！妇啼一何苦！妇啼一何苦啊！

【思考与练习】

1. 编写课本剧需要注意哪些问题？

2. 从课本中找一篇自己最喜欢的课文，尝试改编成课本剧。

（姜素娟）

怎样写调查报告

◎**学习提示**

　　调查报告属于应用文体，具有写实性、针对性和逻辑性等特点；写调查报告要先确定调查对象，掌握合理的调查方法，再明确如何写调查报告。

一、调查报告的概念和特点

调查报告是对某项工作、某个事件、某个问题，经过深入细致的调查后，将调查中搜集到的材料加以系统整理，分析研究，以书面形式向组织和领导汇报调查情况的一种文书。

调查报告有以下几个特点。

（一）写实性

调查报告是在占有大量现实和历史资料的基础上，用叙述性的语言实事求是地反映某一客观事物。

（二）针对性

调查报告一般有比较明确的意向，相关的调查取证都是针对和围绕某一综合性或是专题性问题展开的。

（三）逻辑性

调查报告离不开确凿的事实，但又不是材料的机械堆砌，而是对核实无误的数据和事实进行严密的逻辑论证。

除此之外，调查报告还应具有典型性和时效性，了解、剖析事物的本质及其发展趋向，对于解决问题具有积极的作用。

二、如何进行调查

想要使调查报告真实可信并有针对性地解决问题，必须做好调查工作。那么，如何进行调查呢？我们可以从毛泽东同志的《〈农村调查〉的序言》中借鉴一点实用的调查方法。

要了解情况，唯一的方法是向社会作调查……有计划地抓住几个城市、几个乡村……作几次周密的调查，乃是了解情况的最基本的方法。

开调查会。到会的人，应是真正有经验的中级和下级的干部，或老百姓……这些干部、农民、秀才、狱吏、商人和钱粮师爷，就是我的可敬爱的先生……开调查会每次人不必多，三五个七八个人即够。必须给予时间，必须有调查纲目，还必须自己口问手写，并同到会人展开讨论。

毛泽东这段话针对的是农村调查，方法看似比较落后。而今天可供我们运用的调查方法更先进、更快捷，如网上投票、问卷调查甚至街头随机访问，各种录音设备的日益发达也为调查提供了诸多便利，终究不像这种调查会来得真实质朴。我们要学习的是实事求是的调查态度。现实中，我们应该根据确定的调查目标和范围确定合适的调查方法及有代表性的调查对象，力求获取最有效的调查信息。

三、调查报告的写法

调查报告一般由标题和正文两部分组成。

（一）标题

标题可以有两种写法：一种是规范化的标题，基本格式为"×× 关于 ××× 的调查报告""关于 ××× 的调查报告""××× 调查"等。另一种是自由式标题。标题写在首行中间，要醒目，力求揭示主题，或明确表达作者的观点、倾向。有些调查报告有副标题，可以表明调查的事情、对象或范围。

（二）正文

正文一般分前言、主体、结尾三部分。

1. **前言**。有几种写法：第一种是写明调查的起因或目的、时间和地点、对象或范围、经过与方法，以及人员组成等调查本身的情况，从中引出中心问题或基本结论；第二种是写明调查对象的历史背景、大致发展经过、现实状况、主要成绩、突出问题等基本情况，进而提出中心问题或主要观点；第三种是开门见山，直接概括出调查的结果，如肯定做法、指出问题、提示影响、说明中心内容等。前言起到画龙点睛的作用，要精练概括，直切主题。

2. **主体**。这是调查报告的核心部分，主要详述调查得来的事实——调查研究的基本情况、做法、经验，并对所得材料进行分析评论，得出各种具体认识、观点和基本结论。要求前后有序、详略得当，具体充分并突出重点。

3. **结尾**。结尾的作用是总结全文，要求对全文做出对读者有启发性的结论。结尾写法也比较多，可以提出解决问题的方法、对策或下一步改进工作的建议；或总结全文的主要观点，进一步深化主题；或提出问题，引发人们的进一步思考；或展望前景，发出鼓舞和号召。结尾的文字要简洁有力，不拖泥带水。

例文：

关于中学生手机使用情况的调查报告（标题）

近年来，随着手机在校园里的普及，越来越多的中学生拥有手机，为了了解手机在学生中的普及情况、使用情况以及所带来的利弊，我们决定以中学生为调查对象，对校园里的"手机一族"做一次调研。（前言）

调查中发现，75%的同学已经拥有一部属于自己的手机，就算暂时还没购买手机的同学，其中大部分人认为在学校里很有必要有一部手机。其理由是：便于联系，这既包括和自己的亲人联系，也包括和自己的同学、朋友联系。（调查）

分析：

1. 购买手机的心态

调查发现，中学生所购买的手机品牌基本上都是洋品牌，而国产手机问津者很少。调查还发现，决定中学生购买手机的主要因素是手机的功能，其次是价格和外观。

2. 购买手机的用途

中学生购买手机主要用于同学、朋友之间交流的约占64%，而用于跟父母交流的很少，只有36%。

3. 购买手机的资金来源

主要来源于父母的约为85%，5%的中学生是自己用压岁钱或勒紧裤腰带从生活费中挤出来的，10%是别人送的。

4. 学生使用手机的益处

学生可以通过手机及时与家长联系，也可以向老师汇报学习情况等。利用手机的拍摄功能，可以随时拍下一些有意义、有价值的东西。

5. 学生使用手机的弊端

容易造成不好的消费习惯。中学生处于性格塑造期，思想不稳定，情绪波动大，易受外界环境影响，使得他们的消费存在一定程度的盲目性，手机的使用存在一定的负面影响。

影响学生学习。短信聊天，影响休息，贻误学业。多数家长反映，孩子用手机谈论学习的内容少，用于同学之间联系或发短信的多。

手机上的不良信息，玷污孩子心灵。手机为考试作弊提供了条件。手机是贵重物品，有不良行为的学生会发生偷盗现象，影响校园治安。有手机的中学生也成为一些犯罪分子欺骗和抢劫的对象。

结论：

中学生追逐时尚，注重个性张扬，易于接受新事物，但其主要任务是学习，生理上处于生长发育阶段，中学生最好还是正确对待手机，有效地运用通信工具，做到不为手机着迷，而不是手机控制我们的思想。（结尾）

【思考与练习】

1. 调查报告有什么特点？结构怎样？
2. 根据以上讲解，尝试写一份中学生读书情况的调查报告。

（王玉）

第14单元

让作文的语言更优美

很多同学在写作中会遇到这样的困惑：想到了好的材料，结构也合理，但写出来总是显得平淡无味，缺少美感。除去作文的其他技巧，语言的优美是重要的因素。那么，怎样才能使作文语言优美起来呢？希望本文能帮助同学们在这方面有所收获。

一、锤炼词语，丰富语言表现力

词语的选择和使用，修辞学上称为词语的锤炼，又称炼字。其目的是准确生动地反映客观事物和表达思想感情。古人写诗，十分讲究炼字，常是"吟安一个字，捻断数根须""两句三年得，一吟双泪流"。例如，宋代诗人王安石的笔下有两句千古绝唱——"春风又绿江南岸，明月何时照我还"。诗中的"绿"字经过几多改动，原本用的是"到"，后改为"过"，再改为"入"，又改为"满"，最后才改定为"绿"。"到、过"等字并非不准确，但却不如"绿"给人以生动传神而又新鲜的印象。它不但有动态的感觉，而且让人感到色彩如在眼前，既有动词的作用，又有形容词的功能。"到"与"绿"虽一字之差，但就是这一个"绿"字成就了王安石的两句千古绝唱。由此可见，词语的锤炼对于写诗作文是何等重要。

刘勰《文心雕龙·章句》篇中写道："夫人之立言，因字而生句，积句而成章，积章而成篇。"指出词语作为语言的基本单位，其使用的好坏直接影响表达效果。我们在锤炼词语时需要合乎语法与理解习惯，用词贴切、生动、传神，尽量不用生僻或晦涩的词语。丰富想象力和生活感触是锤炼词语的养分。"炼字"的方法多种多样，目的是选择最恰当的字眼来表情达意。

大部分同学在写作时只求速度不求质量，想到哪里写到哪里，常常自己都没读就上交了，更不用提词语的锤炼。大量的写作实践证明，一句话中，不同的词语不同的句式，会产生不同的甚至相反的效果；而合理选择词语、锤炼词语，方可真正表情达意。我们在平日的写作训练中，如果能够把自己的每篇文章都当作即将发表的文章来用心对待，字斟句酌、日积月累，就一定会使语言优美起来。

二、运用修辞，使语言生动活泼

北宋张先的"云破月来花弄影"与宋祁的"红杏枝头春意闹"都是千古传诵的名句。前者以"弄"字写活了月下之花，尽显拟人之妙处；后者则以杏花的盛开衬托春意之浓，一个"闹"字，将烂漫的大好春光描绘得活灵活现，呼之欲出。再如李煜的"问君能有几多愁，恰似一江春水向东流"，诗歌巧妙地把抽象的"愁"比作滚滚东去的江水，生动形象地写出了愁绪的多与绵长。

可见，巧妙恰当地运用修辞手法，能使文章生动形象，通俗易懂，让人乐于接受，如比喻、拟人能变平淡为生动，化深奥为浅显，激发读者的想象，生动形象地展现事物的特征；对偶能使句式整齐，音韵和谐；排比则能增强语句的气势，强调内容，加重感情。合理选择并运用修辞，语言的灵气就出来了。

再来看下面的句子：

经历了春天的绿，夏天的青，到了深秋，满山的枫叶在秋霜后变得火红灿烂。

也许你认为这句话已经很美了，但若运用上拟人的修辞手法，可以使之更富有诗情画意：

枫叶流丹的深秋时节，满山的枫树在绿过了春、青过了夏之后，在秋霜的鼓舞之下，忽然几声呐喊，纷纷举起了火把，把岳麓山烧成了一座火焰山……

后者改变了记叙的模式，将"绿、青"提前并化形容词为动词，将季节的更替、秋日的朝气描绘得有声有色。宗璞的《紫藤萝瀑布》中，"花朵儿一串挨着一串，一朵接着一朵，彼此推着挤着，好不活泼热闹！"同样是运用拟人手法描绘出紫藤萝花的勃勃生机和烂漫的情趣。可见，修辞手法的自然运用可以有效地美化语言。

三、借助诗词歌曲，增添语言意境美

引用古诗词，可以有效地为文章增添诗情画意。诗词可以直接引用，更高境界的表达则是与自己的文字浑然一体。

　　漫步于语文之林，思愉悦，有春风里的马蹄得意，藕花深处的一番争渡；品哀愁，有白蘋洲上的一寸肠断，凄雨蒙蒙中的丁香千结；论壮阔，有苍茫大海上的云帆直挂，凭栏之处的怒发冲冠；言沉雄，有默默无语的一江春水，厮杀战场的马革裹尸；寻友情，有天涯海角的无数知己，夕阳余晖中的远影孤帆；觅爱情，则有花颜俏丽的一方伊人，难为曾经的沧海巫山……（《语文之美》）

本段从"思愉悦""品哀愁""论壮阔""言沉雄""寻友情""觅爱情"六个角度把诗词名句串在一处，句式的整齐和诗词的化用带给我们浓浓的古典美与韵律，道出语文之美。

　　另外，很多优美的歌词也能给我们的写作语言带来灵感。如多年前的歌曲《童年》，即使今天来看，也充满了童真童趣和诗意之美：

　　池塘边的榕树上 / 知了在声声叫着夏天 / 操场边的秋千上 / 只有蝴蝶停在上面 / 黑板上老师的粉笔 / 还在拼命叽叽喳喳写个不停 / 等待着下课 / 等待着放学 / 等待游戏的童年

欣赏婉转的音调，品味优美的歌词，你的作文语言也会在潜移默化中得到提升。

　　语言的优美可以有多种方式，只要平时留心生活，多读书、多练笔，在学习中有意识地去品味、揣摩，初步的模仿一定会转化成自身语言的魅力。

　　附：学生习作

语文之美

　　语文是一丝浸润了蟾晖的酒香，是一剪烟雨朦胧中的流光，是一阕平平仄仄流淌千古的江河。语文是美的，以吾之浅见，语文之美，一曰情美，二曰景美，三曰语韵美。

　　语文之美，一曰情美。漫步于语文之林，思愉悦，有春风里的马蹄得意，藕花深处的一番争渡；品哀愁，有白蘋洲上的一寸肠断，凄雨蒙蒙中的丁香千结；论壮阔，有苍茫大海上的云帆直挂，凭栏之处的怒发冲冠；言沉雄，有默默无语的一江春水，厮杀战场的马革裹尸；寻友情，有天涯海角的无数知己，夕阳余晖中的远影孤帆；觅爱情，则有花颜俏丽的一方伊人，难为曾经的沧海巫山……

　　语文之美，二曰景美。轻柔的春雨细细地斜斜地织着春意，远处的小丘上有一片小草的青青葱葱，好似一朵低飞的浅绿的云朵，走近来看，那绿却不见了，只有湿润的泥土中调皮的和雨水打闹的一方刚冒芽的嫩草，这是"天街小雨润如酥，草色遥看近却无"中的美景。茫茫大漠上，一缕急报军危的狼烟远远地升起来了，滚滚黄河被那一轮红彤彤的圆日染成了一条灿灿的金黄，这是"大漠孤烟直，长河落日圆"中蕴藏的图画……

　　语文之美，三曰语韵美。在语文中，有语言细腻如"雨过月华生，冷彻鸳鸯浦"；有清丽如"倚门回首，却把青梅嗅"；有"惊涛拍岸，卷起千堆雪"之豪放；有"力拔山兮气盖世，时不利兮骓不逝"之节律；亦不乏"千片万片无数片，飞入梅花都不见"之简约……

　　观之心旷神怡，诵之朗朗上口，品之怦然心动，思之感慨万千，悟之思绪难已，忆之余音绕梁，此谓语文。

　　情美、景美、语韵美，此所谓语文之美。（宗书雅）

【思考与练习】

1. 将课文中使用修辞的语句圈画出来。
2. 运用本章所学的方法，修改习作的一段。读一读，对比修改前后的差别。

（王玉）

怎样修改作文

◎学习提示

俗话说："作文不厌百回改。"好文章都是修改出来的。所以，在写作教学中，学生要在老师的引导下养成修改作文的好习惯。

古今中外的文学大师都对"修改"情有独钟，"鸟宿池边树，僧敲月下门"，唐朝诗人贾岛和文学家韩愈这一"推敲"的故事成为一段佳话。俗话说，"作文不厌百回改"，好文章都是修改出来的。所以，学生在写作中，要重视作文的修改，要养成自觉修改作文的好习惯。那么，怎样进行修改？下面从三个方面谈谈我的看法。

一、可以"以读为本"来修改作文。把自己的习作读出来，在读中修改，直到读得文通句顺，读得意思完整，读出文章中该添花加叶的地方。

二、可以依照老师提供的作文修改框架，进行生生互改。老师知道对于大多数学生来说，写作已经是比较难的，修改作文就更难了，可以说是有点无从下手。所以此时，一定要参考老师提供的作文修改的基本框架。

（一）看同学的作文是否有错别字，用笔圈出并订正；

（二）看同学的作文是否有病句，加以改正；

（三）看同学的作文是否有错用标点的地方，用笔画出，并改正；

（四）看同学的作文选材是否恰当、新颖，中心是否明确，还可以对语句特色、写作特色等进行评价；

（五）把你认为写得好的句子用波浪线标出；

（六）给同学提出中肯的作文修改建议；

（七）给同学的作文加上你的评语，并中肯地打上表示等级的 A、B、C。

三、可以根据老师的提示确定修改重点，体现修改的针对性。老师在批阅学生作文时，会在学生习作有问题的地方写上简单的修改提示语，来提示存在的问题和修改的方法，而学生则要根据老师的这一提示进行修改。

以一位同学进行作文修改的过程为例重点来谈这一点。

岁月的扶手（初稿）

①绵绵的秋雨降了下来，空气骤冷，我忍不住搓了搓手。就在这时，我一眼瞥见了那个正在校门口迷茫地四处张望着的人。"奶奶！"我欢喜地扑过去，她略一趔趄，旋又紧紧抱住我。"你怎么来了？""来看你呀。"我们并排走着，快过马路时，她下意识想要挽住我，我却摇了摇头："没事，我都这么大啦，不会再怕过马路啦！"

②她似是怔了一下，眼神里闪过一丝失落。"奶奶老啦，记性不好。"这句话瞬间让我心一紧——不知何时，她变得佝偻了，双鬓花白如细雪，再不是我记忆里那健步如飞的模样。

③小时候，我在河岸上摸鱼、捉虾，用狗尾草逗弄水草丛里一团团的蝌蚪。"砰！""哗！"耳边是捣衣杵与青石板的奏鸣声，杂着浸水、搓洗、拧干的动静。"走啦！"奶奶递给我一只手，把我从那河边的湿地"拔"起来。"看你这鞋脏的！"她一手扛着装满湿衣的大盆，一手挽着我，叫我不要再陷到那泥里去。

④她话语里总是埋怨，可那是多么甜蜜的埋怨！记忆里的那只大手，是那么粗糙又是那么有力，扶着幼小的我，迈过那大河，那溪流，那陡峭的山路，那歪歪斜斜的竹木桥。

⑤如今，岁月让我抽芽，长成高大健壮的模样。可岁月也在不知不觉间侵蚀了她的面容，那双手不知何时，变得松弛而虚弱了。

⑥我鼻尖一酸，忍住在眼眶里打转的泪，挽着奶奶向家的方向走去。

读完后我给她的建议是：文章构思立意整体不错，但要在细节上下功夫。特别是结尾部分，是否可以通过巧妙的情节设置，让爱在祖孙之间双向流动呢？让情感在结尾处升华，会让读者有回味悠长之感。这位同学把作文拿回去重新做了修改，下面是她第一次的修改稿。

岁月的扶手（第一次修改）

①绵绵的秋雨降了下来，空气骤冷，我忍不住搓了搓手。就在这时，我一眼瞥见了那个正在校门口迷茫地四处张望着的人。"奶奶！"我欢喜地扑过去，她略一趔趄，旋又紧紧抱住我。"你怎么来了？""来看你呀。"我们并排走着，快过马路时，她下意识想要挽住我，我却摇了摇头："没事，我都这么大啦，不会再怕过马路啦！"

②她似是怔了一下，眼神里闪过一丝失落。"奶奶老啦，记性不好。"这句话瞬间让我心一紧——不知何时，她变得佝偻了，双鬓花白如细雪，再不是我记忆里那健步如飞的模样。

③小时候，我在河岸上摸鱼、捉虾，用狗尾草逗弄水草丛里一团团的蝌蚪。"砰！""哗！"耳边是捣衣杵与青石板的奏鸣声，杂着浸水、搓洗、拧干的动静。"走啦！"奶奶递给我一只手，把我从那河边的湿地"拔"起来。"看你这鞋脏的！"她一手扛着装满湿衣的大盆，一手搀着我，叫我不要再陷到那泥里去。

④她话语里总是埋怨，可那是多么甜蜜的埋怨！记忆里的那只大手，是那么粗糙又是那么有力，扶着幼小的我，迈过那大河，那溪流，那陡峭的山路，那歪歪斜斜的竹木桥。

⑤如今，岁月让我抽芽，长成高大健壮的模样。可岁月也在不知不觉间侵蚀了她的面容，那双手不知何时，变得松弛而虚弱了。

⑥我鼻尖一酸，忍住在眼眶里打转的泪。恰逢一辆货车驶过，我担心奶奶，便伸出手去搀住她。可她却抽出自己的手，反握住我的手，和幼时一般。

⑦她笑："还是怕吧？"

⑧"嗯……"我将错就错，笑着点头。

⑨悄悄地，我将她护进马路的里侧；悄悄地，我搀住步伐略有蹒跚的她，向回家的路走去。

对于这位同学的修改稿，我首先给予了肯定，在此基础上，我又提出了更加具体的建议：动词运用得当，会让人物形象的刻画更加生动传神。"我担心奶奶，便伸出手去搀住她"中的"搀"换成"牵"是否更能够表现"我"已经长大，而奶奶则已经年迈需要"我"保护呢？"可她却抽出自己的手，反握住我的手"中的"握"改成"搀"是否更能够与第③段前后照应？我还和她开玩笑似的说，咱们也像韩愈和贾岛那样，来个"推敲"吧？最终，这个学生采纳了我的建议。以下是她的第二次修改稿（只摘录修改的第⑥自然段）。

岁月的扶手（第二次修改）

⑥我鼻尖一酸，忍住盈在眼眶的泪。恰逢一辆货车驶过，我担心奶奶，便伸出手去牵住她。可她却抽出自己的手，反将我的手紧紧握住、搀着，和幼时一般。

对于一个六年级学生来说，文章修改到这种程度也算不错了，但是，我还是给她指出了作文的结尾失之单薄，可以通过恰当的环境描写与这一刻"我"内心感到的温暖形成鲜明的对比，更突出祖孙之间互相搀扶、互相保护的爱。下面是这位同学这篇文章的最后成稿。

岁月的扶手（成稿）

①绵绵的秋雨降了下来，空气骤冷，我忍不住搓了搓手。就在这时，我一眼瞥见了那个正在校门口迷茫地四处张望着的人。"奶奶！"我欢喜地扑过去，她略一趔趄，旋又紧紧抱住我。"你怎么来了？""来看你呀。"我们并排走着，快过马路时，她下意识想要挽住我，我却摇了摇头："没事，我都这么大啦，不会再怕过马路啦！"

②她似是怔了一下，眼神里闪过一丝失落。"奶奶老啦，记性不好。"这句话瞬间让我心一紧——不知何时，她变得佝偻了，双鬓花白如细雪，再不是我记忆里那健步如飞的模样。

③小时候，我在河岸上摸鱼、捉虾，用狗尾草逗弄水草丛里一团团的蝌蚪。"砰！""哗！"耳边是捣衣杵与青石板的奏鸣声，杂着浸水、搓洗、拧干的动静。"走啦！"奶奶递给我一只手，把我从那河边的湿地"拔"起来。"看你这鞋脏的！"她一手扛着装满湿衣的大盆，一手挽着我，叫我不要再陷到那泥里去。

④她话语里总是埋怨，可那是多么甜蜜的埋怨！记忆里的那只大手，是那么粗糙又是那么有力，扶着幼小的我，迈过那大河，那溪流，那陡峭的山路，那歪歪斜斜的竹木桥。

⑤如今，岁月让我抽芽，长成高大健壮的模样。可岁月也在不知不觉间侵蚀了她的面容，那双手不知何时，变得松弛而虚弱了。

⑥我鼻尖一酸，忍住盈在眼眶的泪。恰逢一辆货车驶过，我担心奶奶，便伸出手去牵住她。可她却抽出自己的手，反将我的手紧紧握住、挽着，和幼时一般。

⑦她笑："还是怕吧？"

⑧"嗯……"我将错就错，笑着点头。

⑨悄悄地，我将她护进马路的里侧；悄悄地，我挽住步伐略有蹒跚的她。

⑩这条归家的路，我愿它长些，更长些……

⑪在这冷冷的秋雨里，我们挽扶住彼此的双手，便如春天般温暖和煦。

　　既然好文章都是修改出来的，那么，请同学们在老师的指导下多多积累修改作文的方法，养成修改作文的好习惯，努力"推敲"出佳作吧！

【思考与练习】

1. 说说"推敲"的典故对你的作文修改有哪些启示?

2. 请仿照成稿《岁月的扶手》的第③段,写一个山上采茶的片段,进一步丰富文章内容,体现童年时光中有奶奶陪伴搀扶的温馨。

3. 试着用老师前面所谈的"以读为本"的方法对自己的一篇习作进行修改,修改后谈谈自己对这一方法的体会。

（刘艳）

第15单元

感恩类作文指导

> ### ◎学习提示
>
> 理解什么是感恩，了解感恩的写作对象和范围，积累感恩的素材以明确怎样从生活中提取感恩，掌握运用感恩类文章的写作技巧。独特的视角，典型的细节，真情的诉说必不可少。

扪心自问，我能有今日的成就，并不一定是因为我更聪明、更勤奋，在很大的程度上是因为过去二十几年我很幸运地始终处在最适合做科研的环境里，很幸运地吸引到大批聪明能干的博士生和博士后，并且很幸运地前后获得了以人为本的几项经费支持，可以让我在最感兴趣的科学世界里自由探索，无拘无束。

投桃报李，我很希望能将这份幸运复制延伸，让更多的年轻人也能持续享受到同样的幸运，能够依靠内在驱动力而不是外界的各种诱惑，毫无后顾之忧地去发掘自己的潜力，从而去做出真正原创性的发现。经过了过去几十年的积累，现在我终于有信心主动进入人生第三个阶段，那就是：搭建一个平台，去支持更多优秀的学者，应对人类健康挑战，发掘、挑战生物医学难题，做出原创突破，回馈社会。正当此时，深圳向我伸出了橄榄枝！于是，我向普林斯顿大学递交了辞职申请。在不久的将来我就会全职回国，协助深圳创建一所集科研、转化、经费资助、学生培养等若干功能于一身的新型研发机构：深圳医学科学院。

（摘编自生物学家颜宁在"2022年深圳全球创新人才论坛"上的演讲）

以上材料对当代青年颇具启示意义。奉献是幸福，给予是幸福，获得是幸福，享受是幸福，懂得感恩更是幸福。

一、什么是感恩

羊羔用跪乳来感恩亲情，乌鸦用反哺来回馈亲情，古老的《诗经》用"萱草"来承载亲情，孟郊用"三春晖"来赞美亲情，宽泛地说就是对别人所给的帮助表示感激的情感比感谢要深切、要厚重、要丰沛，所谓感恩，最主要为感，有感才有恩。

二、题目类别及解析

2022 年湖北江汉卷　　把_____写进明天

2021 年四川雅安卷　　_____，真了不起

2021 年四川泸州卷　　话题作文："描绘"

2020 年山东潍坊卷　　材料作文："中国力量""中国速度"感恩/崇敬

2022 年湖南郴州卷　　写在毕业之际

2021 年云南卷　　莫辜负_____

2021 年重庆 A 卷　　你的馈赠，点燃了我

2021 年重庆 B 卷　　礼

2020 年黑龙江齐齐哈尔卷　　谢谢_____

2020 年四川南充卷　　2020，我的抗疫生活

主题解读：

纵观 2020、2021、2022 三年的中考作文，命题者对"真情与感恩"主题十分青睐，考查频率很高，关键词与亲情、师生情、友情、家国情、感恩、崇敬、幸福等相关的考题都属于这个主题的范畴。

这类主题的考题通过考查考生对家庭、集体、社会的思考，展现人与人之间的情感交流，同时，能借此反映我国新一代青少年对他人、对社会、对国家的感受，体现中国青少年的精神品质。正是基于以上原因，这类主题的作文受到命题者的钟爱。考生要从大类上做好梳理，明确这类考题的内容和关键所在。

"真情与感恩"类的考题涵盖面比较广，考生该如何判断类型呢？我们可以通过抓关键词来判断。

一是直接扣题的关键词，点明了亲情、师生情、友情等，如上文列举的"温情故事""我家的晚餐""教育里的爱""父母与孩子的对话""绊·伴"等；

二是需要考生联想和补充的关键词，如"重读这部书"，对材料"中国力量""中国速度"

的理解与感悟等。考生在写作时需要准确判断，并由此展开写作。

生活中我们总会听到各种各样的声音，有的令人愉悦，有的令人振奋，有的令人深思，有的令人警醒，总有一种声音让人铭记在心中。

三、立意和选材

准确判断考题类型之后，便可依据模板进行写作。若想写一篇表达真情的作文，首先我们要选定写作对象。是写给父母还是老师？是写给同学、朋友还是陌生人？选好写作对象后，就可以确定写作的主要事情，如"我"和父母之间的一次误会，误会解除后加深了情感；或者回忆一些与父母一起经历的温情时刻，表达彼此之间细水长流的感情；也可以通过描写身边事物的发展，感受社会、国家的变迁，表达内心的情感。考生写这类作文时，可以选择自己的见闻、经历等真实素材，也可以旁征博引，选择国家与社会中给自己带来感悟的素材，并对其进行挑选和整理，表达真情。

从题材角度看，同学们常考常练的情感类作文都适用于此类命题，因为在某种意义上，任何一种情感、成长或品格都是在"日积月累"即长时间的累积中发现的、感悟的、理解的，如果体现出时间上的跨度，更能表现考生审题的细致，这正是这种作文题目精致、严谨的地方。从立意角度看，无论同学们选择了哪一类题材，在最终主旨的表现上都应落实在"改变"与"发现"上，即最终的质变。

> "没什么大变化。"我淡淡地说，顿时，妈眼中露出一丝忧愁。"只身在外，得照顾好自己。"伯父也开腔了，喝下一小口米酒，抿抿嘴。"哦。"我轻轻地应着……一晚上，妈并没说什么，只是不停地叫我夹菜，但从她眼神看得出，她是多么地关心我，我便是她的全部。她的希望，她的梦想，她的幸福全在我身上啊！我的肩头背着的不只是自己而是整个世界，我要让妈妈成为世界上最幸福的母亲！（袁文静）

> 苍老的容颜陌生了你的笑容，不堪重负的你无奈地回忆着曾经的英姿飒爽。我奋笔疾书留下的些许凹槽，见证了你沧海桑田的变化。重重叠叠的书"横看成岭侧成峰"，如同起伏的山峦将阳光拒之门外。若我在暗藏杀机的空气中寻找到一线生机，那也只能是你。我总是会悄悄向你吐槽我的压力，你也总是平静地听着。每次说完，我就能放下包袱，再次轻松上阵。初三模考如战场，久经沙场而不畏惧的我，是因为有你的相伴才能一次次重拾勇气，继续加入这场没有硝烟的战争。压抑的初三里有你，温暖就多了一点点。（潘玉泽）

> 爸爸总会及时出现。他会拍拍我的肩膀，语重心长地说："吃得苦中苦，方为人上人。"我于是重新抖擞精神，如鲁迅看到藤野先生的相片一样振作力量去攻克当天的任务，

不让自己有欠账。当听到老师夸奖我进步巨大时，我才明白我所有的收获都有爸爸一半的功劳。（唐子恩）

四、感恩类文章写作技巧

（一）独特的视角：选择最能体现人物个性与感恩情感相契合的事件

我的世界只有所见所思所想所画。老师说，我的画风越来越有自己的味道，还建议我参加国内少年组的一个国画比赛。我知道现在的自己早已超越了从前，但心里仍有一丝怯意——我能行吗？我真的能行吗？

最后，我选择了参赛。赛场上，我备好我的大斗笔、大白云和勾线笔，就开始思考。等想好了，就从干涸的颜料中挤出些许"颜粉"于调色盘中，让它们与清水烟墨相融。而我，则悬腕运笔，斡旋于宣纸之上。逆锋转，散锋皴，中锋用力，深浅墨色来点染。

画成，心定。

当我手拿奖杯、面对着周围的闪光灯和掌声时，心中很感谢自己对国画的喜欢，因为这份喜欢和坚持，使我成为如今更好的自己。（刘锦涵）

（二）典型的细节：捕捉某个感人的瞬间

"真情与感恩"类文章，需更加注重对心理的描写，对细节的刻画。细节描写式点题是常用的方法，写作时可多用细节描写来表现人物丰富的内心世界，体现其情感变化。细节描写是多样的，可以是动作描写、神态描写、外貌描写、语言描写等。

我低下头，叹了口气，任凭愁绪爬上我的面容，我仿照着母亲的样子左瞧瞧右看看，踌躇了许久才抬起一只脚，可立马又缩了回来。平生没有自己过马路的我，此时如同一只尽显笨拙的鸭子。我唉声叹气，不停地抱怨着母亲为何如此狠心。未曾想到的是，身后的母亲却是一副焦急的样子，似乎在犹豫着该不该帮我。突然，她认真地看向了我，又变得一脸严肃，仿佛坚定了自己的决心。

我小心翼翼地避过一辆辆车，穿过川流不息的人群，好不容易到了路中央，忽然，一阵笑声在耳畔响起："你看，那个小孩过个马路都这么笨手笨脚，哈哈！"此时此刻，不争气的泪水夺眶而出，如断了线的珍珠，是啊！连过马路都这么慢吞吞，我真的好笨啊！我像雕塑一般在原地不动，泪水顺着两颊往下滴，母亲似乎看出我的心思，大声地朝我喊道："别太在意其他人的眼光，走自己的路！"我下意识地往回望了下，母亲正温柔地笑着，阳光笼罩着母亲，笑容如同太阳般给我注入能量。

那一刻，母亲的放手，让我读懂了，那是满满的母爱啊！

（三）真情的诉说：直言告白，抒发自己的感恩之情

父母的深情是春天里的一条小溪，碰触它，便能感受到冰凉清爽的舒畅；父母的深情是夏天里的徐徐微风，清凉宜人，让人的心灵得到宁静；父母的深情是秋天的田野里待收的庄稼，金黄灿烂，洋溢着丰收的喜悦；父母的深情是冬天里的缕缕阳光，虽然零散，但会留下暖暖的痕迹。这就是属于我的父母的深情。（张芮欣）

在那个夜晚，我的眼泪如潮水般奔涌而出。我要更努力学习，用成绩回报她——我最爱的妈妈。"慈母手中线，游子身上衣。"慈母爱深深，我心意重重！（内心独白式）

家人的点滴关心都汇聚成了助我前行的力量！（直接抒情式）

俗话说"受人滴水之恩，当涌泉相报"。昔日"王祥卧冰求鲤""关羽千里单骑护嫂""诸葛孔明鞠躬尽瘁，病死军中"……无不为"感恩图报"，可以说，知恩图报是中华民族的传统美德，如此佳话何止千万？

学生优秀满分作文：

谢谢你，使我成为更好的自己

放好奖杯，我忍不住在画板上再次挥毫而就，画成即泪目。我从无声呜咽到放声大哭，似乎要将这几年以来所有的不满与委屈，所有的失败和焦虑，都排解得干干净净。

走艺术之路其实很苦，这是学水墨画之前就有所耳闻的。但我当时并不能感同身受，只觉得自己有几分天赋和热爱，定能够一切得心应手。所以，当我跟着专业老师学画画时，内心是骄傲的。然而，我第一次参加少儿绘画创意比赛，就败北了。当我得知三十名参赛选手中我排在二十九名时，内心是崩溃的。这意味着我在绘画上并没有什么创意，最多只是喜欢。我翻看自己这些年的画册，原来每一幅画都是仿品。我不由想——要不放弃吧？或者画画并不是我真正的爱好？我应该按妈妈说的试着去学学钢琴？！

可是我真的真的很喜欢画画……

齐白石对弟子许麟庐说过的话在我耳边响起："学我者生，似我者亡。"画画是否和做人做事一样呢？不能一味地模仿别人，而是要在学习他人的基础上有自己的个性特点。我没有行万里路的阅历，也没有读万卷书的积累。一次败北，就想要放弃，是不是

太经不起打击？我偏头看了看静立的画板，这一年来，从清晨到傍晚，它一直被我安放在书房里，没有见识过外面的烟火生活，没有体验过不同的风土人情，又怎么能带我去创意表达呢？好吧，以后，让我们一起在路上吧！我擦干脸庞的泪痕，右手抽出一沓崭新的写生纸平放在画板上，夹好，然后带着它们出发了……

夏季早晨的明媚，冬季早晨的清冽，春季不同层次的绿，秋季不同深浅的黄；不同的阳光雨幕、各类的风、翻飞的雪花、奔跑的小孩、晒太阳的老人……都被我捕捉进画纸里，我像一个朝圣的人，我的世界只有所见所思所想所画。老师说，我的画风越来越有自己的味道，还建议我参加国内少年组的一个国画比赛。我知道现在的自己早已超越了从前，但心里仍有一丝怯意——我能行吗？我真的能行吗？

最后，我选择了参赛。赛场上，我备好我的大斗笔、大白云和勾线笔，就开始思考。等想好了，就从干涸的颜料中挤出些许"颜粉"于调色盘中，让它们与清水烟墨相融。而我，则悬腕运笔，斡旋于宣纸之上。逆锋转，散锋皴，中锋用力，深浅墨色来点染。

画成，心定。

当我手拿奖杯、面对着周围的闪光灯和掌声时，心中很感谢自己对国画的喜欢，因为这份喜欢和坚持，使我成为如今更好的自己。（刘锦涵）

心里美滋滋的

妈妈近来憔悴了不少，是啊！为了这个家，她太疲惫了。

妈妈工作很忙，家务活又重，再加上我上初中了，更让她操心不已。放假了，应该让妈妈好好地休息一下。为此，我一直在想，能为妈妈做点什么呢？

四处一望，衣服妈妈已洗得干干净净，地板妈妈已擦得能够照出人影来，饭菜妈妈也早已买好、洗好、切好，就等着下锅了。唉！我是什么忙都帮不上了，我无所事事地躺在沙发上，随手拿起了一本杂志，漫不经心地翻着，突然一行小字映入我的眼帘："梳头可活血脉、消除疲劳、提神醒脑，长期坚持梳头有益身心健康。"

"消除疲劳？"我一看顿时来了精神，对呀！为什么不给妈妈来个对症下药呢？

我拿着梳子神秘兮兮地走到妈妈跟前，说："妈，我知道您这段时间够累的，快坐到沙发上歇歇吧，我来给您梳梳头，书上说，梳头可以消除疲劳。"妈妈顺从地靠在沙发上，幸福地闭上眼睛。我拿着梳子顺着妈妈的头发，从中间向两边轻轻地梳着，突然间，我惊讶地发现，妈妈乌黑亮丽的秀发中，竟夹杂着几根刺目的银丝。这是怎么了？要知道，妈妈还不到四十岁呀！哦，这都是为了我们这个家呀！拿着梳子的手一点儿都不听使唤了。细心的妈妈显然觉察到了，赶忙问："宝贝，你怎么了？"我赶快用手揉了揉眼睛，说："没，没什么，有一根头发碰着眼睛了。"说完，又继续梳了起来。

"哎哟！"妈妈忽然轻轻地叫了一声，声音很小，但我还是听见了，原来，梳子绞住了妈妈的几根头发，我赶快放慢节奏，用心慢慢地梳着，梳着；妈妈闭着眼睛，完全沉浸在这无比温馨的气氛之中。时间一分一秒地过去了，我伸了伸懒腰，刚想说："好了！"可看到妈妈那舒服、满足的神情，我不忍停止，于是又俯下身子轻轻地梳了起来……

羊有跪乳之恩，鸦有反哺之义，当亲情这一人世间最甜蜜的纽带逐渐成为一种奢侈时，我从心底里呼唤：孝敬父母不容等待，哪怕是一次洗脚，一句暖语，一次梳头。

为妈妈梳头，我的心里总是美滋滋的。

这两篇文章淋漓尽致地彰显了感恩的深层含义，感情真挚，沁人心田。

【思考与练习】

在生活中你曾有过瞬间的感动吗？是否曾感动于一个微笑、一个眼神、一句祝福、一句劝勉……以感恩为题，写一篇作文。

要求：
　①抒发真情实感，可综合运用多种表达方式。
　②卷面工整，主题明确。
　③自选角度，自定文体，不少于600字。

（杜薇）

诚信类作文指导

一、什么叫"诚信"

　　诚信：以真诚之心，行信义之事。诚信是一个道德范畴，是公民的第二张"身份证"，是日常行为的诚实和正式交流的信用的合称，即为人处世真诚、老实、讲信誉，言必信、行必果。一言九鼎，一诺千金。

　　什么是"诚"？"诚"，是儒家为人之道的中心思想，立身处世，当以诚信为本。宋代理学家朱熹认为：诚者，真实无妄之谓。"诚"是一种美德。《名人名言》："诚即天道，天道酬诚。"言行须循天道，说真话，做实事，反对虚伪。

　　什么是"信"？《说文解字》认为"人言为信"。程颐认为："以实之谓信。"可见，"信"不仅要求人们说话诚实可靠，切忌大话、空话、假话，而且要求做事也要诚实可靠。而"信"的基本内涵也是信守诺言、言行一致、诚实不欺。"诚"主要是从天道而言，"信"主要是从人道而言。故孟子曰："诚者，天之道也；思诚者，人之道也。""诚"本是自然固有之，效法天道、追求诚信，这是做人的道理、规律。二者在哲学上虽有区别，但从道德角度看，"诚"与"信"则是同义等值的概念，故许慎在《说文解字》中云："诚，信也。""信，诚也。"基本含义都是诚实无欺，信守诺言，言行相符，表里如一，这是做人的基本要求。

二、要善于发现写作的范围和对象

　　在写作范围上同学们一定要拓宽选材空间，可以思考的范围有：从时空上而言，历史上有名的故事，如一诺千金的故事，立木为信的故事，曾子杀彘的故事，宋濂借书的故事；现代影响一代人的人物事迹，当代正在崇尚的人物和思潮，如当代女作家池莉守信的故事，老干妈陶华碧的故事，宜家的木材采购的故事；从空间而言，从国外的到国内的，从远处的到近处的等，如哈佛大学的学术诚信，西南航空的诚信承诺。要把视野拓宽，把视角放大，让自己的写作面扩大。在写作对象上同学们要倾注丰富情感，可以寄托情感的载体有人、物、景、事等。所以我们要善于观察、勤于思考，做个博学多识的人，让自己的思想飞跃，多比较、多借鉴、做总结。作为中学生，我们的生活范围重点是家庭和学校。选材范围最好贴近我们的生活，从生活中找素材，找灵感。例如：我们在校按照中学生守则做好每一点；对父母孝顺体贴；对同学互助友爱；对每一个人都礼貌；不轻言承诺，诺则一诺千金；不做损人的事情；不轻浮，不开过火玩笑；不与人比吃穿，只比学习进步。

三、要善于以中考作文题目为依托，以诚信为题进行写作

现列举一部分作文题目供同学们借鉴。

2020 年四川乐山：留住美好

2020 年四川德阳：美的瞬间

2020 年四川绵阳：人生最贵的是 _____

2021 年青海：就这样，我长大了

2021 年北京：做一粒 _____ 的种子

"共和国勋章"获得者、"杂交水稻之父"袁隆平说："人就像一粒种子。"袁隆平及他的这句话引发了你怎样的思考？请将"做一粒 _____ 的种子"补充完整，构成你的题目，写一篇文章。不限文体 (诗歌除外)。

2021 年黑龙江齐齐哈尔：_____ 的魅力

桃之夭夭是春的魅力，橙黄橘绿是秋的魅力，清词丽句是诗歌的魅力，无私无畏是英雄的魅力，宽容善良是人格的魅力，责任担当是中国的魅力……魅力无处不在，她引领我们走在追求梦想和实现美好人生的旅途中。请以"_____ 的魅力"为题目，写一篇作文。不限文体 (诗歌除外)。

2022 年山东德州：我家的财富

2022 年山东聊城：这就是我想要的生活

2022 年山东临沂：

题目一：材料作文，虽然我生得平凡，但我也是限量版、独一无二的。

题目二：我用 _____ 绘青春

2022 年浙江丽水：以 _____ 为舟

以笔为舟，文人墨客书写了山水诗路；以书为舟，莘莘学子遨游着知识海洋；以梦为舟，航天英雄创造出太空神话。"舟"是运行的依靠，是成长的阶梯，是圆梦的翅膀。

请用"以 _____ 为舟"作为题目，写一篇不少于500字的文章。立意自定，文体自选，

可以记叙故事，可以抒发情感，也可以发表见解。

2022年四川雅安：_____，是一种幸福

2022年四川广元：我的青春有_____

2022年四川泸州：将_____写进生活

2022年四川达州：

材料：

……时代需要我们，我们要不负时代！这是一份责任，更是一份担当。讲述你我的青春故事，谱写你我的人生华章。

上面语段引发了你怎样的思考？请以"我的____故事"为题写一篇文章。

2022年四川凉山州：

题目一：

将"这是新时代中国青年应该有的样子"作为文章结尾，自拟题目，写一篇600~800字的文章。

题目二：

以"_____力量"为题，写一篇600~800字的文章。

2022年山东省枣庄市：朋友或相处

2022年山东省德州市：我家的财富

2022年山东省烟台市：看见

2023年山东菏泽：孝、信、和（任选）

2023年江苏连云港：别轻蔑少年时期感动过的东西。题目自拟，600字左右，文体不限，诗歌除外。

2023年四川泸州：我初中生活的关键词

中国青年报社社会调查中心联合问卷网，对1005名受访青年进行的一项调查显示，回顾刚刚过去的2022年，成长、曲折、难忘、改变是受访青年提出的主要关键词，其他还有拼搏、思考、坚韧、收获。请回顾你初中三年的生活，以"我初中生活的关键词"为题作文。

2023年四川广元：请以"我与_____的故事"为题，写一篇文章。

2023年四川甘孜、阿坝：

阅读下面的材料，然后根据要求作文。

最是书香能致远。阅读是人类获取知识、启智增慧、培养道德的重要途径，可以让人得到思想启发，树立崇高理想，涵养浩然之气。中华民族自古提倡阅读，阅读可以传承中华民族生生不息的精神，塑造中国人民自信自强的品格。

请以"《   》让我学会_____"为题，写一篇文章，表达你对上面这段话的体验、

感悟和思考。

2023 年江苏宿迁：那一次，我与 _____ 深深共鸣

2023 年湖北黄冈：这一刻，我为 _____ 喝彩

2023 年湖南衡阳：寻找青春的答案

阅读下面的文字，按要求作文。

青春是什么？是人生的一段旅程，是拼搏的一种姿态，是奋发的一股力量。自古以来，无数仁人志士以上下求索的精神，寻找着青春的答案。勤学苦读是宋濂找到的答案，弃医从文是鲁迅找到的答案，科技强国是桂海潮找到的答案。青春路上，你找到了什么样的答案？请以"寻找青春的答案"为题，写一篇文章，叙写自己的亲身经历，表达自己的真情实感。

2023 年湖北黄石：种什么样的种子，开什么样的花

四、要善于以诚信为主题，进行随笔练习

1. 请以"与诚信同行"为题，写一篇记叙文。

2. 孔子说："人而无信，不知其可也。"（《论语·为政》）诚信，自古就是一种美德。欺诈、造假等不讲诚信的现象历来为人们所深恶痛绝。请以"谈诚信"为题，写一篇议论文。

3. "拉钩，上吊，一百年，不许变"，这句脍炙人口的童谣，让诚信做人的理念，从童年时期就印刻在我们的脑海里。习近平总书记也曾强调，中国少年要"明礼诚信，争当学习和实践社会主义核心价值观的小模范"。中华民族历来崇尚诚信，所谓人无信不可，民无信不立，国无信不威。诚信，是一切美德的基石。请以"人生，从诚信起航"为题，写一篇文章。

4. 请以"带着诚信前行"为题作文。

5. 以"诚信"为话题，自拟题目，写一篇议论文，要求观点明确，论据充分。

6. "信"，即诚信，是中华民族的传统美德之一，也是社会主义核心价值观之一。在古人眼里，"信"是立身之本；在现代社会，诚信是公民的第二张"身份证"。

7. 请以"守护诚信"为题，写一篇不少于 600 字的文章。

8. 阅读下面的文字，按要求作文。

2021 年 7 月 15 日，电商主播薇娅荣获中国网络诚信大会颁发的"2022 年度网络诚信宣传大使"聘书（已撤销），并做出网络诚信倡议——"企业履责，依法办网。坚持诚信经营，优化内容供给，履行主体责任，彰显社会担当"。

2021 年 12 月 20 日，国家税务总局浙江省税务局网站报道，电商主播薇娅被曝通过

隐匿个人收入、虚假申报等方式偷逃税款 6.43 亿元，其他少缴税款 0.6 亿元。杭州市税务局稽查局依法对薇娅做出税务行政处理处罚决定，进行追缴税款、加收滞纳金并处罚款共计 13.41 亿元。

针对上述新闻事件，你有何联想或感悟？请写一篇发言稿。

要求：自拟题目，自选角度，自定文意，不得抄袭；不得泄露个人信息；不少于 600 字。

9. 诚信，是社会主义核心价值观之一。在现代社会，诚信是公民的第二张"身份证"。在我们的身边，肯定有这样一群人，他们不回避自己的责任，诚实待人，讲求信用，言必信，行必果。请你选择其中一个故事，自拟题目，写一篇不少于 600 字的记叙文。

10. 阅读下面的材料，根据要求作文。

古代有很多关于"诚信"的名言和故事。

例如：轻诺必寡信。（《老子》六十三章）

无转（改变）其信，虽危不动，贞信（正直诚信）以昭（显著），其乃得人。（《逸周书·大戒》）

志不强者，智不达。言不信者，行不果。（《墨子·修身》）

儒有不宝金玉，而忠信以为宝。（《礼记·儒行》）

人倍（违背）信则名不达。（刘向《说苑·谈丛》）

请以"诚信就是你的名片"为题，向同学们做一次不少于 600 字的演讲。

五、诚信类文章的写作技巧

（一）另辟蹊径；（二）选取典型事例；（三）说出深刻感悟。

六、借鉴中考满分作文

一份对规则的承诺让我们遵守交通法规，一份对社会的承诺让我们关爱他人，一份对人生的承诺让我们追求进步……承诺是一份责任，更是一种素养。在我们的生活里，或许也有一份承诺在心中，促使我们进步，伴随我们成长。

请以"一份承诺在心中"为题，叙写自己真实的生活故事。

要求：①字数不少于 600 字；②诗歌除外，文体不限；③文中不得出现真实的名字、班名；④不得抄袭。

一份承诺在心中

远远的街灯亮着，闪着细碎的微光，有如那份承诺在我心头燃起的火花。虽星星点点，却足以燎原。（环境描写开头，比兴手法自然引入主题）

那个仲夏夜，母亲叹息般的话语声似墨水，晕染在我的心头。紧锁的眉，紧握的手，抑制住想要拂开她眉间忧愁的念头，我暗自握住拳，将那份承诺落下心头：永远努力做到最好！（含蓄委婉，不直接写出具体承诺，设置悬念）

于是，为了一个承诺，我努力拼搏。（独句成段，重点强调）

清晨的第一缕阳光跳跃到我肩头，温暖了我严峻的神色。（拟人）反反复复背着拗口的公式，背诵着那繁多的单词，我的精神高度集中，就连平日里最爱看的小说，也被我打入了"冷宫"，（巧用词语，语言诙谐）只能在书架上孤零零地望着我。（拟人）窗外，鸟语，花香；窗内，努力，拼搏。（白描手法，极简勾勒）纸笺上的几个鲜红大字勾勒出了我承诺之路的艰难，但我依旧坚定自我，以笔为刀，奋力向那片繁花似锦奔去。（段尾议论）

于是，为了一个承诺，我积极进取。（与第三段照应，使文章结构形式优美，层次分明）

艳阳高照，夏日的蝉鸣惹得人几分烦躁。（环境描写，烘托人物心情）讲台上，老师争分夺秒。书桌前，我不敢松懈，天际上的云卷云舒是我积极进取的见证。周遭的同学，或窃窃私语，或哈欠连连，（对比）我呢，则在疲倦时暗暗警醒自己，丝毫不敢走神，望着他人懈怠的神色，心下暗暗窃喜，而又继续奋斗。风声，粉笔声，歌唱出了我奋力向前、从不回头的模样。（短句、白描）

于是，为了一个承诺，我披荆斩棘。（独句成段）

已经是深夜了，天幕上不见星也不见月。偶尔有树叶飘落，在黑夜里打着旋儿，即便如此，我的卧室依旧灯光璀璨。书案上，正进行着一场没有硝烟的战斗，而我则在这场战斗中，竭尽我所能，所向披靡。（比喻）一个，两个……一道道题目被我战胜，而我却又立刻打起精神，准备迎接下一轮战斗。灯光暖黄而又静默着，见证着我的勇往直前。（"灯光"作主语，而非"我"，让语句摆脱日常表达习惯，使句子新颖具有可读性）

为了一个承诺，我将努力和汗水织成翅翼，展翅高翔。一份承诺在心中，我会更加努力。（自始至终未写出承诺，但读者从字里行间，以及"我"的行动可以感受出作者的承诺）

有一种承诺

有一种承诺，不计报酬，无论死生；

有一种承诺，冲散阴霾，带来希望；

有一种承诺，短短数字，诉尽一腔衷肠；

有一种承诺，字字千钧，尽显我中华儿女之责任与担当。

（独句成段排列，运用反复修辞手法，加强语言气势）

"忠诚使命、献身使命、不辱使命。召之即来、来之能战、战之必胜。"（引用）忘不了解放军战士的铮铮誓言，是他们用责任与担当，让每一个人看到有一种冲锋叫誓死不退，有一种凯旋叫悄然撤离。江山不负英雄泪，且把利剑破长空。

"除了胜利，别无选择。"（引用，语言凸显人物精神品格）这是陈薇院士的承诺。身着军装，一腔大爱许国家。担起人民与祖国的希望，不忘初心、不负使命，从埃博拉病毒到新冠疫情，她与时间抢生命，以疫苗筑起坚不可摧的盾牌，筑起生命之长城。八字承诺，（点题）载着他们的使命与担当，载着他们的坚守与毅力。

谨以一杯温酒敬征人，敬你风流潇洒骨；谨以一腔热血报家国，燃我灯火千万户！（对偶工整具有形式美，揭示主旨，铿锵有力）

"我觉得我面对的是生命，这是生跟死的问题，这个一点不能含糊！"（引用语言，凸显人物精神）这是钟南山院士的诺言，（点题）也是他的医者仁心、责任担当。忘不了六十年前许下心愿的少年，终不负时光，不负心愿，成长到护佑一方世界。生逢历风雪，峨峨兮南山。疾风起时逆向前，心怀承诺挽狂澜。（对偶工整，体现语句之美感）

"我毕生的追求就是让所有人远离饥饿"是袁隆平先生的承诺。（语言描写显出人物精神）"到最艰苦的地方去，到祖国最需要的地方去。"生命不息，奋斗不止。致毕生热忱于研究，留坚定足迹印田垄，无惧道阻且长，无畏任重道远，为此承诺，耕耘半世纪土地，创世界之奇迹。（语言凝练，高度浓缩）

一句句承诺散落在人间，散入云烟，汇聚成大爱，跨越山海，助力祖国蒸蒸日上，也激励着后辈勇往直前。（主题扩大，升华主旨）

听着前辈们声声承诺，望着英雄们"虽千万人吾往矣"的身影，叹风雨兼程匍匐前进，一次次"在危机中育新机、于变局中开新局"。

今朝，立足于实现两个一百年目标的关键时期，肩负实现中华民族伟大复兴的中国梦，吾辈更需勠力同心，不懈努力。

我们所站立的地方，就是我们的中国。当吾辈满怀希望，光芒万丈，中国便会所向披靡，永远向前。（文章视野站在家国高度，能增强文章宏大气势，但容易陷于空洞和喊口号，

没有十足把握则不宜写此类题材）

千古昭昭，唯有坚毅步伐可将之度量。而吾辈定要坚定理想信念，磨炼坚强意志，砥砺奋进担使命，继往开来谱新篇。（语言高度凝练，显示文章质感）

"中国青年始终是实现中华民族伟大复兴的先锋力量！"青年要有"天行健，君子以自强不息"之坚韧不拔；有"受光于庭户见一堂，受光于天下照四方"之开拓进取；有"数风流人物，还看今朝"之乐观自信！（引用贯穿全段，文学气息浓厚，说服力强）

北宋大家张载曾言："为天地立心，为生民立命，为往圣继绝学，为万世开太平。"我辈亦当以此为承诺，为社会、为祖国作贡献！（引用名人名言增强说服力）

纵有千古，横有八荒。山河无恙，桑梓依然，来日方长，吾辈当自强！（四字词语，结尾高度概括，增强号召力，文章气势再次拔高）

写法总结：

1.审题与选材："承诺"是郑重的许诺，是一种责任的表达，是对社会、对他人、对自己庄严的应答。"一份"限定了"承诺"的数量是一个，而不是多个。提示中说"承诺是一份责任，更是一种素养"，因此，"承诺"的内容非常丰富，可以是"不闯红灯，是对规则的承诺"，是从人对规范、制度的遵守角度来说的；可以是"走近经典，是对阅读的承诺"，是从人的自身素养的形成角度而言的；可以是"追求卓越，是对人生的承诺"，是从人的价值追求角度来谈的；还可以是"关爱他人，是对社会的承诺"，是从人与社会的角度来说的。"在心中"表明占据重要的位置或永远铭记。写作时，可从日常学习生活中挖掘有价值的素材，力求真实，不宜一味求新，胡编乱造"承诺"的内容。可以从生活的细节入手，从切身的感受出发，即便是一些平凡小事，只要感情真挚，一样可以出彩。

2.思路参考：我有怎样的承诺，是对什么现象发出的承诺；为什么有这样的承诺，我准备如何兑现这个承诺；等等。

3.立意参考：

（1）作为学生，努力学习是我们最好的承诺。

（2）为了那份承诺，我要努力拼搏。

（3）坚持不懈是我对人生的承诺。

附录：诚信的成语、名言、故事

言行信果：说了就一定守信用，做事一定办到。同"言必信，行必果"。

一诺千金：许下的一个诺言有千金的价值。比喻说话算数，极有信用。

一言为定：一句话说定了，不再更改。比喻说话算数，绝不反悔。

君子一言，驷马难追（君子一言，快马一鞭）：比喻一言为定，绝不反悔。

一言九鼎：九鼎：古代国家的宝器，相传为夏禹所铸。一句话抵得上九鼎重。比喻说话力量大，能起很大作用。

诚实是人生永远最美好的品格。——高尔基

我们应该老老实实地办事。——毛泽东

坦白是诚实和勇敢的产物。——〔美〕马克·吐温

守信用胜过有名气。——〔美〕罗斯福

言不信者，行不果。——墨子

季布"一诺千金"使他免遭祸殃；晏殊信誉的树立；烽火戏诸侯的故事；郭伋不失信于孩子；曾参杀猪示诚信；卓公行千里如期。

【思考与练习】

1. 在生活中你观察过你的父母是如何与邻居和朋友相处的吗？你从他们身上学到哪些关于诚信方面的优点？

要求：

①抒发真情实感，可综合运用多种表达方式。

②卷面工整，主题明确。

③自选角度，自定文体，不少于600字。

2. 如果因为客观原因，我们失信于朋友或者亲人，我们该怎样消除这个误会呢？请认真思考，用心感悟，找到方法，并且表达出来，不少于300字。

（施冬妮）

成长类作文指导

◎**学习提示**

　　新课程标准明确指出，要让学生形成积极的人生态度和正确的价值观。初中作文应关注学生的成长和学生的心灵感悟。

一、作文题目示例

　　1.人生的路，一程又一程，经历风雨，仍心怀希望。收获成功，又放眼远方。这一程，有人陪你走；这一程，你只身前行，这一程的风景，这一程的故事，这一程的成长……请以"这一程，＿＿＿＿"为题目，写一篇文章。

　　2.冰雪消融时，那缕阳光令人愉悦；感受爱意时，那抹微笑令人温暖；超越过往时，那份自信令人坚定；国泰民安时，那种幸福令人自豪……今日，总有一种晴朗，让人心生欢喜。请以"今朝晴朗可喜"为题目，写一篇文章。

　　3.季羡林先生说过："时间从来不语，却回答了所有问题。"奶奶为什么总爱吃鱼头？爸爸为什么那么严厉？妈妈为什么从来不累？单调的一撇一捺为什么要重复练习成百上千次？运动场上的健步如飞藏着怎样的秘密？……成长的过程中有太多的疑问。时间从来不语，却回答了所有问题。回首你的成长，时间给出了怎样的回答？请以"时间的答案"为题目，写一篇文章。

　　4.人的一生必然要经历许多次"告别"，每一次"告别"，既意味着前一段经历的结束，也是新征程的开始。请你以"成长，从告别开始"为题目，写一篇文章。

　　这些作文题目都有一个共同的话题——"成长"。成长，是一个寻找自我、发现真理的过程。在我们的生活中，成长无时无刻不在进行。在成长的故事中有难忘的事件，有心灵的触动，有思想的启迪。通过写作成长类文章，我们可以更好地应对生活中的挑战，使自己变得更加坚韧。

二、审题指导

什么叫"成长"？

  A.品德方面的成长：会帮助同学；为父母做事；能恪守诺言；坚持原则……

  B.学习方面的成长：能坚持不懈；自己的难题自己解决；能主动探索知识；能体会到家长的苦心；知道细心的重要……

  C.能力方面的成长：学会了一项技能；能自己独自回家；会开展团队活动；会为大家服务；能耐心做事情……

  D.友情方面的成长：会解决同学矛盾；会真心对待朋友；学会了谦让和担当……

  E.在失败与沮丧中的成长：失败中得到启发；摩擦中懂得谅解；矛盾中得到教训；后悔中得到成长的启迪。

  强调：我们还应该注意到"成长"不仅是一种物理上的扩展，更是一种精神上的升华。从无知到有知，从有错到认错，从没感受到感受深刻……我们在写作文时还要注意体现这种变化。

  那么，对个体而言，你对"成长"是怎样认识的呢？在你看来，什么才是"成长"？什么样的"成长"更有意义，值得与读者分享呢？这些问题动笔之前一定要考虑清楚。

三、拟题指导

  简单地说，好的标题新颖独特，能抓住读者的心。
  题目参考：

    "成长的脚印""阳光下的憧憬""成长的定义"

    "发现自己""风雨中走过""在阳光下奔跑"

    "成长与修行""那一次，我哭了""为自己奔跑"

    "花开的声音""为自己喝彩""也是人生的财富"

    "一路有你""泥泞留痕""小小的，大大的"

    "角落里的阳光""那一刻，我长大了""心有"

四、文体选择指导

  成长的故事很多很多，有欢乐也有悲伤；成长的岁月很长很长，需要我们一点一滴去感悟。岁月不会回头，让我们拿起笔写出心灵悟语，写出精神的跋涉。文体以夹叙夹议的记叙文为佳。文学素养深厚的同学，也可尝试抒情散文笔法，寓情于事，寓情于景，寓情于物。

  无论是哪类记叙文，都有以下写作要求。

  1.根据表达需要，确定表达的内容和中心。记事记叙文中叙事时材料的取舍、详略的处理、结构的安排以至语言的运用都要围绕中心进行。写人记叙文要通过典型事例表现人物思想品质的闪光点，通过这些闪光点来表现人物的内心世界。

2.选择恰当的表达方式。记叙文应以记叙、描写为主要表达方式，多种表达方式综合运用。

3.运用联想、想象、象征等手法，丰富表达的内容。

4.运用多种修辞方法，如比喻、拟人、夸张、排比、引用等，使文章的语言优美动人，使笔下的画面赏心悦目。

五、叙事类记叙文写作注意事项

在我们的日常生活中，有许多事都是我们亲身经历、亲眼所见、亲耳所闻的，而且大多是普普通通、平平常常的小事，如何把这些小事作为材料来写作文呢？请注意以下几点。

1.选材要精，要选自己熟悉的事来写。要做到这一点，就要处处留心，善于观察，勤于思考，做生活的有心人。要尽量选择自己生活中熟悉的、感受深切的事来写，这样，运用时才会得心应手，容易写出自己的真情实感。

2.构思要巧，要努力做到构思巧妙。所谓构思，是指在作文前进行的一系列思考过程，包括选择材料、确定中心、组织材料、运用语言等方面的内容。尽量做到新颖别致，不与别人雷同。

3.内容要具体，要交代清楚记叙的要素。即写清楚什么人，发生了什么事，是在什么时间和地点发生的，事情的起因、经过和结果怎么样。只有把这些写清楚了，文章才能眉目清晰、内容完整，才能很好地表达中心。

4.详略要得当，要根据中心确定详略。一篇文章哪些应该详写，哪些应该略写？对表达中心起重要作用的内容要详写。详写就要放得开，细致地刻画，充分地发挥。而次要之处则要略写。一篇文章有详有略，重点才能突出。

5.结构要完整。所谓完整，一是指事件从起因到结果的完整；二是指文章结构上的完整。这里，很重要的一条是前后呼应。内容和标题要呼应，结尾与开头要呼应。

6.人称、线索要清楚。人称是叙述的出发点，究竟运用哪种人称，要根据表达的需要选用。线索在文章中起连贯作用，所以叙事还必须线索清楚。

六、课本上的"成长"类文章

1.叙述了一次"我"冒险与脱险的经历，认识到要把大困难分解成小困难，一个接一个地解决小困难，最后大困难也就解决了。（《走一步，再走一步》）

2.描绘了生气勃勃、光辉耀眼的紫藤萝瀑布的景象，联系到以前这树藤萝曾经只剩下支架，而现在开得如此旺盛，明白花与人都会遭遇各种不幸，但生命的长河是无止境的，因此要正确对待人生的不幸，乐观地面对新的生活。（《紫藤萝瀑布》）

3. 主人公杜小康是一个十来岁的少年，生活的艰难和精神的孤独压迫着他，同时也锤炼着他的身心。一场暴风雨后，他觉得自己"突然地长大了，坚强了"。（《孤独之旅》）

当然，鲁迅先生的《从百草园到三味书屋》《阿长与〈山海经〉》，朱自清先生的《背影》等文章，字里行间也告诉了我们成长过程中的事情，让我们在阅读文本时不仅有同感，而且有人生的启迪和对成长新的认识，练笔时可以模仿和学习。

七、习作欣赏

心有坚强

（2021级6班　孔维震）

雄鹰搏击长空，翱翔万里，需经历折翼之痛、断喙之苦；蜡梅风雅出尘、玉骨冰肌，需经历凌霜之寒、风雪之摧。真正的强者，敢于面对苦难，拥抱挫折，展现生命的坚韧与顽强。（开篇语言简练，紧扣"坚强"的意义）

发令枪号声响起，一排选手迅速弹射起步，膝盖处传来的刺痛阵阵袭来，但也无暇顾及，只有呼啸而过的风和同学的叫喊声在耳边回响，眼看一个个同学从我身边飞奔而过，如奔驰的疾风，与耳旁的风融为一体，我逐渐怀疑自己的努力。（所遇到的困难，略）

顺着藤、摸着巷，走进那年夏天跑道上心畔的深处。我倒在了滚烫的大地上，任凭汗水从我的额上滑下，大口大口地喘着气，一次次的起跑已让我的腿部肌肉难受至极点。我踉踉跄跄地站起，在烈日炎炎的操场上只有我一人。我再次站在起跑线上，单膝跪地，心中满含的信念，和身上被磨砺出的伤痕让我的眼神坚定起来，"刺"一声，我的脚尖蹬出了线，在这烈日下我只有一个想法，变强！（细致的动作描写，生动地表现了自己曾经的努力。回忆曾经的"坚强"，召唤现在的"坚强"，即从思想方面写坚强）

回过神，回到眼前激烈的比赛中，我告诉自己之前的努力不可以白费。我加大力量，加大摆臂幅度，"争口气儿，小伙子！"父亲的话飘扬在耳边。"啊！"我大吼一声，从后程突然开始加速，脚上、腿上磨砺的痕迹使我的信念越来越强。不知不觉中，我超过了倒数第二，"快跑，只剩最后八十米了！"同学们的呐喊声使我的心为之一振。我再次加速，步幅开始变大，在最后的五十米，一个、两个、三个，我口中默念着反超的个数，眼神更加坚定，在最后一步超越终点时倒了下去，全场沸腾。"你做到了！"同学们喊起来。原来第一已经被我反超，我逆风翻盘，汗水混着泪水在脸上肆意流淌，心有坚强，定能超越自我！（运用语言描写、心理描写、动作描写，细致展现了自己逆风

翻盘的过程。回到现实，从行动方面写自己如何坚强地战胜自我，争取比赛的最好成绩，详写）

　　草木不经霜雪，则生意不固；吾辈不经忧患，则德慧不成。人生的大海波澜壮阔，纵然狂风骤雨卷起千堆雪，而永远吹不走的，便是那颗永恒的、直面磨难的坚强的心。（结尾总结升华，论述心有坚强的意义）

【思考与练习】

1. 什么是成长？

2. 写作成长类记叙文需要注意哪些问题？

（姜素娟）

第16单元

以书为友，开卷有益

——漫谈"家庭小图书馆计划"的实施

> ◎**学习提示**
>
> 　　充分发挥老师的主导作用，课内与课外相结合，家校携手，引导学生多读书、读好书，让书籍成为人生必不可少的组成部分。

　　爱迪生说，"读书之于头脑，好比运动之于身体"。库法耶夫说，"书是文化生活的源泉"，弥尔顿说，"好书是伟大心灵的富贵血脉"。提高国民素质，从阅读入手是很好的途径。阅读对于人生而言，有三个层次的作用，最基本的是提高学生的阅读能力和写作水平，正如冰心所言，"多读书、读好书，然后写出自己的感想，这是写好作文的开始"。这也是广大师生和家长最殷切的希望。其次是欣赏、陶冶情操，收获人生乐趣，就像歌德说的，"读一本好书，就如同和一个高尚的人在交谈"；最高层次是提高人的鉴别力和修养，内化为人的素质，并产生良性的社会效益。正如雨果所说，"书籍是改造灵魂的工具。人类所需要的是富有启发性的养料，而阅读正是这种养料"。

　　据美国教育部发布的分析报告，随着时代的发展，学生面临的选择日趋多元化、诱惑越来越多，电脑的普及、影音文件的直接性导致学生的平均阅读量呈逐年下滑的趋势，由此造成的阅读障碍也越来越严重，已经成为中小学教育的一大顽疾。国内的情形也不容乐观，《全日制义务教育语文课程标准》建议学生九年课外阅读总量达到400万字以上，但能达到的学生寥寥无几。

　　未成年人阅读习惯培养的关键在于家庭氛围。但是，我从教多年，通过长期的调查，如电话询问、问卷调查、登门家访等方式，发现很多学生的家庭简直是文化的沙漠，藏书上百的家庭凤毛麟角，很多家庭几乎没有任何像样的文学作品。很多学生阅读写作能力差，读好书时头疼、哈欠连天，却沉溺于乱七八糟、文学价值很低的恐怖、武打、盗墓或青春偶像系列，浪费光阴与青春。很令人痛心。

　　家庭氛围、社会环境虽不容乐观，但作为教育工作者，可以从校园向家庭渗透，争取家校联手，向沙漠进军，改造环境，引导学生读好书、好读书。

基于以上的想法，身为班主任的我从2004级5班开始付诸实践，系统实施"家庭小图书馆计划"。

首先，利用家长会的机会向家长渗透，进行专题探讨，讨论得失利弊，以统一思想。结果出乎想象地顺利，家长如久旱逢甘霖，我的倡议获得了最大限度的支持。

其次，借此东风，我召开了主题班会——"书是人类进步的阶梯"。在班会前，我发动学生利用书刊、网络收集读书方面的名人名言、格言警句，在班会上交流讨论，让学生各抒己见、畅所欲言。

最后，我再进行总结提升，指出阅读对于学习、工作乃至人生的重要作用。经过这番理论指导和舆论宣传，结论更加明晰，并且吊起了学生的胃口。

经过宣传和论证，计划进入第三阶段——实施。

教育部在《中学语文教学大纲》里，为提高学生素质，向初中生开列了"课外阅读推荐书目"10部，这些中外文学名著有效地拓宽了学生的视野，颇具示范性。每本书都附有一篇由专家撰写的导读文章，能够帮助学生更好地理解作品内涵，激发学生的阅读欲望。

于是我决定由此入手，打开突破口。我的初始计划是每学期两本，先易后难、由浅入深。初一：《童年》《朝花夕拾》《繁星·春水》《骆驼祥子》；初二：《西游记》《鲁滨孙漂流记》《格列佛游记》《名人传》；初三：《钢铁是怎样炼成的》《水浒传》。初四：鉴于中考，不作推荐，温故知新即可。学生购书的积极性很高，仅仅一个周末，每位学生的"家庭小图书馆"粗具雏形。买书不是目的，关键是读书。读书的时间主要是安排在周末和节假日，在不耽误学习和休息的前提下，我也提倡每天拿出专用的时间读一些，以培养阅读习惯。

万事开头难，刚起步时，很多学生有畏难情绪，根本不看，却宣称读过。我就利用班会进行阅读指导，分析研究它的历史背景、作者经历、风格、组织结构、教育意义，尤其是语言特点和构思技巧，具体到每章、每页甚至是每一个精辟的段落和语句的具体分析。有时，还利用班会时间读上几十页，以求营造氛围、打破坚冰。几次下来，打开了缺口，学生的恐惧感和排斥心理大为减轻，逐渐接受引导，读书的兴趣越来越浓厚，爱读书的同学越来越多。

每读一本书，我都会让学生进行摘抄、写读后感和书评，每过一段时间，我还组织讨论会，让他们交流心得，然后进行总结、升华，寓思想教育于阅读之中，就像涓涓细流，无声地润泽着学生的心田，而不必担心像空洞的说教那样令人反感、排斥。

每学期期中考试后的第一次班会是我们班的"读书节"，每个同学选一本自己认为最经典、对人生产生重大作用的书，在班内进行推荐、互相传阅。我也从家里的个人藏书中，选取适合他们的书，一百二十多本，分门别类、汇集在一起，放在教室内的书橱里，建立了"班级小图书馆"，由选举产生的图书管理员负责借阅工作。

为保证实效，我还发动家长对孩子进行勉励、督促，双管齐下，如此一来，越来越多的学生爱上了课外阅读，阅读之习，蔚然成风。更为可喜的是，一部分爱看书的家长更是与孩子一起看书、共同成长。

任务完成的速度大大快于初始计划，10 部名家著作不到两年就读完了。学生互推的书籍则参差不齐，难以尽善尽美。很多家长建议我推荐几本书。

这引起了我的深思。

别林斯基说过，"好的书籍是最贵重的珍宝"。这是我特别推崇的格言之一。巴比达说过，"每个有知识的人，应该在一生中好好读上 8~10 本书。究竟该读哪些书？那至少得读上 15000 本才能了解！"这条名言令我深有同感。每到图书馆，林林总总的书籍经常令人感到眩晕。赵树理说过，"读书也像开矿一样，沙里淘金"。但如果学生像淘金一样读书，可以吗？梭罗说过，"先读最好的书，否则你就根本没有机会去读了"。是的，读好书要趁早，中小学阶段是人生的黄金时期，人的时间和精力是有限的，要让好的书籍和思想占据我们的头脑，避免"陷入滥读的泥沼"。优秀的书籍令人受益终身，读书对于人的思维方式、行为准则和人生观、世界观的形成，起到了至为重要的作用。很多东西随着时光的流逝不是越来越模糊，反而越来越清晰。

在头脑风暴中，很多形象逐渐汇聚到一起：一只蹦蹦跳跳的小鹿、一位趴在窗边的小姑娘、憨态可掬的贫嘴张大民、一群混在天津卫码头的奇人、远古时代的豪侠、英子眼中的老北京、一座见证历史沧桑的禅院、养育萧红的母亲河、碧血黄沙的撒哈拉大沙漠……

于是我在教育部推荐名录之后，从自己读过的书中，取我久久不能忘怀，甚至而今仍在反复阅读的精品，推荐给学生，其中文学类 11 本：长篇小说 6 本、短篇小说集 3 本、寓言 1 本、散文游记 1 本；历史类 3 本；生物类 2 本；漫画类 2 本。共计 18 本。

从初二下学期开始分时段、分层次阅读新的书目。总体计划每学期的学期之内两本，寒暑假两本。具体分配如下：初二下学期：《窗边的小豆豆》《小鹿斑比》《城南旧事》《中国传奇》；初三上学期：《呼兰河传》《爱的教育》《俗世奇人》《贫嘴张大民的幸福生活》；初三下学期：《动物农庄》《撒哈拉的故事》《昆虫世界》《北京法源寺》；初四上学期：《万历十五年》《蒋廷黻中国近代史》《中国历代政治得失》《野兽之美》；初四下学期鉴于中考复习紧张，仅推荐两本优秀的漫画作品：《三毛流浪记》和《蔡志忠漫画菜根谭》，其中《三毛流浪记》为无字书。这样既不增加学生的负担，又能令学生在忙碌紧张枯燥中小娱怡情、调节情绪，使日常生活、学习的运转更加良性化。

具体操作大体沿用以前的方式，学生轻车熟路。兴趣和习惯已经养成，一切均是良性运转。当然功利心不要太强，内化为素质的过程是要靠时间和耐心慢慢滋养的。

四年时光倏然而逝，2004 级 5 班学生已于 2008 年 6 月毕业，各科成绩辉煌，59 人参加中考，重点高中上线 46 人，上线人数名列平行班第一名。各项已成为历史的工作，得到了学生、家长的良好反馈，产生了良好的社会效益。更让我感到欣慰的是，2009 年暑假，仍有毕业一年的学生田薇彤给我打电话、发短信，要求推荐更多的书籍。我想，这是对这一计划最大的认可和褒奖了吧？

铁打的营盘流水的兵，送走一届毕业生，我又迎来了周而复始的新一届。通过互联网我注意到，教育部颁布的《全日制义务教育语文课程标准》对原有《语文教学大纲》中关于语文课外读物的具体篇目做了较大改动，并规定了不同阶段学生的阅读总量。人民文学出版社于 2006 年在 2003 年版"语文新课标必读丛书 50 种"的基础上，根据中小学语文教学的最新发展动态，进行了必要的修订补充，并冠名为"语文新课标必读丛书（修订版）"。丛书的书目均为"新课标"所推荐，总计 60 种。为方便学生阅读和更好地吸收作品中的营养，"丛书"还对阅读作品的时间进行了大体的界定，使之成为"阶梯读物"，这也与"分层次教学"的原则不谋而合，有着异曲同工之妙。初中部分具体分层如下：初一上册：《繁星》《春水》《伊索寓言》；下册：《童年》《鲁滨孙漂流记》《昆虫记》；初二上册：《朝花夕拾》《骆驼祥子》《钢铁是怎样炼成的》；下册：《西游记》《海底两万里》《名人传》；初三上册：《水浒传》《傅雷家书》《培根随笔》；下册：《格列佛游记》《简·爱》。

这种指导思想体系目的明确、步骤清晰，使得老师推荐与安排的可操作性越来越强。我的计划也随之进行机动变化，改变以往先集中阅读上级推荐书目再看我推荐的书籍的做法，而是两份书目并列进行。

2008 级 9 班已经上到了七年级，一年多来，本计划的实施更加成熟，程序上也更加优化。我与各科老师密切配合，力争课外读物在"阶梯""分层"的理念下进一步与语文、历史、地理、生物、政治等各学科的进度相协调。比如，在学生学完法国生物学家法布尔的《蝉》之后，趁热打铁，向学生推荐《昆虫世界》；趁学生刚结束林海音的《爸爸的花儿落了》的学习，余温犹在，向他们推荐《城南旧事》；学生刚学完冯骥才的《泥人张》《刷子李》，便将《俗世奇人》推荐给他们进行课外扩展……

短短一年多的时间，学生已经尝到了甜头。在校内自习课完成作业之余，学生们逐渐改变了过去那种东张西望、无所事事的不良习惯，而是拿出课外书，在知识的大海中遨游；热爱文学的学生越来越多，读课外书已经成为许多学生生命中不可分割的一部分。与孩子共读、恶补文学缺憾的家长逐渐增多，个别家长甚至"变本加厉"，在 2009 年 11 月期中考试"给家长的一封信"的反馈中，要求我每周推荐一本书！这一切充分说明，"家庭小图书馆计划"是符合潮流、深入人心的。

存在的问题与反思：

1. 部分孩子不爱读书，对家长的催促置若罔闻，对老师的统一要求也像耳旁风。

我对孩子采取个别谈话的方式，提出要求任务，进行引导鼓励，并约法三章，请家长监督；对家长，则要求他们以身作则，营造氛围，与孩子共读，家庭环境是孩子成长的关键。

2.部分家长担忧孩子读书贪多求快，不求甚解。

　　凡事多看好的一面，这无意中对"快速阅读"进行了训练；弥补的关键是复读，好书不厌百回读，就可以达到螺旋上升的效果。

3.少量书籍如《万历十五年》《蒋廷黻中国近代史》《中国历代政治得失》太深、太难，学生或囫囵吞枣，或不知所云。

　　确实，有些书更适合高中生和大学生。但我认为读书也要看机缘，先上架备着，偶尔翻翻，随着个人的成长，原先不明白的东西也会逐渐内化吸收。

建议：

广大语文老师和班主任，以班为单位，系统地为学生推荐课外读物，书目要因班、因人制宜，不必苛求统一，各不相同、各具特色是最好的，防止出现一刀切、单调文化阻碍学生思想发展的欲速则不达现象，保证思想、文化的多样性，百花齐放。

附录 "家庭小图书馆" 书目简介

1.《窗边的小豆豆》

该书是日本历史上销量最大的一本书。作者黑柳彻子，联合国儿童基金会亲善大使。该书讲的是作者童年时期的真实故事：一年级学生小豆豆因淘气退学来到巴学园，在小林校长的爱护引导下，她无拘无束地发展了自己的天性，让成年人眼里怪怪的小豆豆逐渐成了一个充满爱与美的魅力的孩子，并奠定了她一生的基础。这本书会给人很多启发，看似是小孩看的，其实大人更应该看。越是小孩子，就越是拥有人类最珍贵、最必要的东西。一个人成年以后的所思所想、所作所为都能找到童年时期的根源。该书让人在笑声和感动中深深思考，现代教育应当如何理解和发掘孩子的天性，让他们沐浴在灿烂的阳光中。这是日、美、英等国中小学生与老师的必读书。为了孩子，每位家长和老师一定要读这本书！

2.《城南旧事》

20世纪80年代，一部改编自林海音作品的同名电影风靡全国，感动了一代人。作者透过一个小女孩英子童稚的双眼，满含怀旧的基调，向世人展现了大人世界的悲欢离合，有一种说不出来的天真，却道尽人间复杂的情感。作者所描述的大时代的小故事，将20世纪20年代老北京的韵味展现了出来，仿佛一组黑白老照片，意境深远、回味悠长……读《城南旧事》，心头会漾起一丝的温暖和一缕淡淡的哀愁，满是人间烟火味，却无半点名利心。

3.《呼兰河传》

作者萧红，该书以作者的童年回忆为线索，真实而生动地再现了当地老百姓的生活现状和精神状态，流露出一种"孤寂与苦闷"的情怀，描绘了一幅20世纪二三十年代东北小城呼兰的风土画卷。茅盾曾这样评价它的艺术成就："它是一篇叙事诗，一片多彩的风土画，一串凄婉的歌谣。"《中国现代文学三十年》的评价："《呼兰河传》写出一个北方小城镇的单调的美丽、人民的善良与愚昧。萧红小说的风俗画面并不仅为了增加一点地方色彩，它本身包含着巨大的文化含量与深刻的生命体验。"

4.《小鹿斑比》

作者费利克斯·萨尔腾（奥地利）为我们描绘了一个美丽真实的森林世界。动物们过着宁静快乐的生活，代代相传。可是人类的出现，使森林里危机四伏；随着人类的一步步入侵，森林日益陷入恐怖的气氛。人类猎捕动物，还通过砍伐使动物的生存空间越来越小。但人类绝非世界的主宰，正如鹿王所说："他并非无所不能。他并不在我们之上。他有同样的恐惧和需要，而且同样地受苦。他会像我们一样被杀死。"是啊，在人类和动物之上，还有一个自然法则：残杀动物、毁坏环境，无异于自杀！在故事的结尾，斑比继承了鹿王的地位。又一个夏天来临，森林里充满了爱的气息，一个个新生命开始被孕育——自然就是如此，生生不息。本书也是一部深刻的"自然启示录"。

同名迪士尼动画片比小说有名多了，小鹿斑比成为孩子们喜爱的经典形象。但若论艺术成就和内涵，当数原著。时间证明，《小鹿斑比》是一部经典的杰作。

5.《中国传奇》

作者林语堂，该书是作者向西方介绍中国文化的力作，书中一共收录中国古代著名的短篇小说杰作 20 篇，按照小说内容的属性分成：神秘与冒险、爱情、鬼怪、讽刺、幻想与幽默、童话六大类。本书所选各篇中，若干篇具有远方远代之背景与气氛，并有异国情调与稀奇特殊之美。这些短篇小说的主旨在于描写人性，一针见血；或加深读者对人生的了解；或唤起人类的恻隐之心、爱、同情心，而给予读者以愉快之感。这部林语堂改编创作的传奇经典，向世人展示了古代中国的神秘、浪漫和惊人的创造力、无拘无束的心智和想象。异世之美折服西方。

6.《爱的教育》

这是一本日记体小说，作者亚米契斯。本书以一名四年级男孩安利柯的眼光，讲述了他在校内外的所见所闻所感，审视着身边的美与丑、善与恶，用爱感受生活中的点点滴滴。本书涉及 9~13 岁的孩子日常生活的方方面面，可以使孩子了解到如何为人处世，如何成为一个有勇气、充满活力、正直的人，一个敢于承担责任和义务的人——不仅对家庭，还包括对社会的责任和义务。这是一部极富爱心及教育性的读物，是一部人生成长中的"必读书"。相信通过阅读此书，孩子会受到美好品德潜移默化的熏陶和影响！

夏丏尊先生在翻译《爱的教育》时说："教育没有情感，没有爱，如同池塘没有水一样。没有水，就不能称其为池塘，没有爱，也就没有教育。"由此可见，《爱的教育》不仅能教育孩子，而且能教育那些正在教育别人的人。素质教育其实就是爱的教育，爱是教育的根本。《爱的教育》

给我们提供了素质教育的典范。作品带有明显的引导性，它引导孩子们自己去关注、欣赏、品味、思考，引导他们用爱心与读者对话。

7.《俗世奇人》

短篇小说集，作者冯骥才。该书取话本文学旨趣，以白描入笔，文字精短、半文半白，带有"三言二拍"的笔意和古典传奇色彩。书中所讲多以清末民初天津卫市井生活为背景，素材均收集于长期流传津门的民间传说，描写的正好是天津本土的"集体性格"。人物之奇特闻所未闻，故事之精妙叹为观止，读起来让人拍案叫绝。

冯骥才坦承本书的文风在三个方面受冯梦龙的影响。"一是传奇，古小说无奇不传，传奇主要靠一个绝妙的故事。二是杂学，杂学是生活也是知识。杂学必须宽广与地道，而且现用现学不成。照古人看来，没有杂学的小说只有骨头没有肉。三是语言，中国的文学史，散文在前、小说在后，小说的语言受散文影响。中国人十分讲究文字的功力，尤重单个方块字的运用，决不是一写一大片。"同名小剧场话剧，也值得一看。

8.《撒哈拉的故事》

散文游记，作者三毛四海为家、浪迹天涯，她带领读者走进传奇的沙漠世界。撒哈拉的风土人情、沙漠生活中的点点滴滴，把人带入一个需要揭开的风情世界。她在其中描绘的或浪漫或新奇、或惊险或苦闷的沙漠生活，闪现着人性的光辉与乐观主义精神。读《撒哈拉的故事》，好像一位迁缓于沙漠中口干舌燥的人，畅饮了一杯清凉甘甜的山泉水。

9.《昆虫记》

作者法布尔，被誉为"昆虫界的荷马"。《昆虫记》既是一部严谨的科学著作，又是一部优美的文学经典，更是一部永垂不朽的昆虫史诗。法布尔的笔下散发着浓郁的文学气息，它并不以全面系统地提供有关昆虫的知识为唯一目的。除了介绍自然科学知识外，作者还利用自身的学识，通过生动的描写以及拟人的修辞手法，将昆虫的生活与人类社会巧妙地联系起来，把人类社会的道德和认识体系搬到了昆虫的世界。这本书历经一个多世纪，启迪无数童蒙稚子，可以从七岁读到七十岁，是一部不朽的科学经典。

10.《北京法源寺》

作者李敖。这部小说的主题和内涵很丰富，全书以具象的、至今屹立的古庙为纵线；以抽象的、烟消云散的历朝各代的史实人物为横剖，写了四百多个小主题、小单元，如生死、鬼神、家国、君臣、朝野、夷夏、忠奸等，都有十分精辟的见解。作者自称本书几乎全写男性的豪侠、忠义、决绝、悲壮，以及男性的思想与行动，是一部用文学的手法来表现哲理的小说。李敖的文风在本书中得到了淋漓尽致的发挥。

11.《三毛流浪记》

作者张乐平，这是一部真正的无字书。三毛虽然寒无衣、饥无食、居无定所、流浪街头，但他不想偷窃、不愿成宠物的倔强和乐观诙谐顽皮滑稽的性格，却赢得了人们的加倍喜爱和珍惜，激起了一切善良人们的共鸣。《三毛流浪记》无情地鞭挞了旧社会人间的冷酷、残忍、欺诈和不平。颂扬了在极度凄苦无依的困境中，依然意志坚强、乐观、善良、机敏、幽默的"三毛精神"。

同名电影也很好，建议学生观看。

12.《蔡志忠漫画菜根谭》

《菜根谭》是明代洪应明编著的一部论述修养、人生的格言式小品文集，采用语录体。《菜根谭》文辞优美、对仗工整、含义深邃、耐人寻味。它糅合了儒家的中庸思想、道家的无为思想和释家的出世思想，是三教真理的结晶。它亦有劝导人们建功立业、积极入世、乐观进取的一面。对于人的正心修身、养性育德，有潜移默化的力量。蔡志忠从中选择一百二十五则，以独特的漫画形式表现出它的儒、道、释思想之三昧，别出心裁，令人心旷神怡，是一部有益于人们陶冶情操、磨炼意志、奋发向上的通俗读物。作者以"菜根"为本书命名，意谓"人的才智和修养只有经过艰苦磨炼才能获得"。正所谓"咬得菜根，百事可做"。

13.《动物农庄》

寓言，作者奥威尔。《动物农庄》看似讨论资本主义与共产主义的异化与同化，实际上还是回归到了最初的问题——人性。奥威尔本人是社会主义者，他清醒地认识到人性是自私的，这是所有问题的根源。《动物农庄》反对的是极权主义和乌托邦式的幻想。

14.《贫嘴张大民的幸福生活》

作者刘恒。故事讲述的是一群生活在社会底层的平民百姓。作者用"显微镜"去观察琐碎的生活细节和渺小的人生困境，以浓厚的生活气息、淡淡的喜剧效果、切实的人生内涵，凸显了心地善良的城市平民张大民一家人追求平凡幸福生活的过程。作品具有浓郁的天津生活气息。围绕张大民一家的喜怒哀乐，反映了普通民众的情感与生活，写透了小人物"活着"的酸甜苦辣。虽然看起来诙谐轻松，却充满讽刺与黑色幽默，将普通百姓的无奈刻画得淋漓尽致。

同名电视连续剧由梁冠华主演，红遍神州大地、妇孺皆知，原著反而名不见经传。依我之见，原著的艺术水准在电视剧之上；而社会意义最深刻、艺术成就最高的，当数根据本书改编拍摄的电影《没事偷着乐》，由冯巩演张大民，建议学生观看。

15.《野兽之美》

该书是《纽约时报》科普专栏作家纳塔莉·安吉尔的代表作，图片加文字的形式大大增强了对读者心灵的震撼力。作者通过对野生动物的生活、繁殖乃至死亡的描述，令读者直观地体味大自然生灵的美丽以及各种野兽奔腾不息的生命本质。本书涵盖了众多的生物学和哲学命题，带给我们的不仅是野生动物的性习俗和肤浅的皮毛之美，更是关于大自然和生命的最新总结，为我们揭示出一切生命是怎样受制于 DNA 的隐秘，令人不得不对生命的本质进行重新审视。

16.《万历十五年》

作者黄仁宇，他写出了单一意识形态治国之困局：明朝以道德代替法制、以单纯意识形态来约束子民的立国精神，均衡、稳定是其着眼的重点；这种体制要求内部同质化，牺牲局部保全整体稳定，牺牲公平保证效率，只能用精神力量补助体制上的欠周全。当社会日趋参差多态之时，因为体制之下的终极价值理论上的不可怀疑和体制事实上的漏洞百出，体制所要求的单一化、同质化已经不能做到，整齐划一的集体开始崩解。当现实基础严重脱离体制时，体制又不能自我否定，只好强行将现实拉回原初的设定状态。但是构成体制本身的官僚阶层自身已经发生了改变，其行为也有所偏差，最后的结局必然是体制的分崩离析。儒家文化和其背后庞大的、遵守"成宪"的文官集团，推动着庞大而效率低下的明朝，走向毫无光明可言的道路，最终耗尽了生命力，将庞大的帝国拽入了深渊。这实在不是"巧合"，而是"必然"。一个国家的兴衰，实在与制度有太大关系。

从组织制度的设计来讲，对人性的基本假设应当是：人是有欲望的，个人私利是会和集体利益发生冲突的。权利和制度的设计应当尽可能考虑并规避人性弱点。违背人的天性，片面强调道德伦理来治国治家，误国误民也误自己。

17.《蒋廷黻中国近代史》

在这本仅五万多字的书里，蒋廷黻举重若轻地为中国近代史画下了一个大致的轮廓，把"中国近代史"界定为"中国近代化的历史"。中国能否近代化以及如何近代化，成为该书论述的主线。蒋廷黻在该书"序言"中开门见山地指出鸦片战争失败的根本理由是："我们的军队是中古的军队；政府是中古的政府；人民，连士大夫阶级在内，是中古的人民。近代中华民族根本问题只有一个，那就是中国能近代化吗？能废除我们家族和家乡观念而组织一个近代的民族国家吗？"蒋廷黻先生提出"鸦片战争的军事失败还不是民族致命伤，失败以后还不明白失败的理由，那才是失败的致命伤"，如此简练，却又如此振聋发聩、掷地有声！这本书被视为重分析、重综合、重整体理解的"清华学派"的代表作。

虽然早已过了近代，但蒋廷黻书中的一些近代化过程直到今天我们都尚未完成。今天，我们依然不能对中国人是否全面具有崇尚自由民主法治、强调诚信的近代化意识给予一个确定的答案，也就是说，我们在七十年之后依然没有完成蒋廷黻提出的命题。这是我们愧对先辈的。此书不但对研究近代史有益，对我们今天以古鉴今也是有益的。以此书最后一句话共勉，"我们必能找到光明的出路"！

18.《中国历代政治得失》

作者钱穆，在这本书里，得和失，钱先生主要是肯定其得：中国的君权从秦汉以来一直呈集中的趋势，从政治制度上，我们是步步倒退的，但古代政治是不能用专制黑暗一笔抹杀的，中国政治文化的精华不能抛弃。

该书既高屋建瓴地总括了中国历史与政治的精要大义，又点明了国人对传统文化和精神的种种误解，是一本简明的中国政治制度史。网友高度评价这本书："中国作为唯一活着的原生文明的事实说明了这个民族历史中存在着通向未来的钥匙。"

【思考与练习】

1. 如果老师推荐的书籍不符合你的兴趣爱好，你会如何克服困难钻进去？

2. 你喜欢读哪方面的书？请列一份书单，不少于五本书。

3. 请仿照附录的例子，为同学推荐一本书。

（杨卫广）

怎样读名著

◎**学习提示**

名著阅读是语文教学最好的延伸，却也是当前的一个缺陷，要想使学生静心读书，还得讲讲策略，结合老师在读书时遇到的情况，我们不妨这样来引导学生。

"不学诗，无以言""读书破万卷，下笔如有神""粗缯大布裹生涯，腹有诗书气自华"……读书是伴随我们一生的事情，尤其是在青少年时期，能够博览群书，尤其是广泛阅读文学作品，对于一个人的精神成长有着至关重要的作用。

阅读经典作品，能给孩子们以思想的启迪、精神的力量和艺术美感，为孩子们的成长奠定阅读的品位和高度，引导孩子们亲近真、善、美，反对假、丑、恶，有助于孩子们打好人生的底色，奠定精神的底子；有助于锤炼孩子们的品格，塑造健全人格。但是，由于名著篇幅太长，往往让人望而却步，尤其是对于十几岁的学生，面对繁重的学业压力，能够静下心来阅读长篇名著，就更加困难。

那么，在平时的学习生活中，我们应当如何引导学生阅读名著呢？

一、巧妙运用媒体，"立体"激发阅读兴趣

媒体作品具有生动、形象的特点，在阅读名著的过程中，与媒体作品相结合，可以使故事内容和人物特点更充分地呈现出来，营造良好的阅读情境，激发学生阅读兴趣。如近年来《水浒传》《西游记》《三国演义》等经典名著改编的影视作品相继热播，指导学生阅读之前利用学生喜欢影视媒体的特点，巧妙地引导他们收看名著改编的电视剧，大致了解故事情节，然后引导学生去寻找影视作品与原著之间的差别。以任务的形式激发学生的内驱力，在比较中深入理解名著的主题、人物和精彩之处。学生通过观察对比，原本抽象的文字渐渐形象化、立体化、具体化，更容易理解名著，既增强了学生审美情趣，又提高了阅读兴趣。

另外，除去影视作品，近年来央视推出的经典栏目，如《百家讲坛》《朗读者》等节目，学生能够从中直接聆听作家以及一些专业学者的评论，从他们的谈话中汲取营养，加深对原作品人物或故事情节的印象，帮助自己更深层次理解原著的内容，丰富自己的阅读体验。

二、创造性演绎，让名著"活"起来

《义务教育语文新课程标准（2022 年版）》指出："阅读是学生的个性化行为，不应以老师的分析来代替学生的阅读实践。应让学生在主动积极的思维和情感活动中，加深理解和体会，有所感悟和思考，受到情感熏陶，获得思想启迪，享受审美乐趣。要珍惜学生独特的感受、体验和理解。"其中，表演是情感的舞台，能综合展示学生的学习成果，是施展学生才华的天地。在表演中，学生通过脑、眼、手、耳、口的综合活动，能加深对名著内容的理解，深化思想教育，发展记忆力和表达能力。另外，教育心理学将教育目标分为三大类，即"认知领域、情意领域和身体运动领域"，而名著表演兼而有之，有效地把三点综合起来。比如《西游记》中的经典情节"大战红孩儿""女儿国""三借芭蕉扇""三打白骨精"等，学生若要将这些情节演绎得精彩，就必须精读文本，理解人物特点，这样既达到阅读名著的目的，又调动学生阅读的积极性，同时也提高了学生感受与领悟作品的能力水平。

三、亲子共读，营造家庭阅读氛围

父母是孩子最好的老师。无论是知识积累、阅读能力还是生活经验，孩子和父母均存在明显的差异。因此，孩子在阅读名著的过程中，父母可以陪伴孩子共同阅读，一方面，可以帮助孩子排除阅读障碍；另一方面，在阅读的同时可以与孩子共同讲述某一片段或某一情节发生的事情，这样既有利于培养孩子的阅读兴趣，也有助于孩子更准确地熟识作品内容。

（一）榜样的作用

作为家长，首先要以身作则，自己要养成阅读的习惯。当孩子看到父母热爱阅读、享受阅读时，也会潜移默化地受到影响，从而培养出自己的阅读兴趣和习惯。

（二）肯定的力量

阅读名著本身略枯燥，如果家长还要时刻催促，学生的阅读兴趣就会立刻消失，取而代之的就是厌恶。所以，当孩子在阅读过程中取得一定进步时，家长要及时给予肯定和赞美，让孩子感受到自己的成长和进步，在这种成就感的促使下，形成更好的阅读习惯。

四、奇思妙想读经典，图文并茂解名著

名著阅读之后，若要更加深刻地理解名著的内容，做思维导图则是一个极好的方法。思维导图的绘制能够促使学生细读、精读，精挑细选有用的信息，从而提高学生的阅读能力。与此同时，由于思维导图的系统性和简洁性，学生还需要将从阅读中获取的信息进行提取整理，可以培养学

生的信息提取能力。在绘制思维导图的过程中，对于一些有效信息，为了方便理解，学生还要根据自己的理解进行信息再创造，由此也能够培养学生的创新意识。

因此，采用思维导图阅读名著是一种有益的方法，可以帮助学生更深入地了解名著的内容。通过使用思维导图，学生可以更好地阅读这些经典之作，并且能够更好地分析其文学价值和内涵。

歌德曾说："读一本好书，就如同和一个高尚的人在交谈。"知识的海洋十分浩瀚，我们通过阅读，走进大师们描述的大千世界。在读经典的过程中我们看到更大的世界，视野越来越宽广，同时我们的世界也变得更加宽广。

【思考与练习】

你读过哪些文学名著呢？请你选择其中一部写出书名、作者及书中主人公的名字，并写出它的主要内容。

（魏小叶）

怎样阅读课外书籍

> ◎**学习提示**
>
> 　　阅读是提高语文能力的重要途径，是培养学生语文素养的有效手段。只有培养兴趣、遵循原则、学习方法，有梯度、有选择地阅读，才能在阅读中获得最大收益。

　　著名儿童文学作家、儿童阅读推广人梅子涵在《中国儿童阅读 6 人谈》中谈道："阅读的渴望应该属于人性自身安排好的，而不是谁给人类的。这种渴望和能力当一个人在母体里的时候，也许就已经存在了。"由此可见，阅读，是人与生俱来的渴望。

　　苏联教育家赞可夫认为，提高语文学习能力，不仅靠课内阅读，更要靠课外阅读。《义务教育语文课程标准（2022 年版）》明确指出，初中阶段的学生要"阅读整本书，把握文本的主要内容""能区分写实作品与虚构作品，了解诗歌、散文、小说、喜剧等文学样式""欣赏文学作品，有自己的情感体验，初步领悟作品的内涵，从中获得对自然、社会、人生的有益启示，能对作品中感人的情境和形象说出自己的体验，品味作品中富于表现力的语言"，这对我们的阅读提出了具体的要求。

　　课外阅读是拓宽知识面、发展良好个性、提高语文学习能力的有效途径，我们学会了读书，也就激发了自主学习语文的兴趣。所以，在语文学习中，我们要与好书交朋友，与整本书交朋友，培养良好的读书习惯。

　　那么，我们应该怎样阅读课外书籍呢？

　　首先，我们要来了解一下阅读的几个原则。

　　1. **整体性原则**。读书活动涉及课堂内外、校园内外，无论是在读书的时间上，还是在读书的空间上，都要全方位地安排，从整体上考虑。

　　2. **科学性原则**。要全面提高我们的读书质量，优化我们的读书效益，离不开科学的读书方法和老师的科学指导。

　　3. **实践性原则**。读书是"一个读者与文本相互作用、构建意义的动态过程"，是我们亲身体验的一项实践活动。要习得读书方法，培养读书能力，离不开大量的读书实践活动。

　　4. **主体性原则**。因为文本的意义是我们在读书过程中自行发现、自主构建起来的，所以要特别注意发挥我们主体的自主性和独立性。

　　5. **创造性原则**。法国哲学家萨特说过："阅读是一种被引导的创造。"在读书活动中，我们要培养自己主动质疑、自主探究、不断创造的能力。

其次，我们要有计划地分步实施，这一点，我们可以密切地联系老师的指导。

1.依据年级了解老师推荐的阅读书目。针对不同年级学生不同的心理、生理、知识结构特点，结合教育部推荐、教材推荐，老师会分层次制定读书的目标，分阶段推荐适当的读书篇目，提出相应的读书要求。比如，初一、初二年级侧重于文学类作品的阅读，附加古诗词经典的诵读；初三年级在注重文学类作品阅读的同时，增加科普类作品的阅读分量；初四年级在强化文学类作品、科普类作品阅读的同时，适当增加思辨性作品的阅读。

2.依据学科特点设置阅读进程。在了解老师开列的必读书目和选读书目的同时，要制订详尽的读书计划，循序渐进地开展课内外阅读，经常性地做好读书笔记，积累读书经验，并定期与其他同学交流。

3.依据书目类别提出不同的阅读要求。要根据不同类别的篇目提出精读和泛读的不同要求，可参考教材"名著导读"部分的具体要求和指导。

再次，我们要有梯度地分级实施。

初一、初二年级应侧重于阅读感受。我们要培养读书兴趣，在阅读体验、感受和理解层面上下功夫，做好读书笔记，写好读书心得。

初三年级应侧重于阅读体悟。我们要养成良好的读书习惯，在理解文本意义的基础上进一步去探究、体悟和发现，写好读书随感，做好简要评点。

初四年级应侧重于阅读欣赏。我们要在阅读质疑、赏析、创新层面上做文章，尝试写写美文赏析，做做名著荐评。

最后，作为一名学生，我们怎么才能更好地阅读课外书籍呢？

1.要正确处理课内、课外阅读的关系。当前，在同学中存在两种情况：一种是一些学生只注重课堂学习，课外不看书或极少看书和报刊，阅读仅限于课文和阅读题材料；一种是完全沉湎于课外书中，不重视课堂知识的学习。这两种习惯都是不正确的。大家知道，课堂是学习语文的主阵地，课堂阅读是课外阅读的基础，课外阅读是课堂阅读的扩展，要由课内带动课外，以课外丰富课内。从课内精读学到的知识、方法在课外阅读活动中得到复习、补充，加深认识和实际运用；课外阅读活动中培养起来的自学能力和获得的广泛知识，又为搞好课堂学习创造了良好的条件。

2.要有选择地读书，多读好书。课外阅读范围很广，形式多样，内容不同。这些书籍直接影响我们的身心健康，所以在我们阅读的过程中，要有选择地读书，不光要多读书，更重要的是读好书。

3.要掌握一些读书的方法。有的同学凭着兴趣，凡有生动情节的内容就走马观花地读读；有的则读了好文章，也不懂得积累知识、吸取技巧，用到写作上。显然，这样的读书方法是收效甚微的。所以，我们要掌握一些行之有效的读书方法。

（1）**略读法**。这是一种快速阅读技巧，主要用于获取文章或材料的概要，而不是深入理解每个细节。这种方法的运用一般是根据我们在课内学习或写作上的某种需要，有选择地阅读有关书报的有关篇章或有关部分，以便学以致用，选择自己所需要的部分。主要用于写科学小论文，培养摘录资料和运用资料的能力，同时也积累、丰富了语言，提高了阅读兴趣和阅读能力。

（2）**精读法**。所谓精读法，就是对书上某些重点文章、重要片段，集中精力，逐字逐句由表及里精思熟读的阅读方法。它是培养我们阅读能力最主要最基本的手段。有的文章语言隽永，引经据典，情节生动，我们可以精读，全身心投入，调动多种感官，做到口到、眼到、心到、手到，边读、边想、边批注，逐渐养成认真读书的好习惯。

（3）**默读法**。默读法就是对所读的书或文章，不发音、不辨读、不转移视线，而是快速地观其概貌。这就要求我们在快速地浏览中集中注意力，做出快速的信息处理和消化。利用默读法，可以做到用最少的时间获取尽量多的信息。

（4）**摘抄评价法**。这种阅读法就是在阅读过程中根据自己的需要将有关的词、句、段乃至全篇原文摘抄下来，或对阅读的重点、难点部分画记号、做注释、写评语。俗话说："不动笔墨不读书。"文章中富有教育意义的警句格言、精彩生动的词句段落，可以摘录下来，积存进自己设立的"词库"中，为以后的作文准备丰富的语言积累。同时还可以将自己订阅的报纸杂志中的好文章剪裁下来，粘贴到自己的读书笔记中。

古人云："诗贵自得，书忌耳传。"著名作家郁达夫年轻时每天要在阅览室看五小时以上的书，对他以后的文学创作起到了积极的作用。因此我们每天花一定的时间去读书，才有助于阅读能力的培养和阅读习惯的养成，在增长知识、提高阅读能力的同时也享受到读书学习的乐趣。

习近平总书记在《致首届全民阅读大会举办的贺信》中说："希望孩子们养成阅读习惯，快乐阅读，健康成长；希望全社会都参与到阅读中来，形成爱读书、读好书、善读书的浓厚氛围。"读书是我们语文学习的根本，阅读是我们获得审美体验的重要途径。课外阅读是课堂阅读的延伸和扩展。我们要喜爱阅读、快乐阅读，多读书、读好书，养成良好的语文课外阅读习惯，从小语文学习走向大语文阅读。让我们像爱生活那样爱语文，像爱语文那样爱阅读。

【思考与练习】

1. 读书的方法有哪些，你能说一说吗？

2. 依据自己的具体情况，为自己制订一份合适的阅读计划，包括书目和时间安排。

3. 根据自己的兴趣，选择一本自己喜欢的书，采用精读法阅读，并做摘抄笔记。

（范惠洁　张丽丽）

附录：

初中"TX"作文训练题目

六 年 级

1. 这件事让我明白了爱

2. 第一次 _____

3. 班级生活二三事

4. 成长日记

5. 往事

6. 给 _____ 的一封信

7. _____ 是一种幸福

8. 一张照片引起的回忆

9. 往事悠悠（回忆小学生活）

10. 这件事教育了我

11. _____，谢谢你（横线填人）

12. 一张照片引起的回忆

13. 相信自己

14. 掌声

15. 我最欣赏的个人品质

16. 我变了

17. 我的特长

18. _____ 的我

19. 我的 _____（横线填人）

20. 难忘的 _____（横线填人）

21. 同桌的你

22. 我的新老师

23. 我爱我班

24. 那一次，我真的很棒

25. 我不再 _____

26. 我尝到了 _____ 的滋味

七 年 级

1. 那个故事的主角是我

2. 从 _____ 中学习

3. 接力

4. 一道风景线

5. 与 _____ 对话

6. 难忘那张脸

7. 难忘 _____

8. 我眼中的 _____

9. _____，我想对你说

10. 一张照片

11. 面对 _____

12. 都是 _____ 惹的祸

13. 告诉你，我很 _____

14. 话题：对手

15. 话题：发现

16. 话题：珍惜

17. 话题：关怀

18. 那一缕春风

19. 曾经错过的 _____

20. 一个 _____ 的微笑

21. 话题：换一种眼光

22. 生活需要 _____

23. _____ 是一盏明灯

24. 那一刻，我的世界春暖花开

25. _____ 伴我成长

26. 珍藏 _____

27. 假如我能 _____

28. 我心中的那 _____

29. _____，让生活更美好

30. 话题：信心

31. 难忘那张 _____ 的脸

32. 话题：分享

33. _____ 并没有结束

34. 我依然 _____

35. 我 _____，我快乐（参与、成功、努力、拼搏、勤奋）

36. 我最想 _____ 的人是你（依靠、感谢、倾诉、帮助）

八 年 级

1. 习惯是把双刃剑（_____ 是把双刃剑）

2. 成长也需要 _____

3. 分别的时候来了（_____ 来了）

4. _____ 一生的财富

5. 大自然的声音（_____ 的声音）

6. 请让我 _____

7. 我身边的 _____

8. 你的 _____ 让我记住了你

9. 学会留心

10. 你还会 _____ 吗

11. 拥抱 _____

12. 爱在身边

13. 温暖的力量

14. 我战胜了 _____

15. 微笑着，去唱生活的歌谣

16. 生活的启示

17. 在 _____ 中成长

18. 黑板上的记忆

19. 把 _____ 甩在身后

20. 人生路上 _____ 多

21. 苦与乐

22. 以"分享"为话题

要求：（1）在文题横线上填上恰当的词语，将题目补充完整。（2）文体自选，不少于600字，诗歌不少于20行。（3）文中不得出现真实的地名、校名、人名。

23. 阅读下面的材料，根据要求作文。

有人说：阅读并不局限于书本。有时也应该阅读山、阅读海、阅读花、阅读树、阅读清晨、阅读黄昏……有时也该阅读政治、阅读经济、阅读社会、阅读文化、阅读亲情、阅读友谊，甚至阅读一只鸟、阅读一个人……请以"阅读自然、阅读社会、阅读人生"为话题，自拟题目，写一篇 600 字以上的文章，文体不限。文中不能出现考生姓名和所在学校名称。

提示："阅读"可以理解为观察自然、社会和人生的感受、体验等；可以从"阅读自然、阅读社会、阅读人生"中任选一个角度写作。如"阅读自然"可写"登山之乐""观海之情""赏花之趣"，等等。

24. 阅读下面的文字，按要求作文。

跨入青春的门槛，追求远大的理想，走进美丽的家园，享受爱心的阳光，触摸科学与时尚……生活是多么精彩！请以"生活因 _____ 而精彩"为题，写一篇文章。

要求：在文题横线上填上恰当的词语（如友谊、诚实、歌声等），除诗歌、剧本外，文体自选，不少于 600 字，文中不得出现真实的班级名、人名，不得抄袭试卷中的阅读材料。

25. 阅读下面的文字，按要求作文。

五岁的晶晶在院子里玩耍，不小心摔了一跤。两天后，妈妈发现晶晶的左手举不起来了，原来女儿的锁骨受了伤。妈妈又急又疼，可是晶晶却有了一个意外的收获："妈妈，我现在知道哪边是左边了！"晶晶太小，一直分不清左右，这下好了，她知道了：痛的那边就是左！

晶晶摔了一跤就分清了左右的经历，给了我们许多有益的启示：受挫折的过程往往就是获得真知的过程。走过崎岖小路，才能真正体味生活的欢乐；穿过茫茫迷雾，才能深切感受阳光的明媚。不经风雨，怎见彩虹；不吃一堑，难长一智！……

晶晶的故事是否让你联想到生活中的某些经历或见闻？是否让你获得某些感悟和认识？请你拿起笔，自选角度，自拟题目，写一篇文章。

26. 在生活中，人人都在盼望着。小学时盼望上中学，中学时盼望上大学，大学时盼望……在你十多年的人生旅程中，你曾有过怎样的盼望呢？在你对未来的畅想中，你又有哪些盼望呢？请以"盼望"为题写一篇文章。

注意：①这个题目的范围是很宽泛的，可回忆，可畅想等；具体的写法和角度也可以多种多样，可记叙，可抒情，可议论等；但内容要具体，不可空泛。②除诗歌外，文体不限。③题目自拟。④不少于 600 字。

27. 进入初中后，我多了一份 _____

28. 忽略的有时最重要

29. 阅读下面的材料，选择你感悟最深的一点，自拟题目，写一篇文章。

汶川地震使太多平凡的老师撼动着我们的心灵，他们用生命诠释了什么叫责任，什么叫人民老师。

记住我们的老师，他们不会不知道桌子底下安全，但宁愿张开双臂匍匐在桌子上，死死护住桌子下的学生。

记住我们的老师，他们不会不知道砸向后背的砖石和混凝土墙体会夺人生命，却毅然地选择了把生的机会留给了学生。

记住我们的老师，他们不会不知道自己的亲人还在废墟下，可仍旧夜以继日不知疲倦地转移学生。

……

我们身边的老师或许没有这样惊天动地的壮举，但他们也在用平凡的行动恪守着老师的职责。而我们，曾经不理解老师的"严苛"，因为课堂上老师一句批评而委屈得哭泣；曾经不懂"师生"二字的真正含义，甚至对老师不厌其烦地讲做人的道理不屑一顾、嗤之以鼻；曾经不在意老师的提醒，甚至把当众顶撞老师当作能耐和勇气……

可曾记得，你快乐时老师由衷的欢喜；可曾记得，你悲伤时老师温馨的话语；可曾记得，你成功时老师深切的期许；可曾记得，你失败时老师真情的鼓励……

请记住我们的老师！

作文要求：①要自由、有创意地表达出真情实感。②文体不限。③不少于500字。④文中出现的地名、校名、人名，请用"××"代替。

30. 走进网络，拥抱自然，关注特点，研究课题，参加竞赛，服务社会，善待他人，学做家务……生活处处是课堂，这些多姿多彩的课堂能开阔视野，增长才干；能锻炼体魄，磨炼意志，能使心灵得到净化，智能得到开发……

请以"这也是课堂"为题，写一篇文章。

31. _____ 的岁月

要求：先将题目补充完整，横线处可分别选填"成长""阳光明媚""挑战自我""与亲人相处"等，也可填其他，然后作文。

32. 阅读下面的文字，根据要求作文。

墙，是大家熟知的事物。生活中有物质的墙，如土墙、砖墙、人墙、篱笆墙、玻璃幕墙，花墙、城墙、防火墙、影壁墙等。也有精神的墙，如沟通的障碍、法规的限制、做人的原则、道德的底线等。筑一堵墙，可以多一分约束与安全；拆一堵墙，可以少一分封闭与隔膜。

请以"说墙"或"墙的故事"为题目，写一篇文章。

要求：①题目自选；②文体自定；③有真情实感，力求有创意，不得套写抄袭；④不少于600字。

33. "别样"是与众不同的意思。总有一些人，带给我们别样的感受；总有一些景，带给我们别样的情思；总有一些事，带给我们别样的感触；总有一段生活，带给我们别样的体验……

请以"别样"为题目，写一篇不少于600字的文章，文体不限，努力表达自己的真情实感。

34. 阅读下面的材料，根据要求作文。

有这样一种声音，会让你觉得是耳边轻柔的呼唤，低声的诉说；

有这样一种声音，没有多余的技巧，却能唤起你灵魂深处的良知和责任；

有这样一种声音，会让你卸去疲惫，会带你走到过往的回忆中；

有这样一种声音，会带给你心灵的震颤，会让你心中盛满感动。

请以"有这样一种声音"为题，写一篇文章。

要求：①文体除诗歌外自选，题目自拟，立意自定，不少于600字；②不得抄袭；③书写规范、工整。

35. "美食美谈"

36. 有人憧憬雪花飞扬的冬，有人心仪草长莺飞的春，有人喜欢阳光灿烂的夏，有人钟情天高云淡的秋。岁月更迭，四季交替，总有一个季节让人期盼，总有一片天空让人翱翔，总有一段往事让人回味，总有一份精彩属于自己。

请以"总有我的季节"为题写一篇文章。

要求：将题目抄在答题卡上；除诗歌、剧本以外文体不限；不要少于600字；文中不要出现本人（或暗示）的姓名、校名。

37. 按要求写作文。

已学课文《散步》中的"我"既是"妈妈的儿子"，也是"儿子的爸爸"，文章谱写了一曲动人的尊老爱幼的颂歌。在现实生活中，每个人都扮演着不同的角色（"角色"指生活中某种类型的人物），例如，有的同学的妈妈在单位是一位敬业的好员工，在家里是一位慈祥的好母亲。同样地，你在家里是父母的"掌上明珠"，有时也是父母的"小老师""小帮手"；在学校里，你也是如此……只有每个人都扮演好不同的角色，我们的生活才会多姿多彩。

请以"我不只是一个角色"为题，写一篇文章。

要求：①文体自选。②文章不少于600字。③文中不要出现真实的人名、校名、地名。

38. 一个公司的职员向朋友抱怨：同事的冷漠、客户的刁难、老板的忽视，让他苦恼不已，所以他决定换个工作。朋友提醒他说："现在找一份工作不容易，你应该多和大家沟通，尝试着改变自己。"他接受了朋友的建议。半年之后，再见到朋友时，他向朋友说，现在自己在原来的公司很开心，与同事的关系很融洽，客户对他很满意，老板也夸他工作出色，正准备给他升职加薪。这个职员的经历至少给了我们这样一些启示：少抱怨别人，多反省自己；与其被动变换环境，不如主动适应环境；要主动与人沟通，为自己打开一片广阔的天地；要善于采纳别人正确的意见和建议。

请根据以上材料，自选角度，写一篇文章。

要求：①所写文章主旨必须从所给材料中提炼，但不要对材料扩写、续写和改写，不要套作，不得抄袭；②立意自定，题目自拟，文体自选（诗歌、戏剧除外）；③不少于600字；④文中不得出现真实的人名、校名。

39. 水，有时是雪，有时是露，有时是冰凌，有时是雨珠……变的是形态，不会变的是晶莹；日子，有时是甜，有时是苦，有时是幸福，有时是酸楚……变的是感受，不会变的是真实。生活中许多变化着的人、事、物，都有不变的地方。

请以"不会变的是 _____"为题目，写一篇文章。

九 年 级

1. 有时，我也想 _____
2. 那一刻，我们 _____
3. 这也是课堂
4. _____ 像阳光一样
5. _____ 留给人的记忆是久远的
6. _____，牵动我的情思
7. 品味 _____
8. _____ 未必 _____
9. _____ 之前
10. _____ 让我陶醉
11. _____ 给了我 _____

12. _____ 未必 _____
13. 留住生命里的一片绿叶
14. 我读懂了 _____
15. 我和 _____ 一起 _____
16. 伸出自己的手
17. _____ 并没有结束
18. _____ 的承诺
19. 我的 _____ 最 _____
20. _____ 的力量
21. 动力来自 _____
22. 爱可以穿越 _____

23. 材料作文

路边长着一株雏菊，一个小女孩每天都来给它浇水。然而有一天，小女孩不来了。雏菊开始担心起来，它将从哪里获得维持生命的水？"总会有办法的。"雏菊鼓励自己说。它闭上眼睛，陷入了深思……它开始努力向下生长它的根。它的根向泥土下越扎越深，终于从深深的泥土下品尝到清凉而甘甜的水。日子一天天过去了，雏菊长得越来越茁壮，开出新的花朵。

要求：①根据材料寓意，任选一个角度作文，题目自拟；②除诗歌外，文体不限，600字左右；③文中不得出现真实的人名、校名、地名。

24."和"字，字祥义丰，意味深远，寄托着中华民族的美好愿望。对人和善、和蔼，对己平和、气和；家和万事兴，邻和胜亲人；商场上和气生财，困难时和衷共济；人类向往和乐，世界需要和平……请以"和"为话题，选择你最擅长的一种文体，自拟题目，写一篇600字左右的文章。

25.一位青年受到了重大挫折，心头一片黯淡，烦闷之际走入了一座寺庙。住持见他垂头丧气，问了缘由以后，便指着树荫下斑驳的阴影说："年轻人，那是什么？"青年回答："阴影呗。"住持说："错了，那是阳光啊。"

请根据以上材料写一篇文章，题目自拟，不少于600字。

26.请以"从此，我不再_____"为题，写一篇不少于 600 字的记叙文。

提示：①先把题目补充完整，然后作文。横线上可以填写的词语，如任性、自卑、孤独、偷懒、害怕困难、迷恋网络、受人关注、拥有笑容……②文中不得出现真实的校名、人名。

27. 以下面给出的这段文字开头，续写一篇不少于 600 字的文章，题目自拟。

夏日午后，蝉声如织，我独自在家里漫不经心地整理着书桌。从一本旧书中蓦然飘落一张照片，我俯身拾起……

28. 阅读下面的材料，按要求作文。

当你伸出自己的手，托起了落水的儿童，救助了失学的少年，你拥有了博爱的胸怀；当你伸出自己的手，谅解了犯错的伙伴，与朋友摒弃前嫌，你展示了优雅的风度；当你伸出自己的手，挽起同伴的臂膀，唤起合作的热情，你获得了成功的力量；当你伸出自己的手……

生活中，很多时候，都需要我们伸出自己的手。

读了上述材料，你有什么感想？请以"伸出自己的手"为题，写一篇不少于 600 字的作文，可以记叙你的经历，也可以发表你的见解，抒发你的感受。

文体自定（诗歌除外）；文中不得出现与自己信息相关的名称。

29. 也许，有的承诺是你发自肺腑的心声，有的承诺是你一时激情的冲动；也许，有的承诺你言出必行，行必有果，有的承诺你埋藏心底，从未说出。但只要是承诺，都应该是庄重的，严肃的。

请以"_____的承诺"为题写一篇作文，写时把题目补充完整，再按要求作文。

要求：①内容具体，有真情实感；②除诗歌外，文体不限；③不少于 600 字；④凡涉及真实的人名、校名、地名，一律用 ABC 等英文大写字母代替；⑤不得抄袭。

30. 没想到我如此_____（浮躁、虚荣、坚强、幸运、依赖父母等）

要求：①结合个人生活经历，从括号里的五个词语中任选其一填写在前面的横线上，使作文题目完整；②文章叙事清楚，结构完整，内容充实；③恰当运用描写、抒情等表达方式，写出真实感受；④写一篇 600 字以上的记叙文。

31. 一次争吵、一场误会、一番内心挣扎、一种牵挂思念……生活中，常有那么一次经历，让我们或伤心难过，或温暖感动，或歉疚悔悟，或欲诉难言……内心久久不能平静，以致辗转难眠。

请以"今夜无眠"为题目，写一篇文章。

要求：①自定立意。②自选文体（诗歌除外）。③不少于 600 字。④文中不要出现与考生有关的真实的姓名、校名。

后 记

屈指算来，改革中学写作教学的念头竟由来已久。

究其原因，一方面，是在教学过程中遇到的实际困难。我记得，当我把一些作文改革的细碎的想法告诉一位退休多年的教育界的前辈时，他不无惊讶地问：都这么多年了你们还在这样教作文？确实，当前的写作教学方式沿袭了几十年，问题多多，已经到了非变革不可的地步。另一方面，中学生的作文现状不得不引人深思。前些年，中考作文的应试色彩极浓，和高考作文一样形成了一种风靡校园的应试体。这种作文以怪、虚、散、空、花为美，脱离生活，远离心灵。考场作文大多写得散乱而花哨。不少所谓的"中考满分作文"，看上去一片绚烂，其实没有几句通顺的话，没有什么有价值的"意思"。一些中学生"学写作文"多年，修得应试秘籍，考试过关斩将频得高分，实际写作能力却很差，难以满足生活中的实际需要。

怎样才能引导学生写作文时贴近生活、贴近心灵、表达写作者个人对现实生活中那些鲜活的故事和情节的体察与欣赏呢？

2010年6月，初中"TX"写作教学研究与实践，正式获得山东省教育科学"十一五"规划立项。其中"T"是指"梯度"，"X"是指"序列"。我们想通过共同努力，构建一个属于我们的初中写作教学的"梯度"和"序列"。

陆放翁诗曰："书到用时方恨少，事非经过不知难。"理想往往是丰满的，现实却是骨感的。我们虽然申报了课题，制订了分段实施的方案，落实了实验教师，却没有任何可以参考的东西，真可谓白手起家，如何才能构建起写作教学的"梯度"和"序列"呢？从每个教研专题的制定，到具体实施方案；从实验材料的收集，到组织实验老师每周的研讨。一路泥泞，一身风霜，我们在写作教学改革的道路上蹒跚前行。

"如人饮水，冷暖自知。"中小学老师的教学任务之繁重，压力之大，只有身在其中的人才能切身体验到。"中小学老师一天的工作就是一场战斗。"曾有东北师范大学的教授如是说。备课、上课、批作业、命题、批卷、跑操、开会、和学生谈心、家访等，再让老师们在繁重的工作之余参加到教研中来，于心何忍？

"如果你想让老师的劳动能够给老师带来乐趣，使天天上课不至于变成一种单调乏味的义务，那你就应当引导每一位老师走上从事教育科研这条幸福的道路上来。"是苏霍姆林斯基的话最终给了我们底气。

老师们买资料、借资料、上网搜索，然后是雷打不动地一周一次的研讨（甚至是争吵）、修改，最后形成个人的教研子课题。经过一段时间的磨合，我们的作文教改全面展开。

2010 年 3 月 25 日，全校所有教研组集体观摩了初中语文组的教研活动"怎样进行景物描写"，校领导对语文组教研的高效务实给予了高度评价。

2010 年 3 月，实验老师范惠洁在全校执教作文公开课"写好一件事"，反响良好。

2010 年 4 月，语文组制定了"读书记录卡"，进一步规范了阅览课。

2010 年 5 月 5 日，在东营市实验中学，李楠老师执教了作文公开课"选材与构思"。课题主持人陈雪峰代表胜利一中做了经验交流。

2010 年 6 月，语文组设计了"读书笔记"，分年级推荐了读书书目，指导学生阅读，"以读促写"模式就此展开。

2010 年开始的"传统节日征文活动"调动了学生写作的积极性，宣传了传统文化。

2011 年 3 月，语文组制定了"胜利一中初中部'星级小作家'评选办法（草稿）"鼓励学生积极写作。

2011 年 5 月，实验老师张丽丽执教了作文公开课"老张印象"。从此，所有的语文考核课全部成为作文课。

2011 年 12 月，实验老师王岩松执教了作文公开课"写景要抓住特征"，实验老师江静执教了作文公开课"作文选材的范围"。

2012 年 3 月，实验老师张红娟执教了作文公开课"想出人物细节"；

同月，实验老师秦春霞执教了作文公开课"让动作描写动起来"；

同月，实验老师单莉莉执教了作文公开课"语言描写美容记"；

同月，实验老师施冬妮执教了作文公开课"在写作中展开想象"；

同月，实验老师李楠执教了作文公开课"作文讲评"。

2012 年 5 月，一年一度的"美诗文诵读"大赛落下帷幕，选手们声情并茂的诵读令广大师生久久回味。

2012 年 7 月，实验教师教研论文集《中学作文这样写》由漓江出版社出版，书店公开发售。这在东营中学教育界引起了不小的反响，许多语文教师称以它为蓝本进行作文教学设计；许多上中学的孩子说从这套书中获益多多，对此，我们颇感欣慰。

随着新一轮课程改革进入深水区，教师们对语文教学尤其是作文教学的认识，也在与日俱新。新的课程标准颁布了，新的课程方案颁布了，统编语文教材的工作也在更新中。

2024 年春，我重新审视了《中学作文这样写》的写作框架，然后，依托一批优秀的一线教师丰富的教学实践经验，对原书进行了大刀阔斧的修订，工作量之大，不亚于推倒重建。如：

第 1 单元"观察的方法和顺序"学生例文全部替换，内容修改率约 70%。

第 1 单元"巧用'多觉'描写，让文章有声有色"，内容做了大调整，修改率约 90%。

第 1 单元 "事件场面的观察与表达"将《云南的歌会》《最后一课》《斑羚飞渡》等文章都做了替换，内容和知识点做了调整。

第 3 单元 "写好一件事"修改率约 90%。

第 3 单元 "浅谈作文的选材范围"具体知识点进行微调整，例子全部替换，修改率约 70%。

第 6 单元 "写出景物的特点"修改率约 95%。

第 6 单元 "借景抒情，情景交融"修改率约 95%。

第 7 单元 "记叙中穿插描写"知识点和例子都做了调整，修改率约 90%。

……

最后，由我审阅批注，进一步修改、完善、定稿，最终确定新书名为《妙笔生花的奥秘》。新书共 16 个单元，23 位作者，分工负责、齐心协力、精益求精。最明显的特色，一是跟着教材学写作，以课本为例。如，六年级通过《草原》对写景类文章有初步感知；七年级通过《从百草园到三味书屋》掌握了写景方法；八年级借由《答谢中书书》尝试仿写，由浅入深，纵向深探。勾连起整个初中学段，将知识技能板块化、序列化、交互化。二是坚持师生"下水"，以师生作品为例。让学生触摸身边的选材、熟悉的选材，触摸真实的生活、聚焦身边的人和事，丰富作文素材，调动学生的写作热情。以期用最生动、最鲜活的例子让学生看得懂，看得进去。

书中各位作者老师文章的分工是这样的：单莉莉（1—3，4—4），尹莉莉（1—1，8—4，12—3），李静（1—2，1—6，12—2，13—3），王玉（1—5，3—4，13—5，14—1），施冬妮（2—1，7—4，15—2），刘艳（2—2，3—6，14—2），展莉丽（3—2，6—2，12—1），姜素娟（3—3，9—3，13—4，15—3），江静（3—5，7—1，10—1），贾金凤（3—7，5—5），杜薇（4—2，8—3，15—1），范惠洁（3—5，4—3，8—1，9—2，16—3），肖敏敏（5—1，5—2，11—6，13—1），张丽丽（5—3，8—2，10—3，11—4，16—3），许俊英（5—4，7—2，13—2），张国梁（6—1，6—3，11—1，12—4），刘召宁（6—4，11—5，11—7），杨丽（6—5，10—2），于景苗（7—3，9—1），秦颖（11—2，11—3），魏小叶（3—1，16—2），杨卫广（16—1），陈雪峰（1—4，4—1）。另外，念艳芳、张雪梅、李楠、王岩松、张红娟等老师也参与了本书的编写工作。

最后，感谢中国文史出版社编辑朋友的倾心付出，正是他们的辛苦劳动，使得本书得以正式面世。

陈雪峰

2024 年 7 月

课题立项通知书及结题证书

山东省教育科学规划领导小组办公室

鲁教规字 [2010] 7号

山东省教育科学"十一五"规划
课题立项通知书

陈雪峰同志：

    经山东省教育科学课题专家评审委员会评审，并由山东省教育科学规划领导小组批准，您申报的课题"初中'TX'作文教学研究与实践"（编号：**2010JG168**），被批准为山东省教育科学"十一五"规划课题。请严格执行《山东省教育科学规划研究课题管理办法》，做好课题自我管理，按时结题。

山东省教育科学规划领导小组办公室

2010 年 6 月 10 日

山东省教育科学规划
课题结题证书

由 班奂 主持，陈雪峰 念艳芳 单莉莉 范慧洁 展莉莉——
等同志参与承担的山东省教育科学规划课题
"初中'TX'作文教学研究与实践"，
（项目编号：2010JG168课题类别：规划），通过了山东省教育科学规划领导小组办公室组织的专家鉴定，同意结题，特颁此证。

山东省教育科学规划领导小组办公室

（注：证书中的范慧洁、展莉莉应为范惠洁、展莉丽，特此更正。）

图书在版编目（CIP）数据

妙笔生花的奥秘 / 陈雪峰、单莉莉著 . —北京：中国文史出版社，2024.8.
— ISBN 978-7-5205-4813-7

Ⅰ . G634.343

中国国家版本馆 CIP 数据核字第 20245KQ531 号

责任编辑：徐玉霞

出版发行：**中国文史出版社**

社　　址：北京市海淀区西八里庄路 69 号院　　邮编：100142

电　　话：010-81136606　81136602　81136603（发行部）

传　　真：010-81136655

印　　装：河北京平城乾印刷有限公司

经　　销：全国新华书店

开　　本：889mm×1194mm　1/16

印　　张：26.25

字　　数：400 千字

版　　次：2025 年 3 月北京第 1 版

印　　次：2025 年 3 月第 1 次印刷

定　　价：89.00 元